"十四五"普通高等教育规划教材

高等职业教育财务会计类专业重构系列教材
会计信息管理专业 国家级教学资源库配套教材
高等职业教育在线开放课程信息化专业教材

RPA
财务机器人
设计开发 与 应用

主 编◎杨智慧 韦兰英 陈少强

副主编◎张 涛 张俊杰 庄燕娜 刘子婵

组编◎翰智集团 | 广州翰智软件有限公司

立信会计出版社
LIXIN ACCOUNTING PUBLISHING HOUSE

图书在版编目(CIP)数据

RPA 财务机器人设计开发与应用 / 杨智慧,韦兰英,
陈少强主编. —上海:立信会计出版社,2022.2(2023.1 重印)
ISBN 978 - 7 - 5429 - 7018 - 3

Ⅰ. ①R… Ⅱ. ①杨… ②韦… ③陈… Ⅲ. ①财务管
理—专用机器人 Ⅳ.①F275 ②TP242.3

中国版本图书馆 CIP 数据核字(2022)第 020847 号

策划编辑　　　赵新民
责任编辑　　　张善涛

RPA 财务机器人设计开发与应用

RPA CAIWU JIQIREN SHEJI KAIFA YU YINGYONG

出版发行	立信会计出版社	
地　　址	上海市中山西路 2230 号	邮政编码　200235
电　　话	(021)64411389	传　　真　(021)64411325
网　　址	www.lixinaph.com	电子邮箱　lixinaph2019@126.com
网上书店	http://lixin.jd.com	http://lxkjcbs.tmall.com
经　　销	各地新华书店	

印　　刷	上海华业装璜印刷有限公司
开　　本	787 毫米×1092 毫米　1/16
印　　张	21.75
字　　数	483 千字
版　　次	2022 年 2 月第 1 版
印　　次	2023 年 1 月第 3 次
印　　数	6201—9300
书　　号	ISBN 978 - 7 - 5429 - 7018 - 3/F
定　　价	49.80 元

前言 Foreword

在"互联网+"智能化高度发展的 21 世纪,各种信息化新技术的开发,提高了企业对财务业务信息化的全面应用。RPA 财务机器人可以使企业管理体系更系统化、精细化、专业化,简化了企业的工作流程,是大中型企业和财务共享中心数据管理工作的必要工具,其技术的使用也是新时代财务人员必须掌握的工作技能。

本教材顺应时代的需要,以 UiPath Studio 软件为操作平台,以企业常规性、重复性业务为主线,逐步介绍了企业各部门各种 RPA 机器人开发与设计和业务操作;重点介绍了在 UiPath Studio 操作平台中进行企业各部门日常管理的 RPA 处理方法和处理流程。

"互联网+"高速发展,伴随着各行各业新技术、新应用的推广,推动经济快速发展的同时加速了行业变革,带动了企业发展。在这一进程中,"业、财、税金"一体化、信息化、数字化得以全面应用,企业对于人才综合能力的要求进一步提升,企业发展需要员工通过掌握高效率生产工具创造更多的价值。RPA 财务机器人能够有效解决大批量重复性、易错性、规范性的流程型事务性工作,辅助人们在工作、生活中创造更多的价值,符合国家层面倡导的企业全面自动化建设,适应当代企业管理体系精细化、专业化、灵活性的要求,是所有企业在提效增速过程中的重要帮手,也是新时代财会人员应当掌握的工作技能。

本教材贴合信息化、数字化趋势,以让读者掌握 RPA 设计原理、知晓企业 RPA 实施可行性分析为原则,以企业日常经营业务为主线,采用项目引导式的设计,将多个企业实际项目拆分为具体学习任务,结合 RPA 工具——UiPath Studio,有利于学习者在实践中认知企业日常经营管理工作与 RPA 处理方法和处理流程。

教材特色如下。

1. 实现业财融合，具有创新性

本教材紧跟"互联网＋大数据"发展前沿，经过多次与企业中的行业专家、院校教师和软件实施顾问研讨，以及对企业市场的用人需求进行调研，设置了具有创新性和实用性的 RPA 机器人设计及运用内容，体现了业财融合，同时又结合实用技能案例展示，体现了 RPA 蕴含的先进管理理念。

2. 教学资源丰富，资源立体化

本教材提供线上线下全方位、立体化教学支持，以视频录像和微课程录制教学内容，通过二维码在教材中体现。每段视频录像和微课程对应一项业务操作，内容精炼、短小精悍、易学易懂。与本教材配套的教学 PPT 以及微课程等教学视频、试题，可登录智慧职教平台会计信息管理专业国家级教学资源库，进入"RPA 财务机器人设计与应用"课程模块进行在线学习，也可以通过扫描教材中的二维码观看相关教学视频、拓展阅读，完成项目练习。这些资源便于学生线上线下、随时随地学习。

3. 实施业财一体，教学形式多样

本教材以企业工作任务为中心，收集了企业业务、财务环节可能涉及的典型业务案例，根据由浅入深、循序渐进的原则，以真实生产项目、典型工作任务、案例等为载体组织教学单元。本教材适应项目式、任务式、工作过程导向等教学改革需要，精心策划、开发 RPA 机器人设计实验，既可以作为初学者开发运用 RPA 的培训教材，也可以作为普通高等院校本科和专科所开设的 RPA 机器人设计与运用的实验用书，还可以作为企业 RPA 机器人操作人员在实际工作中的操作指导工具书。

4. 项目流程指引，业务脉络清晰

本教材将企业实际工作中经常发生的业务进行分类归集，每个业务对应设置了一个项目，每个项目都有项目流程和项目设计思路图指导，由浅入深地将上述内容安排在课程教学中，通俗易懂，便于操作。学习者通过业务分类，能够轻松入手，熟练掌握 RPA 应用技术，具备利用 RPA 系统管理企业重复性业务的能力。这种设计有助于学生在顶岗实习前全面掌握企业业财信息化处理工作，完成理论与实践工作的无缝对接。

5. 贴合"1＋X"证书，利于学生考证

本教材与"1＋X"证书教材相辅相成，是学校专业人才培养方案设置的课程用

书之一,依据国家教学标准和职业标准(规范)等要求,适应中国特色学徒制改革、实践教学等方面的需要,也可作为学生考取各类职业技能等级证书用书,是校企联合开发的工作手册式新形态教材。

本教材共分为6个模块17个教学项目,以 UiPath Studio 为实验平台,介绍了 RPA 机器人的基本信息与平台背景、RPA 机器人初级设计开发与运用、企业案例拓展三部分内容,其中,重点介绍 RPA 机器人初级设计开发与运用中数据获取机器人、发票识别机器人、财务日常业务机器人、财务报表分析机器人四类机器人的设计开发与应用。四类机器人的每个实验项目的内容都包括项目成果、项目目标、项目任务、项目流程、项目控件的介绍,具体内容如下。

项目成果:完成 RPA 机器人的设计开发。

项目目标:熟练录制、灵活使用控件,进行 RPA 机器人的设计开发,归纳总结机器人的设计流程并能够在实践中拓展应用。

项目任务:RPA 机器人设计、开发、测试、应用。

项目流程:指出该业务在各项目中的操作步骤及应完成的工作任务。

项目控件:针对实验要求和实验资料,根据操作流程具体描述完成实验的有关控件的名称和属性等的设置,并且该部分详细介绍了每个控件的功能。

本教材内容及结构,是由企业资深专家和高校教师团队,根据企业对人才需求和学生的学情进行分析、研讨、组织编写。本教材由杨智慧、陈少强总体设计并统稿,张俊杰编写模块1到模块2共7个项目,同时负责微课程的制作;韦兰英编写模块3到模块4共6个项目;岑敏儿编写模块5到模块6共4个项目;张涛负责所有机器人的开发与运行测试;陈国亮负责教材思政元素的编写;庄燕娜负责教材的审校工作。此外,参加教材编写工作的还有刘子婵、李良霄、黄燕祥、陈珠聪、刘锦源、利智文、张树烨等。本教材是教材组与翰智集团广州翰智科技有限公司合作共同组织编写的,并得到立信会计出版社同仁的专业指导,在此编者表示衷心的感谢。总之,一部经典实用的作品是读者、企业、作者、出版方共同努力的结果。希望本教材的出版和使用,能有助于广大师生的教与学,为会计信息化和专业化、智能化普及贡献一份力量。

限于编者水平,我们诚挚地希望读者对本书的不足之处给予批评指正,服务邮箱:531402190@qq.com。

编 者

2022 年 2 月

目录 *Contents*

模块 1

RPA 机器人认知

名师精品·

Gaozhigaozhuan Kuaiji Xilie
高职高专会计系列

项目 1　初识 RPA 机器人

 1. RPA 和 RPA 机器人的定义

　　RPA 是 Robotic Process Automation 的缩写,翻译为机器人流程自动化。RPA 是一种可以把人工业务流程转变为机器人自动化的软件技术,我们可以通过可视化的界面轻松地创建、部署和管理 RPA 机器人。RPA 机器人不但可以模拟人在电脑、手机等终端设备上与软件和系统的交互,还可以完成重复性的工作与任务,例如识别并提取网页的结构性的数据表格、精确地执行重复的指定的点击操作等一系列的重复性、标准化、低价值的事务性工作。

　　RPA 机器人不是能行走、说话的机器人,不是以实体形式存在的纸质文件处理机器,不是具有人工智能和语言识别功能的交互软件。RPA 机器人是计算机软件的一种,能代替人执行基于一定规范的鼠标和键盘指令,是一种能跨软件、跨平台,可多窗口操作的应用软件。

　　RPA 机器人虽然可以模拟真人在计算机上操作,但是它在现实世界中却并不拥有实体。它不像看得见摸得着的打印机,可以帮我们打印成百上千份文件,也不像智能的语音助手,可以及时地解答我们的疑问,而像是一位默默活跃在计算机里的数字化伙伴,只要你给出明确的规则和指令,它就会为你翻越软件与平台的隔阂,精准快速地找到你想要的内容,让你更专注地投入到创造性的工作里。

2. RPA 机器人的优势

　　RPA 机器人将员工从繁琐的事务性工作解放出来的同时,也让组织在面对风险和需求时可以更灵活、更快速做出响应,提高员工满意度、参与度和生产力,最终帮助企业实现降本增效的目的。

　　RPA 机器人采用了多种 AI 技术,将代码集成进可视化的模块里,即使是没有编程基础的人员也可以通过入门的学习,将日常的部分工作流程自动化。RPA 机器人对比于人工操作的优势主要体现在以下几个方面。

2.1　灵活性强,执行效率高

　　RPA 机器人可以快速达到工作负荷的高峰,无论需要完成的工作量有多少,在启用后都可以最高效率执行任务,就算应对大型需求高峰时的工作也可以游刃有余。

2.2　准确性高,出错率低

　　与人相比,RPA 机器人不仅没有情绪也不需要休息,所以在处理大量重复性的工作内容时精确度更高,速度和准确性都更接近 100%。这样就可以有效避免由于人为错误而导致的返工。

2.3　合规性强,行为可控

RPA 机器人的执行流程都具有历史可审核性,即使产生了误差或人难以追溯的问题时,都可以通过记录查明错误,减少或消除错误,保持行为合规性。并且因为 RPA 机器人没有主观意识,也间接避免了人为泄露公司机密的业务风险。

2.4　成本降低,质量提高

一名员工平均每天工作 8 小时,但 RPA 机器人却可以 7×24 小时不间断地执行标准性、重复性的工作。这意味着人们可以摆脱重复性的事务性工作,减少加班,让员工有更多的时间专注产出价值更高的创造性工作成果,并且 RPA 机器人也可以稳定地输出接近零错误率的标准工作成果。

2.5　跨多系统,非入侵性

RPA 机器人是通过预设的工作流程去实现人工操作,操作过程中也只是在各个系统的用户界面上去进行操作。在这个过程中无需调用系统结构去获取数据,更不需要更改系统的底层代码。后期维护也不必完全依赖专业的开发人员,只需要在可视化的 RPA 工具上便可以进行设计和优化,这是 ERP、CRM 等传统的应用系统难以做到的。

 案例场景

某家大型的房地产企业近期楼盘集中开售,导致短时间内网银账户交易频繁并且涉及的金额极大。为了确保资金的安全可控,企业财务人员每次收到汇款后都需要发送邮件通知管理者,以便对回款资金进行密切监控。

具体业务流程如下:

(1)登录网银系统。

(2)读取应收账款中的某一回款记录。

(3)输入筛选条件,获取账单明细。

(4)保存账单明细至本地。

(5)发送邮件至管理者邮箱。

人工与银行回款机器人操作本业务流程的对比如表 1-1-001 所示。

表 1-1-001　人工与银行回款机器人操作对比表

人工	银行回款机器人	对比
打开浏览器,登录网银系统	快速登录网银系统	银行回款机器人执行业务的过程中无需人员值守,也可以在多个系统中来回切换(Excel、浏览器、邮箱)。并且也不会随着工作时间(24 小时)变长、客户规模的增大(1 000 人)而增大出错的概率,并始终以最高的效率执行任务。在这个过程中不仅输入的内容无需二次核对,邮件也不会出现错发、漏发的情况
从上万条应收账款中寻找某一回款记录	准确读取应收账款 Excel 文件中的某一回款记录	
逐个点击筛选条件,核对是否输入正确	快速点击对应的筛选条件	
将账单明细逐个保存至本地	准确保存账单明细至指定文件夹路径	
逐个将文件附上邮件内,发送给管理者	账单明细生成后直接邮件发送,无需等待	

3. RPA 机器人应用领域

　　RPA 机器人主要应用于保险、金融服务、政府、医疗、零售、制造、教育、资源外包等领域，如图 1-1-001 所示。现有 RPA 技术推动众多行业和流程实现了新一轮的高效率，将人们从重复、单调的工作中解放出来。RPA 技术适用领域广泛，因此得到普遍应用。

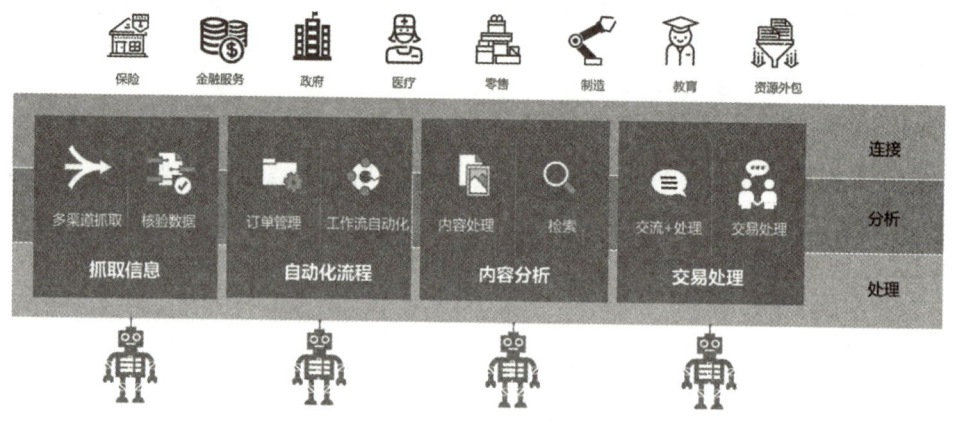

图 1-1-001　RPA 机器人的应用领域

3.1　银行领域

　　银行领域应该积极推动 RPA 机器人在自身业务流程中的使用，银行领域应用 RPA 机器人最为可行的方案包括：数据验证、多系统间数据迁移、客户账户管理、自动生成报表、抵押价值比较（当地或跨域）、表单数据填写、金融索赔处理、贷款数据更新、柜台数据备份等。

3.2　通信领域

　　RPA 机器人可以应用于通信领域内的大多数任务流程中，但其中最可行且最容易蓬勃发展的是整合客服系统。例如，从客服系统中获取信息并进行信息备份，定期进行分析并上传必要的数据。非仅如此，RPA 机器人可以帮助管理大量重复且基于规则的操作流程，通过简化流程帮助电信公司实现卓越运营，实现低实施成本，高投资回报。在未来，通信领域用例将会极速增长，必须要为像 RPA 这样的技术创造足够的机会来建立必要的流程自动化框架。

3.3　保险领域

　　RPA 机器人可应用于保险领域内的绝大多数业务流程，但是能够最容易也最快速发展的，是用于自动化管理和客户服务，与接收、审查、分析和提交索赔有关。随着 RPA 技术的不断发展与更新迭代，它在保险行业的适用场景将会随之不断增长。

3.4　零售领域

　　RPA 机器人能够在零售领域中胜任的流程众多，包括从制造商的网站提取产品数据、自动在线库存更新、网站导入、电子邮件处理、订单数据处理、客服等。

3.5　医疗卫生领域

在医疗卫生领域方面,RPA 机器人能够胜任的业务流程也十分丰富,如患者注册流程、患者数据迁移、患者数据处理、医生报告、医疗账单处理、数据自动录入、患者记录存储、索赔处理等。

3.6　制造业

在制造业当中,RPA 机器人适用于大多数的流程和方案,包括现有的 ERP 自动化、物流数据自动化、数据监控、产品定价比较等。

4. RPA 在业务和财务管理领域的应用分析

RPA 在业务和财务管理领域的应用,如图 1-1-002 所示,具体内容如表 1-1-002 所示。

表 1-1-002　RPA 在业务和财务管理领域应用的具体内容

应用领域	业务	应用内容
大数据信息抓取	股票数据抓取	自动抓取股票市场数据,并自动进行下载,为投资分析提供数据
	商品数据抓取	自动抓取网站商品数据,并自动进行下载,为市场分析提供数据
	银行流水数据抓取	自动抓取各银行流水数据,并自动进行下载,为财务对账提供数据
销售到收款	自动开票	自动登录发票开具系统,按照指定开票信息完成发票开具业务
	应收应付账款对账	自动获取应收和实收、应付和实付信息,按照指导规则自动完成对账动作,并输出对账结果
	账期处理及报告	自动处理财务账务(应收、预收重分类等)
	销售合同管理	自动从销售合同 PDF 文本中提取指定信息并填入 Excel 表格
	客户信用管理	自动打开客户信用查询相关网站,获取查询的结果,并生成客户信用报告
采购到付款	供应商主数据管理	自动将新增或变更的供应商信息录入系统
	发票识别	通过 OCR 技术,自动识别发票信息,将识别结果保存至 Excel 文档
	发票校验	根据提供的发票,自动登录发票查验系统,查询发票真伪,并输出结果
	发票处理	自动处理发票,例如通过 OCR 自动识别发票信息、自动勾选认证发票等
	付款执行	自动获取付款申请单的付款信息(户名、付款账号、付款金额等),登录网银系统进行付款,并将付款结果填入 Excel 文档
	往来询证函	根据企业名称、应收和应付信息等,自动生成往来询证函

应用领域	业务	应用内容
资金管理	资金管理	自动获取每月不同客户回款金额，并计算各项目的回款总金额
	银行对账等	取得银行流水、银行财务账数据，并进行银行账和财务账的核对，自动出具银行余额调节表
差旅与报销	报销单据核对	根据报销规则，自动核查报销标准，并执行审核操作
	费用报销付款	自动获取审批通过的费用报销，登录网银系统进行付款，并将付款结果回填报销系统，完成转账业务操作
总账与报表	主数据管理	自动将变更的信息内容进行更新
	凭证处理	周期性的自动执行打印付款凭证记录，保存原始凭证
	薪酬核算	在缺少系统对接场景下，处理薪酬账务，并将工资条信息发送给员工
	自动化报告	自动获取发票查验系统的发票信息，根据获取到的发票数据，生成发票识别报告
	财务报告处理	自动将财务报表数据生成的图表复制粘贴至PPT中，以便进行财务汇报工作
税务管理	税务申报	税务数据的采集与处理、税务相关财务数据、业务数据的采集与处理，自动纳税申报

 应用实例

案例一：税务申报

为提升增值税申报的工作效率，企业通过部署RPA机器人完成所涉及纳税主体的增值税申报工作，即将设计好的申报流程部署在专用服务器的RPA机器人上，在每个月或每个季度的特定时间节点，RPA机器人自动模仿人工申报操作进行增值税申报。RPA机器人根据税金计提表数据在电子税务局完成纳税主体的增值税申报，完成所有纳税主体的填报后，RPA机器人自动稽查内容的准确性，再进行打印并发送邮件通知财务人员稽核，确认后RPA机器人批量申报并将申报完成的结果发送邮件通知财务人员，从而实现自动填报、自动申报，如图1-1-003所示。

案例二：自动开票

在企业生产经营活动中，发票开具属于高频性处理事务。财务人员需收集汇总客户的开票需求，登录开票系统，按照需求进行开票操作。大型企业每月开具发票数量数以万计，所以经常导致财务人员日以继夜地加班加点才能完成发票开具任务，这种繁重的、枯燥的工作内容，消耗了财务人员的工作热情。而企业引入的自动开票机器人，解放了财务人员的双手，缩短了开票时长，在一定程度上缓解了财务工作人员的工作压力，如图1-1-004所示。

图 1-1-002　RPA 在业务和财务管理领域的应用示意图

		RPA 首要适用工作	RPA 适用工作	非明显适用工作

愿景与战略规划

治理与监管
- 内外部相关者管理
- 财务战略

制度管理

制度设计
- 制度评估
- 流程与控制设计
- 制度实施
- 制度沟通
- 制度监督

法定报告
- 法定财务报告
- 集团报送

内部报告
- 内审报告
- 风险自评报告
- 各险种报告

合规监管报告
- 内控鉴证报告
- 险种类报表
- 压力测试报告
- 偿付能力报表
- 其他报表

税务管理
- 税务筹划
- 发票管理
- 纳税申报
- 税务风险管理

资产负债管理
- 定性评估
- 定量评估
- 综合评级

投资管理
- 资产配置
- 业绩考核
- 风险敞口

管理分析与控制
- 设定战略目标
- 全面预算管理
- 计划与预测
- 报表与报告
- 监管分析

风险管理
- 审计风险
- 流动性风险
- 汇率风险
- 税务风险
- 利率风险
- 其他风险

财务会计控制
- 会计科目管理
- 日记账录入调整
- 外币调整
- 报表编制与稽核
- 钩稽关系核对
- 公司间对账
- 结账支持
- 合并报表
- 财务分析

日常业务管理
- 资金管理
- 佣金管理
- 固定资产管理
- 员工费用和薪酬
- 绩效管理
- 收入管理
- 报账管理

财务数据管理
- 数据统计
- 系统管理
- 参考数据管理
- 数据质量管理
- 数据清洗
- 数据清理
- 数据勘误
- 数据确认

RPA 机器人智导——

名师精品·
Gaozhigaozhuan Kuaiji Xilie
高职高专会计系列

● 税务申报

项目背景：某集团，拥有近200家纳税主体，每月由3名税务人员通过客户端进行一般纳税人增值税申报，耗时3个工作日。通过RPA机器人的应用，解放3位税务人员，时效优化两天。

人工步骤
RPA步骤

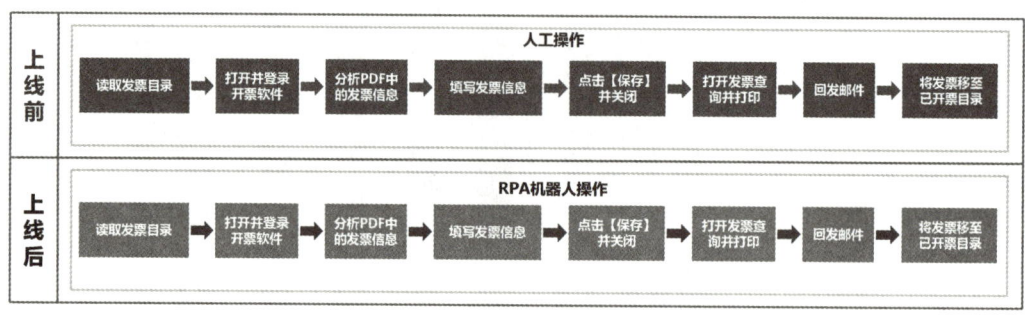

图 1-1-003　RPA 机器人与人工在税务申报工作方面的对比

图 1-1-004　RPA 机器人与人工在开票工作方面的对比

案例三：薪资核算

人事部薪资组同事针对集团的薪资计算，每月月初需登录工单系统，下载区域 HR 提交到工单中的计薪资料，并对资料进行信息校验，校验通过后按照系统表格模板新建 Excel 表格进行信息汇总并导入。该业务操作对象是集团的所有子公司，涉及范围为 5 个区域，共计 300 多家子公司。因涉及的子公司众多，所以工作人员在每个月初操作重复率高，花费的时间多，导致整体工作效率较低。

为提高人事部薪资部工作人员薪资计算的工作效率，企业通过部署 RPA 机器人完成所涉及子公司的薪资计算工作，即将设计好的对账流程部署在专用服务器的 RPA 机器人上，在每月月初登录工单系统并下载区域 HR 提交到工单中的计薪资料，并对资料进行信息校验，校验通过后按照 E-HR 系统表格模板新建 Excel 表格进行信息汇总并导入，从而提高该业务操作的整体工作效率，优化并改善工作流程，如图 1-1-005 所示。

● 薪资核算

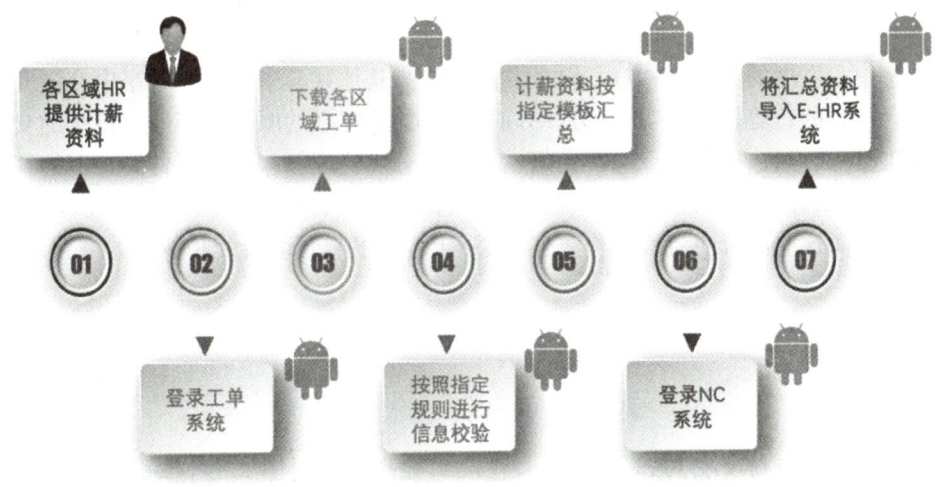

图 1-1-005　RPA 机器人在薪资核算工作中的应用

 5. RPA 在财务领域的应用趋势分析

如上所述,RPA 在财务领域优势明显,势必会迎来发展浪潮。

5.1　RPA 助力企业财务向数字化转型

数字化转型就是综合利用各种技术与手段,将企业经营的所有业务互联网化、智能化及自动化。数字化转型的目的,即通过组织经营的完全数字化,加速客户需求响应速度、业务运营速度、提升业务人员价值,释放组织架构改革红利。[①]

以 RPA 为核心的流程自动化解决方案可以大幅度缩减企业财务的数字化转型成本,提升场景落地速度,加速企业全局战略在财务层面的三个核心目标——推动增长、降低成本和管理风险的实现,为企业财务从"核算过去"向"管理未来"转型奠定基础。[①]

5.2　RPA 助力财务流程的柔性化和自动化

财务共享服务中心的服务流程将从当前仅支持标准化、规范化工作,主要服务客户共性需求的"刚性"流程,逐步向支持灵活性、可扩展性工作,可以服务客户个性需求的"柔性"流程方向发展;此外,随着 RPA 技术的逐渐成熟,共享流程的处理会加速向自动化方向发展,在可预计的未来,财务共享中心的常规工作岗位将由财务机器人程序所替代,财务共享中心最终会演变成财务自动化工厂。当然,柔性化和自动化的方向并非一致,柔性化的需求将会增加自动化的难度。[②]

① 廖万里.RPA 助力企业财务管理向数字化转型[EB/OL].中国总会计师.(2020-09-09)[2021-12-1]. https://mp.weixin.qq.com/s/h4eKJLuk3hpjlJr_Bs_QhA.

② 刘勤.财务共享服务的五个发展趋势[EB/OL].(2017-09-03)[2021-12-1].https://wenku.baidu.com/view/9db59d911b5f312b3169a45177232f60ddcce7a0.html.

名师精品·

Gaozhigaozhuan Kuaiji Xilie

高职高专会计系列

5.3　RPA助力企业服务的一体化和融合化

这里的一体化和融合化是指多种共享中心(财务共享服务中心、人力资源共享中心、法律服务共享中心、信息技术共享中心、客户共享服务中心等)的集成和融合。随着共享中心发展的深入,一方面,财务共享中心与其他共享中心从多共享中心演变成单个综合中心的趋势越来越明显;另一方面,财务共享中心的服务内容除了传统的交易性流程工作(如应收、应付、资产、费用报销、现金、总账管理等),正在延伸到更多的高价值流程工作(如计划分析、全面预算、税收筹划、资金运作、风险管理、公司治理、投融资管理等)中,而这些高价值流程工作更多需要RPA技术与管理会计和业务的融合。①

🔖 思政园地

科技兴则民族兴,科技强则国家强②

无论是德勤携手Kira Systems,将人工智能引入财务工作,推出了财务智能机器人——小勤人,还是普华永道在财务管理、人力资源、供应链,以及信息技术领域对人工智能等新型技术的应用,背后都离不开科技、创新强而有力的支撑。在2020年9月11日的科学家座谈会上,习近平总书记强调当今世界正经历百年未有之大变局,我国发展面临的国内外环境发生深刻复杂变化,我国"十四五"时期以及更长时期的发展对加快科技创新提出了更为迫切的要求。

神舟十二号载人飞船与空间站天和核心舱成功实施对接、90天后成功实施分离、籼型杂交水稻、港珠澳大桥……在各个领域的例子和中国骄傲向世人证明:科技兴则民族兴,科技强则国家强。

---

① 刘勤.财务共享服务的五个发展趋势[EB/OL].(2017-09-03)[2021-12-1].https://wenku.baidu.com/view/9db59d911b5f312b3169a45177232f60ddcce7a0.html.

② 新华社.习近平在科学家座谈会上的讲话[EB/OL].(2020-09-11)[2021-12-11].//https://baijiahao.baidu.com/s?id=1677545397554648074&cofr=spider&for=pc.

项目 2　初识 UiPath

 1. UiPath Studio 简介

UiPath Studio 是一款优秀的可视化自动流程工具,界面美观大方,功能丰富实用,支持创建序列、流程图、状态机类型的自动化工作流,方便设计者根据实际工作流程的情况,采用合适的自动化工作流。

 2. UiPath Studio 下载与安装

(1) 进入 UiPath 中文官网。打开浏览器,进入 UiPath 官网(https://www.uipath.com.cn/),如图 1-2-001 所示。

图 1-2-001　UiPath 中文官网

(2) 选择对应的版本,点击【开始试用】,如图 1-2-002 所示。

社区版:适用于个人 RPA 开发者和小型团队,永久免费。

Studio:适用于企业开发人员,试用 60 天,按年收费。

企业服务器:适用于需要完整的企业自动化平台的企业(本地部署 Studio、Robots、Orchestrator),试用 60 天。

(3) 填写注册信息后提交,会收到下载链接,点击进行下载,如图 1-2-003 所示。

(4) 双击安装文件"UiPathStudioCommunity.msi",依次点击【快速】【接受协议】【安装】,等待 5 分钟,完成 UiPath 的安装,如图 1-2-004 所示。

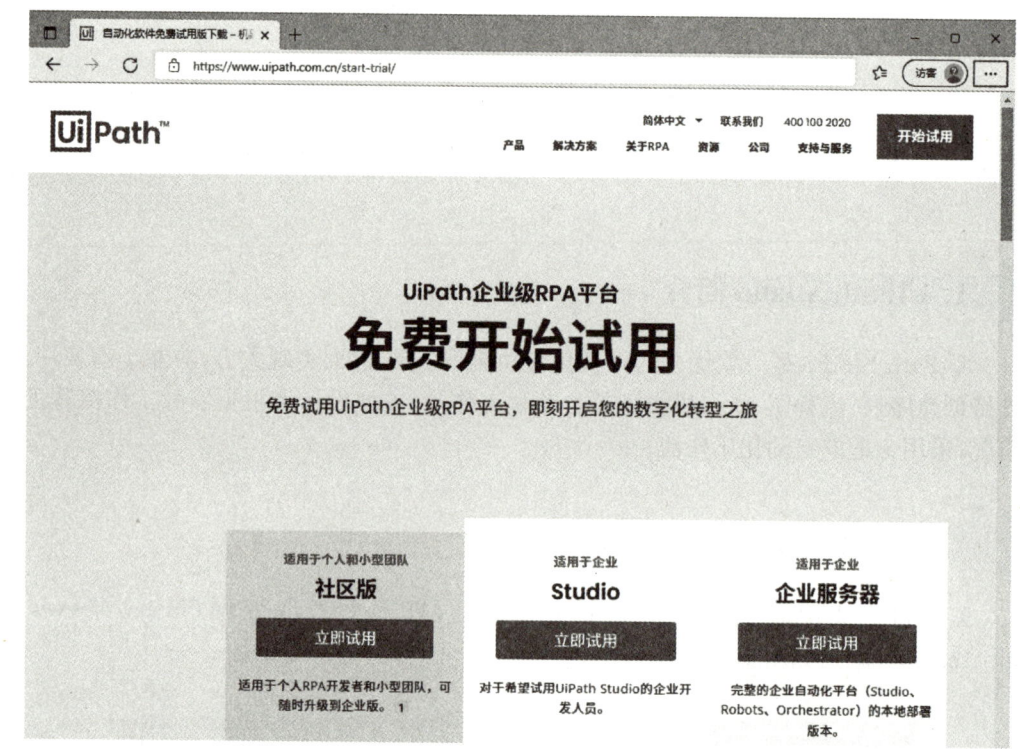

图 1-2-002　UiPath 客户端试用页面

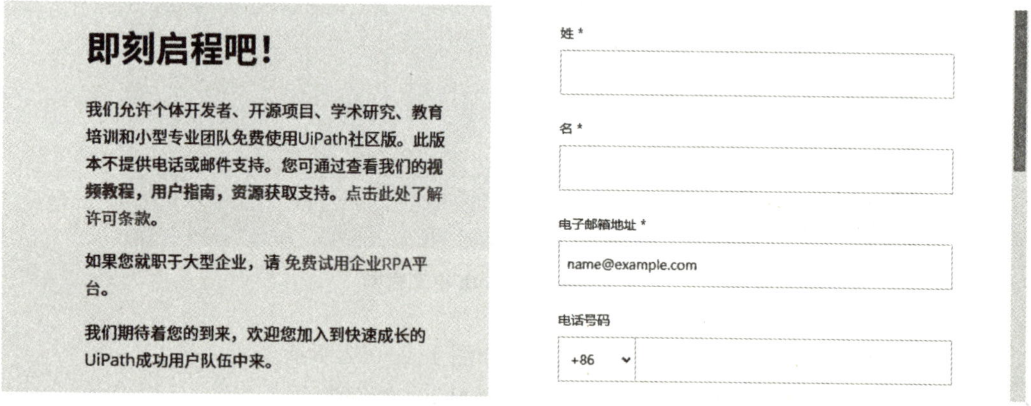

图 1-2-003　UiPath 账号注册页面

　　(5) 安装完成后,点击【启动 UiPath Studio】进入到 UiPath 的配置界面。点击左下角【More Options】(更多选项),如图 1-2-005 所示。

　　(6) 选择 Community Offline(社区版),如图 1-2-006 所示;再次选择 UiPath Studio,如图 1-2-007 所示。

欢迎使用 UiPath 安装程序

v2021.10.3

① 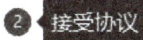 点击快速

○ 快速 (建议社区版用户使用)
使用默认设置安装产品

○ 自定义 (建议企业版/高级用户使用)
安装产品并配置自动化开发环境

UiPath 收集使用情况和性能的数据,以帮助改进其产品和服务。了解如何选择退出。

② 接受协议

✓ 我接受许可协议 中的条款

③  点击安装

安装

图 1-2-004 UiPath 客户端安装界面

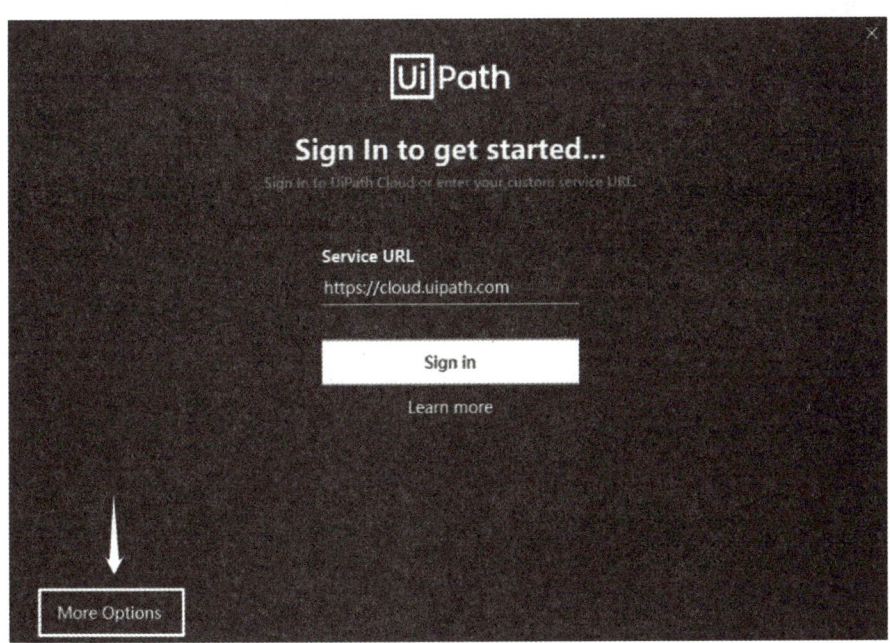

图 1-2-005 UiPath 配置界面(1)

图 1-2-006　UiPath 配置界面(2)

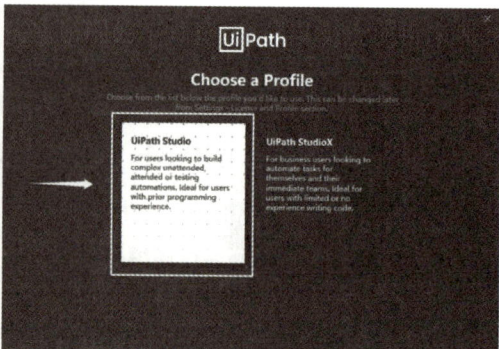
图 1-2-007　UiPath 配置界面(3)

（7）主界面语言切换。进入 UiPath 主界面后，依次点击【Settings】（设置）、【General】（通用）、【Language】（语言），将语言设置为中文（简体）。弹窗后点击【Restart】（重启），完成 UiPath 的安装，如图 1-2-008 所示。

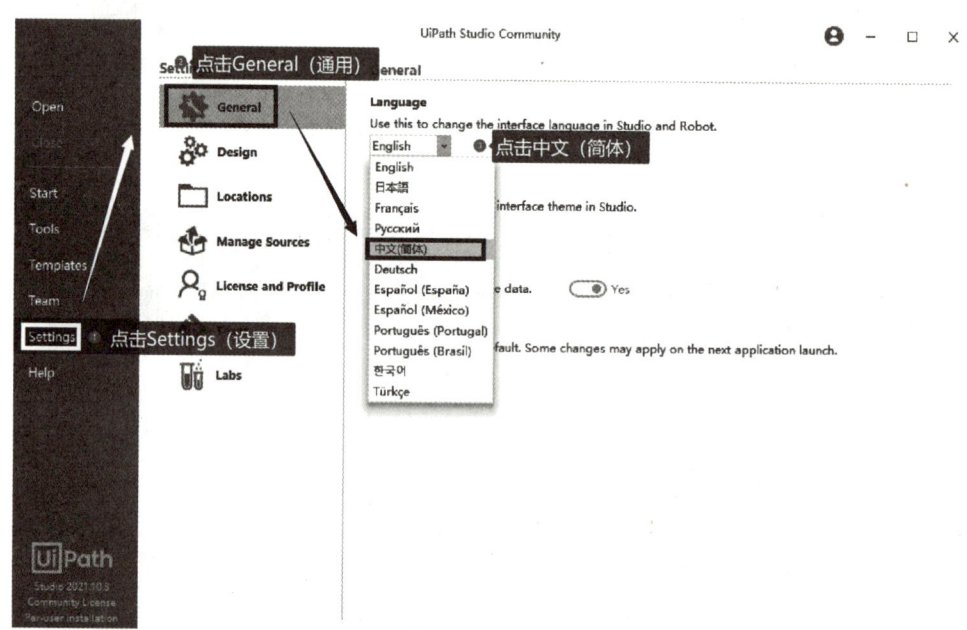
图 1-2-008　UiPath 配置界面(4)

3. UiPath Studio 界面介绍

UiPath Studio 包含多个功能面板，可以轻松的访问和使用特定功能，各面板可以浮动或固定，也可以启用自动隐藏选项，如图 1-2-009 所示。

3.1　菜单面板(测试车间)

菜单面板位于窗口的上方，其中有多个快速访问的工具按钮，可以实现项目序列的

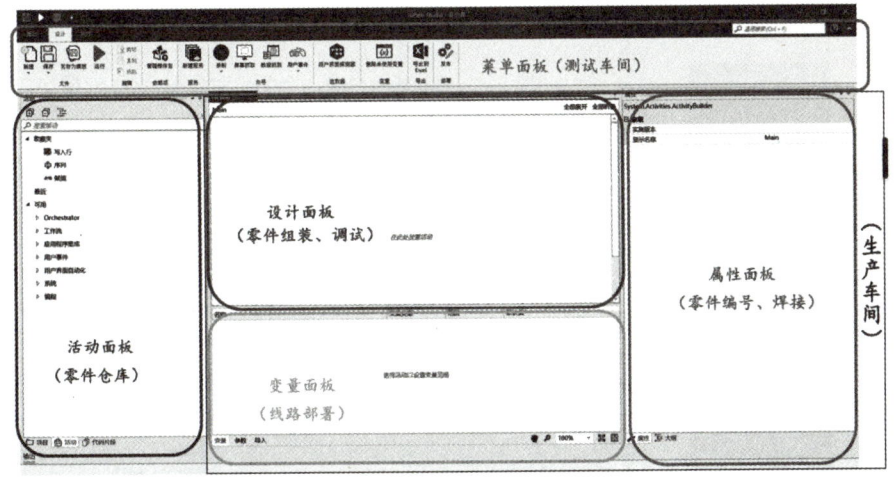

图 1-2-009　UiPath Studio 界面

新建、录制和屏幕抓取等功能,比如通过录制人工操作行为实现 RPA 机器人的模拟手工操作过程。

3.2　活动面板(零件仓库)

活动面板显示可以使用的活动或控件,使用搜索框查找活动或控件,并拖拽活动或控件至设计区域,面板中包括用于显示收藏的收藏夹、最近的项目(最近使用的活动或控件)、可用(可用和兼容的活动选项)。其中面板左上角的 ⊞ 图标表示可以"全部展开"活动列表,⊟ 图标表示可以"全部折叠"活动列表,▽ 图标可用于"视图选项"设置。

活动面板下方有三个选项卡,分别是【项目】【活动】【代码片段】,通过【项目】选项卡,了解打开项目的相关设置;通过【活动】选项卡,选用所需的活动或控件进行机器人的设计,通过【代码片段】选项卡,了解部分代码片段内容。

3.3　设计面板(零件组装、调试)

在设计面板中,开发者可实现 RPA 机器人的可视化搭建,显示和修改当前的自动化项目,也可以快速访问变量、参数等,通过双击要查看的活动,可以在图表中导航。

3.4　变量面板(线路部署)

变量面板可以创建、删除和修改变量的名称、类型、范围、默认值;可以创建、删除和修改参数的名称、类型、范围、默认值等。

3.5　属性面板(零件编号、焊接)

属性面板具有上下文关系,可以查看和更改所选活动的属性。可以按字母顺序对属性进行排序,也可以使用搜索框查找特定属性。

4. 使用 UiPath 进行 RPA 机器人开发流程

4.1　新建项目

(1)从开始界面的新建项目中启用一个新项目,或者打开最近的项目文件,如图

1-2-010所示。

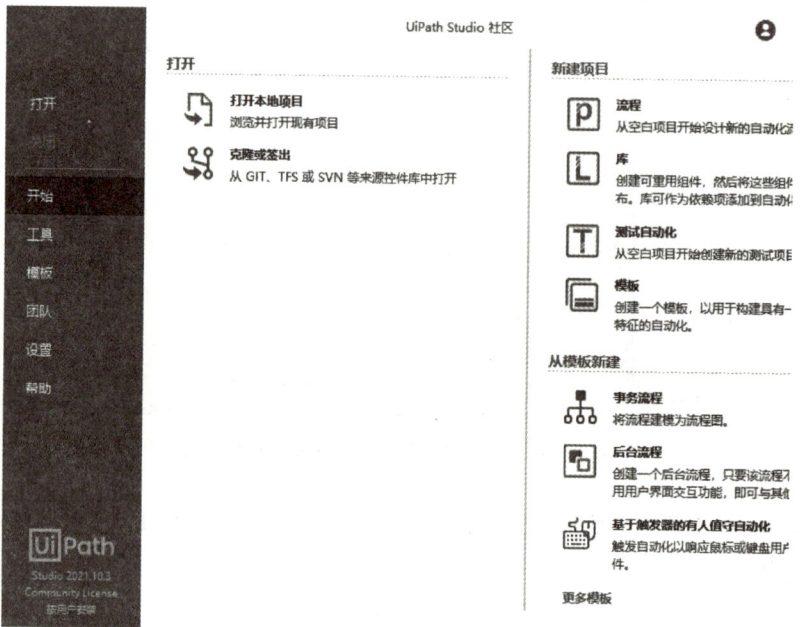

图 1-2-010   UiPath 开始界面

（2）新建项目时，需配置项目的属性。流程名称尽量选择规范性的描述，方便后期查找；默认路径可选择右侧的文件夹图标修改；说明中主要反映此 RPA 机器人的功能与作用，如图 1-2-011 所示。

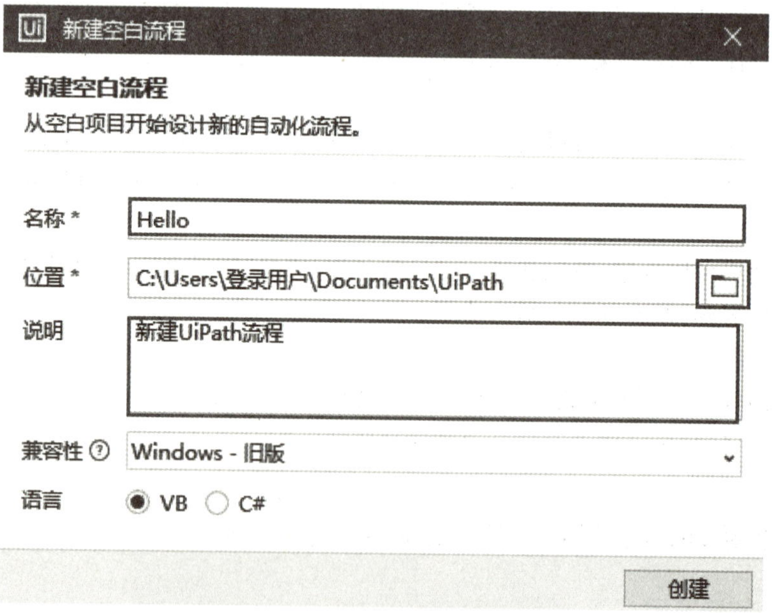

图 1-2-011   UiPath 新建项目界面

（3）初次项目创建后会出现等待时间较长的情况，此时是因为在配置流程所需的依赖包，稍等片刻便会进入主界面。

（4）此时新的流程项目文件夹中，将出现以下工程文件 Main.xaml 和相关的配置文件，如图 1-2-012 所示。

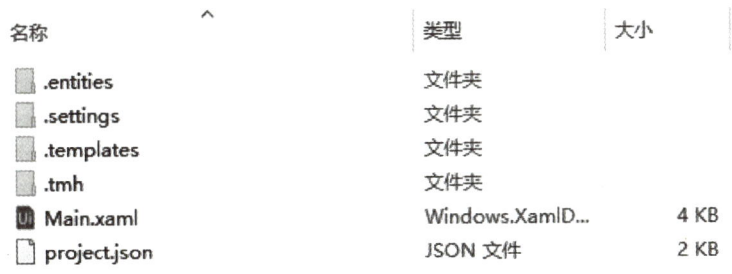

名称	类型	大小
.entities	文件夹	
.settings	文件夹	
.templates	文件夹	
.tmh	文件夹	
Main.xaml	Windows.XamlD...	4 KB
project.json	JSON 文件	2 KB

图 1-2-012　UiPath 工程文件夹

4.2　序列创建

进入到主界面后，我们可以看到左侧项目包含了 Main.xaml 工程文件，我们可以通过右键重命名更改此工程文件的名称，方便后期识别此工程文件，如图 1-2-013 所示。

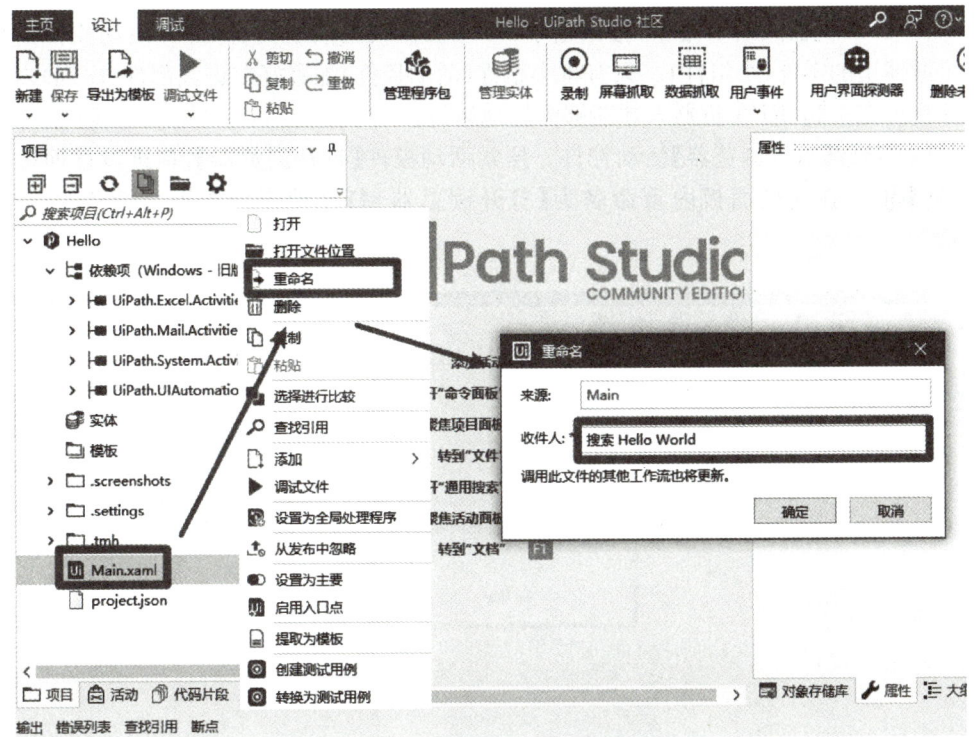

图 1-2-013　UiPath 工程文件重命名

（1）点新建【序列】活动控件。击左下角的活动进入活动面板。搜索活动控件【序列】，拖动进设计面板中。点击此序列，在右侧属性面板中，重命名此控件的名称，如图1-2-014所示。

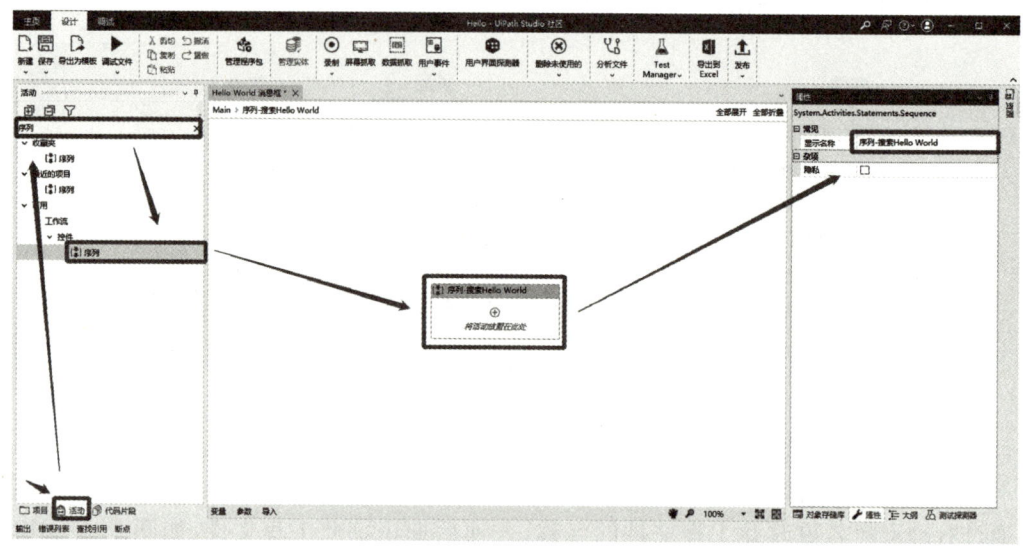

图1-2-014　新建活动控件【序列】

在RPA机器人当中，【序列】相当于RPA机器人的四肢（大部件），活动控件则是每个肢体里的零件（小组件）。只有将小组件（活动控件）配置好放进大部件（序列）内按顺序拼凑在一起，RPA机器人才能够流畅地运行。

（2）新建【打开浏览器】活动控件。搜索活动控件【打开浏览器】，拖进设计面板的【序列】内，并在属性面板内重命名为【打开浏览器-打开搜索引擎】，如图1-2-015所示。

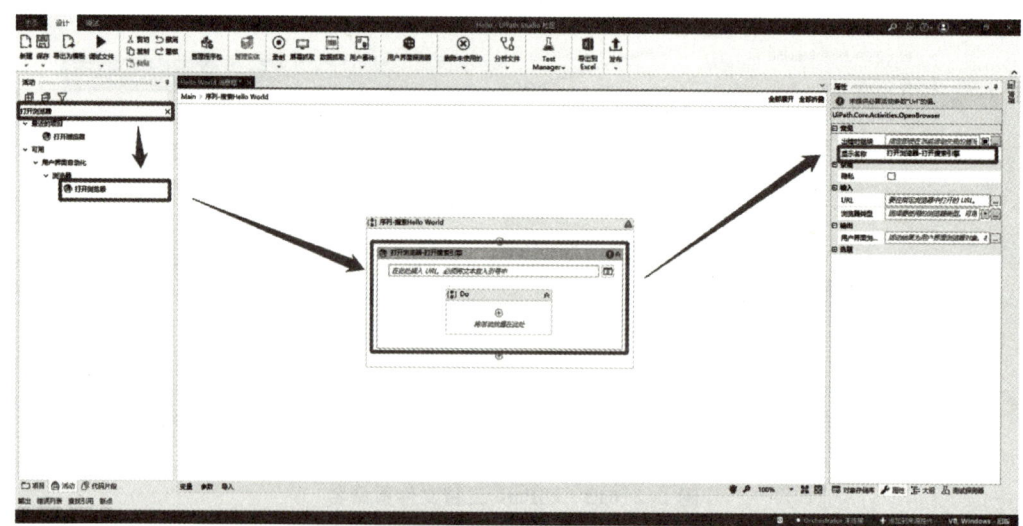

图1-2-015　新建活动控件【打开浏览器】

此时属性面板会出现红色的感叹号,是因为"URL"(网址)未提供,稍后将网址信息填充上去,感叹号就会消失。

(3)配置【打开浏览器】的属性面板。在【属性面板】-【输入】-【URL】中输入【"www.baidu.com"】;在【输入】-【浏览器类型】里选择对应的浏览器,完成属性配置,如图 1-2-016 所示。

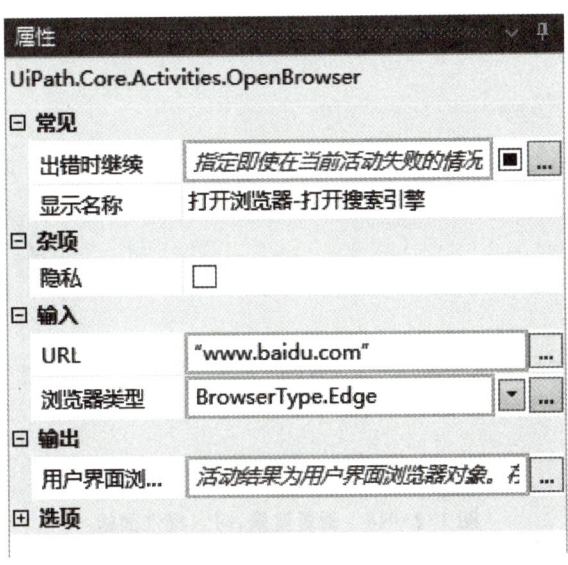

图 1-2-016 配置【打开浏览器】的属性

注意,此处的 URL 只识别 String(字符串)格式,要在内容外加上双引号,并且必须是英文双引号,否则无法识别,如图 1-2-017 所示。

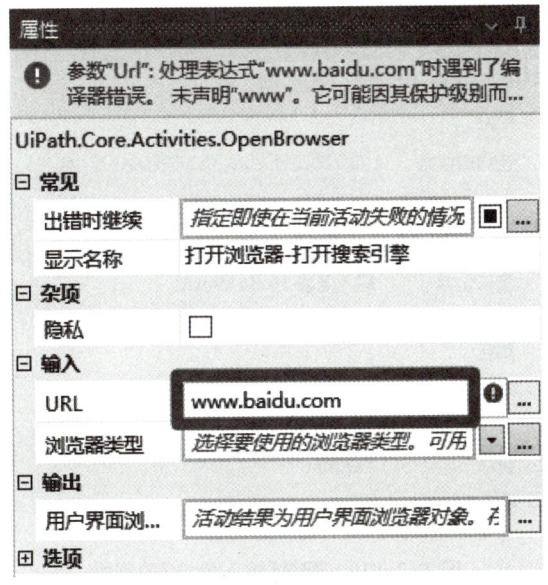

图 1-2-017 配置【打开浏览器】属性的错误示范

在属性面板中输入内容时，建议内容以变量的形式插入，当后期多个活动控件调用到此内容时，便可通过修改变量，同步修改多个控件的属性。变量面板可以在设计面板下方打开，如图 1-2-018 所示。

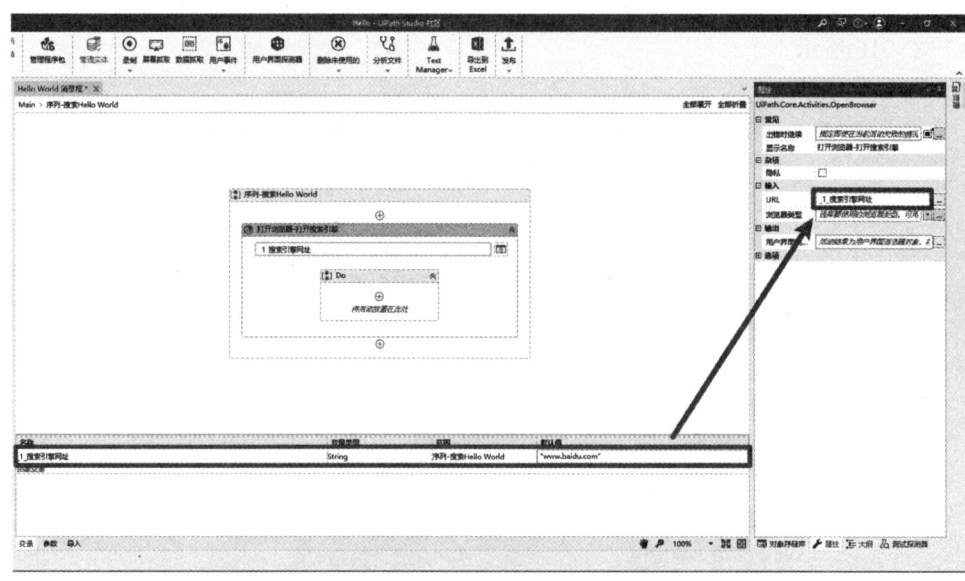

图 1-2-018　配置变量，写入属性面板

（4）新建【输入信息】活动控件。搜索活动控件【输入信息】，拖进设计面板的【打开浏览器-打开搜索引擎】活动下，并在属性面板内重命名为【输入信息-Hello World】。

（5）配置【输入信息】的属性。在【属性面板】-【输入】-【文本】中输入【"Hello World"】，如图 1-2-019 所示。

图 1-2-019　配置【输入信息】的属性

（6）配置【输入信息】的指明操作。打开浏览器进入搜索引擎，返回到 UiPath 设计面板内，单击【指明在屏幕上】后跳转至浏览器内，选中搜索引擎的搜索框，完成指明操作，如图 1-2-020、图 1-2-021 所示。

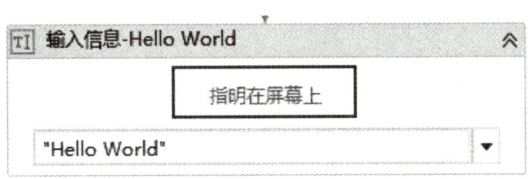

图 1-2-020　配置属性【指明在屏幕上】

图 1-2-021　【指明在屏幕上】的区域

（7）新建【单击】活动控件，操作与第二步相似，如图 1-2-022 所示。

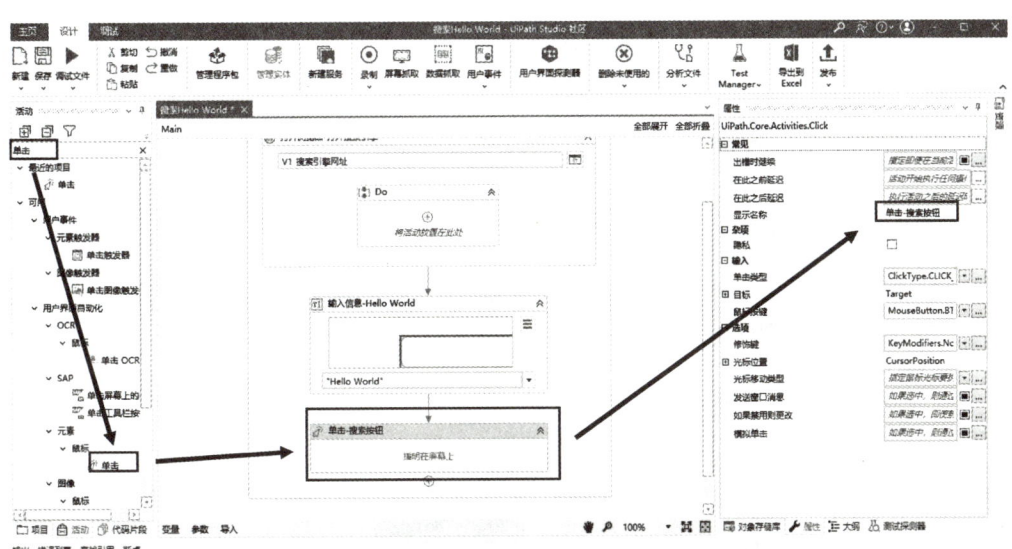

图 1-2-022　新建活动控件【单击】

（8）配置【单击】的指明操作，操作可参考第六步，如图 1-2-023 和图 1-2-024 所示。

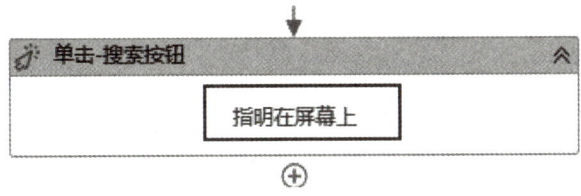

图 1-2-023　配置属性【指明在屏幕上】

图 1-2-024　配置属性【指明在屏幕上】的区域

（9）RPA 机器人制作完成，点击【调试文件】运行此机器人，如图 1-2-025 所示。

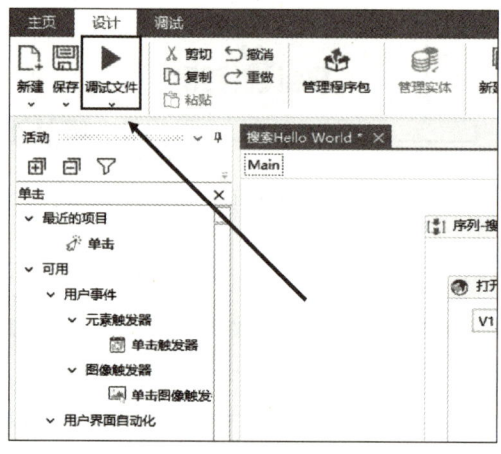

图 1-2-025　点击【调试文件】

4.3　序列调试

（1）如遇到 RPA 机器人无法正常运行的情况，则可点击顶部的【调试】，进入调试页面，如图 1-2-026 所示。

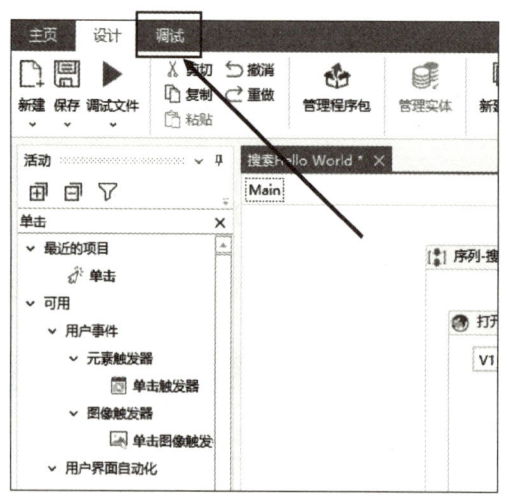

图 1-2-026　点击【调试】

（2）点击【进入】测试每一个活动控件的运行状态，如图 1-2-027 所示。

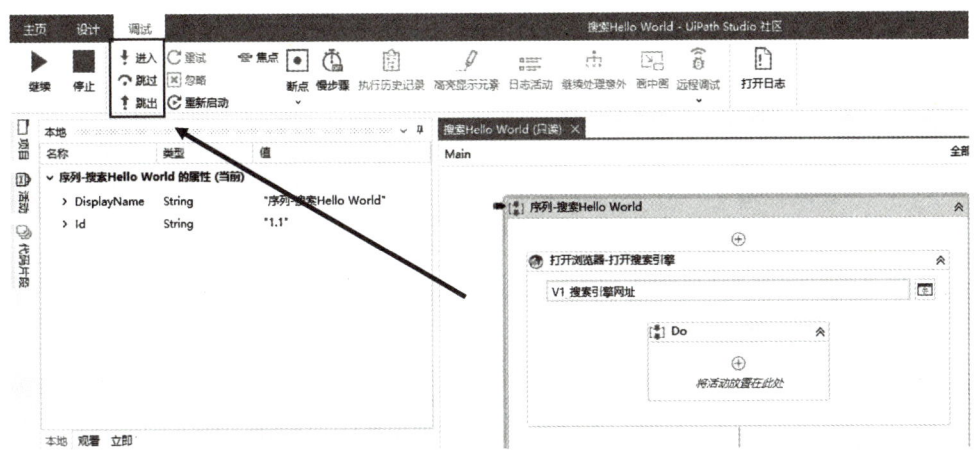

图 1-2-027　UiPath 调试界面

（3）找到问题后，点击【停止】，回到设计界面中更改对应活动控件的属性，如图 1-2-028 所示。

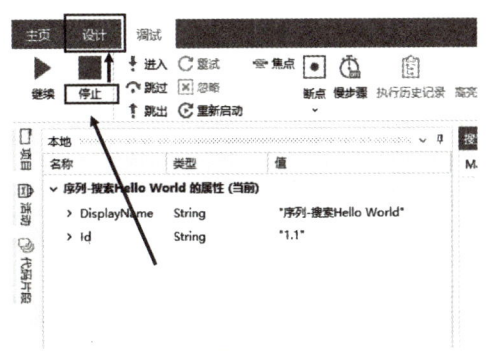

图 1-2-028　返回 RPA 机器人设计界面

4.4　制作完成，后期维护

（1）RPA 机器人成功运行后，点击保存此文件，如图 1-2-029 所示。

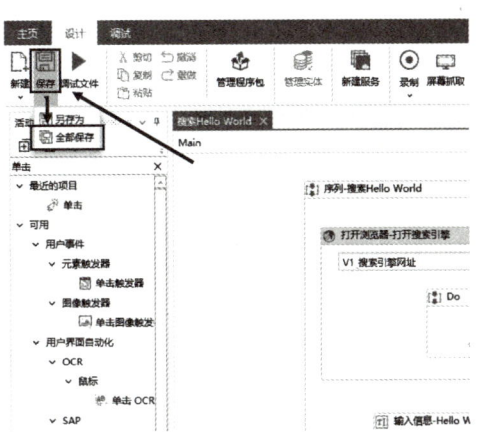

图 1-2-029　保存 RPA 机器人的工程文件

（2）如后期需要移动工程文件，切记将文件夹内的所有文件一同移动或复制，以免导致活动控件中缺少图片、无法运行等现象发生。RPA 机器人存放的文件夹，如图 1-2-030 所示。

名称	修改日期	类型	大小
.entities	2021/12/5 18:49	文件夹	
.screenshots	2021/12/18 11:03	文件夹	
.settings	2021/12/5 18:49	文件夹	
.templates	2021/12/5 18:49	文件夹	
.tmh	2021/12/5 18:49	文件夹	
project.json	2021/12/5 18:53	JSON 文件	2 KB
搜索Hello World.xaml	2021/12/18 11:06	Windows.XamlD...	9 KB

图 1-2-030　RPA 机器人制作完毕后的工程文件

项目 3　CoE 卓越中心介绍

1. 什么是 RPA CoE

CoE 是 Center of Excellence 的缩写，翻译为卓越中心。RPA CoE 是企业内部的一个支持 RPA 的实现的部门，本质上是一种将 RPA 深入有效地嵌入和实施到企业中，并在未来部署中重新分配积累的知识和资源的方式。

RPA CoE 通常构建于企业计划在全组织内扩展和推广 RPA 的阶段，往往肩负着提高 RPA 机器人部署能力、利用率以及人机协作能力、挖掘潜在场景、实现 RPA 生命周期管理和提高企业可持续发展能力等重任。

2. RPA CoE 核心职责

2.1　定义组织

CoE 负责定义支持 RPA 的各个内、外部核心角色和职责，与企业整体组织架构相融合，为 RPA 项目提供支持人员与培训，并明确与其他部门之间的权限和责任划分，确保 RPA 在整个企业中的集成。

2.2　保障技术

CoE 负责提供 RPA 所需硬件基础设施与软件操作环境的技术支持和维护，同时负责提供整体的技术指导与培训，例如选择合适的 RPA 工具或平台，制定 RPA 机器人操作环境的 IT 架构设计规范，推动 RPA 集成到 IT 服务管理结构中等。

2.3　部署管理

CoE 的职责覆盖于 RPA 整个生命周期，涵盖了业务流程梳理，自动化机会识别与评估贯穿 RPA 项目开发、测试、部署上线、监控管理以及扩展推行的全流程；同时，负责构建机器人的管控框架，建立开发和部署机器人的策略、程序和标准，以及制定机器人应急处理方案，建立风险控制和安全管理机制，提供机器人风险预警、应急和修复处理，保证业务的连续性。

2.4　运维服务

CoE 负责现有 RPA 流程的日常运营维护，包括机器人的工作任务分配和作业时间安排、机器人的变更管理和新流程的部署上线、机器人运行的监控和报告、机器人运行中的风险和问题修复、业务部门的技术服务支持等。

2.5　推广传递

CoE 负责向全企业传递自动化的理念、宣传和推广 RPA 的价值、介绍自动化流程的优化方法、分享成功实践的案例和经验，帮助员工建立对工作方式转变以及

RPA 价值的正确认知,减轻抵触情绪,进而提高人机协同的效率。同时,负责指导员工掌握 RPA 的使用方法,并对相关的技术进行前瞻性研究,加速相关技术与 RPA 的结合。

3. 为什么要构建 RPA CoE

事实上,随着组织结构复杂化,企业中的各个团队往往会被困孤岛,不同团队间受限于各种因素,无法达成高效的合作,导致企业资源浪费,运营效率低下。

为了减少不同部门间知识或技能差距的影响,以更有效的方式共享知识或技能,推动创新与协作,合理调度企业的技术、技能、人员、管理、业务等资源,提高企业运营效率,企业往往需要构建 CoE。

当 RPA 项目成功部署上线,在看到 RPA 的实施效果后,企业往往会着手构建 RPA CoE,继续挖掘其他有自动化需求的场景,评估自动化机会,合理调度机器人资源共享,并对机器人进行监控和运营维护,以实现业务流程的持续扩展,以及企业自动化能力的提升和深化。

相反,缺少一个结构良好且人员配置完善的 RPA CoE,往往会导致大量低质量的流程设计和未解决的机器人异常,这些设计和异常最终会转化为弱自动化稳定性,增加企业运营的负担,并会导致员工对 RPA 技术的信任逐渐消失。

总而言之,RPA CoE 的构建,是为了确保 RPA 深入有效地嵌入和实施到企业中,并得到最大化的应用与集成。

4. 组建 RPA CoE 的价值

CoE 不是启动 RPA 项目的先决条件,大多数企业都是从概念验证和少量自动化开始实施 RPA 的。然而,随着 RPA 的不断扩展,当企业尝试增加 RPA 的部署,并将 RPA 应用到更复杂的流程时,由于缺乏支持自动化的管理机构、策略、程序、标准、工作流和资源等,一系列更大的挑战不断出现,例如规模扩大、更复杂的治理、机器人维护、跨部门的 RPA 编排等。为了应对这些挑战,企业往往需要建立 RPA CoE。

企业组建 RPA CoE 的价值,不止在于围绕 RPA 技术提供专业知识和技术能力的支持,更重要的在于从顶层设计架构层面,规划和推进 RPA 的顺利实施,并且横跨不同部门,帮助 RPA 在企业的各个组织中深入扩展,从组织和机制上保证资源的共享分配和协同增效,提高机器人的开发效率,确保 RPA 的运行质量,从而扩展更多的自动化业务流程,将 RPA 的优势发挥到最佳,持续提升和优化企业运营效率,提升企业投资回报率(ROI)。

总而言之,从顶层设计层面构建一个结构良好且人员配置完善的 CoE,不仅能够为企业后续快速、高效地部署 RPA 奠定良好的基础,同时对企业取得理想的业绩,并从中获得可观的投资回报率也极为重要,是确保 RPA 项目成功的关键。

5. RPA CoE 的组织模式

　　企业在建立 RPA CoE 前,应明确 CoE 在企业中的组织模式,是集中式、分散式,还是混合式;同时,应明确由谁来主导 CoE 的运营,是 IT 部门、业务部门,还是混合运营,如图 1-3-001 所示。

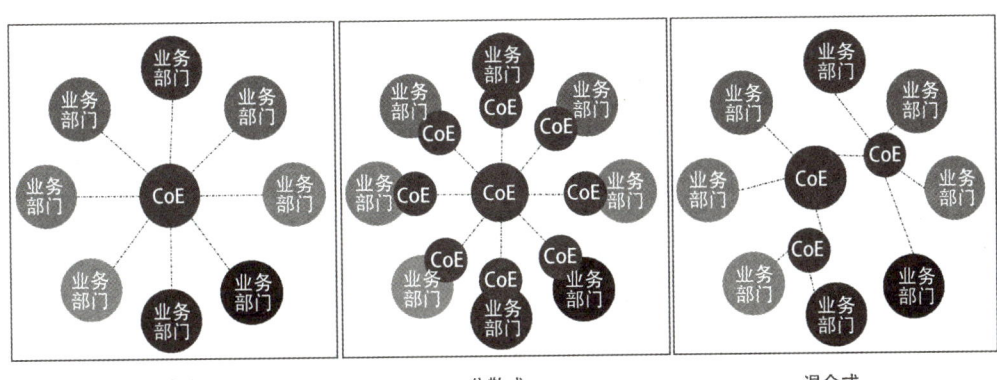

数据来源:全球管理咨询公司 Chazey Partners

图 1-3-001　CoE 在企业中的组织模式

5.1　集中式

　　集中式组织模式是指在业务部门之外,单独成立一个部门负责 RPA 的全局掌控和治理。企业往往需要建立一个集中的共享平台,将 RPA 所需的专业知识、技能和资源进行统一管理,并将自动化业务流程进行标准化、扩展和更新迭代后,再从统一的平台分发到各个业务部门。

　　在集中式组织模式中,通常以 IT 部门为主导,业务部门需要配合整个企业的自动化转型工作。

5.2　分散式

　　分散式组织模式中,RPA CoE 分散于企业的各个业务部门,对业务部门的约束较少。各业务部门拥有独立的权限,能够决定业务流程的优先级、评估和开发 RPA 的流程。

　　与集中式不同,在分散式组织模式中,通常以业务部门为主导,由业务部门独立负责 RPA 的运营。

5.3　混合式

　　混合式组织模式中的 CoE,具有集中式的共享平台和统一运营团队,同时,各业务部门的流程自动化也有足够成熟的认知和自驱能力。在混合式组织模式中,通常由分支机构提出自动化需求,然后在 CoE 的开发规划和框架指导下,对自动化需求进行筛选和分析,纳入实施计划中。CoE 负责统筹,并提供专业的操作和技术支持,各业务部门负责鉴别待自动化流程的优先级,以及评估和扩展适合特定业务的自动化流程。

5.4 各种模式的优劣分析

在组织模式的选择上，并没有唯一的标准答案。各种模式的优劣势表述如下。

（1）集中式组织模式的优势在于，能够对 RPA 资源进行整体的协调分配，避免资源浪费及人员冗余，降低整体成本；同时，能够对业务流程进行统一托管、扩展和更新迭代，便于标准化和规模化。又因为集中式管理都是基于企业整体战略的调度，因此能够促进 RPA 最大力度的推进。

但是，由于业务部门缺乏自主权，动员速度慢，该模式下的 RPA 无法快速应用，且灵活性差，业务收益见效慢，总部与分支机构之间、IT 部门与业务部门之间的沟通效率低。

（2）与集中式组织模式相比，分散式组织模式的优势在于高度灵活，业务收益见效快，RPA 服务团队贴近业务主体，沟通效率高。

但是由于缺乏统一的平台和标准，组织模式分散，不利于跨职能、跨部门的协调，无法在企业中横向扩展，机器人扩展能力、规模化能力、资源利用率都较低，缺乏战略性和资源统筹能力。

（3）相比之下，混合式组织模式既发挥了集中式和分散式的优势，又避免了二者的劣势，兼顾了实施和沟通效率、总体成本、业务收益、标准化、规范化和复用性等各方面因素。但是，这种模式对于企业的沟通、协同与管理能力要求较高，适合比较成熟的企业。

总而言之，每个企业都有独特的行业特征、企业规模、地理位置、技术水平和企业文化等，这些因素都会影响到企业的 CoE 组织模式。因此，企业需要根据自身的特性，来组织和安排 RPA 的实施过程。

6. RPA CoE 核心角色

无论 RPA CoE 采用的是何种组织模式，一般都具有 RPA 厂商、CoE 主管、RPA 项目经理、RPA 总监、RPA 业务分析师、解决方案架构师、RPA 开发人员、基础架构工程师、CoE 监理和运营支持人员等关键角色，不同角色的职责如下。

6.1 关键角色工作职责

（1）RPA 厂商：负责提供整体 RPA 机器人技术。

（2）CoE 主管：负责 CoE 统筹运营、绩效报告和业务沟通。

（3）RPA 项目经理：负责按照 CoE 策略交付 RPA 项目，根据预算确保投资回报率。

（4）RPA 总监：负责推动整个企业的自动化进程，确保策略实施畅通无阻。

（5）RPA 业务分析师：负责发掘自动化机会，收集需求，对潜在收益和所需资源进行自上而下的详细分析。

（6）解决方案架构师：负责统筹 CoE 的整体解决方案设计，协助 RPA 项目的开发和实施。

（7）RPA 开发人员：负责自动化流程的技术设计、开发、测试与项目实施支持。

（8）基础架构工程师：负责为故障排除和服务器安装提供基础结构支持，并参与自动化部署，为运营团队提供技术支持。

（9）CoE 监理：负责监督、调度和支持 CoE 的实施，确保业务的正常进行。

（10）运营支持人员：负责为 CoE 实施过程中出现的任何问题，提供前线支持。

6.2 核心角色具体工作职责及任职要求

6.2.1 RPA 业务分析师

RPA 业务分析师属于部署人员，负责识别自动化机会，整合需求，结合战略目标评估可优化业务的潜在收益，并出具意见。

6.2.1.1 RPA 业务分析师的职责

（1）负责收集并评估各业务模块的自动化需求，量化 RPA 机会，对收益进行综合评估并给出优先级建议。

（2）梳理业务流程，参与定义 RPA 项目的验收标准。

（3）协助 RPA 开发人员自动化方案的设计，并确保交付的方案满足业务需求。

（4）与 CoE 团队进行知识对接，负责解决方案测试、实施阶段的流程和业务咨询。

6.2.1.2 RPA 业务分析师的岗位要求

（1）具备 2 年及以上的业务分析师或流程分析师工作经验。

（2）具备优秀的分析思维、流程梳理能力和逻辑分析能力。

（3）具备质量管理、精益管理和业务流程再造等相关知识及经验。

（4）熟悉 IT 和运营。

（5）工作细心，有耐心，具备优秀的沟通表达能力。

（6）深入了解 RPA 的部署方法、机会识别和过程优化。

（7）熟悉一种以上常用的 RPA 工具和流程绘制工具。

6.2.2 解决方案架构师

解决方案架构师负责将业务分析结果转译成架构，统筹 CoE 的整体解决方案设计，参与创建并更新 RPA 解决方案的架构设计文档，协助 RPA 项目的开发和实施并保证质量。

6.2.2.1 解决方案架构师的职责

（1）负责参与业务和功能需求梳理，并基于需求设计 RPA 的顶层架构。

（2）统筹 RPA 解决方案的设计和开发，制订并更新维护开发标准。

（3）提供具有统一标准的 RPA 工作流程技术解决方案。

（4）创建流程库，并负责维护已开发的 RPA 流程。

（5）提供 RPA 基础设施、工作环境、软件安装及测试等技术支持和咨询服务。

6.2.2.2 解决方案架构师的岗位要求

（1）具备 5 年及以上的解决方案架构师从业经验。

（2）具备 1 年以上 RPA 开发经验。

（3）具备顶层架构设计能力和对大型项目的统筹控制能力。

（4）能够理解各业务模块的业务和功能性需求、非功能性需求、性能及可用性需求，并有针对性地设计和交付解决方案。

（5）具备丰富的基础设施工作知识和基于流程自动化设计架构的经验，能提供技术和业务层面的架构咨询服务。

（6）具备优秀的沟通协调能力和团队合作意识。

6.2.3　RPA 开发人员

RPA 开发人员，既是部署人员，也可能成为运营支持人员。主要负责 RPA 解决方案的设计、开发和测试，为 RPA 项目提供长期的技术支持。

6.2.3.1　RPA 开发人员的职责

（1）使用 RPA 工具进行 RPA 流程的设计、开发、测试和实施。

（2）协助 RPA 项目经理完成 RPA 项目的交付，并提供相应的技术支持。

（3）检查其他开发人员的工作成果，保证自动化的质量。

（4）根据已上线的机器人流程产生的需求和问题，持续优化机器人流程。

6.2.3.2　RPA 开发人员的岗位要求

（1）具备 1 年以上软件开发经验，具备 RPA 项目实施经验者优先。

（2）掌握一种以上编程语言和常用数据库或缓存操作（MySQL、Redis 等）。

（3）工作积极主动，具备良好的沟通表达能力、综合协调能力、分析判断能力和较强的团队意识，具备较强的学习能力和抗压能力，能够独立思考解决问题。

除以上核心角色外，CoE 团队中还可能包括来自财务部门和人力资源部门等跨部门的支持人员，企业可以根据自身情况及人力资源配置灵活设计。

7. RPA CoE 的工作流程

RPA CoE 作为组织和实施 RPA 项目的总指挥部，负责统筹、执行、监督和改进整个企业的 RPA 项目。主要工作任务包括了业务流程梳理；自动化机会识别与评估；RPA 机器人开发、测试，并部署到稳定、可扩展的环境中；RPA 机器人上线后的监控管理以及扩展推行等。

在 RPA 机器人上线前，RPA CoE 的工作流程大致可以分为四个步骤：需求与设计→解决方案设计和构建→测试→部署，如图 1-3-002 所示。

（1）需求与设计阶段，包括业务所有者、RPA 业务分析师、RPA 项目经理、RPA 开发人员等关键角色都会参与。这一阶段的主要任务在于识别、定义和明确可以自动化的流程，并对流程进行评估和优先级排序，最后输出关键可交付成果：初始流程评估和流程定义文档。

（2）解决方案设计和构建阶段，除了业务所有者、RPA 业务分析师、RPA 开发人员外，核心角色解决方案架构师也会参与，并负责将流程分析结果转译成架构，制定统一的标准，最后输出解决方案设计文档，再交由核心角色 RPA 开发人员负责 RPA 机器人的设计、开发与单元测试，输出配置测试计划和版本说明。

（3）测试阶段，又称为用户验收测试阶段（User Acceptance Test，UAT），主要由业务所有者、流程和技术顾问等根据测试计划对 RPA 机器人进行验收测试，并输出验证测试计划和 UAT 计划。

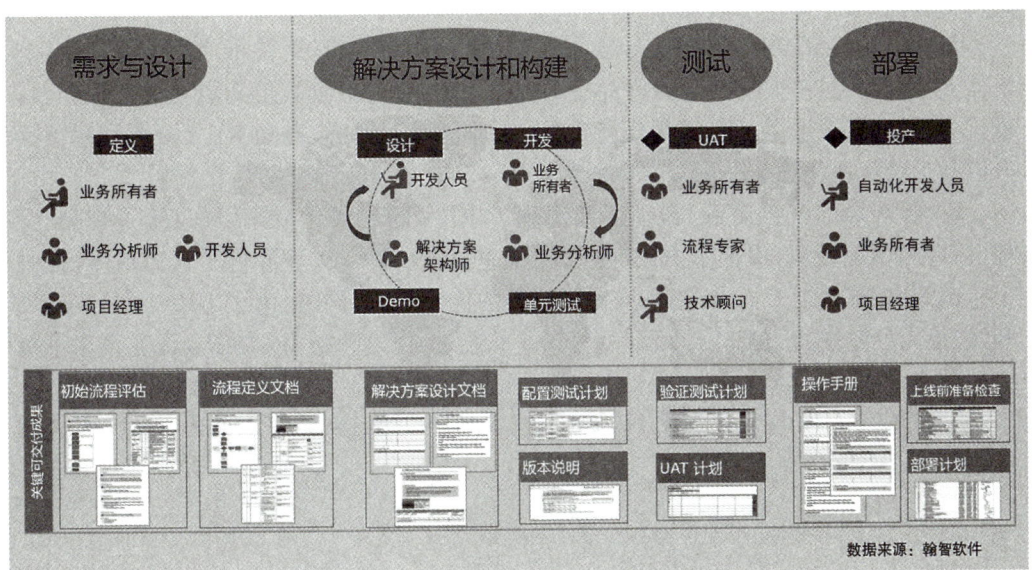

图 1-3-002　RPA CoE 工作流程

（4）部署阶段，主要由 RPA 项目经理与 RPA 开发人员负责将 RPA 机器人部署到稳定、可扩展的环境中，并输出操作手册、上线前准备检查表和部署计划等关键可交付成果。

当 RPA 成功部署上线后，RPA CoE 的工作流程会增加运营维护和持续改进两个步骤。这一阶段的 RPA CoE 的主要任务在于进行 RPA 机器人的日常管理和维护、接收反馈并不断改进优化，确保机器人无故障地运行。

8. RPA CoE 的构建案例

华金证券股份有限公司（以下简称华金证券）成立于 2000 年，是国内一家拥有全牌照的综合性证券公司。

自 2017 年起，华金证券开始 RPA 机器人的实践探索，并最先在 IT 运维场景中落地。通过探索实践，华金证券逐渐意识到 RPA 机器人的开发部署灵活、应用范围广、投入见效快、可以释放大量人力等优势，并决定将 RPA 机器人扩展到各个业务流程。

然而，在推动 RPA 机器人规模化应用的过程中，华金证券发现，如果在不同的业务流程中都实施数百乃至数千个 RPA 机器人，会导致机器人数量呈线性增加，大大增加 RPA 项目的实施成本。并且，由于不同职能部门在项目初期各自为政，仅以自身需求开发机器人，导致公司内部机器人种类繁杂、无法共享，造成 RPA 资源的浪费，且不利于机器人的集中管理与运营。

为了解决这些问题，加强 RPA 机器人的统一管理和 RPA 资源共享，实现生产效能的最大化，华金证券设立了 RPA CoE（卓越中心），从顶层设计层面实现了对机器人的科学管控。

华金证券的 RPA CoE 由领导规划小组、执行开发小组、运营推广小组等组成，是机器人集群的指挥"大脑"，主要负责根据公司战略，统筹规划智能机器人的建设路线，推进 RPA 在各个业务场景的规模化应用，治理机器人集群，推动 RPA 资源利用率提升以及运营可视化等。

在 RPA CoE 的推动下，华金证券实现了 RPA 的规模化应用，通过统一规划、管控、治理和调配资源，保证了 RPA 项目的快速、高效部署，大大降低了人力成本、提高了生产效率、降低了人为出错率、推动了流程的优化改善，同时，由于 RPA 项目实施周期短、投入见效快、开发部署灵活，大大节省了人力、物力和财力，为华金证券带来了极大的经济效益。

参考资料：张可可、刘力、顾钧青，《择高处立，向远而生——华金证券 RPA 机器人助力公司"数智化"升级》。

项目 4　RPA 厂商介绍

1. RPA 厂商的类型

通常 RPA 厂商分为 RPA 软件厂商和 RPA 咨询实施厂商。软件厂商为自主研发的 RPA 产品。目前,市面上已存在多种 RPA 工具可供选择。所有 RPA 工具的基本组成大致分为"机器人开发设计""运行管理监控""机器人执行器"三部分,都有易学易用、可视化控件、低代码、非侵入式、扩展性强、跨系统、易维护等特点。而咨询实施厂商,主要提供 RPA 应用落地过程所需的业务流程梳理与评估、方案设计、软件部署与实施、培训等服务,典型的咨询实施厂商有德勤等四大会计师事务所。

没有最好的工具,只有适合自己的工具。RPA 工具的出现,本质上是帮助人们更好地完成重复的、规则的、繁琐的工作。

2. RPA 厂商与工具介绍

2.1　UiPath

2.1.1　厂商概述

UiPath 是目前全球最大的 RPA 软件公司,在 Gartner、Forrester 报告中均被评为 RPA 领域的领导者,已成功为多个行业实施流程自动化解决方案,加速企业的数字化转型,在 RPA 独立用户评论网站中排名第一。其在国内拥有相对完整的学习环境,如中文开发文档、学习视频、培训课程等,帮助初学者快速了解 UiPath。

2.1.2　产品概述

UiPath 主要由 Studio(机器人开发工具,如图 1-4-001 所示)、Orchestrator(负责管理运行情况)、Robot(运行已开发完成机器人)三部分组成。其主要有以下特征。

(1)快速构建智能的自动化机器人:在 UiPath 中,通过高度集成的开发控件,以可视化拖拽式的方式来快速创建自动化流程。企业中的任何人都可通过 UiPath 设计机器人,简单易学,上手快。

(2)流程的有效管理:可以在本地或云中实时监控机器人的运行情况,保证流程的合规性与安全性,能随时获得安全警报,以便于及时采取行动。

(3)机器人类型:分为有人值守机器人、无人值守机器人、混合机器人(有人+无人值守)。

(4)UiPath 生态圈:UiPath 学院、UiPath GO、UiPath 论坛、UiPath 学术联盟、UiPath 社区等。

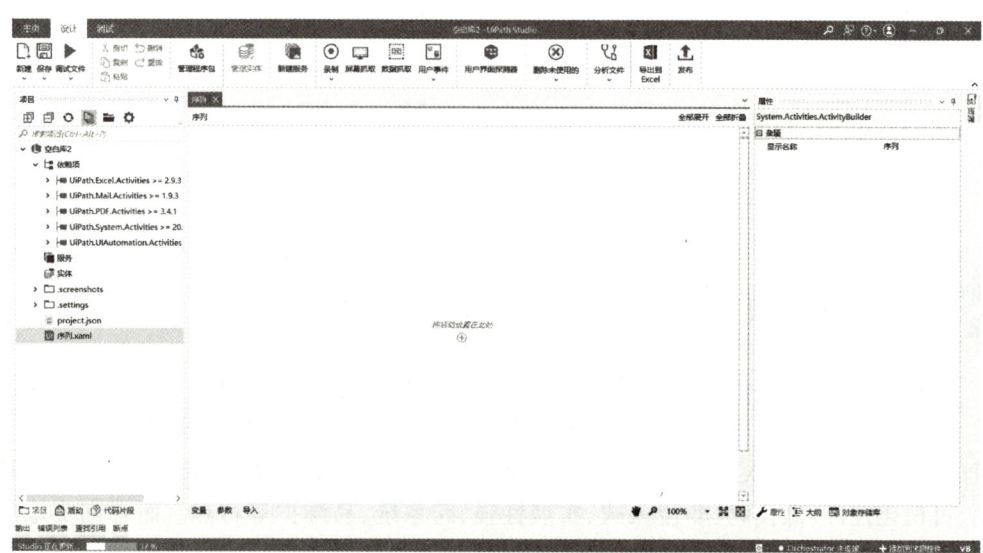

图 1-4-001　UiPath Studio 主界面

2.2　Automation Anywhere

2.2.1　厂商概述

Automation Anywhere 公司成立于 2003 年，是 RPA 领域的领导者之一。其自主研发的 RPA 产品"Automation 360"是一体化云原生端到端智能自动化平台，致力于帮助企业实现端到端的业务流程自动化，提高生产效率。

2.2.2　产品概述

Automation Anywhere 推出的 Automation 360 是一款云端自动化平台，即基于网页开发的 RPA 机器人，无需下载客户端软件，只要有网络便可随时随地访问与使用。图 1-4-002 为 Automation 360 主界面。其主要特征如下。

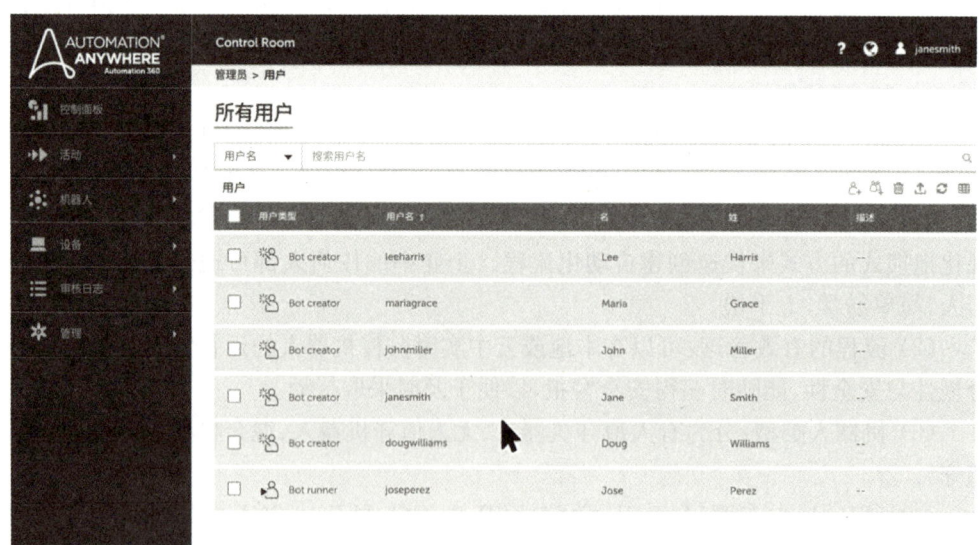

图 1-4-002　Automation 360 主界面

（1）部署：有网络的前提下，可在任何浏览器上均可运行 RPA 程序，亦可在本地与云相结合，实现混合部署。支持 Windows、Linux 和 MacOS 等操作系统。

（2）机器人开发：一个易于使用的可视化界面，提供简体中文操作界面，同时支持 JavaScript，Python 和 VBScript 等编程语言。

（3）定期更新：定期推出更新，用户可以自行选择是否接受更新。

2.3 Blue Prism

2.3.1 厂商概述

Blue Prism 于 2001 年在英国成立，是全球第一家 RPA 上市公司。2008 年推出其自主研发的 RPA 软件，为客户解决业务流程自动化处理需求，随后 2016 年在伦敦证券交易所上市，并与 UiPath、Automation Anywhere 并称世界三大 RPA 厂商。

2.3.2 产品概述

Blue Prism 的产品是一款企业级 RPA 机器人，由以下三部分组成：Object Studio（机器人开发工具）、Digtal Workforce（机器人执行器）、Control Room（机器人控制室），擅长高频和大量的工作场景自动化处理。图 1-4-003 为 Blue Prism 主界面，无简体中文设置，具有以下特征。

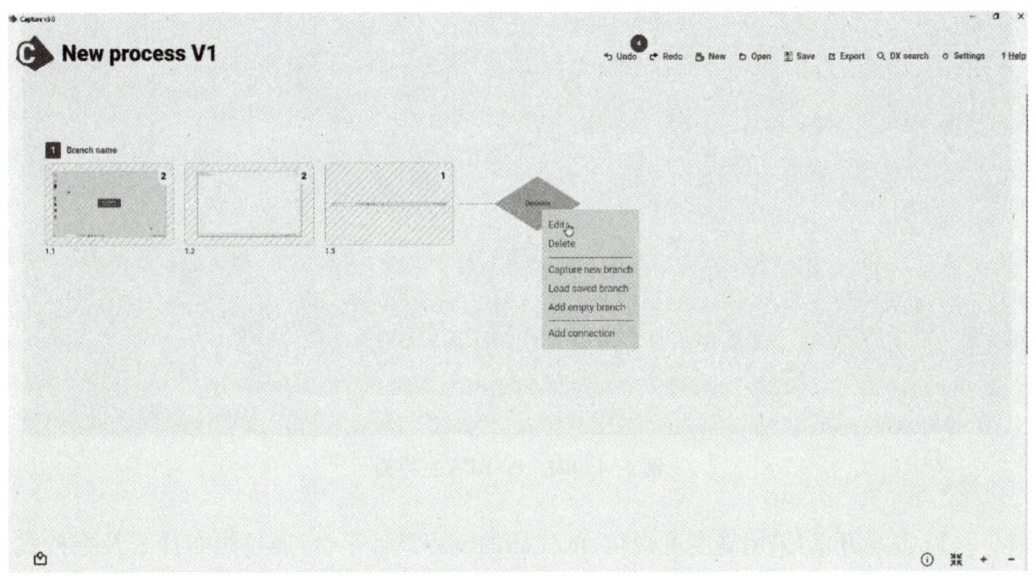

图 1-4-003　Blue Prism 主界面

（1）图像工作流：从设计空白画布开始，业务流程的实现步骤清晰化，并通过可视化控件的拖拽来告诉机器人应该做什么。无需专业技能或编程基础。

（2）数字化员工：数字工作者可以像人类一样工作和学习，同时还将人员、技术和系统连接起来，以执行日益复杂的端到端活动，从而推动整个企业的数字化转型。

（3）流程动向记录：在 RPA 机器人运行过程中，时刻记录着自动化执行的每一个操作，以便进行灵活有效的审计工作，通过审计日记能实时跟踪和监控机器人流程，确保执行的安全与稳定。

（4）产品智能化：整合了知识图谱、NPL 语言理解、机器学习等核心能力，实现"RPA＋AI"，有助于处理在复杂场景下的业务流程。

2.4　艺赛旗

2.4.1　厂商概述

艺赛旗(i-SEARCH)成立于 2011 年，是一家专业从事智能软件研发及技术服务的高新技术企业、上海市双软企业，同时也是中国人工智能产业发展联盟会员企业之一，是中国 RPA 行业领航者，智能化技术扎实，是国内第一家从事 RPA 研究的厂商。

2.4.2　产品概述

艺赛旗的主要产品 iS-RPA 机器人，分为企业版和社区版两个版本，社区版免费提高给用户使用。产品由三部分组成，分别为控制平台、设计器及机器人。图 1-4-004 为 iS-RPA 主界面，其主要特征如下。

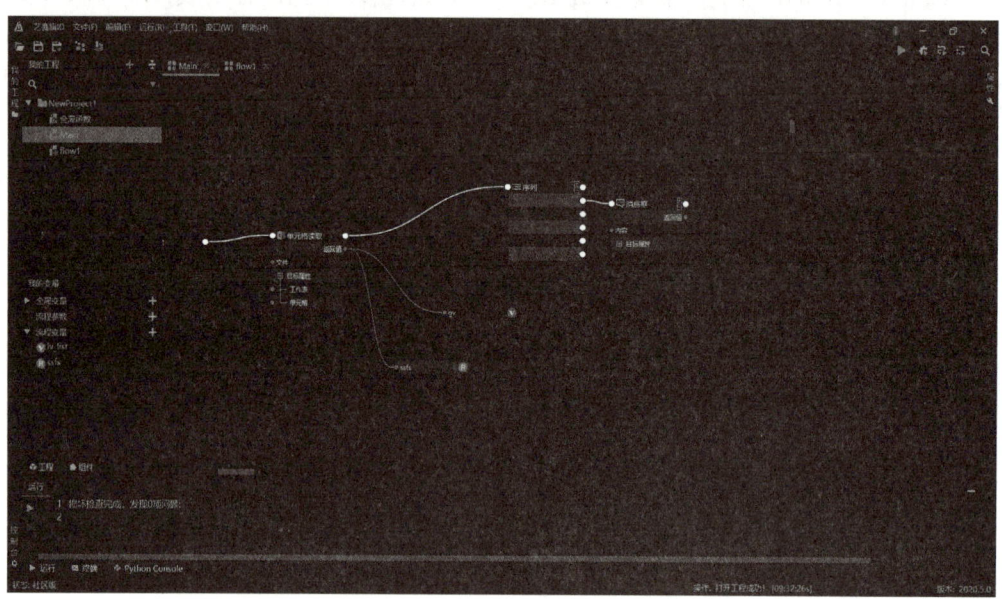

图 1-4-004　iS-RPA 主界面

（1）简易开发：采用高度可视化、低代码的流程设计平台，通过画布样式及拖拽式操作进行流程的设计开发与调试。

（2）组件丰富：内置 300＋组件满足各种工作环境的需求。

（3）针对不同用户群体：产品提供新手和专家两种模式。新手模式支持可视化拖拽式设计，让开发更轻松更简单。专家模式以 Python 为底层语言，适合从事编程的工作人员，完成相对复杂的自动化流程。

（4）机器人多样运行：工厂运行、锁屏运行、画中画运行三种运行方式，满足用户在不同工作情景下的使用需求，提高效率。

（5）RPA 生态：亿赛旗社区提供 RPA 学习资料、应用商城、学习视频和问题反馈等，帮助用户解决了大量技术性问题。

2.5　UiBot

2.5.1　厂商概述

来也科技成立于 2015 年,其自主研发的流程自动化工具 UiBot 是中国 RPA 行业的领导品牌。平台以低代码或无代码开发为主,适合企业各个岗位的业务人员使用。任何岗位业务人员借助 UiBot 都可以创造出不同复杂程度的 RPA 机器人,以满足工作中的自动化需求。

2.5.2　产品概述

UiBot 分为社区版和企业版,社区版可以免费提供给用户使用。平台由四部分组成:UiBot Creator(创造者)、UiBot Worker(劳动者)、UiBot Commander(指挥官)、UiBot Mage(魔法师),分别为 RPA 机器人生产、执行、分配、智能化提供相应的工具和平台。图 1-4-005 为 UiBot 主界面。

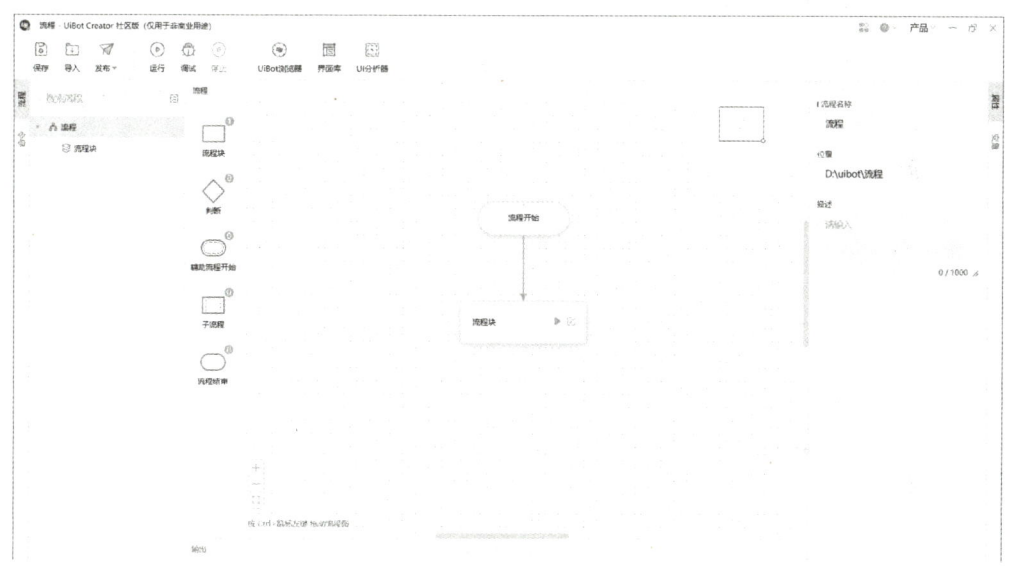

图 1-4-005　UiBot 主界面

UiBot 的主要功能如下。

(1)创造者:可通过录制的方式自动创建机器人,支持可视化控件拖拽或基于 C、Python、.Net 等编程语言开发。

(2)劳动者:具备有人值守和无人值守两种模式,通过定时执行、重复执行、多机器人间条件触发协同执行,提高工作效率。同时支持不同系统下运行,如 Window、Linux。

(3)指挥官:支持日志追踪与实时监控,用于管理多个机器人,确保机器人运行的安全性与准确性,并可对用户进行权限设置。

(4)魔法师:RPA+AI,内置光学文字识别 OCR、自然语言处理 NLP 等人工智能技术,丰富其在财务领域的应用,如发票处理、合同处理等。通过可视化拖拽的方式即可让机器人实现业务流程智能化,无需编程基础。

（5）RPA 生态：具有完善的 RPA 开发者社区、机器人商店、RPA 学院、RPA 考试认证。

2.6 华为 RPA

2.6.1 厂商概述

2021 年 11 月，华为 WeAutomate 3.0 发布。该产品实现了流程自动化、智能化、应用开发中心的编排能力，实现了机器人流程设计的全过程，致力于解决政企业务自动化的难题，是企业实现数字化转型最后一公里的利器。

2.6.2 产品概述

华为 RPA 平台的组件由 Studio（设计器）、Robot（执行器）、Management Center（管理中心）组成。图 1-4-006 为 WeAutomate 主界面，其主要组件功能如下。

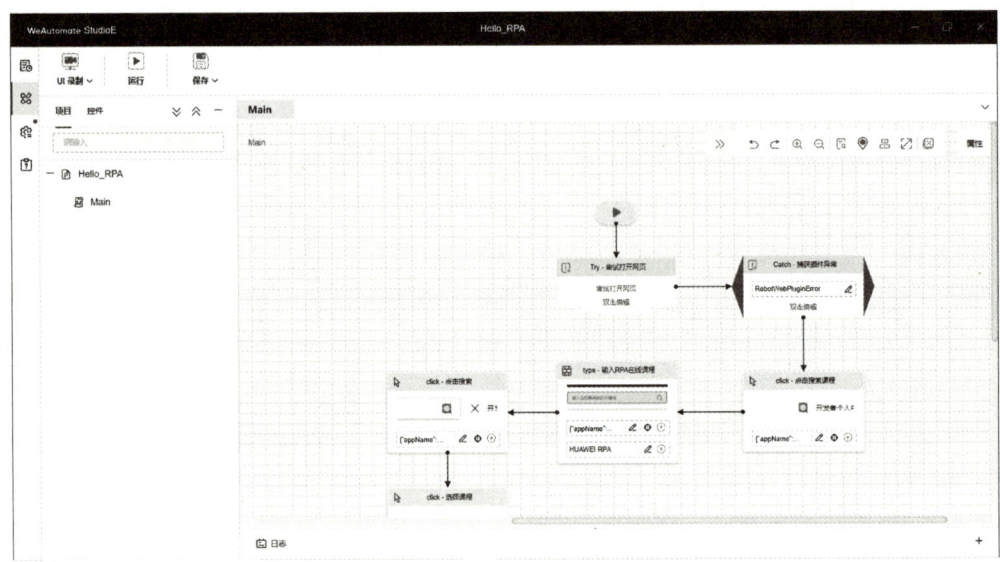

图 1-4-006　WeAutomate 主界面

（1）设计器：基于 Python 语言的自动化流程设计器。支持一键屏幕录制器，拖拽式活动设计，以可视化的方式构建自动化流程，用户无需掌握过多的编程知识，即可快速设计和编写自动化流程。

（2）执行器：执行在本地计算机中已完成设计的机器人，也可以接收管理中心传来的命令，执行相应的自动化流程。

（3）管理中心：是一个集中调度、管理和监控所有机器人的平台。当机器人数量累计到一定程度时，可以通过控制中心控制多个机器人同时协同、有序地工作。

（4）移动小程序：移动端小程序为 RPA 提供移动端小程序的入口，可实现远程启动机器人，随时随地实现人机交互。

2.7 云扩科技

2.7.1 厂商概述

云扩科技成立于 2017 年，是一家自主研发 RPA 平台的高新技术企业，核心队伍来自微软、阿里云、腾讯等企业，拥有丰富的商务和研发经验。主要为企业提供简单易用、安全稳定的 RPA 机器人解决方案，目前已服务于金融、能源、财税、制造、物流等多个行业。

2.7.2 产品概述

云扩 RPA 工具分为社区版和企业版，由三部分组成：编辑器、控制台、机器人，用户能够通过拖拉拽组件的方式，快速创建出简单易用、功能强大的业务自动化流程。图 1-4-007 为云扩 RPA 主界面。

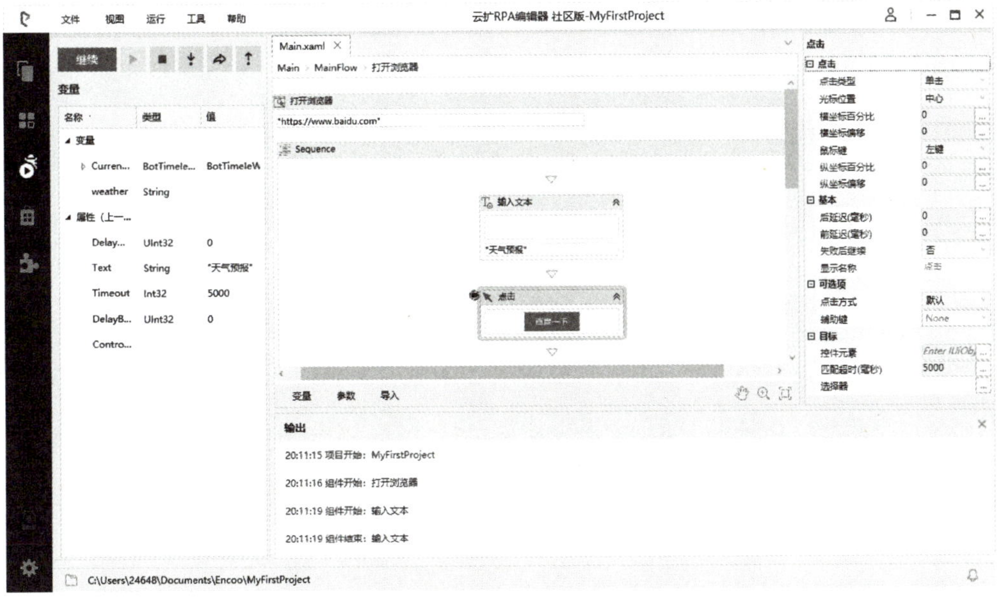

图 1-4-007 云扩 RPA 主界面

云扩 RPA 工具的主要功能如下。

（1）可视化流程：编辑器为图形化设计界面，编辑体验流畅直观，简单拖拽连线，即可搭建复杂流程。同时提供丰富组件库，提高开发效率。

（2）开发协同工作：有自动化需求的业务人员，可以借助云扩 Spark 方便快捷地给实施人员提出自己的需求。

（3）RPA 生态：为 RPA 产品线提供了完整且丰富的生态社区，其中包含云扩智能 RPA 平台、机器人认知服务平台、流程挖掘套件、云扩市场和云扩学院。①人工智能平台，让机器人具备文档识别、OCR 图像识别、信息提取等 AI 能力。②流程挖掘套件，帮助业务人员快速地梳理适合机器人执行的业务流程。③云扩市场，让开发者与企业客户可以灵活地定制与扩展 RPA 的能力。④云扩学院，为 RPA 开发者提供丰富的交互式学习体验。

以上介绍了几家在业界具有代表性的 RPA 厂商。每家厂商技术都在不断进步，不存在优劣之分，区别在于技术、产品、商业模式、资本认可度的不同。

国际权威的研究分析可以参考 Gartner 公布的《RPA 行业魔力象限报告》。

模 块 **2**

数据获取机器人
设计与应用

项目 1　股票数据抓取机器人

在信息数据大爆炸的时代,如何才能高效获取股票信息,使投资者通过研究和评估过去、现在的数据,做出明智的股票买卖决策呢? 基于 UiPath Studio 平台设计开发的股票数据抓取机器人可以实现上述目标。同时,股票数据抓取机器人也能帮助投资者早期研判股票市场趋势、规避风险。

项目成果

完成股票数据抓取机器人的设计开发。

项目目标

(1)熟练录制、数据抓取、写入范围等操作控件的使用。
(2)使用控件进行股票数据抓取机器人的设计开发。
(3)能够归纳总结股票数据抓取机器人的设计流程。
(4)能够在实践中拓展应用 RPA。

项目内容

(1)RPA 设计:根据业务流程,设计股票数据抓取机器人开发流程。
(2)RPA 开发:利用 UiPath Studio 平台进行股票数据抓取机器人开发。
(3)RPA 测试:对开发完成的股票数据抓取机器人进行调试运行。
(4)RPA 应用:通过案例,引导学生熟练应用股票数据抓取机器人。

项目流程

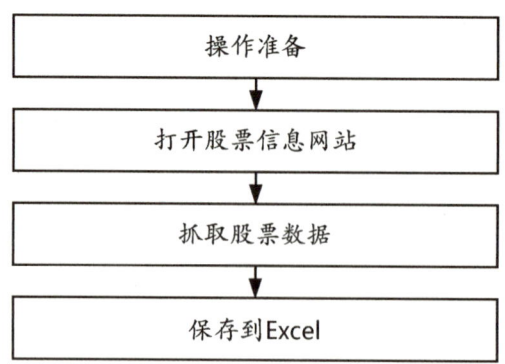

项目控件

本项目所使用活动控件

序号	控件名称	控件图标	控件功能
1	录制器	录制	轻松在屏幕上捕获用户的动作并将其转换为序列,可录制桌面、网页等的多个活动界面
2	数据抓取	数据抓取	实现浏览器、应用程序或文档界面结构化数据提取至数据表中
3	写入范围	写入范围 工作簿路径。必须用引号将文本括起 "Sheet1" "A1" 数据表	将提取到的数据从起始单元格开始,写入指定的Excel中

任务 1　股票数据抓取机器人设计

基于 UiPath Studio 平台设计的股票数据抓取机器人,能高效并随时获取股票行情网站结构化股票信息,通过浏览器、Excel 等平台及交互软件,将其保存在本地的表格文件中,为使用者提供股票数据进行相关分析并做出明智的投资预决策。股票抓取机器人整体设计思路如下:

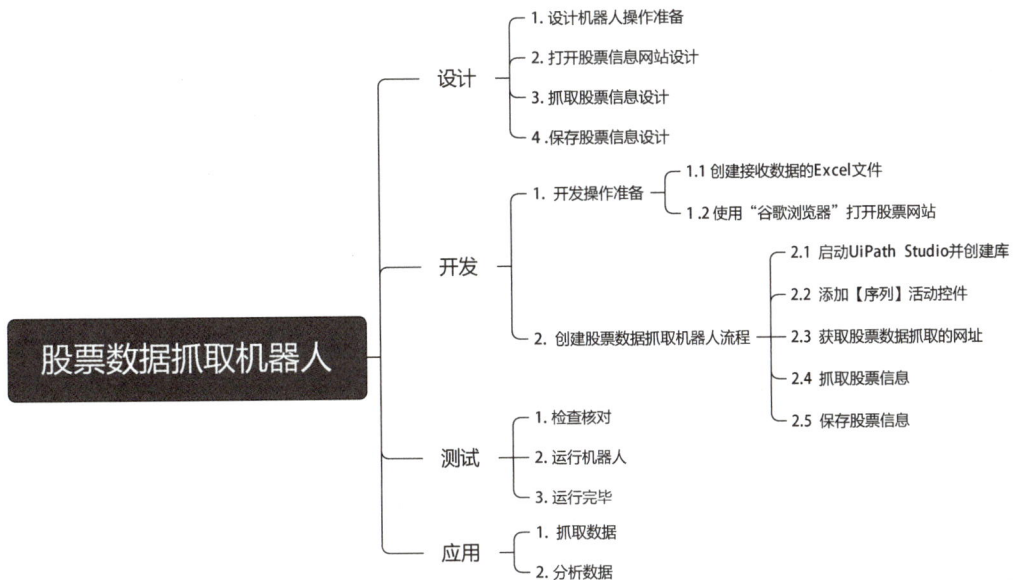

任务 2　股票数据抓取机器人开发

 **1. 开发操作准备**

股票数据抓取
机器人-开发
操作准备

1.1　创建接收数据的 Excel 文件

（1）在【C:\】创建一个文件夹，命名为【股票数据抓取机器人】。

（2）打开指定文件夹【股票数据抓取机器人】，新建 Excel 文档，并命名为【股票信息】，如图 2-1-001 所示。

图 2-1-001　【股票信息】创建界面

1.2　使用"谷歌浏览器"打开股票网站

网址为"http://quote.eastmoney.com/center/gridlist.html＃hs_a_board"，如图 2-1-002 所示。

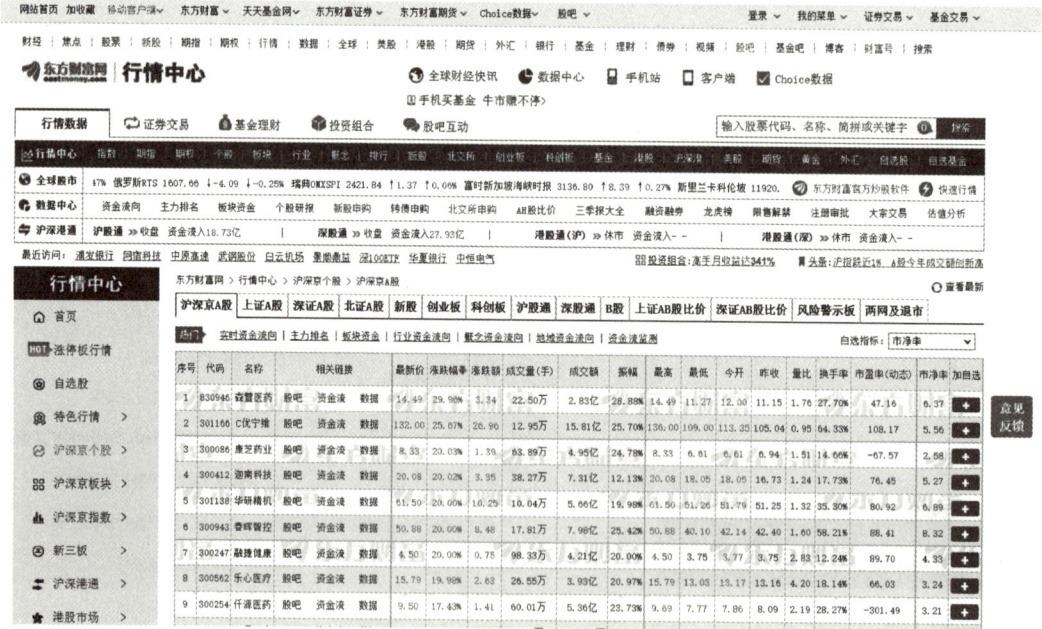

图 2-1-002　【股票网站】界面

2. 创建股票数据抓取机器人流程

2.1 启动 UiPath Studio 并创建库

（1）打开 UiPath Studio 界面，单击【启动】，点击【库】，打开【新建空白库】弹窗。

（2）将【名称】设置为【股票数据抓取机器人序列】，【位置】指定为【C:\股票数据抓取机器人】，点击【创建】，完成库的创建，如图 2-1-003 所示。

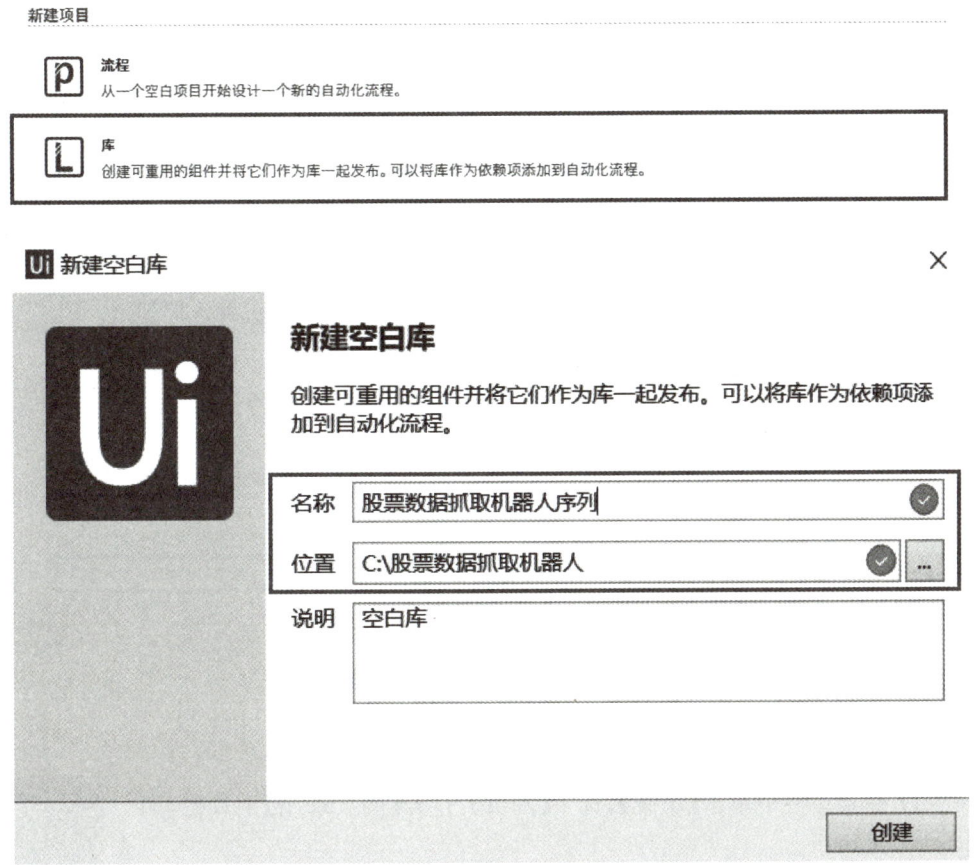

图 2-1-003 【股票数据抓取机器人】创建界面

（3）在活动面板，打开【项目】选项卡，选中【NewActivity.xaml】，鼠标右键选择【重命名】选项，打开【重命名】弹窗。

（4）选中【至：】输入框，输入【股票数据抓取机器人序列】，点击【确定】，如图 2-1-004 所示。

2.2 添加【序列】活动控件

（1）在【活动面板】中，点击下方【活动】选项卡，搜索【序列】活动控件，选中【可用】-【工作表】-【控件】目录下的【序列】，将【序列】拖拽至【设计面板】中。

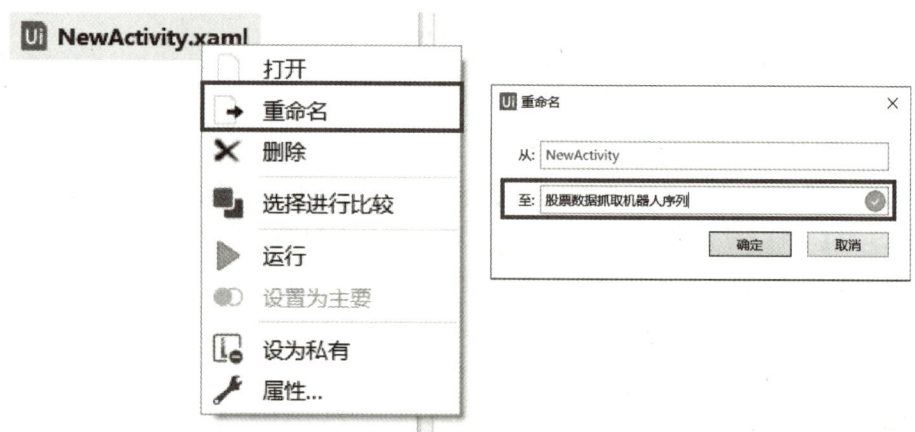

图 2-1-004 【重命名】界面

（2）在【属性面板】中，修改【常见】-【显示名称】为【股票数据抓取机器人序列】，如图 2-1-005 所示。

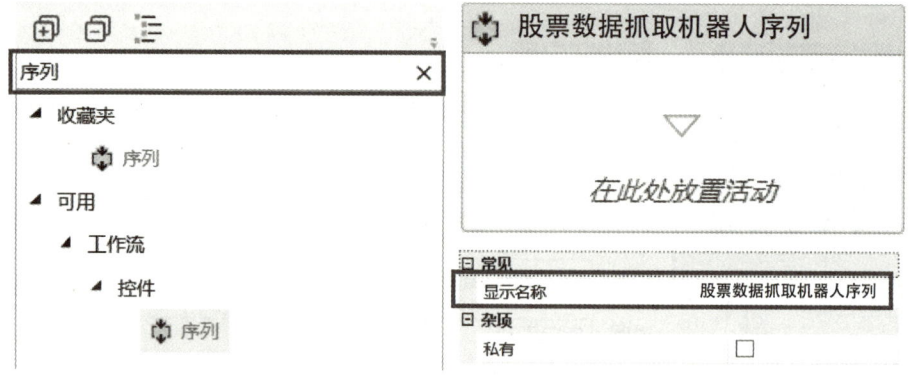

图 2-1-005 【股票抓取机器人序列】界面

2.3 获取股票数据抓取的网址

（1）在菜单栏中单击【录制】，选中【网页】，打开【网页录制】工具栏，如图2-1-006 所示。

（2）单击【打开浏览器】，单击网页任意位置，获取网站地址后，单击【确定】按钮，如图 2-1-007 所示。

（3）在【网页录制】工具栏中，单击【保存并退出】按钮，返回 UiPath 界面。

（4）在【属性面板】中，修改【常见】-【显示名称】为【打开股票信息网页】，如图 2-1-008 所示。

2.4 抓取股票信息

（1）在菜单栏中单击【数据抓取】，如图 2-1-009 所示。

（2）打开【提取向导】对话框，单击【下一步】按钮，如图 2-1-010 所示。

股票数据抓取机器人-打开股票信息网站

股票数据抓取机器人-抓取股票信息

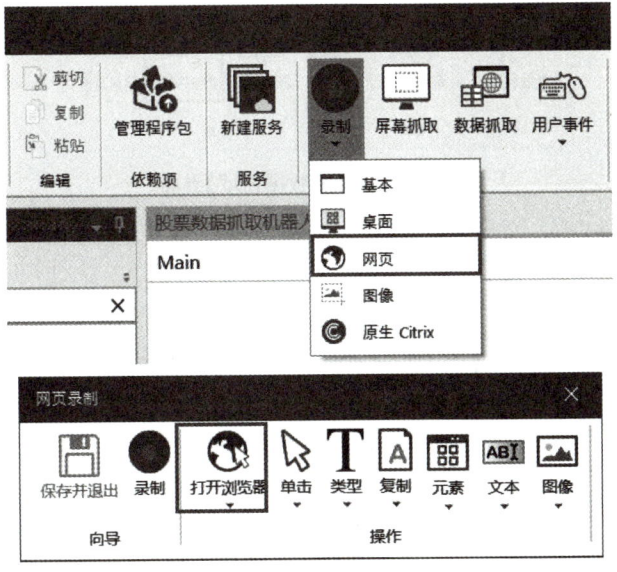

图 2-1-006　【打开浏览器】界面

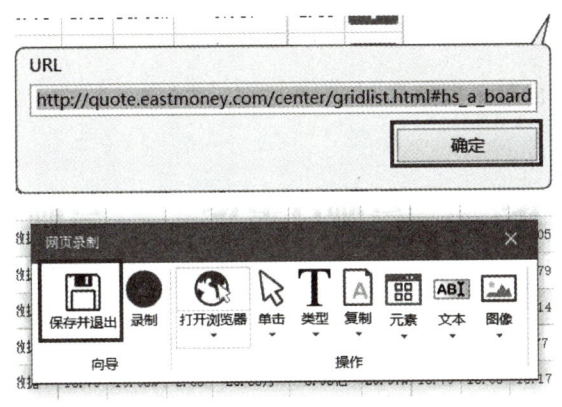

图 2-1-007　【网页】界面

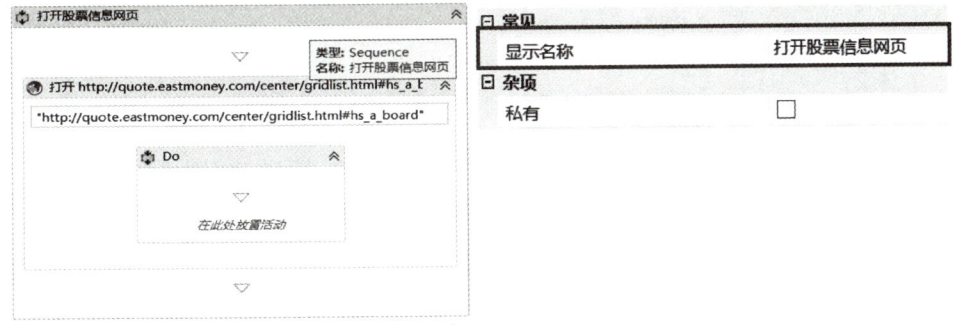

图 2-1-008　【打开股票信息网页】重命名界面

图 2-1-009 【数据抓取】界面

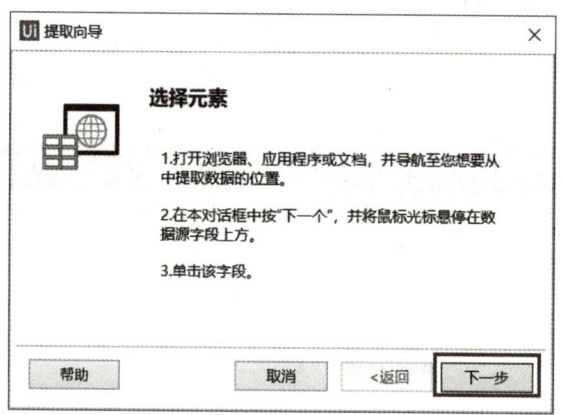

图 2-1-010 【提取向导】界面

（3）进入已打开的股票网站界面，选择屏幕元素【序号】，如图 2-1-011 所示。

温馨提示

◆ 在选取屏幕元素时不能滑动网页，可以按下键盘【F2】，延迟 3 秒选择，注意屏幕右下方有倒计时。

◆ 键盘【F2】可以多次使用，延迟选择。

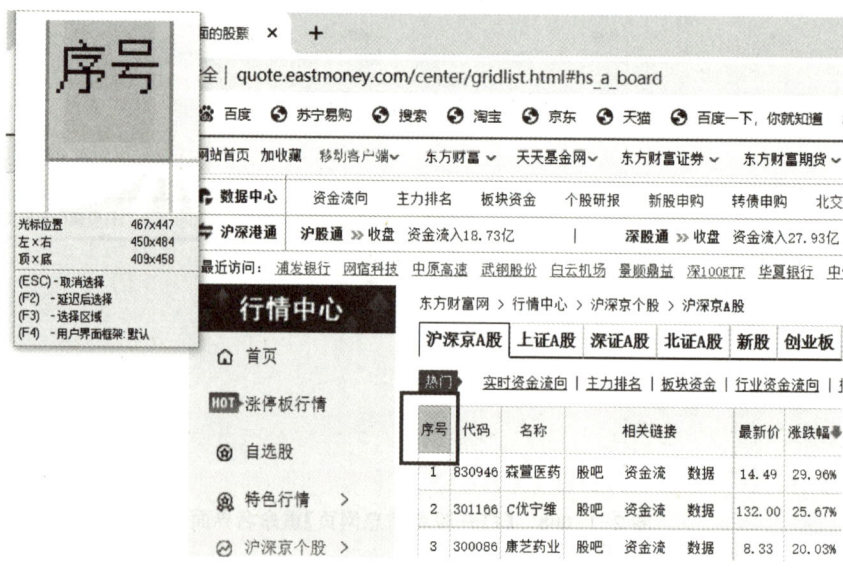

图 2-1-011 【股票网站】界面

（4）根据【提取表】提示信息，单击【是】按钮，识别整个表格并提取内容，如图2-1-012 所示。

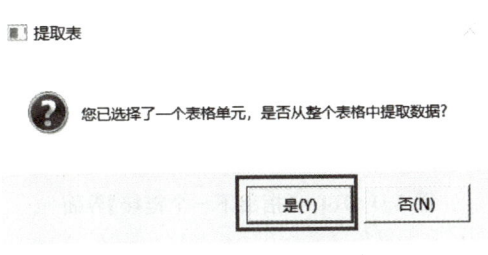

图 2-1-012　【提取表】界面

（5）在【编辑数据定义】-【最大结果条数】输入框中，输入所需条数，例如【300】，单击【完成】按钮，如图 2-1-013 所示。

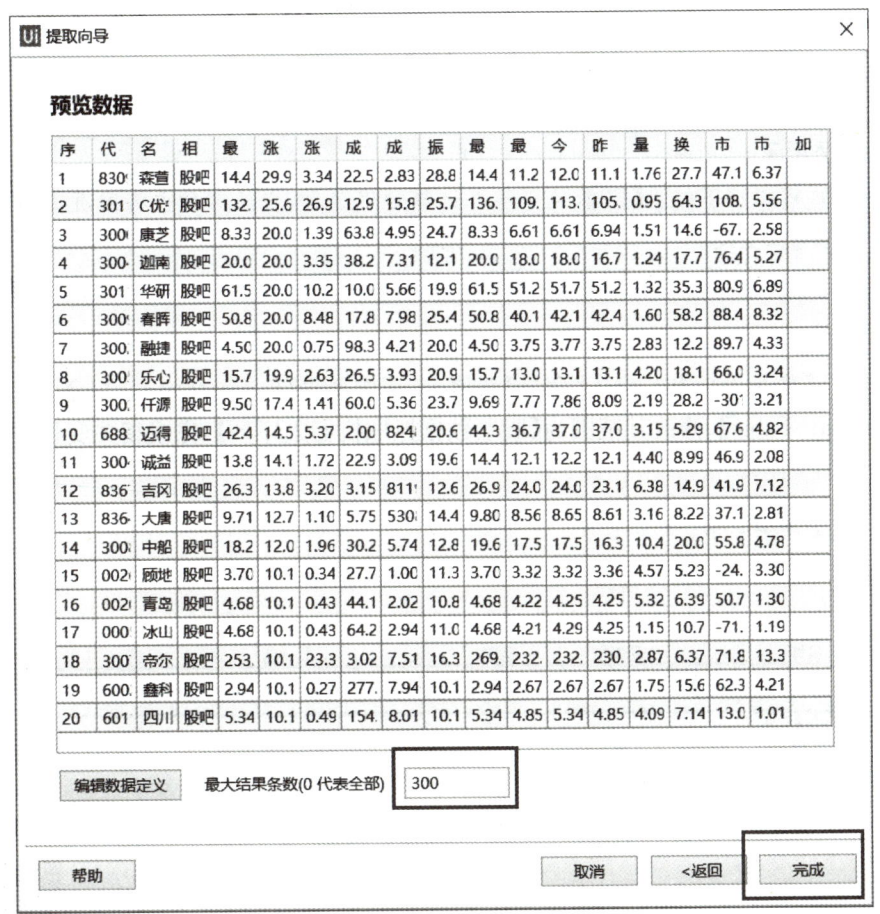

预览数据

序	代	名	相	最	涨	涨	成	成	振	最	最	今	昨	量	换	市	市	加
1	830'	森萱	股吧	14.4	29.9	3.34	22.5	2.83	28.8	14.4	11.2	12.0	11.1	1.76	27.7	47.1	6.37
2	301	C优'	股吧	132.	25.6	26.9	12.9	15.8	25.7	136.	109.	113.	105.	0.95	64.3	108.	5.56
3	300	康芝	股吧	8.33	20.0	1.39	63.8	4.95	24.7	8.33	6.61	6.61	6.94	1.51	14.6	-67.	2.58
4	300	迦南	股吧	20.0	20.0	3.35	38.2	7.31	12.1	20.0	18.0	18.0	16.7	1.24	17.7	76.4	5.27
5	301	华研	股吧	61.5	20.0	10.2	10.0	5.66	19.9	61.5	51.2	51.7	51.2	1.32	35.3	80.9	6.89
6	300	春辉	股吧	50.8	20.0	8.48	17.8	7.98	25.4	50.8	40.1	42.1	42.4	1.60	58.2	88.4	8.32
7	300.	融捷	股吧	4.50	20.0	0.75	98.3	4.21	20.0	4.50	3.75	3.77	3.75	2.83	12.2	89.7	4.33
8	300	乐心	股吧	15.7	19.9	2.63	26.5	3.93	20.9	15.7	13.0	13.1	13.1	4.20	18.1	66.0	3.24
9	300.	仟源	股吧	9.50	17.4	1.41	60.0	5.36	23.7	9.69	7.77	7.86	8.09	2.19	28.2	-30'	3.21
10	688	迈得	股吧	42.4	14.5	5.37	2.00	824	20.6	44.3	36.7	37.0	37.0	3.15	5.29	67.6	4.82
11	300	诚益	股吧	13.8	14.1	1.72	22.9	3.09	19.6	14.4	12.1	12.2	12.1	4.40	8.99	46.9	2.08
12	836	吉冈	股吧	26.3	13.8	3.20	3.15	811'	12.6	26.9	24.0	24.0	23.1	6.38	14.9	41.9	7.12
13	836	大唐	股吧	9.71	12.7	1.10	5.75	530.	14.4	9.80	8.56	8.65	8.61	3.16	8.22	37.1	2.81
14	300	中船	股吧	18.2	12.0	1.96	30.2	5.74	12.8	19.6	17.5	17.5	16.3	10.4	20.0	55.8	4.78
15	002	顾地	股吧	3.70	10.1	0.34	27.7	1.00	11.3	3.70	3.32	3.32	3.36	4.57	5.23	-24.	3.30
16	002	青岛	股吧	4.68	10.1	0.43	44.1	2.02	10.8	4.68	4.22	4.25	4.25	5.32	6.39	50.7	1.30
17	000	冰山	股吧	4.68	10.1	0.43	64.2	2.94	11.0	4.68	4.29	4.25	1.15	10.7	-71.	1.19	
18	300	帝尔	股吧	253.	10.1	23.3	3.02	7.51	16.3	269.	232.	232.	230.	2.87	6.37	71.8	13.3
19	600.	鑫科	股吧	2.94	10.1	0.27	277.	7.94	10.1	2.94	2.67	2.67	2.67	1.75	15.6	62.3	4.21
20	601	四川	股吧	5.34	10.1	0.49	154.	8.01	10.1	5.34	4.85	5.34	4.85	4.09	7.14	13.0	1.01

编辑数据定义　　最大结果条数(0 代表全部)　300

帮助　　　　　　　　　　　　取消　　<返回　　完成

图 2-1-013　【预览数据】界面

（6）如所抓取数据源跨多个页面，在【指出下一个链接】对话框中，单击【是】按钮，如图 2-1-014 所示。

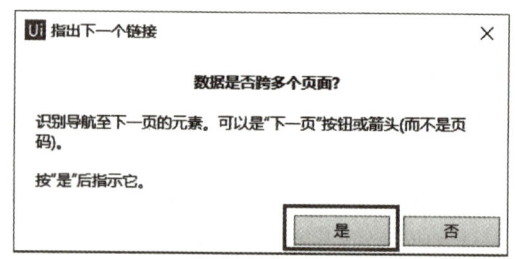

图 2-1-014 【指出下一个链接】界面

（7）点击股票网页屏幕下方【下一页】按钮，直到完成指定数量数据的获取，完成后返回 UiPath 界面，如图 2-1-015 所示。

图 2-1-015 【股票网页】界面

> **温馨提示**
> ◆ 用户可以按下键盘【F2】，使得屏幕选择延迟 3 秒，在此 3 秒内将网页下拉至【下一页】位置处。
> ◆ 此步的目的是让机器人模拟人的翻页操作。

（8）在【设计面板】中，选中【数据抓取】活动控件。

（9）在【变量面板】中，点击【变量】选项卡，选中变量【ExtractDataTable】，设置变量类型为【DataTable】，修改其范围为【股票数据抓取机器人序列】，完成相关变量设置，如图 2-1-016 所示。

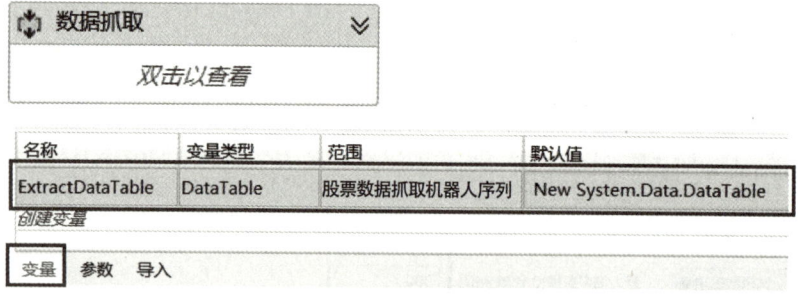

图 2-1-016 【变量面板】界面

2.5 保存股票信息

2.5.1 添加【写入范围】控件

（1）在【活动面板】中，点击【活动】选项卡，在搜索框中输入【写入范围】。

（2）在【系统】-【文件】-【工作簿】选中【写入范围】，将【写入范围】拖拽至【设计面板】中【股票数据抓取机器人序列】的【数据抓取】活动下。

股票数据抓取机器人-保存股票信息

2.5.2 在【属性面板】设置【写入范围】控件的相关属性

（1）选中【写入范围】控件，在【常见】中将【显示名称】重命名为【写入范围-保存股票信息】，如图 2-1-017 所示。

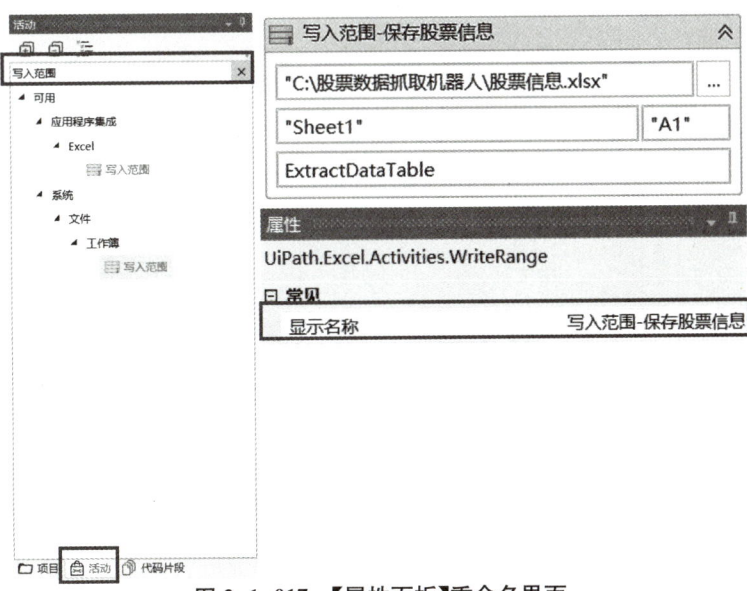

图 2-1-017 【属性面板】重命名界面

（2）在【输入】中，修改【工作簿路径】为【"C:\股票数据抓取机器人\股票信息.xlsx"】；在【数据表】输入框中，点击空格，显示下拉列表，双击选中已定义的变量【ExtractDataTable】，单击属性面板空白处，完成引用变量的操作。

（3）在【目标】中，【工作表名称】默认为"C:\股票数据抓取机器人\股票信息.xlsx"的"Sheet1"即输入【"Sheet1"】，起始单元格默认为"Sheet1"的"A1"，应输入【"A1"】。

（4）勾选【选项】-【添加标头】单选框，如图 2-1-018 所示。

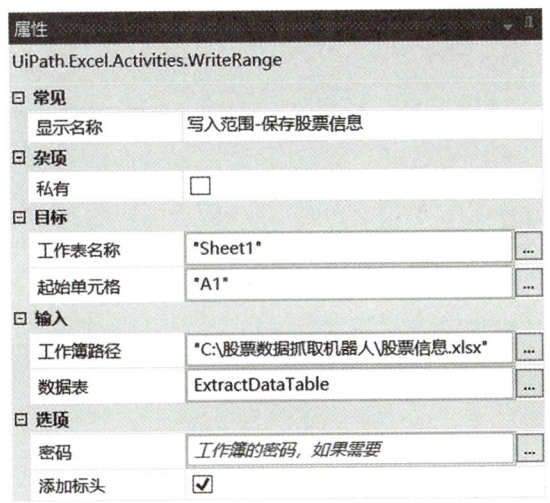

图 2-1-018 【股票数据抓取机器人】选项设置界面

温馨提示

◆ 工作簿路径务必使用英文双引号。

（5）股票数据抓取机器人设计完成全流程，如图 2-1-019 所示。

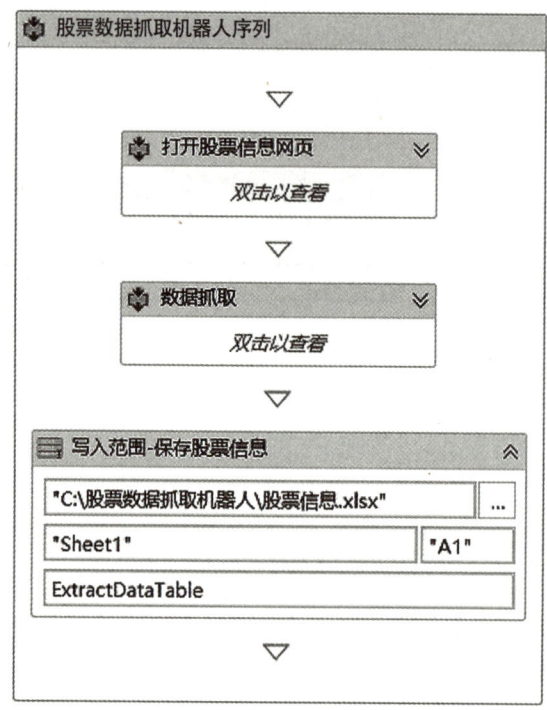

图 2-1-019 【股票数据抓取机器人】界面

【视频合集】股
票数据抓取
机器人

任务 3 股票数据抓取机器人测试

学生将开发完成的股票数据抓取机器人在平台进行运行测试，测试步骤如下。

1. 检查核对

打开"C:\股票数据抓取机器人\股票信息.xlsx"，显示 Sheet1 为空表，关闭该文件。

2. 运行机器人

打开 UiPath Studio 窗口，点击【菜单面板】左侧的【运行】按钮，运行股票数据抓取机器人。

【运行视频】股票数据抓取机器人

3. 运行完毕

运行结束后，重新打开"C:\股票数据抓取机器人\股票信息.xlsx"，Sheet1 中显示所获取的 300 条股票数据，如图 2-1-020 所示。

	A	B	C	D	E	F	G	H	I	J	K	L	M	N
1	序号	代码	名称	最新价	涨跌幅	涨跌额	成交量(手)	成交额	振幅	最高	最低	今开	昨收	量比
277	276	000121	医药主题	13343.72	-1.72%	-233.10	621.09万	262.87亿	2.15%	13572.76	13280.93	13572.76	13576.82	1.00
278	277	000991	全指医药	16119.82	-1.76%	-288.13	3551.24万	978.70亿	2.40%	16418.65	16024.14	16388.07	16407.95	1.05
279	278	000978	医药100	19201.57	-1.81%	-354.83	1605.89万	705.66亿	2.32%	19545.89	19092.38	19539.63	19556.40	1.04
280	279	000037	上证医药	10839.94	-1.83%	-201.99	498.27万	245.43亿	2.69%	11063.91	10767.41	11034.52	11041.93	1.00
281	280	000913	300医药	18290.80	-1.88%	-350.03	781.72万	478.10亿	2.82%	18681.49	18154.90	18637.36	18640.83	1.09
282	281	000075	医药等权	11757.74	-1.91%	-229.18	498.49万	245.55亿	2.60%	11985.18	11697.04	11985.18	11986.92	1.00
283	282	000933	中证医药	16485.10	-1.93%	-324.18	1511.62万	617.70亿	2.60%	16809.37	16372.35	16798.18	16809.28	1.05
284	283	000109	380医药	14966.83	-2.59%	-397.36	318.08万	88.10亿	2.52%	15308.40	14920.83	15308.40	15364.19	1.08
285	284	000064	非周期	4369.54	-0.81%	-35.54	2767.05万	899.79亿	1.57%	4413.53	4344.57	4401.78	4405.08	1.00
286	285	000912	300消费	37984.99	-0.81%	-311.74	383.73万	284.92亿	1.50%	38336.03	37761.63	38326.53	38296.73	0.92
287	286	000990	全指消费	24182.88	-0.81%	-198.68	2222.44万	604.28亿	1.36%	24401.73	24070.46	24394.42	24381.56	1.00
288	287	000948	内地地产	5584.99	-0.83%	-46.72	1244.57万	111.01亿	1.49%	5656.27	5572.36	5633.64	5631.71	1.18
289	288	000918	300成长	7580.03	-0.83%	-63.61	3131.78万	1301.85亿	1.60%	7659.88	7537.63	7643.00	7643.64	0.99
290	289	000069	消费80	8424.61	-0.90%	-76.70	1167.29万	555.70亿	1.82%	8530.05	8375.14	8495.24	8501.31	0.95
291	290	000935	中证信息	5478.38	-0.90%	-49.89	4031.34万	742.31亿	1.58%	5536.11	5448.90	5516.85	5528.27	1.18
292	291	000969	300非周	6667.00	-0.90%	-60.82	7311.50万	2058.05亿	1.48%	6730.55	6631.20	6721.64	6727.82	1.08
293	292	000998	中证TMT	2218.54	-0.91%	-20.37	3927.29万	778.41亿	1.40%	2241.15	2209.91	2233.90	2238.91	1.19
294	293	000041	上证公用	1906.02	-0.94%	-18.01	648.22万	44.77亿	1.00%	1923.36	1904.18	1922.63	1924.03	0.85
295	294	000006	地产指数	6207.64	-0.94%	-58.70	493.36万	32.11亿	1.62%	6291.67	6190.05	6279.58	6266.34	0.95
296	295	000131	上证高新	2222.90	-0.98%	-21.92	503.71万	119.70亿	1.54%	2248.54	2213.93	2248.33	2244.82	0.96
297	296	000119	380R成长	5224.39	-0.98%	-51.83	4018.47万	689.61亿	1.33%	5277.80	5207.62	5267.17	5276.22	1.09
298	297	000039	上证信息	4432.23	-1.02%	-45.62	687.05万	258.62亿	1.54%	4479.71	4410.68	4454.06	4477.85	1.16
299	298	000105	380材料	4955.92	-1.02%	-51.29	1528.36万	165.22亿	1.80%	5032.77	4942.61	5025.17	5007.21	1.03
300	299	000963	中证下游	9278.51	-1.04%	-97.64	4801.16万	1534.19亿	1.49%	9369.84	9229.76	9369.74	9376.15	1.05
301	300	000915	300信息	2961.54	-1.06%	-31.77	2330.31万	474.64亿	1.76%	2996.11	2943.45	2984.17	2993.31	1.18
302														

Sheet1

图 2-1-020 【股票数据】获取成功界面

任务 4　股票数据抓取机器人应用

学生应根据股票业务场景,抓取股票有效数据,按分析指标对股票市场进行分析并完成分析报告。

1. 抓取数据

抓取 500 行股票有效数据并保存到指定文件中。

2. 分析数据

根据表 2-1-001 指标对股票市场进行分析,并完成 300～500 字分析报告。

表 2-1-001　股市分析指标

序号	分析指标	备注
1	交易量排名前 10 企业	分析一周数据
2	交易价格排名前 10 企业	分析一周数据
3	涨幅排名前 10 企业	分析一周数据

 思政园地

背靠中国是香港最大的底气

索罗斯曾成功狙击英镑、做空日元、做空泰铢及其股票,使得泰国、马来西亚、印尼等国家和地区积存的外汇一瞬间化为乌有,更引发了亚洲金融危机。

中国香港在亚洲金融危机的前期,一直处于劣势,如未能在恒指期货结算交割日扭转局势,那么对于香港股票市场将是一场灾难。但为什么最后中国香港能顺利度过呢?

中国香港与其他东南亚地区不同,它背后是强大的中国! 在祖国母亲的全力帮助下,索罗斯"做空"港币与港股的阴险图谋被粉碎。中国香港也成为当年亚洲金融危机里唯一一个没有遭到毁灭性打击的地区。

项目重难点总结

重点:
(1) 股票数据抓取机器人的整体设计思路。
(2) 股票数据抓取机器人的测试及结果展示。
(3) 股票数据抓取机器人的拓展应用。

难点：

（1）股票数据抓取机器人的开发过程。

（2）股票数据抓取机器人所使用控件的掌握。

✎ 课后实践训练

（1）线下作业：请开发【获取工商红盾网企业信息】数据抓取机器人（取 1 000 条信息）。

（2）线上作业：将线下完成的作业上传"智慧职教——职教云"云平台，进行头脑风暴、小组评比等教学活动。

项目 2　商品信息抓取机器人

对电子商务行业来说,数据分析在企业内部非常重要,营销管理、客户管理等环节都需要应用到数据分析的结果。通过用 UiPath Studio 可以高效挖掘各种数据,利用数据分析来发现企业内部、营销手段和客户体验等方面的不足,从而做出明智的决策。

项目成果

完成商品信息抓取机器人的设计开发。

项目目标

(1) 熟练录制、数据抓取、写入范围等操作控件的使用。
(2) 使用控件进行商品信息抓取机器人的设计开发。
(3) 能够归纳总结商品信息抓取机器人的设计流程。
(4) 能够在实践中拓展应用 RPA。

项目内容

(1) RPA 设计:根据业务流程,设计商品信息抓取机器人开发流程。
(2) RPA 开发:利用 UiPath Studio 平台进行商品信息抓取机器人开发。
(3) RPA 测试:对开发完成的商品信息抓取机器人进行调试运行。
(4) RPA 应用:通过案例,引导学生熟练应用商品信息抓取机器人。

项目流程

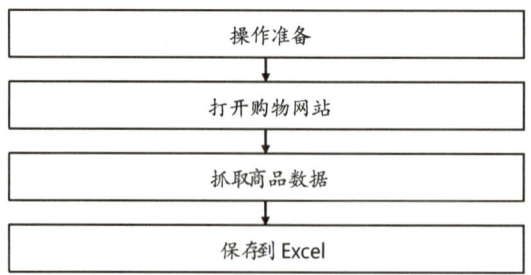

项目控件

本项目所使用活动控件

序号	控件名称	控件图标	控件功能
1	录制器	录制	轻松在屏幕上捕获用户的动作并将其转换为序列，可录制桌面、网页等的多个活动界面
2	数据抓取	数据抓取	实现浏览器、应用程序或文档界面结构化数据提取至数据表中
3	写入范围	写入范围 工作簿路径，必须用引号将文本括起 "Sheet1" "A1" 数据表	将提取到的数据从起始单元格开始，写入指定的 Excel 中

任务 1 商品信息抓取机器人设计

基于 UiPath Studio 平台设计的商品信息抓取机器人，能高效并随时获取线上购物网站商品信息，通过浏览器、Excel 等平台及交互软件，将其保存在本地的表格文件中，为使用者提供商品信息数据进行相关分析并做出决策。商品信息抓取机器人整体设计思路如下：

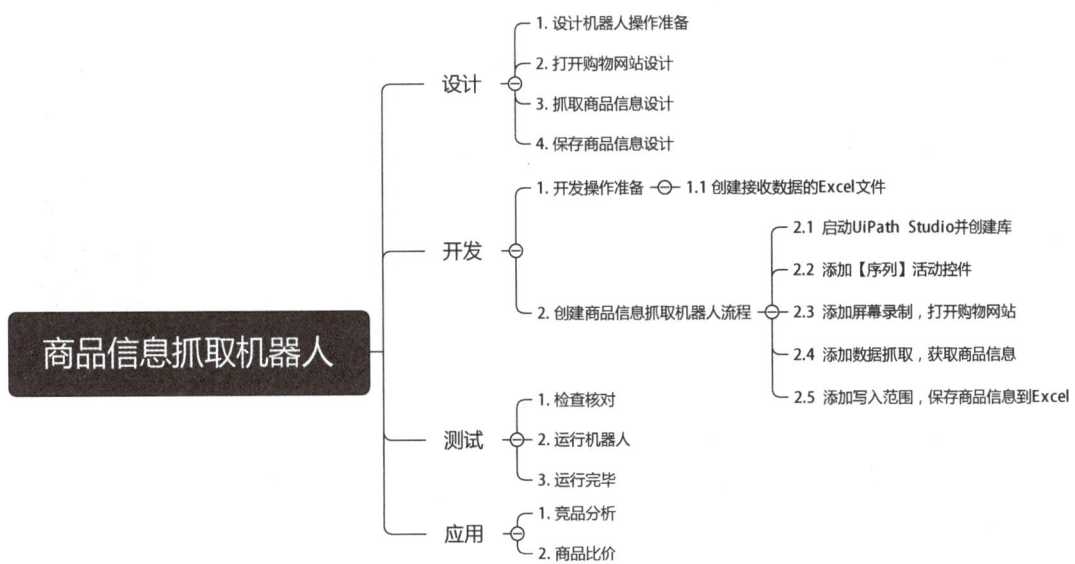

名师精品·
Gaozhigaozhuan Kuaiji Xilie
高职高专 会计 系列

任务 2　商品信息抓取机器人开发

商品信息抓取
机器人-
操作准备

1. 开发操作准备

1.1　创建接收数据的 Excel 文件

在【C:\】创建文件夹，命名为【商品信息抓取机器人】，打开此文件夹，新建名为【商品信息】的 Excel 文件，如下图 2-2-001 所示。

> 此电脑 > Windows-SSD (C:) > 商品信息抓取机器人

商品信息.
xlsx

图 2-2-001　【商品信息】创建界面

2. 创建商品信息抓取机器人流程

2.1　启动 UiPath Studio 并创建库

（1）打开 UiPath Studio 界面，新建空白库，重命名为【商品信息抓取机器人序列】，存储路径选择【C:\商品信息抓取机器人】。

（2）在活动面板，点击【项目】选项卡，选中【NewActivity.xaml】，鼠标右键选择【重命名】，选中【至:】输入框，重命名该项目为【商品信息抓取机器人序列】，点击【确定】。

2.2　添加【序列】活动控件

添加【序列】活动控件，至【设计面板】中，重命名为【商品信息抓取机器人】。

2.3　添加屏幕录制，打开购物网站

（1）提前使用【谷歌浏览器】打开购物网站（以京东商城为例）"https://www.jd.com/"。

（2）输入需要抓取信息的商品类型【手机】，单击【搜索】，如图 2-2-002 所示。

（3）返回 UiPath，在菜单栏中单击【录制】，选中【网页】，打开【网页录制】工具栏，如图 2-2-003 所示。

（4）单击【打开浏览器】，单击网页任意空白位置，单击【确定】按钮，如图 2-2-004 所示。

（5）单击【保存并退出】按钮，返回 UiPath 界面。

商品信息抓取
机器人-打开
商品信息网站

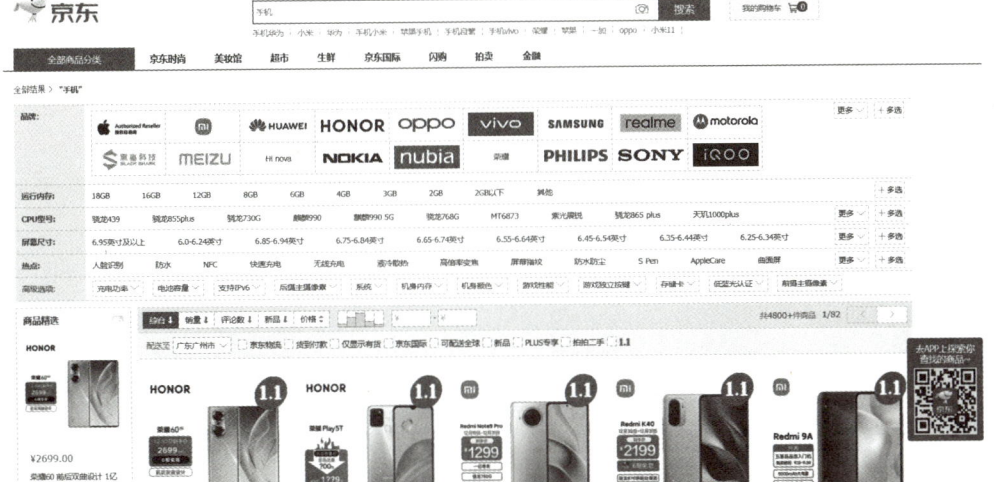

图 2-2-002　购物网站界面

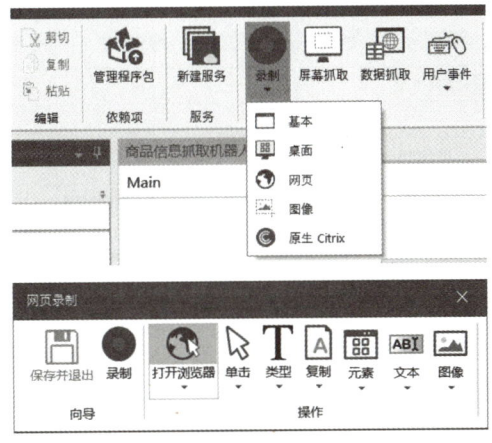

图 2-2-003　【网页录制】界面

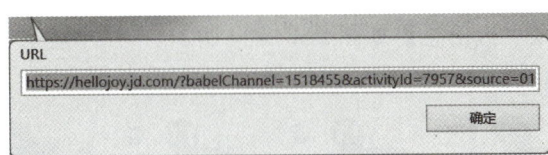

图 2-2-004　【浏览器】界面

（6）对屏幕录制的活动控件【网页】进行重命名为【打开京东购物网站】，如图2-2-005所示。

2.4　添加数据抓取，获取商品信息

（1）在菜单栏中单击【数据抓取】，单击【下一步】按钮，如图2-2-006所示。

商品信息抓取
机器人-抓取
商品信息

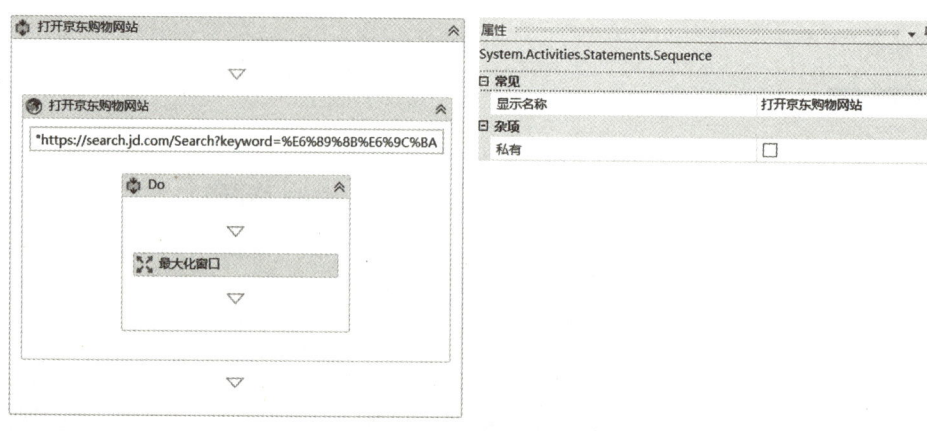

图 2-2-005　【打开京东购物网站】重命名界面

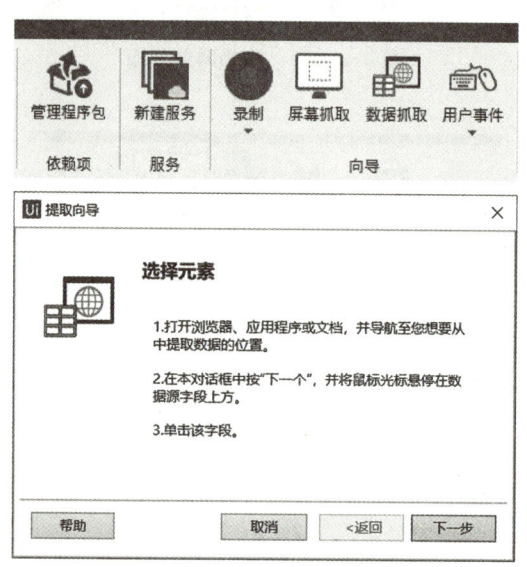

图 2-2-006　【数据抓取】界面

（2）单击第一个【手机信息】，如图 2-2-007 所示。

图 2-2-007　【手机信息】界面

（3）根据提示要求，单击【下一步】按钮，如图2-2-008所示。

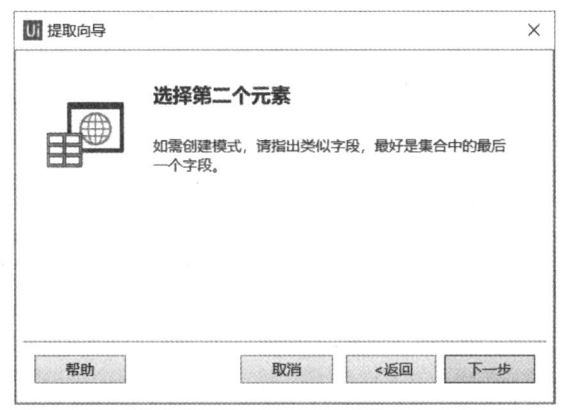

图2-2-008 【提取向导】界面

（4）单击第二个【手机信息】（通过选择前两个手机的信息，数据抓取就能识别所有手机的手机信息），如图2-2-009所示。

图2-2-009 【手机信息】界面

（5）选中【文本列名称】输入框，修改名称为【手机信息】，单击【下一步】，输入【最大结果条数】为【300】。如果想提取其他相关数据，单击【提取相关数据】按钮，如图2-2-010所示。

（6）单击第一个【手机价格】，单击【下一步】按钮，如图2-2-011所示。

（7）单击第二个【手机价格】，之后选中【文本列名称】输入框，修改名称为【手机价格】，单击【下一步】，如图2-2-012所示。

（8）重复上述步骤可自定义抓取商品信息，抓取完成后单击【完成】按钮，如图2-2-013所示。

（9）如果商品信息表格存在【下一页】按钮会弹出【指出下一个链接】提示，根据提示要求，单击【是】按钮，如图2-2-014所示。

（10）选择网页的【下一页】按钮，完成后返回UiPath界面，用户可以键入键盘【F2】，使得屏幕选择延迟3秒，在此3秒内将网页下拉至【下一页】位置处，如图2-2-015所示。

图 2-2-010 【提取相关数据】界面

图 2-2-011 【手机价格】界面

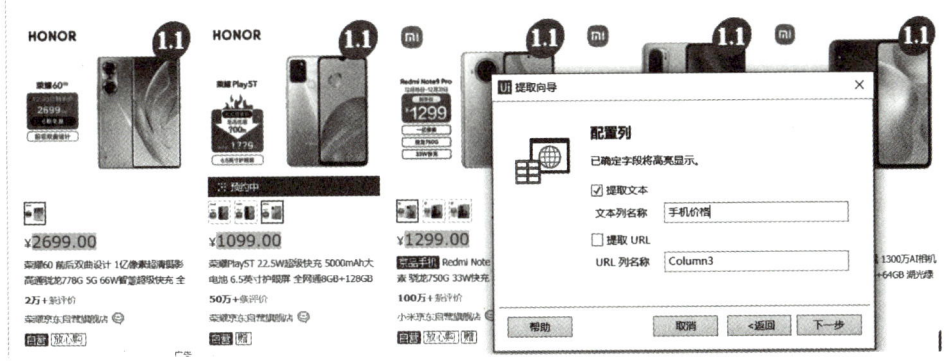

图 2-2-012 【文本列名称】界面

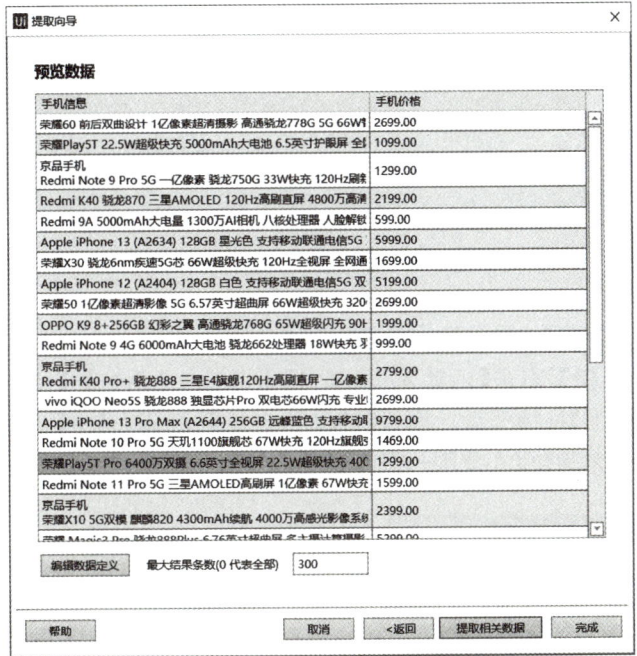

图 2-2-013 【抓取商品信息】确认完成界面

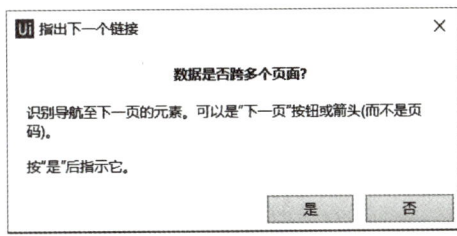

图 2-2-014 【指出下一个链接】界面

图 2-2-015 【UiPath】界面

数据获取机器人设计与应用

（11）选中【数据抓取】活动控件，点击【变量】面板，选中变量【ExtractDataTable】，设置变量类型为【DataTable】，修改其范围为【商品信息抓取机器人序列】，设置完成后单击【变量】，关闭变量面板，如图2-2-016所示。

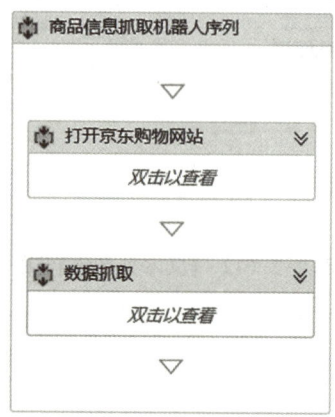

图 2-2-016 【数据抓取】界面

2.5 添加写入范围，保存商品信息到 Excel

（1）在【活动面板】，点击【活动】选项卡，搜索并选中【系统】-【文件】-【工作簿】-【写入范围】拖拽至设计面板【商品信息抓取机器人】中【数据抓取】活动下，并重命名为【写入范围－保存商品信息】，如图2-2-017所示。

商品信息抓取
机器人-保存
商品信息

图 2-2-017 【属性面板】重命名界面

（2）选中【属性】-【输入】-【工作簿路径】输入框的【…】按钮，在弹窗输入【"C:\商品信息抓取机器人\商品信息.xlsx"】，完成输入后点击确定。

（3）引用之前定义的变量，选中【属性】-【输入】-【数据表】输入框，键入空格，双击选中【ExtractDataTable】变量，单击属性面板空白处，完成引用变量的操作。

（4）勾选【属性】-【选项】-【添加标头】单选框，如图 2-2-018 所示。

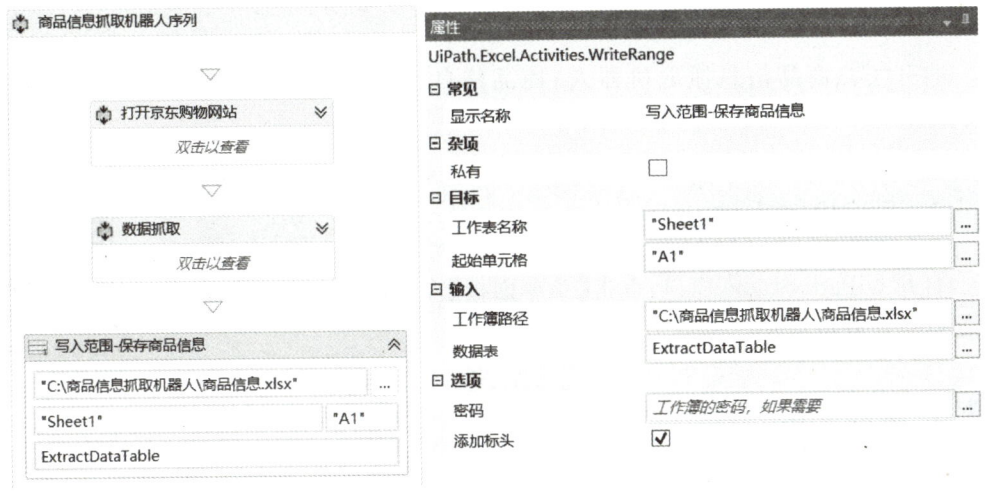

图 2-2-018 【属性面板】界面

（5）设计结果，如图 2-2-019 所示。

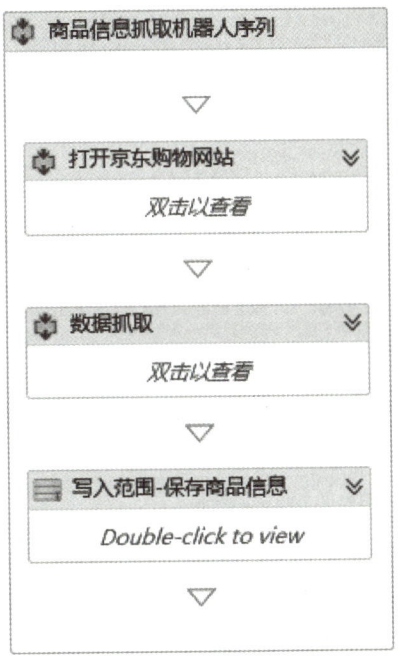

图 2-2-019 【商品信息抓取机器人】界面

【视频合集】商品信息抓取机器人

任务3　商品信息抓取机器人测试

学生将开发完成的商品信息抓取机器人在平台进行运行测试，测试步骤如下。

1. 检查核对

打开"C:\商品信息抓取机器人\商品信息.xlsx"，显示 Sheet1 为空表，关闭该文件。

2. 运行机器人

打开 UiPath Studio 窗口，点击【菜单面板】左侧的【运行】按钮，运行商品信息抓取机器人。

【运行视频】商品信息抓取机器人

3. 运行完毕

运行结束后，重新打开"C:\商品信息机器人\商品信息.xlsx"，Sheet1 中显示所获取的 300 条商品信息，如图 2-2-020 所示。

	A	B
274	纽曼(Newmine) M60Pro一万毫安电池大容量智能手机超长待机军工商务5G卡可用小米华为接口 黑色 8G+128GB	999.00
275	vivo iQOO 8 Pro 手机 5G新品 120Hz电竞游戏屏 iqoo7升级版qoo8 iQOO 8 Pro 传奇 12G+256G 标配版	5499.00
276	荣耀play4T 4G手机华为麒麟710A芯片 极光蓝 全网通 (6GB+128GB) 碎屏险	1169.00
277	荣耀畅玩20 5000mAh超大电池续航 6.5英寸大屏 手机 钛空银6G+128G 官方标配【碎屏险+晒单红包10元】	988.00
278	华为畅享20SE手机 5000mAh大电池 幻夜黑 4GB+128GB	1399.00
279	荣耀畅玩20手机 5000mAh超大电池 6.5英寸大【magic3店内可选+评价选保温杯】 幻夜黑 4+128【标配晒单有礼】	899.00
280	OPPO A35 新品手机【899起+佣机】128G大内存超清护眼a32升级版 oppoa35手机 雾海蓝 4GB+64GB【现货速发】4G全网通【官方标配】	969.00
281	小米 红米Note9 pro 5G新品Redmi手机全网通 6G+128G 湖光秋色 官方标配	1469.00
282	【1699起】OPPO K9 5G手机oppo手机65W超级闪充oppok9手机k7x升级版游戏手机 K9 幻彩之翼 (8G+128G) 15天内发货 全网通官方标配	1799.00
283	金立 (Gionee) L9+移动联通电信版老人手机大字大声大音量 4G全网通老年手机直板按键备用机 黑色 移动版【用坏免换】	158.00
284	荣耀50SE 5G手机 1亿像素超清影像 120Hz智能高刷屏 66W超级充电 流光幻境 8GB+128GB	2118.00
285	纽曼 (Newman) K99 4G全网通老人手机 超长待机 移动联通电信学生手机 大字大声老年机 儿童备用功能机 蓝色	168.00
286	纽曼 (Newman) K99mini 4G全网通 移动联通电信老人手机 超长待机 大字大声老年机 学生备用功能手机 蓝色	135.00
287	小米Redmi 红米Note9 5G手机 流影紫 6+128G 官方标配	1149.00
288	纽曼 Newman L8 星空黑 4G全网通 移动联通电信老人手机 超长待机 大字大声大按键老年机 学生儿童备用功能机	178.00
289	立减100！OPPO K9新品oppok9手机65W超级闪充高通骁龙768G游戏拍照90Hz电竞屏 幻彩之翼(8+128GB)【当天发货】 官方标配【2年延保+1	1769.00
290	华为P50 Pro 手机【支持鸿蒙HarmonyOS 2】4G全网通智能 可可茶金 8+256G 碎屏险套餐	6788.00
291	荣耀畅玩20 老人学生智能长续航大屏手机 幻夜黑 全网通 (6+128G)	999.00
292	realme GTNeo闪速版真我GT Neo闪速版 双5G游戏智能NFC手机 最终幻想 5G(8G+128G)闪速版	1858.00
293	多亲 (QIN) Qin2 Pro 学生手机 5.05英寸全面屏智能超薄老人机触屏 移动联通4g电话 电信Volte 蓝色	569.00
294	【抽奖赢新机+晒单20】OPPO A11s 手机新品大电量oppoa11s a32升级款a11s 磨砂黑 (8G+128G) 官方标配【晒单20+2年保修】	1199.00
295	OPPO Reno5 K 5G 6400 万水光人像四摄 65W超级闪充 12+256 恋念青风 全网通手机	2999.00
296	【现货速发】诺基亚 (NOKIA)105老人老年手机 学生功能手机 移动2G 黑色 单卡+耳机套装	129.00
297	华为nova8 5g手机 麒麟985 66W华为超级快速充电 华为手机 普罗旺斯 8GB 128GB【新包装无充电套装】	3668.00
298	多亲 (QIN) F21S AI学生老人手机 移动联通电信三网4G电信 直板按键 双卡双待 备用功能机 瓷白色	369.00
299	荣耀 50 50pro 新款5G旗舰手机 荣耀50 亮黑色 全网通 (8+256G) 碎屏险套餐	2899.00
300	华为mate40pro 可选5GV4G手机【支持鸿蒙HarmonyOs】麒麟9000芯片 亮黑色 8+256G (4G) 官方标配 (含充电套装+3个月碎屏保)	6498.00
301	华为nova8se活力版手机【7重好礼】 冰霜银 (4G版) 8+128GB	1889.00
302		

图 2-2-020　【商品信息】成功获取界面

任务4　商品信息抓取机器人应用

学生应根据商品信息业务场景,抓取商品的有效数据,按分析指标对商品销售市场进行分析并完成分析报告。

1. 抓取数据

抓取500行商品有效数据并保存到指定文件中。

2. 分析数据

根据表2-2-001指标对商品进行分析,并完成300～500字的分析报告。

表2-2-001　商品分析指标

序号	分析指标	备注
1	交易量排名前10商品	分析近1个月数据
2	交易价格排名前10商品	分析近1个月数据
3	涨幅排名前10商品	分析近1个月数据

思政园地

自主创新,自强不息

根据2021年2月互联网数据中心公布的中国手机市场份额最新数据,华为在2020年以124.9百万台出货量和38.3％的市场份额稳居第一。但是这个第一是来之不易的,因为华为遭遇到以美国为首的国家和地区的一系列不公正的打击,包括芯片断供、谷歌暂停与华为部分业务合作、进一步升级了对华为及其在"实体名单"上的非美国分支机构使用美国技术和软件在国内外生产的产品的限制。面对不公正的打击和封锁,华为坚持走自主创新路线,依据欧盟委员会发布的《2018年欧盟工业研发投资排行》(The 2018 EU Industrial R&D Investment Scoreboard)调研结果中显示,华为公司以113.34亿欧元的研发投入排名全球第五位、中国第一位。同时,华为每年在创新研发上的投入一直占公司总收入的20％～30％。

在业务层面,华为在上海成立芯片生产工厂,虽然还无法制造最先进的芯片,但是按照任正非的计划,将在2021年年底实现28纳米芯片的制造。在如今全球缺芯的情况下,华为的这个芯片工厂,能够为华为的智慧电视和物联网设备提供芯片。华为除手机之外的消费者业务,也能有一定的安全保障,不必再依赖外来芯片。另外,华为陆续推出了鸿蒙 OS 系统和 HMS 服务,同时,高度重视国内人才的培养,希望以人才培养为主要方向,继续走自主创新路线。

项目重难点总结

重点:

(1)商品信息抓取机器人的整体设计思路。

(2)商品信息抓取机器人的测试及结果展示。

(3)商品信息抓取机器人的拓展应用。

难点:

(1)商品信息抓取机器人的开发过程。

(2)商品信息抓取机器人所使用控件的掌握。

课后实践训练

(1)线下作业:请开发【获取淘宝企业商品】数据抓取机器人(取 1 000 条信息)。

(2)线上作业:将线下完成的作业上传"智慧职教——职教云"平台,进行头脑风暴、小组评比等教学活动。

项目 3　银行流水下载机器人

为了保证账簿记录信息的准确性,月末财务人员都需要下载银行流水与银行日记账进行核对。对于拥有较多银行账号的大中型企业,每个银行账号下载对应的银行流水,都需要财务人员输入账号密码等信息登录银行系统,再输入查询条件,才能下载电子表格。这是一项耗时长、周期性和重复性较强的工作,极大的降低了财务人员的工作效率。通过 UiPath Studio 平台设计开发的银行流水下载机器人,则可以实现自动化下载银行流水的业务,帮助财务人员从大量的重复性劳动工作中解脱出来,投入到其他能动性更强、更加有价值的财务管理和分析的工作上。

📖 项目成果

完成银行流水下载机器人的设计开发。

✏️ 项目目标

(1) 熟练与浏览器相关的控件、读取单元格、输入信息、单击、选择项目等控件的使用。

(2) 使用控件进行银行流水下载机器人的设计开发。

(3) 能够归纳总结银行流水下载机器人的设计流程。

(4) 能够在实践中拓展应用 RPA。

📖 项目内容

(1) RPA 设计:根据业务流程,设计银行流水下载机器人开发流程。

(2) RPA 开发:利用 UiPath Studio 平台进行银行流水下载机器人开发。

(3) RPA 测试:对开发完成的银行流水下载机器人进行调试运行。

(4) RPA 应用:通过案例,引导学生熟练应用银行流水下载机器人。

🔧 项目流程

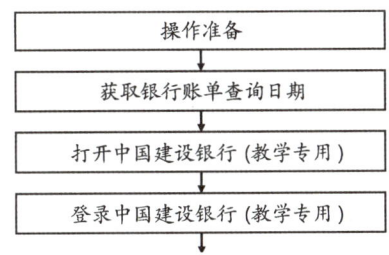

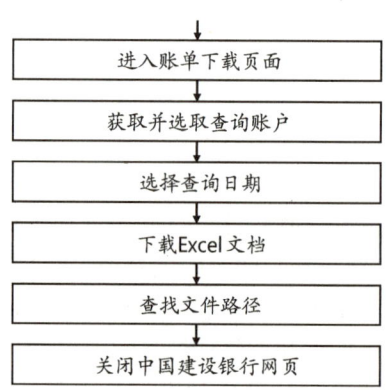

项目控件

序号	控件名称	控件图标	控件功能
1	序列	序列 ▽ 在此处放置活动	根据单个定义的顺序执行一组子活动
2	读取文本	读取文本 文档路径，必须将文本放入引号中 文档中的文本。	读取文档中的所有文本
3	赋值	A=B 赋值 To = 输入 VB 表达式	设置工作流变量值
4	打开浏览器	打开浏览器 在此处插入 URL，必须用引号将文本括起 Do ▽ 在此处放置活动	根据网站地址打开浏览器
5	最大化窗口	最大化窗口	最大化指定的窗口
6	输入信息	T 输入信息 指明在屏幕上 必须用引号将文本括起 +	将文本值输入到选定的用户界面元素

（续表）

序号	控件名称	控件图标	控件功能
7	发送热键		发送键盘快捷方式至用户界面
8	Excel 应用程序范围		提供 Excel 活动范围
9	读取单元格		将电子表格中指定单元格的值读取为字符串
10	选择项目		在下拉框或列表框选择一个项目
11	单击		单击指定的用户界面元素
12	遍历循环		对列举的每个元素执行【遍历循环＞正文】内的一系列活动
13	关闭选项卡		关闭浏览器页面

任务1　银行流水下载机器人设计

　　基于 UiPath Studio 平台设计的银行流水下载机器人，能高效地获取银行流水账单，通过浏览器、Excel 等平台及交互软件，将其保存在本地的表格文件中，帮助财务人员处理这些耗时长、价值低的重复性财务工作，提高工作效率。银行流水下载机器人整体设计思路如下：

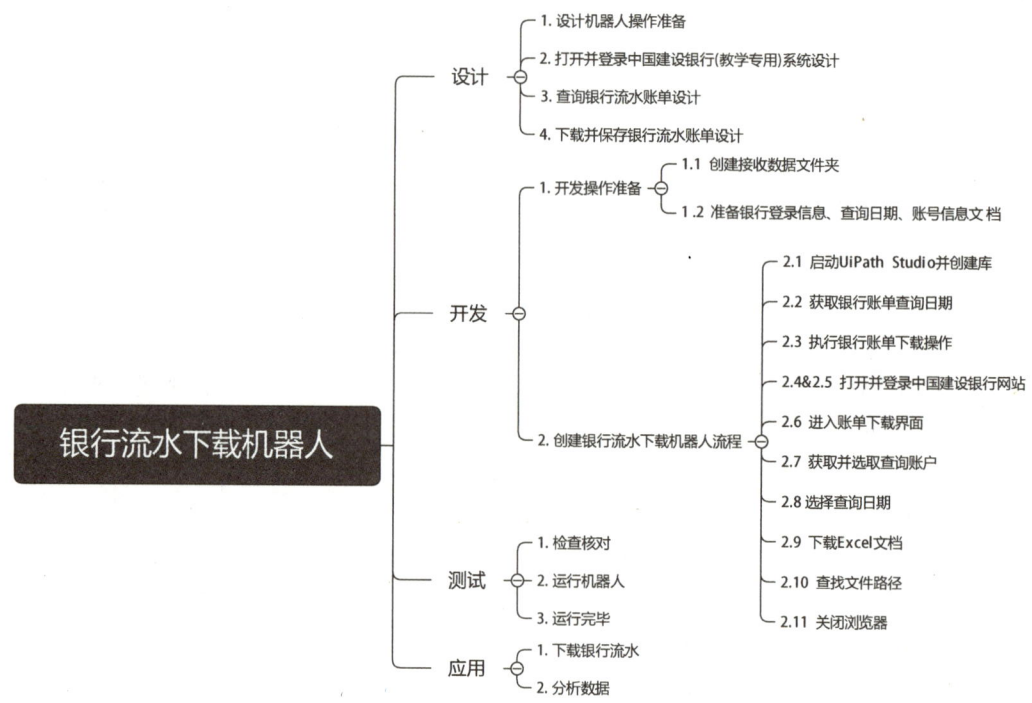

银行流水下载机器人

- 设计
  - 1. 设计机器人操作准备
  - 2. 打开并登录中国建设银行(教学专用)系统设计
  - 3. 查询银行流水账单设计
  - 4. 下载并保存银行流水账单设计
- 开发
  - 1. 开发操作准备
    - 1.1 创建接收数据文件夹
    - 1.2 准备银行登录信息、查询日期、账号信息文档
  - 2. 创建银行流水下载机器人流程
    - 2.1 启动 UiPath Studio 并创建库
    - 2.2 获取银行账单查询日期
    - 2.3 执行银行账单下载操作
    - 2.4&2.5 打开并登录中国建设银行网站
    - 2.6 进入账单下载界面
    - 2.7 获取并选取查询账户
    - 2.8 选择查询日期
    - 2.9 下载 Excel 文档
    - 2.10 查找文件路径
    - 2.11 关闭浏览器
- 测试
  - 1. 检查核对
  - 2. 运行机器人
  - 3. 运行完毕
- 应用
  - 1. 下载银行流水
  - 2. 分析数据

任务 2　银行流水下载机器人开发

银行流水下载
机器人-操作
准备

1. 开发操作准备

1.1　创建接收数据文件夹

（1）在【C:\】创建文件夹，文件夹名称建议设置为【银行流水下载机器人】。

（2）在该文件夹中创建子文件夹【建设银行账单】，存储建行银行账单（本项目以建设银行账单下载为例）。

1.2　准备银行登录信息、账号信息、查询日期文档

（1）将【四大银行登录信息.xlsx】【四大银行查询账号.xlsx】和【四大银行查询日期.xlsx】文档复制粘贴至【C:\银行流水下载机器人】文件夹中。

（2）打开【四大银行登录信息】Excel 文档，根据实训环境输入【客户识别号/用户名、登录密码、操作员代码】，正常情况下【客户识别号/用户名、登录密码】与 RPA 财务机器人实践教学平台的登录账号、密码相一致，【操作员代码】默认值是【999999】。

（3）打开【四大银行查询日期】Excel 文件，开始日期和结束日期均按照【年份+月份】的格式输入，如图 2-3-001 所示。

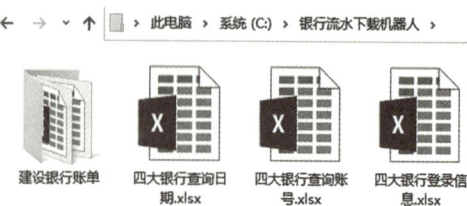

此电脑 › 系统 (C:) › 银行流水下载机器人 ›

建设银行账单　　四大银行查询日期.xlsx　　四大银行查询账号.xlsx　　四大银行登录信息.xlsx

图 2-3-001　Excel 文件创建界面

2. 创建银行流水下载机器人流程

2.1　启动 UiPath Studio 并创建库

（1）打开 UiPath Studio 界面，新建空白库，重命名为【银行流水下载机器人序列】，存储路径选择【C:\银行流水下载机器人】。

（2）在活动面板，点击【项目】选项卡，选中【NewActivity.xaml】，鼠标右键选择【重命名】，选中【至:】输入框，重命名该项目为【银行流水下载机器人（建行）】，点击【确定】，双击打开项目文件。

2.2　获取银行账单查询日期

2.2.1　添加序列集成活动

（1）添加【序列】活动控件，至【设计面板】中，重命名为【序列-银行流水下载机器人（建行）】。

（2）添加【序列】活动控件，拖拽至设计面板中【序列-银行流水下载机器人（建行）】活动内，重命名为【（2）序列-获取银行账单查询日期】，如图2-3-002所示。

银行流水下载
机器人-获取
银行账单查询
日期

数据获取机器人设计与应用

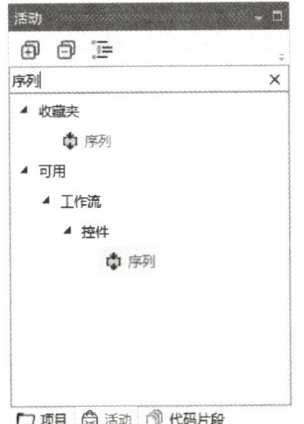
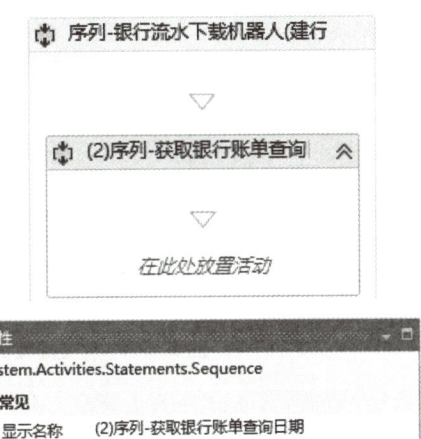

图 2-3-002　【显示名称】修改界面

2.2.2　读取银行账单查询日期

（1）在【活动面板】搜索【读取范围】，选中【系统】-【文件】-【工作簿】-【读取范围】，拖拽至（2）序列活动内。

（2）在【属性面板】中，设置属性：

① 将【显示名称】修改为【读取范围-获取建行账单查询日期】。

② 点击【输入】-【工作簿路径】输入框的按钮【…】，打开表达式编辑器弹窗，在表达式编辑器输入框中输入【"C:\银行流水下载机器人\四大银行查询日期.xlsx"】，点击【确定】按钮。

③ 通过【输入】-【工作表名称】输入框，获取【中国建设银行】账单查询日期，将

【"Sheet1"】修改为【"中国建设银行"】。

④ 选中【输入】-【范围】输入框,读取整个【中国建设银行】工作表的数据,将【"A1:A2"】删除。

⑤ 选中【输出】-【数据表】输入框,单击右键,选择【创建变量】输入【查询日期】,输入完成后,单击属性面板空白处,完成创建变量操作,在【变量面板】中,点击【变量】选项卡,选中【查询日期】变量,将其变量类型设置为【DataTable】,将其范围设置为【序列-银行流水下载机器人(建行)】,设置完成后单击【变量】,关闭变量面板,如图 2-3-003 所示。

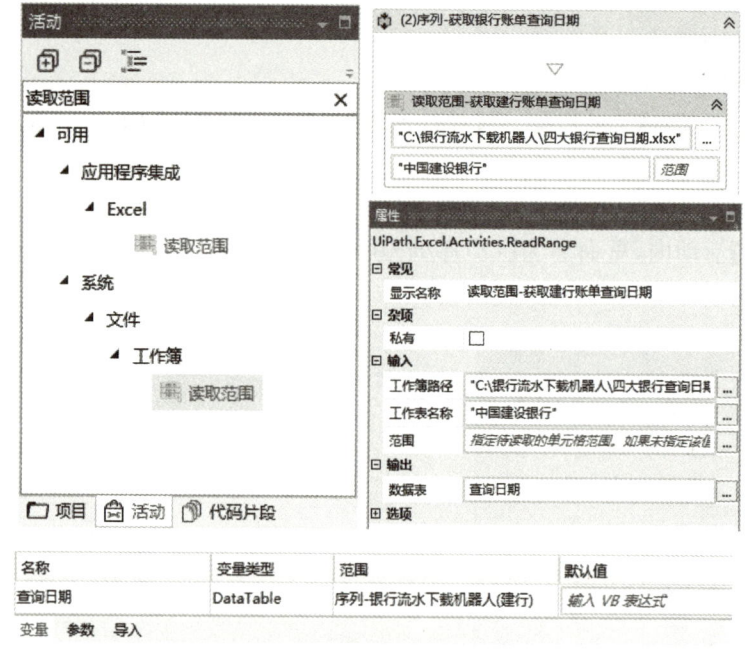

图 2-3-003 【属性面板】设置界面

2.3 执行银行账单下载操作

2.3.1 添加序列集成银行账单下载操作

添加【序列】活动控件,拖拽至设计面板中【序列-银行流水下载机器人(建行)】活动内【(2)序列】活动下,重命名为【(3)序列-执行银行账单下载操作】。

2.3.2 对列举的每个查询日期执行操作

(1)在【活动面板】搜索并选中【对于每一个行】,拖拽至设计面板【(3)序列】活动内。

(2)在【属性面板】中,设置属性:

① 将【显示名称】修改为【对于每一个行-对列举的每个查询日期执行操作】。

② 对【输入】-【数据表】输入框,键入空格,双击选中【查询日期】变量,单击属性面板空白处,完成引用变量的操作,如图 2-3-004 所示。

银行流水下载机器人-执行银行账单下载操作

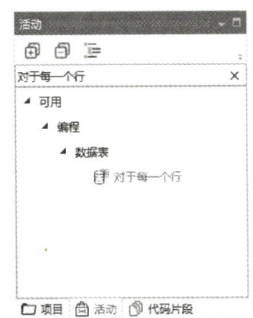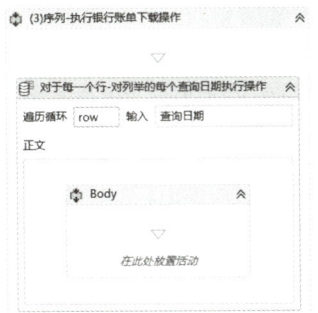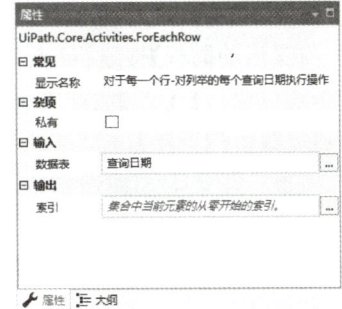

图 2-3-004 【属性面板】设置界面

2.4 打开中国建设银行网站

2.4.1 添加序列集成打开中国建设银行活动

添加【序列】活动控件，拖拽至设计面板中【对于每一个行-对列举的每个查询日期执行操作】-【正文】-【Body】活动内，重命名为【(4)序列-打开中国建设银行(教学专用)】。

银行流水下载机器人-打开中国建设银行

2.4.2 添加打开浏览器活动并设置属性参数

(1) 在【活动面板】中搜索【打开浏览器】，拖拽至设计面板【(4)序列】活动内。

(2) 在【属性面板】中，设置属性：

① 将【显示名称】修改为【打开浏览器-访问中国建设银行】。

② 对【输入】-【URL】输入框，单击右键，选择【创建变量】，输入【中国建设银行网址】，输入完成后，单击属性面板空白处，完成创建变量操作，打开【变量】面板，选中【中国建设银行网址】变量，将其变量类型设置为【String】，将其范围修改为【序列-银行流水下载机器人(建行)】，默认值输入框输入【"http://jy.hanzhisoft.com：8088/api/jh/demo_login_account.html"】。

③ 对【输入】-【浏览器类型】输入框，单击选择【Chrome】。

④ 对【输出】-【用户界面浏览器】输入框，单击右键，选择【创建变量】，输入【关闭中国建设银行浏览器】，输入完成后，单击属性面板空白处，完成创建变量操作，打开【变量】面板，选中【关闭中国建设银行浏览器】变量，将其变量类型设置为【Browser】，将其范围修改为【序列-银行流水下载机器人(建行)】，如图 2-3-005 所示。

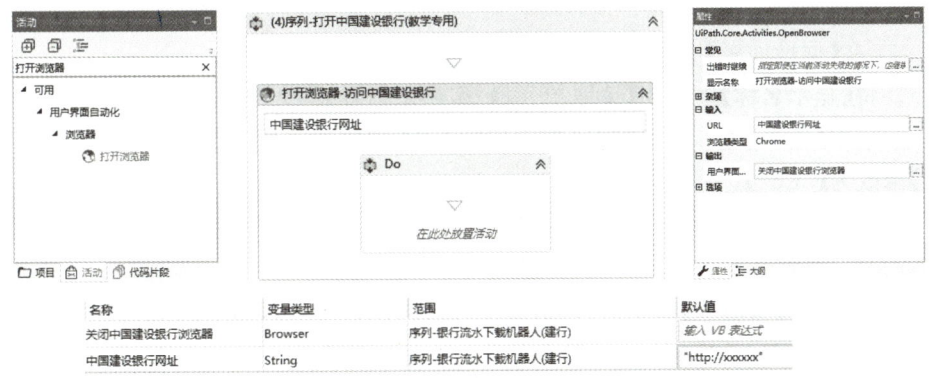

图 2-3-005 【访问中国建设银行】设置界面

2.4.3 最大化中国建设银行浏览器窗口

在【活动面板】搜索【最大化窗口】，拖拽至设计面板【(4)序列】中【打开浏览器-访问中国建设银行】-【Do】活动内。在【属性面板】中，将【显示名称】修改为【最大化窗口-中国建设银行浏览器】。

2.5 登录中国建设银行

2.5.1 添加序列集成登录中国建设银行活动

添加【序列】活动控件，拖拽至设计面板中【(3)序列】中【(4)序列】活动下，重命名为【(5)序列-登录中国建设银行（教学专用）】。

2.5.2 获取建设银行登录信息

(1) 在【活动面板】搜索【Excel 应用程序范围】，拖拽至设计面板【(5)序列】活动内。

(2) 在【属性面板】中，设置属性：

① 将【显示名称】修改为【Excel 应用程序范围-获取建设银行登录信息】。

② 单击【文件】-【工作簿路径】输入框的此按钮【…】，打开表达式编辑器弹窗，在表达式编辑器输入框中输入【"C:\银行流水下载机器人\四大银行登录信息.xlsx"】，点击【确定】按钮，完成工作簿路径的编辑，如图 2-3-006 所示。

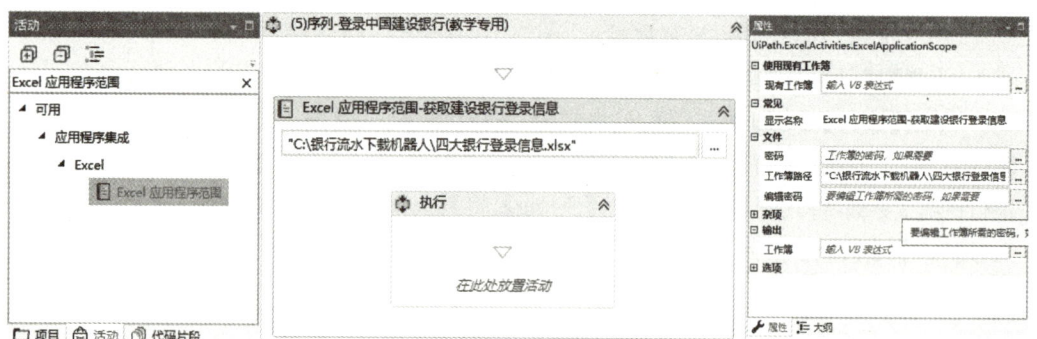

图 2-3-006 【获取建设银行登录信息】设置界面

(3) 在【活动面板】搜索【读取单元格】，选中【可用】-【应用程序集成】-【Excel】-【读取单元格】，拖拽至设计面板【Excel 应用程序范围-获取建设银行登录信息】-【执行】活动内。

(4) 在【属性面板】中，设置属性：

① 将【显示名称】修改为【读取单元格-客户识别号】。

② 选中【输入】-【单元格】输入框，读取登录【中国建设银行】的客户识别号，将【"A1"】修改为【"C2"】。

③ 在【输入】-【工作表名称】输入框中，由于程序所获取的登录信息本就位于工作表"Sheet1"，因此保留为【"Sheet1"】。

④ 对【输出】-【结果】输入框，单击右键，选择【创建变量】，输入【客户识别号】，输入完成后，单击属性面板空白处，完成创建变量操作，打开【变量】面板，选中【客户识别号】

变量,将其变量类型设置为【GenericValue】,将其范围修改为【序列-银行流水下载机器人(建行)】,点击【变量】,关闭变量面板,如图 2-3-007 所示。

名称	变量类型	范围	默认值
客户识别号	GenericValue	序列-银行流水下载机器人(建行)	输入 VB 表达式

图 2-3-007 【读取单元格-客户识别号】设置界面

（5）在【活动面板】搜索【读取单元格】,选中【可用】-【应用程序集成】-【Excel】-【读取单元格】,拖拽至设计面板【Excel 应用程序范围-获取建设银行登录信息】-【执行】活动内【读取单元格-客户识别号】活动下。

（6）在【属性面板】中,设置属性:

① 将【显示名称】修改为【读取单元格-操作员代码】。

② 选中【输入】-【单元格】输入框,读取登录【中国建设银行】的操作员代码,将【"A1"】修改为【"E2"】。

③ 在【输入】-【工作表名称】输入框中,由于程序所获取的登录信息本就位于工作表"Sheet1",因此仍保留为【"Sheet1"】。

④ 对【输出】-【结果】输入框,单击右键,选择【创建变量】,输入【操作员代码】,输入完成后,单击属性面板空白处,完成创建变量操作,打开【变量】面板,选中【操作员代码】变量,将其变量类型设置为【GenericValue】,将其范围修改为【序列-银行流水下载机器人(建行)】,点击【变量】,关闭变量面板,如图 2-3-008 所示。

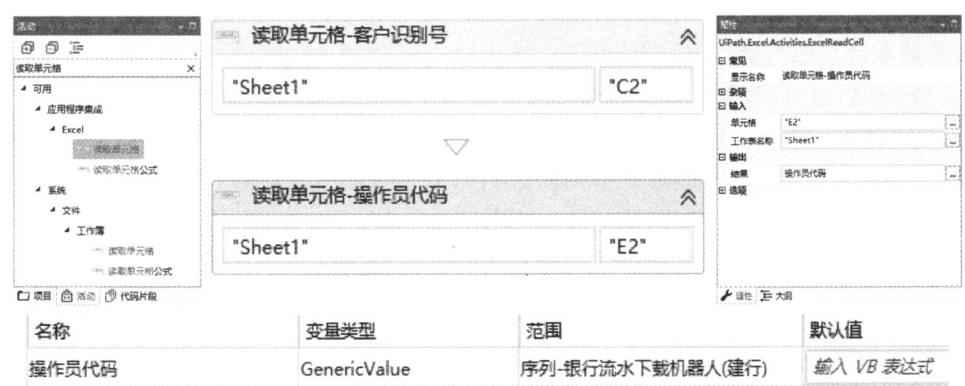

名称	变量类型	范围	默认值
操作员代码	GenericValue	序列-银行流水下载机器人(建行)	输入 VB 表达式

图 2-3-008 【读取单元格-操作员代码】设置界面

（7）在【活动面板】搜索【读取单元格】，选中【可用】-【应用程序集成】-【Excel】读取单元格，拖拽至设计面板【Excel应用程序范围-获取建设银行登录信息】-【执行】活动内【读取单元格-操作员代码】活动下。

（8）在【属性面板】中，设置属性：

① 将【显示名称】修改为【读取单元格-登录密码】。

② 选中【输入】-【单元格】输入框，读取登录【中国建设银行】的登录密码，将【"A1"】修改为【"D2"】。

③ 在【输入】-【工作表名称】输入框中，由于程序所获取的登录信息本就位于工作表"Sheet1"，因此仍保留为【"Sheet1"】

④ 对【输出】-【结果】输入框，单击右键，选择【创建变量】，输入【登录密码】，输入完成后，单击属性面板空白处，完成创建变量操作，打开【变量】面板，选中【登录密码】变量，将其变量类型设置为【GenericValue】，将其范围修改为【序列-银行流水下载机器人（建行）】，点击【变量】，关闭变量面板，如图2-3-009所示。

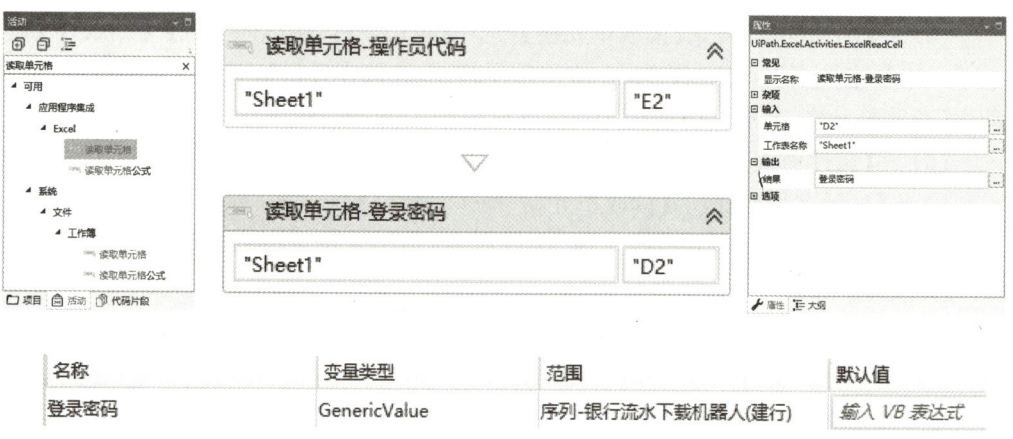

名称	变量类型	范围	默认值
登录密码	GenericValue	序列-银行流水下载机器人(建行)	输入 VB 表达式

图 2-3-009 【读取单元格-登录密码】设置界面

2.5.3 输入登录信息

（1）在【活动面板】搜索【输入信息】，拖拽至设计面板【(5)序列】中【Excel应用程序范围-获取建设银行登录信息】活动下。

（2）在【属性面板】中，设置属性：

① 将【显示名称】修改为【输入信息-客户识别号】。

② 选中【输入】-【文本】输入框，键入空格，双击选中变量【客户识别号】，鼠标点击面板空白处，完成引用变量操作。

③ 勾选【选项】中的【发送窗口消息】和【空字段】选项。

（3）将【中国建设银行】网页置顶，返回【UiPath Studio】操作界面，选中【输入信息-客户识别号】活动，单击【指明在屏幕上】，页面自动跳转至【中国建设银行】网页，选中【客户识别号】的输入框并点击，页面自动跳转至【UiPath Studio】操作界面，完成【指明在屏幕上】操作，如图2-3-010所示。

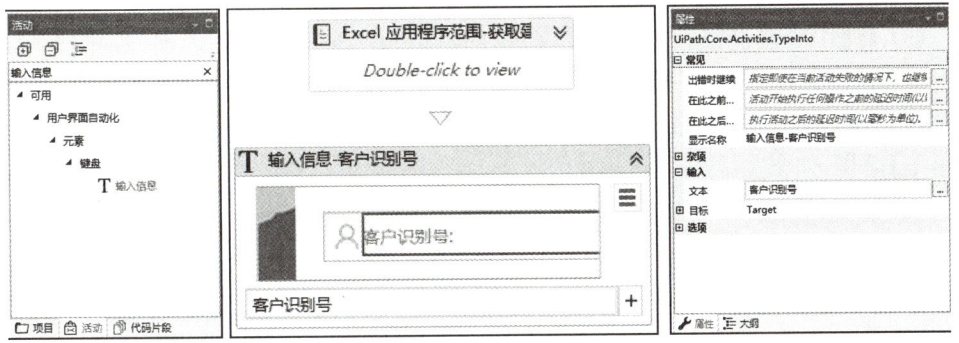

图 2-3-010 【输入信息-客户识别号】设置界面

（4）在【活动面板】搜索【输入信息】，拖拽至设计面板【（5）序列】中【输入信息-客户识别号】活动下。

（5）在【属性面板】中，设置属性：

① 将【显示名称】修改为【输入信息-操作员代码】。

② 选中【输入】-【文本】输入框，键入空格，双击选中变量【操作员代码】，点击鼠标面板空白处，完成引用变量操作。

③ 勾选【选项】中的【发送窗口消息】和【空字段】选项。

（6）将【中国建设银行】网页置顶，返回【UiPath Studio】操作界面，选中【输入信息-操作员代码】活动，单击【指明在屏幕上】，页面自动跳转至【中国建设银行】网页，选中【操作员代码】的输入框并点击，页面自动跳转至【UiPath Studio】操作界面，完成【指明在屏幕上】操作，如图 2-3-011 所示。

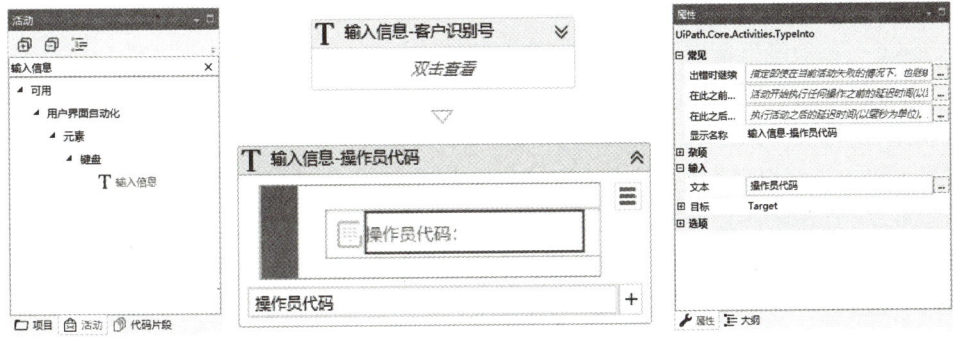

图 2-3-011 【输入信息-操作员代码】设置界面

（7）在【活动面板】搜索【输入信息】，拖拽至设计面板【（5）序列】中【输入信息-操作员代码】活动下。

（8）在【属性面板】中，设置属性：

① 将【显示名称】修改为【输入信息-登录密码】。

② 选中【输入】-【文本】输入框，键入空格，双击选中变量【登录密码】，点击鼠标面板空白处，完成引用变量操作。

③ 勾选【选项】中的【发送窗口消息】和【空字段】选项。

（9）将【中国建设银行】网页置顶，返回【UiPath Studio】操作界面，选中【输入信息-登录密码】活动，单击【指明在屏幕上】，页面自动跳转至【中国建设银行】网页，选中【登录密码】的输入框并点击，页面自动跳转至【UiPath Studio】操作界面，完成【指明在屏幕上】操作，如图2-3-012所示。

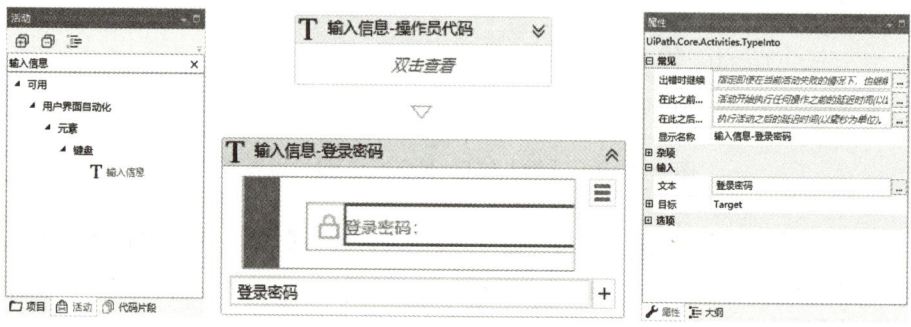

图2-3-012 【输入信息-登录密码】设置界面

（10）在【活动面板】中搜索，选中【元素】-【鼠标】-【单击】拖拽至设计面板（5）序列】中【输入信息-登录密码】活动下，在【属性面板】中，重命名为【单击-建设银行登录按钮】。

（11）将【中国建设银行】网页置顶，返回【UiPath Studio】操作界面，选中【单击-建设银行登录按钮】活动，单击【指明在屏幕上】，页面自动跳转至【中国建设银行】网页，选中并点击【登录】按钮，页面自动跳转至【UiPath Studio】操作界面，完成【指明在屏幕上】操作。

2.6 进入账单下载页面

2.6.1 添加序列集成进入账单下载页面活动

添加【序列】活动控件，拖拽至设计面板【对于每一个行-对列举的每个查询日期执行操作】-【正文】-【Body】中（5）序列】活动下，重命名（6）序列-进入账单下载页面】。

银行流水下载机器人-进入下载页面

2.6.2 点击账户查询

（1）在【活动面板】搜索【单击】，选中【元素】-【鼠标】-【单击】，拖拽至设计面板（6）序列-进入账单下载页面】活动内，在【属性面板】中，重命名为【单击-账户查询】。

（2）将【中国建设银行】网页置顶，返回【UiPath Studio】操作界面，选中【单击-账户查询】活动，单击【指明在屏幕上】，页面自动跳转至【中国建设银行】网页，选中并点击【账户查询】标签，页面自动跳转至【UiPath Studio】操作界面，完成【指明在屏幕上】操作。

2.6.3 点击电子对账

（1）在【活动面板】搜索【单击】，选中【元素】-【鼠标】-【单击】，拖拽至设计面板中【单击-账户查询】活动下。在【属性面板】中，重命名为【单击-电子对账】。

（2）将【中国建设银行】网页置顶,返回【UiPath Studio】操作界面,选中【单击-电子对账】活动,单击【指明在屏幕上】,页面自动跳转至【中国建设银行】网页,选中并点击【电子对账】标签,页面自动跳转至【UiPath Studio】操作界面,完成【指明在屏幕上】操作。

2.6.4　点击明细账查询

（1）在【活动面板】搜索【单击】,选中【元素】-【鼠标】-【单击】,拖拽至设计面板中【单击-电子对账】活动下。在【属性面板】中,重命名为【单击-明细账查询】。

（2）将【中国建设银行】网页置顶,返回【UiPath Studio】操作界面,选中【单击-明细账查询】活动,单击【指明在屏幕上】,页面自动跳转至【中国建设银行】网页,选中并点击【明细账查询】标签,页面自动跳转至【UiPath Studio】操作界面,完成【指明在屏幕上】操作。

2.7　获取并选取查询账户

2.7.1　添加序列集成获取并选取查询账户活动

添加【序列】活动控件,拖拽至设计面板中【对于每一个行-对列举的每个查询日期执行操作】-【正文】-【Body】中（6）活动下,重命名（7）序列-获取并选取查询账户。

银行流水下载
机器人-获取
并选取查询账户

2.7.2　获取查询账户

（1）在【活动面板】搜索【读取单元格】,选中【系统】-【文件】-【工作簿】-【读取单元格】,拖拽至设计面板中（7）序列】活动内。

（2）在【属性面板】中,设置属性:

① 将【显示名称】修改为【读取单元格-获取查询账户】。

② 选中【输入】-【单元格】输入框,获取【B】列中的账户,将【"A1"】修改为【"B4"】。

③ 点击【输入】-【工作簿路径】输入框的此按钮【…】,打开表达式编辑器弹窗,在表达式编辑器输入框中输入【"C:\银行流水下载机器人\四大银行查询账号.xlsx"】,点击【确定】按钮,完成工作簿路径的编辑操作。

④ 选中【输入】-【工作表名称】输入框,获取【中国建设银行】账户数据,将【"Sheet1"】修改为【"中国建设银行"】。

⑤ 对【输出】-【结果】输入框,单击右键,选择【创建变量】,输入【账号】,输入完成后,单击属性面板空白处,完成创建变量操作,打开【变量】面板,选中【账号】变量,将其变量类型设置为【GenericeValue】,将其范围修改为【序列-银行流水下载机器人（建行）】,点击【变量】,关闭变量面板,如图 2-3-013 所示。

2.7.3　选择查询账户

（1）在【活动面板】搜索【选择项目】,拖拽至设计面板（7）序列】中【读取单元格-获取查询账户】活动下。

（2）在【属性面板】中,设置属性:

① 将【显示名称】修改为【选择项目-选择查询账户】。

② 选中【输出】-【结果】输入框,键入空格,双击选中【账号】变量,单击属性面板空白处,完成引用变量的操作。

（3）将【中国建设银行】网页置顶,返回【UiPath Studio】操作界面,选中【选择项

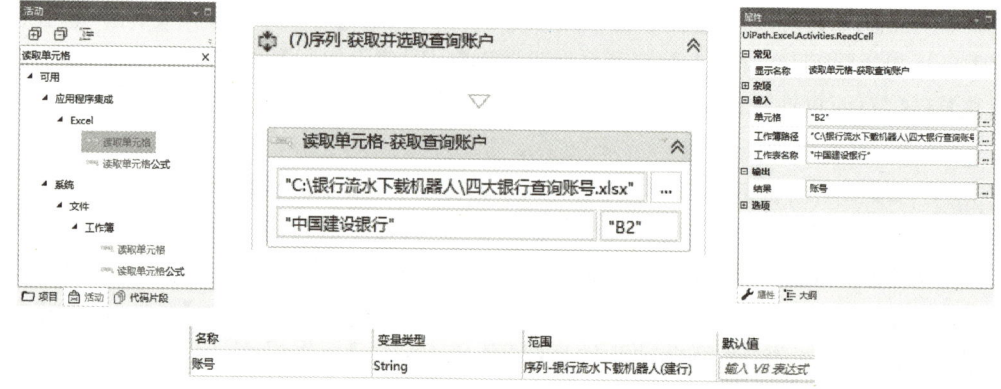

图 2-3-013 【银行流水下载机器人（建行）】设置界面

目-选择查询账户】活动，单击【指明在屏幕上】，页面自动跳转至【中国建设银行】网页，选中并点击【查询账号】下拉框，页面自动跳转至【UiPath Studio】操作界面，完成【指明在屏幕上】操作，如图 2-3-014 所示。

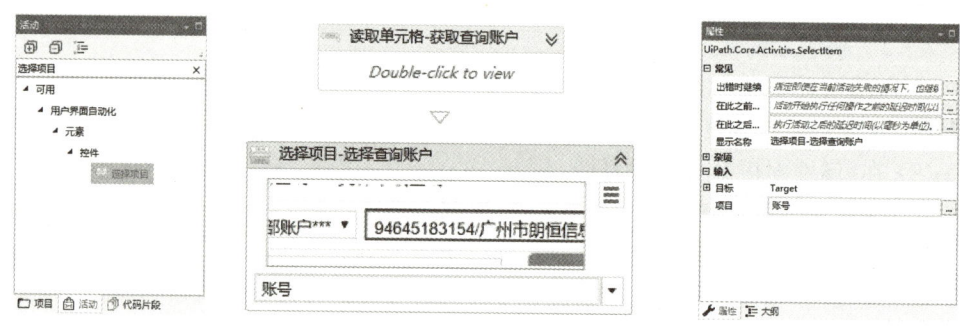

图 2-3-014 【选择项目-选择查询账户】设置界面

2.8 选择查询日期

2.8.1 添加序列集成选择查询日期活动

添加【序列】活动控件，拖拽至设计面板【对于每一个行-对列举的每个查询日期执行操作】-【正文】-【Body】中【(7)序列】活动下，重命名为【(8)序列-选择查询日期】。

银行流水下载机器人-选择查询日期

2.8.2 选择开始年份

（1）在【活动面板】搜索【选择项目】，拖拽至设计面板中【(8)序列】活动内。

（2）在【属性面板】中，设置属性：

① 将【显示名称】修改为【选择项目-选择开始年份】。

② 单击【项目】输入框的此按钮【…】，打开表达式编辑器弹窗，在表达式编辑器输入框中输入【row("开始日").Tostring.Substring(0,4)】。

（3）将【中国建设银行】网页置顶，返回【UiPath Studio】操作界面，选中【选择项目-选择开始年份】活动,单击【指明在屏幕上】,页面自动跳转至【中国建设银行】网页,选中并点击【查询日期】开始年份下拉框,页面自动跳转至【UiPath Studio】操作界面,完成【指明在屏幕上】操作,如图 2-3-015 所示。

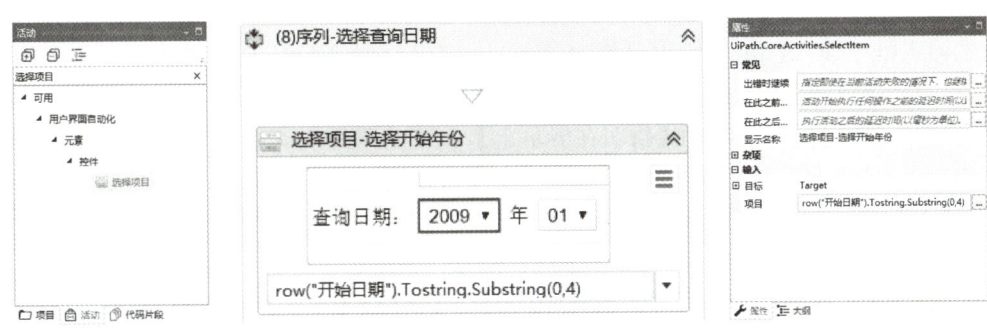

图 2-3-015 【选择项目-选择开始年份】界面

2.8.3　选择开始月份

(1) 在【活动面板】搜索【选择项目】,拖拽至设计面板【(8)序列】中【选择项目-选择开始年份】活动下。

(2) 在【属性面板】中,设置属性:

① 将【显示名称】修改为【选择项目-选择开始月份】。

② 单击【项目】输入框的此按钮【…】,打开表达式编辑器弹窗在表达式编辑器输入框中输入【row("开始日期").Tostring.Substring(4)】。

(3) 将【中国建设银行】网页置顶,返回【UiPath Studio】操作界面,选中【选择项目-选择开始月份】活动,单击【指明在屏幕上】,页面自动跳转至【中国建设银行】网页,选中并点击【查询日期】开始月份下拉框,页面自动跳转至【UiPath Studio】操作界面,完成【指明在屏幕上】操作。

2.8.4　选择结束年份

(1) 在【活动面板】搜索【选择项目】,拖拽至设计面板【(8)序列】中【选择项目-选择开始月份】活动下。

(2) 在【属性面板】中,设置属性:

① 将【显示名称】修改为【选择项目-选择结束年份】。

② 单击【属性】-【项目】输入框的此按钮【…】,打开表达式编辑器弹窗,在表达式编辑器输入框中输入【row("结束日期").Tostring.Substring(0,4)】。

(3) 将【中国建设银行】网页置顶,返回【UiPath Studio】操作界面,选中【选择项目-选择结束年份】活动,单击【指明在屏幕上】,页面自动跳转至【中国建设银行】网页,选中并点击【查询日期】结束年份下拉框,页面自动跳转至【UiPath Studio】操作界面,完成【指明在屏幕上】操作。

2.8.5　选择结束月份

(1) 在【活动面板】搜索【选择项目】,拖拽至设计面板【(8)序列】中【选择项目-选择结束年份】活动下。

（2）在【属性面板】中，设置属性：

① 将【显示名称】修改为【选择项目-选择结束月份】。

② 单击【属性】-【项目】输入框的此按钮【…】，打开表达式编辑器弹窗，在表达式编辑器输入框中输入【row("结束日期").Tostring.Substring(4)】。

（3）将【中国建设银行】网页置顶，返回【UiPath Studio】操作界面，选中【选择项目-选择结束月份】活动，单击【指明在屏幕上】，页面自动跳转至【中国建设银行】网页，选中并点击【查询日期】结束月份下拉框，页面自动跳转至【UiPath Studio】操作界面，完成【指明在屏幕上】操作。

2.8.6 点击确定按钮

（1）在【活动面板】搜索【单击】，选中【元素】-【鼠标】-【单击】，拖拽至设计面板【(8)序列】中【选择项目-选择结束月份】活动下。

（2）在属性面板中，设置属性：

① 将【显示名称】修改为【单击-点击确定按钮】。

② 选中【常见】-【在此之后延迟】输入框，输入【5000】。

（3）将【中国建设银行】网页置顶，返回【UiPath Studio】操作界面选中【单击-点击确定按钮】活动，单击【指明在屏幕上】，页面自动跳转至【中国建设银行】网页，选中并点击【确定】按钮，页面自动跳转至【UiPath Studio】操作界面，完成【指明在屏幕上】操作，如图 2-3-016 所示。

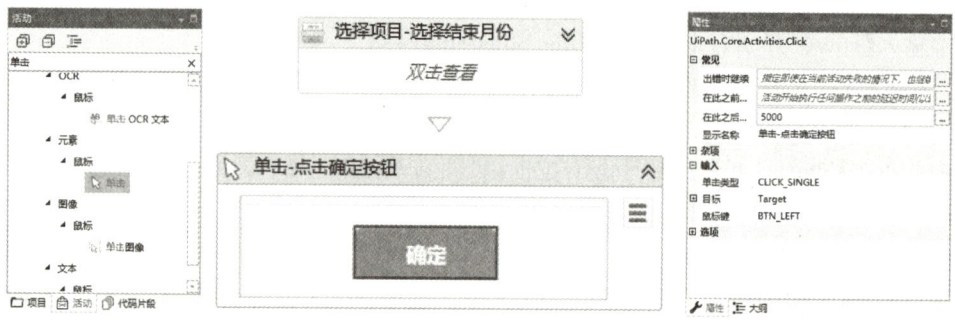

图 2-3-016 【单击-点击确定按钮】界面

2.9 下载 Excel 文档

2.9.1 添加序列集成下载 Excel 文档活动

（1）添加【序列】活动控件，拖拽至设计面板【对于每一个行-对列举的每个查询日期执行操作】-【正文】-【Body】中【(8)序列】活动下，重命名为【(9)序列-下载 Excel 文档】。

银行流水下载机器人-下载Excel 文档

2.9.2 定位到页面底部

（1）在【活动面板】搜索【发送热键】，拖拽至设计面板中【(9)序列】活动内。

（2）在【属性面板】中，设置属性：

① 将【显示名称】修改为【发送热键-定位到页面底部】。

② 勾选【选项】中的【特殊键】选框。

（3）将【中国建设银行】网页置顶,返回【UiPath Studio】操作界面,选中【发送热键-定位到页面底部】,点击【指明在屏幕上】,页面跳转至【中国建设银行】网页,选中并点击【中国建设银行|企业网上银行】Logo 区域,页面跳转至【UiPath Studio】操作界面,完成【指明在屏幕上】的操作。

（4）点击【发送热键-定位到页面底部】键值选框,打开键值下拉菜单,双击选中【end】,完成键值的选取操作。

2.9.3 多次执行查找下载 Excel 按钮

在【活动面板】搜索【Do While 循环】,选中【Do While 循环】,拖拽至设计面板【（9）序列】中【发送热键-定位到页面底部】活动下,在【属性面板】中,重命名为【Do While 循环-多次执行查找下载 Excel 按钮】。

2.9.4 查找不到下载 Excel 按钮执行的活动

添加【序列】活动控件,拖拽至设计面板【（9）序列】中【Do While 循环-多次执行查找下载 Excel 按钮】-【Body】活动内,重命名为【序列-查找不到下载 Excel 按钮执行的活动】,如图 2-3-017 所示。

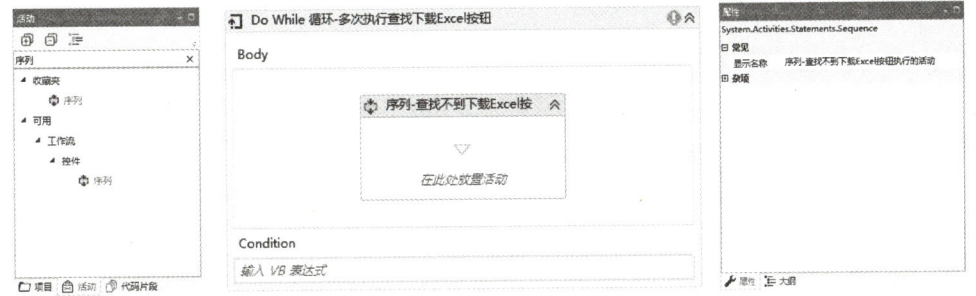

图 2-3-017 【查找不到下载 Excel 按钮执行的活动】界面

2.9.5 下载 Excel 图像

（1）在【活动面板】搜索【存在图像】,拖拽至设计面板【序列-查找不到下载 Excel 按钮执行的活动】活动内。

（2）在【属性面板】中,设置属性:

① 将【显示名称】修改为【存在图像-下载 Excel 图像】

② 选中【输出】-【已找到】输入框,单击右键,选择【创建变量】,输入【下载 Excel 图像】,输入完成后,单击属性面板空白处,完成创建变量操作,打开【变量】面板,选中【下载 Excel 图像】变量,将其变量类型设置为【Boolean】,将其范围修改为【序列-银行流水下载机器人（建行）】。

（3）将【中国建设银行】网页置顶,返回【UiPath Studio】操作界面,选中【存在图像-下载 Excel 图像】,点击【指明在屏幕上】,页面跳转至【中国建设银行】网页,选中并点击【下载 Excel】按钮,页面跳转至【UiPath Studio】操作界面,完成【指明在屏幕上】的操作,如图 2-3-018 所示。

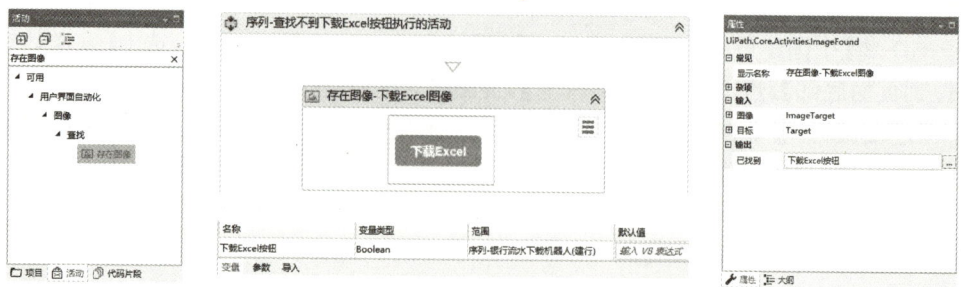

图 2-3-018 【存在图像-下载 Excel 图像】界面

2.9.6 判断下载 Excel 按钮是否存在

（1）在【活动面板】搜索【IF 条件】,拖拽至设计面板【(9)序列】中【存在图像-下载 Excel 图像】活动下。

（2）在【属性面板】中,设置属性:

① 将【显示名称】修改为【IF 条件-判断下载 Excel 按钮是否存在】。

② 对【杂项】-【条件】输入框,键入空格,双击选中【下载 Excel 图像】,点击属性面板空白处,完成 IF 条件的编辑,如图 2-3-019 所示。

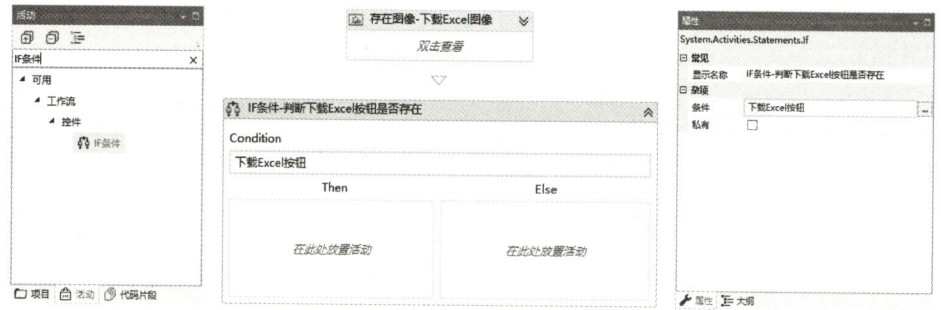

图 2-3-019 【IF 条件-判断下载 Excel 按钮是否存在】界面

2.9.7 翻页查找下载 Excel 按钮

（1）在【活动面板】搜索【发送热键】,拖拽至设计面板【IF 条件-判断下载 Excel 按钮是否存在】-【Else】活动内。在【属性面板】中,重命名为【发送热键-翻页查找下载 Excel 按钮】。

（2）点击【发送热键-翻页查找下载 Excel 按钮】键值选框,打开键值下拉菜单,选中并单击【pgup】,完成键值的选取操作,发送热键【pgup】的目的在于向上翻页以查找到【下载 Excel 按钮】。

2.9.8 填写 Do While 循环条件

填写 Do While 循环条件,选中【Do While 循环-多次执行查找下载 Excel 按钮】活动,选中【属性】-【杂项】-【条件】输入框,输入【下载 Excel 图像＝False】,如图 2-3-020 所示。

图 2-3-020 【Do While 循环-多次执行查找下载 Excel 按钮】界面

2.9.9 点击下载 Excel 按钮

（1）在【活动面板】搜索【单击】，选中【元素】-【鼠标】-【单击】，拖拽至设计面板【（9）序列】中【Do While 循环-多次执行查找下载 Excel 按钮】活动下，在【属性面板】中，重命名为【单击-点击下载 Excel 按钮】。

（2）将【中国建设银行】网页置顶，返回【UiPath Studio】操作界面，选中【单击-点击下载 Excel 按钮】活动，单击【指明在屏幕上】，页面自动跳转至【中国建设银行】网页，选中并点击明细账查询结果页面的【下载 Excel】按钮，页面自动跳转至【UiPath Studio】操作界面，完成【指明在屏幕上】操作。

2.9.10 输入文档保存路径

（1）在【活动面板】搜索【输入信息】，拖拽至设计面板【（9）序列】中【单击-点击下载 Excel 文档按钮】活动下。

（2）在【属性面板】中，设置属性：

① 将【显示名称】修改为【输入信息-输入文档保存路径】。

② 点击【输入】-【文本】输入框的此按钮【…】，打开表达式编辑器弹窗，在表达式编辑器输入框中输入【"C:\银行流水下载机器人\建设银行账单"＋row("开始日期").Tostring＋"-"＋row("结束日期").Tostring＋"银行账单.xls"】，点击【确定】按钮，完成输入文本编辑操作。

③ 勾选【选项】中的【发送窗口消息】和【空字段】选项。

（3）将【中国建设银行】网页置顶，手动点击明细账查询结果页面的【下载 Excel】按钮，打开【另存为】弹窗，返回【UiPath Studio】操作界面，选中【输入信息-输入文档保存路径】活动，单击【指明在屏幕上】，页面自动跳转至【中国建设银行】网页，选中【文件名（N）：】的输入框并点击，页面自动跳转至【UiPath Studio】操作界面，完成【指明在屏幕上】操作，如图 2-3-021 所示。

2.9.11 点击保存按钮

（1）在【活动面板】搜索【单击】，选中【元素】-【鼠标】-【单击】，拖拽至设计面板【（9）序列】中【输入信息-输入文档保存路径】活动下，在【属性面板】中，将【显示名称】修改为【单击-点击保存按钮】。

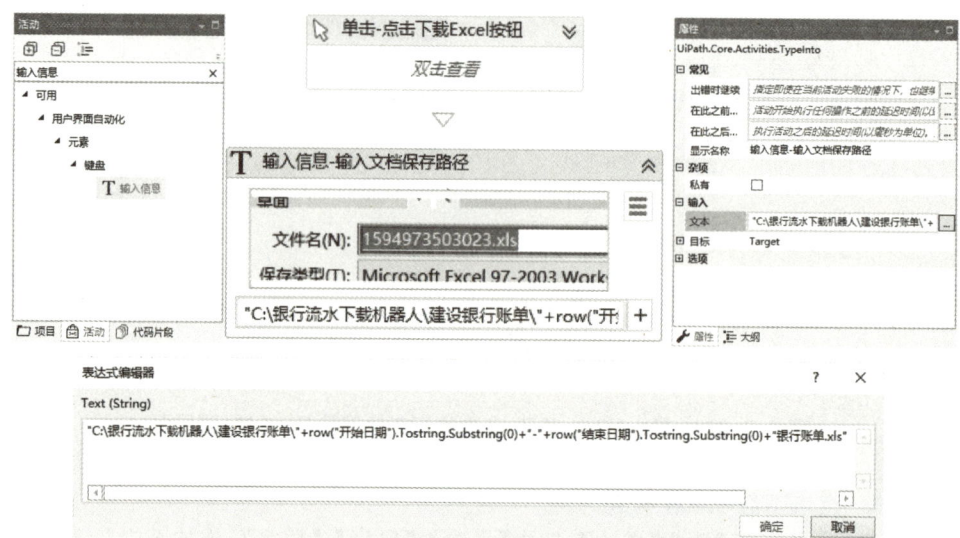

图 2-3-021 【输入信息-输入文档保存路径】界面

（2）将【中国建设银行】网页置顶，手动点击明细账查询结果页面的【下载 Excel】按钮，打开【另存为】弹窗，返回【UiPath Studio】操作界面，选中【单击-点击保存按钮】活动，单击【指明在屏幕上】，页面自动跳转至【中国建设银行】网页，选中并点击【保存】按钮，页面自动跳转至【UiPath Studio】操作界面，完成【指明在屏幕上】操作。

2.10 查找文件路径

2.10.1 添加序列集成查找文件路径操作

添加【序列】活动控件，拖拽至设计面板【对于每一个行-对列举的每个查询日期执行操作】-【正文】-【Body】中【（9）序列-下载 Excel 文档】活动下，重命名为【（10）序列-查找文件路径】。

银行流水下载
机器人-查找
文件路径

2.10.2 多次执行查找文件路径

在【活动面板】搜索【Do While 循环】，拖拽至设计面板中【（10）序列】活动内，在【属性面板】中，将【显示名称】修改为【Do While 循环-多次执行查找文件路径】。

2.10.3 文件路径不存在执行的活动

添加【序列】活动控件，拖拽至设计面板中【Do While 循环-多次执行查找文件路径】-【Body】活动内，重命名为【序列-文件路径不存在执行的活动】，如图 2-3-022 所示。

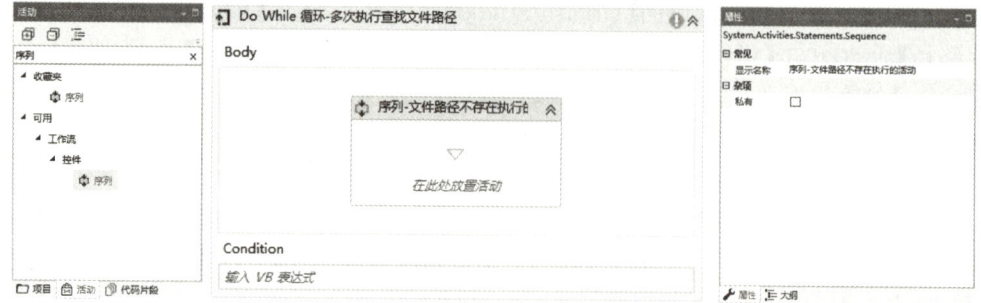

图 2-3-022 【序列-文件路径不存在执行的活动】界面

2.10.4 获取文件路径

（1）在【活动面板】搜索【路径存在】，拖拽至设计面板中【序列-文件路径不存在执行的活动】活动内。

（2）在【属性面板】中，设置属性：

① 将【显示名称】修改为【路径存在-获取文件路径】。

② 点击【输入】–【路径】输入框的此按钮【…】，打开表达式编辑器弹窗，在表达式编辑器输入框中输入【"C:\银行流水下载机器人\建设银行账单"＋row("开始日期").Tostring＋"-"＋row("结束日期").Tostring＋"银行账单.xls"】，【"C:\银行流水下载机器人\建设银行账单"】是保存银行账单的【路径】，【row("开始日期").Tostring＋"-"＋row("结束日期").Tostring＋"银行账单.xls"】为银行账单的【文件名】，点击【确定】按钮，完成输入文本编辑操作。

③ 点击【输出】–【存在】输入框，单击右键，选择【创建变量】，输入【文件路径】，输入完成后，单击属性面板空白处，完成创建变量操作，打开【变量】面板，选中【文件路径】变量，将其变量类型设置为【Boolean】，将其范围修改为【序列-银行流水下载机器人（建行）】，如图 2-3-023 所示。

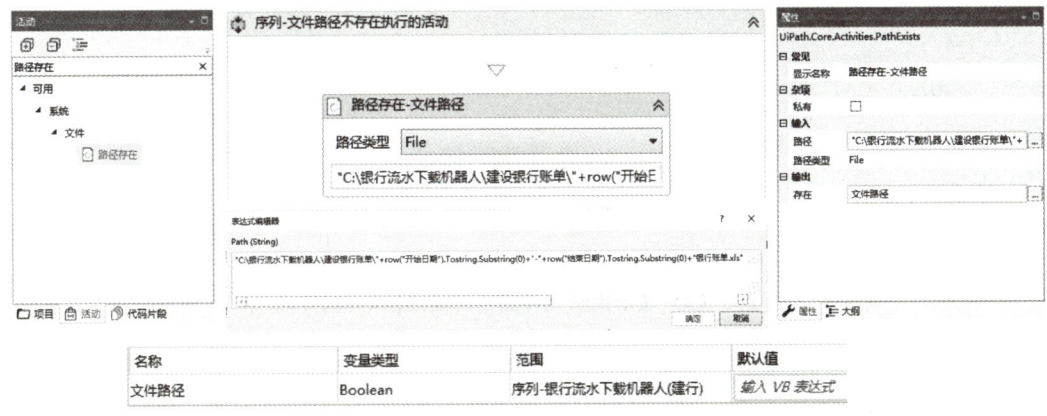

名称	变量类型	范围	默认值
文件路径	Boolean	序列-银行流水下载机器人(建行)	输入 VB 表达式

图 2-3-023 【路径存在-文件路径】界面

2.10.5 判断文件是否存在

（1）在【活动面板】搜索【IF 条件】，拖拽至设计面板【(10) 序列】中【路径存在-获取文件路径】活动下。

（2）在【属性面板】中，设置属性：

① 将【显示名称】修改为【IF 条件-判断文件是否存在】。

② 对【杂项】–【条件】输入框，键入空格，打开菜单选项卡，双击选中【文件路径】，点击属性面板空白处，完成 IF 条件的编辑，如图 2-3-024 所示。

2.10.6 未找到文件路径时延迟的时间

（1）在【活动面板】搜索【延迟】，拖拽至设计面板【(10) 序列】中【IF 条件-判断文件是否存在】–【Else】活动内。

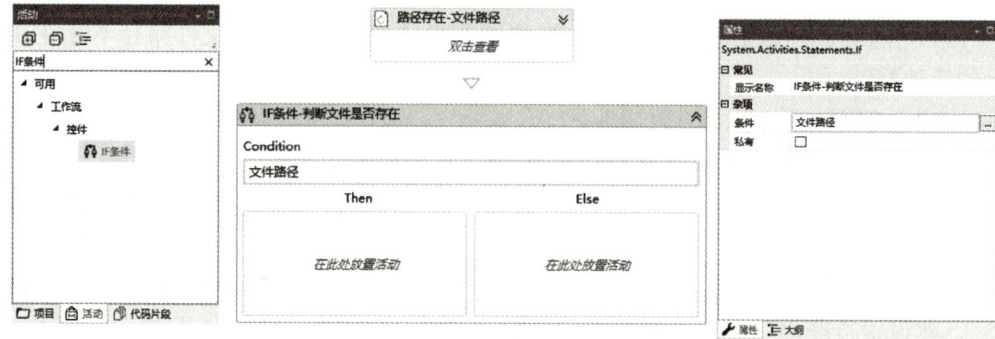

图 2-3-024　【IF 条件-判断文件是否存在】界面

（2）在【属性面板】中，设置属性：

① 将【显示名称】修改为【延迟-未找到文件路径时延迟的时间】。

② 选中【杂项】-【持续时间】输入框，输入【00：00：01】，如图 2-3-025 所示。

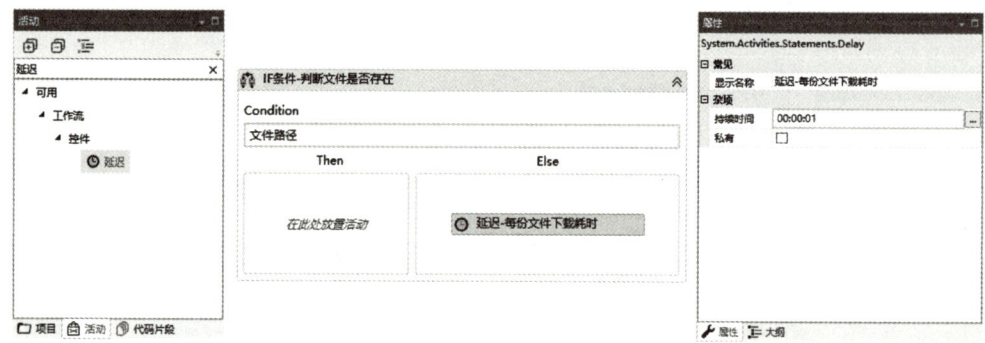

图 2-3-025　【未找到文件路径时延迟的时间】界面

2.10.7　填写 Do While 循环条件

填写 Do While 循环条件，选中【Do While 循环-多次执行查找文件路径】活动，选中【属性】-【杂项】-【条件】输入框，输入【文件路径＝False】，如图 2-3-026 所示。

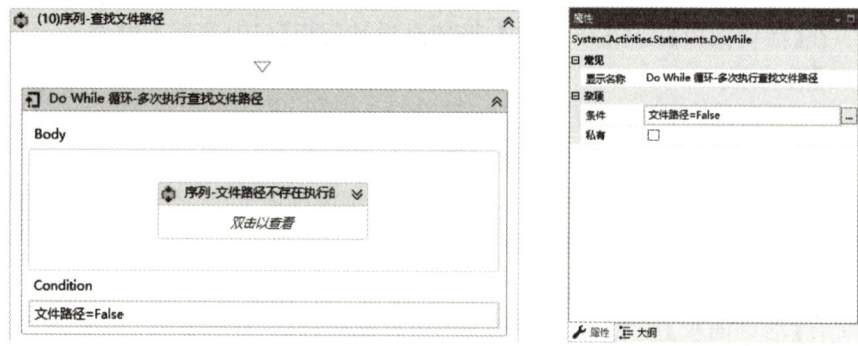

图 2-3-026　【Do While 循环-多次执行查找文件路径】界面

2.11 关闭浏览器

2.11.1 添加序列集成关闭浏览器操作

添加【序列】活动控件,拖拽至设计面板【对于每一个行-对列举的每个查询日期执行操作】-【正文】-【Body】中【(10)序列】活动下,重命名为【(11)序列-关闭中国建设银行网页】。

银行流水下载机器人-关闭浏览器

2.11.2 关闭中国建设银行网页

(1)在【活动面板】搜索【关闭选项卡】,拖拽至设计面板中【(11)序列】活动内。

(2)在【属性面板】中,设置属性:

① 将【显示名称】修改为【关闭选项卡-关闭发票查验平台浏览器】。

② 对【输入】-【浏览器】输入框键入空格,双击选中【关闭中国建设银行浏览器】变量,单击属性面板空白处,完成引用变量的操作。

(3)银行流水下载机器人设计完成全流程,如图2-3-027所示。

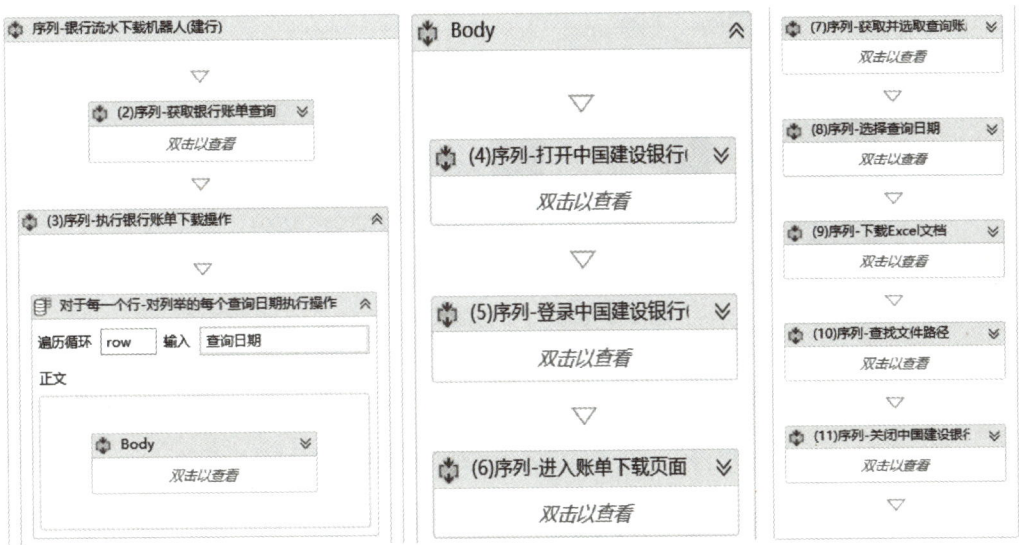

图 2-3-027 【银行流水下载机器人】界面

任务3 银行流水下载机器人测试

学生将开发完成的银行流水下载机器人在平台进行运行测试,测试步骤如下。

【视频合集】银行流水下载机器人

 **1.检查核对**

打开"C:\银行流水下载机器人\建设银行账单"文件夹,显示为空文件夹,关闭该

文件夹

2. 运行机器人

打开 UiPath Studio 窗口,点击【菜单面板】左侧的【运行】按钮,运行银行流水下载机器人

【运行视频】银行流水下载机器人

3. 运行完毕

运行结束后,重新打开"C:\银行流水下载机器人\建设银行账单"文件夹,其中显示以"开始日期-结束日期-银行账单"命名的 Excel 文档,文档中显示所获取该月份的银行流水记录,如图 2-3-028 所示。

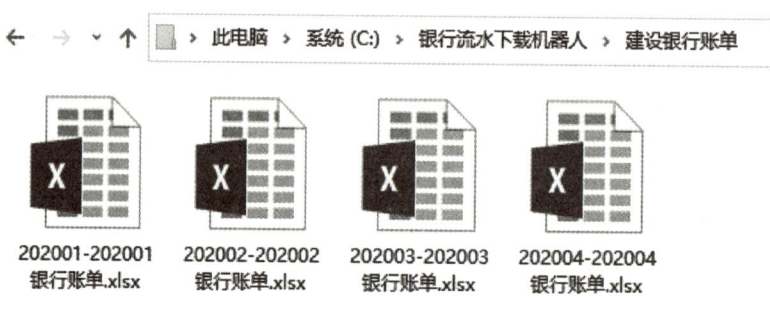

202001-202001银行账单.xlsx   202002-202002银行账单.xlsx   202003-202003银行账单.xlsx   202004-202004银行账单.xlsx

图 2-3-028 【银行账单】界面

任务 4 银行流水下载机器人应用

在货币资金的审计中,审计人员除了亲自到银行询证的同时获取银行打印盖章确认的纸质版银行流水,通常还需要亲自登录银行系统下载电子版银行流水,执行银行流水与明细账双向核对的审计程序,根据该业务场景,按照提供的银行账号,获取该账号一年的银行流水并进行分析。

1. 下载银行流水

下载指定银行账号一年的银行流水并保存到指定文件中。

2. 分析数据

根据重要性水平,执行银行流水与明细账双向核对的审计程序,如表 2-3-001

所示。

表 2-3-001　银行流水与明细账双向核对程序

日期	银行流水金额	明细账金额	银行流水交易对方	明细账交易对方

思政园地

严谨细致，核对流水

银行流水是指银行活期账户（包括活期存折和银行卡）的存取款交易记录。根据账户性质不同分为个人流水和对公流水。银行流水是证明个人或公司收入情况的一种证明材料。

首先，企业通过银行流水下载机器人取得公司的电子银行流水记录；其次，取得公司的银行存款的电子明细账；最后，将按照日期、摘要、金额、汇入/汇出方等核对要素，对两项文档进行核对。核对成千上万条的银行流水，需要严谨、细致的工作作风。严谨细致是一种工作态度，反映了一种工作作风。企业财务人员应保持对工作认真、负责的态度，一丝不苟、做细做实，摒弃好高骛远，杜绝心浮气躁，还应特别注重把岗位职责要求的工作做精做细。

项目重难点总结

重点：
(1) 银行流水下载机器人的整体设计思路。
(2) 银行流水下载机器人的测试及结果展示。
(3) 银行流水下载机器人的拓展应用。
难点：
(1) 银行流水下载机器人的开发过程。
(2) 银行流水下载机器人所使用控件的掌握。

课后实践训练

(1) 线下作业：请开发【银行流水下载机器人（农业银行）】（取 50~100 条信息）。
(2) 线上作业：将线下完成的作业上传"智慧职教——职教云"平台，进行头脑风暴、小组评比等教学活动。

模 块 3

发票识别机器人设计与应用

项目1 发票识别机器人

在财务工作中,财务人员经常需要将收到的发票进行整理和归档,同时还需要记录收到发票(含纸质和电子发票)的信息。因此,财务人员日常工作需要花费大量的时间将发票信息录入到 Excel,数据处理量大、耗时,工作内容枯燥、乏味。基于 UiPath Studio 平台设计开发的发票识别机器人,通过 OCR 批量识别发票中包含的信息,可以实现智能化高效整理、归集发票信息。

项目成果

完成发票识别机器人的设计开发。

项目目标

(1)熟练录制、数据抓取、写入范围等操作控件的使用。
(2)使用控件进行发票识别机器人的设计开发。
(3)能够归纳总结发票识别机器人的设计流程。
(4)能够在实践中拓展应用 RPA。

项目内容

(1)RPA 设计:根据业务流程,设计发票识别机器人开发流程。
(2)RPA 开发:利用 UiPath Studio 平台进行发票识别机器人开发。
(3)RPA 测试:对开发完成的发票识别机器人进行调试运行。
(4)RPA 应用:通过案例,引导学生熟练应用发票识别机器人。

项目流程

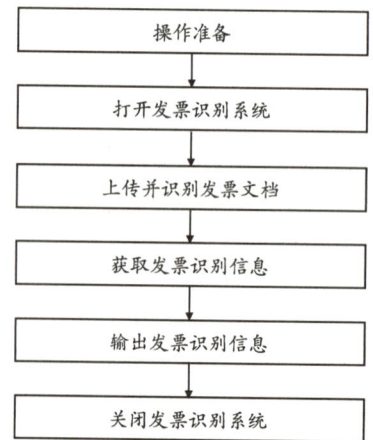

项目控件

序号	控件名称	控件图标	控件功能
1	序列	序列 ▽ 在此处放置活动	根据单个定义的顺序执行一组子活动
2	打开浏览器	打开浏览器 在此处键入 URL，必须用引号将文本括起 Do 在此处放置活动	根据网站地址打开浏览器
3	最大化窗口	最大化窗口	最大化指定的窗口
4	单击	单击 指明在屏幕上	单击指定的用户界面元素
5	设置为剪贴板	设置为剪贴板 必须用引号将文本括起	将指定文本置于剪贴板中
6	复制选定文本	复制选定文本	使用剪贴板功能获取选定文本
7	发送热键	发送热键 指明在屏幕上 Alt Ctrl Shift Win 键值	发送键盘快捷方式至用户界面
8	等待图像消失	等待图像消失 指出屏幕上的图像	等待图像从用户界面元素中消失
9	数据抓取	数据抓取	实现浏览器、应用程序或文档界面结构化数据提取至数据表中
10	写入单元格	写入单元格 "Sheet1" "A1" 值或公式。必须用引号将文本括起	将值写入电子表格的一个单元格中
11	关闭选项卡	关闭选项卡	关闭浏览器页面

任务 1　发票识别机器人设计

基于 UiPath Studio 平台设计的发票识别机器人，能高效并随时获取股票行情网站结构化股票信息,利用 OCR 技术,批量识别发票中包含的信息,通过浏览器、Excel 等平台及交互软件,将发票平台数据保存在本地的表格文件中,实现发票信息的智能化高效整理归集工作。发票识别机器人整体设计思路如下:

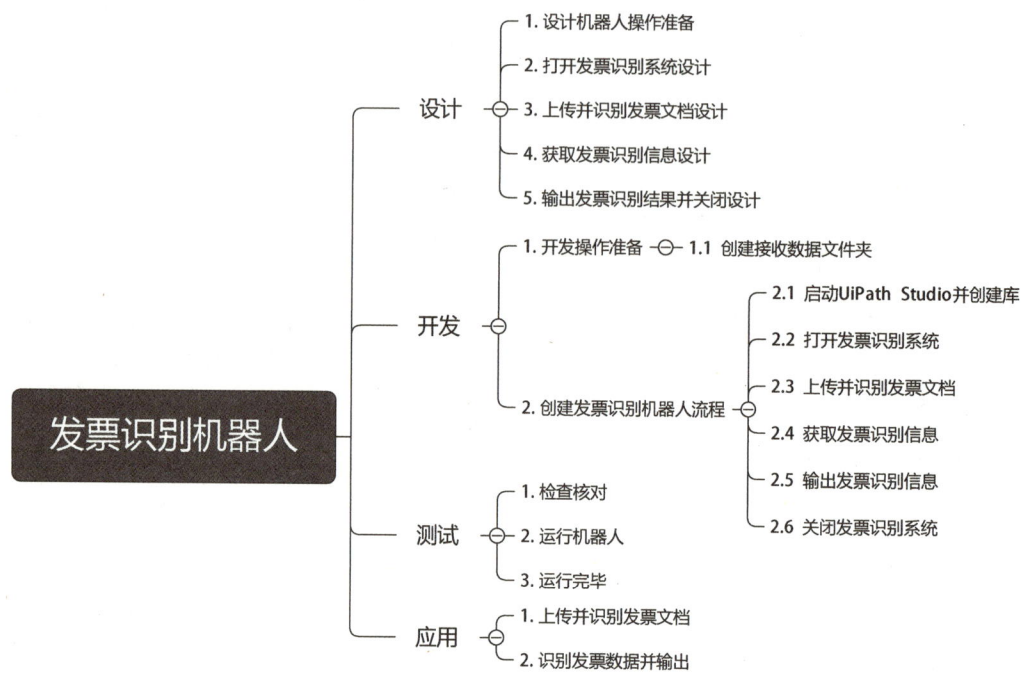

任务 2　发票识别机器人开发

 1. 开发操作准备

发票识别机器人-操作准备

1.1　创建接收数据文件夹

(1) 在【C:\】创建文件夹,文件夹名称建议设置为【发票识别机器人】。

(2) 复制粘贴实训文档,将需要识别的发票资源复制粘贴至该文件夹中,如图 3-1-001 所示。

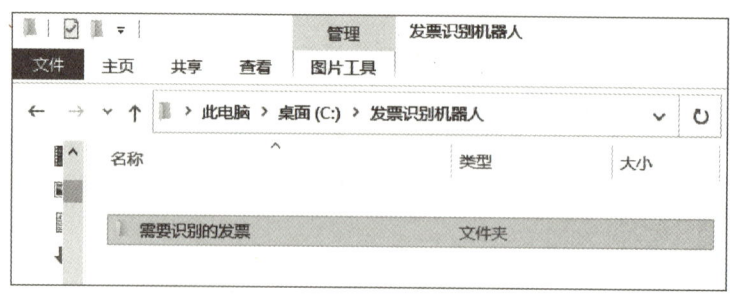

图 3-1-001　【发票识别机器人】命名界面

（3）在该文件夹中创建 Excel 文档，命名为【发票识别结果.xlsx】，文档的表头依次设置为【序号、文件名、发票代码、发票号码、开票日期、开具金额、校验码】，表头设置应与发票识别系统完成发票识别之后的表头相一致。

2. 创建发票识别机器人流程

2.1 启动 UiPath Studio 并创建库

（1）打开 UiPath Studio 界面，新建空白库，重命名为【发票识别机器人序列】，存储路径选择【C:\发票识别机器人】。

（2）在【活动面板】中，点击【项目】选项卡，选中【NewActivity.xaml】，鼠标右键选择【重命名】，选中【至：】输入框，重命名该项目为【发票识别机器人序列】，点击【确定】，双击打开该项目文件。

2.2 打开发票识别系统

2.2.1 添加【序列】活动控件

（1）在【活动面板】中搜索【序列】活动控件，选中【序列】拖拽至【设计面板】中。

（2）在【属性面板】中，单击【常见】项下的【显示名称】，修改为【序列-发票识别机器人】。

发票识别机器人-打开发票识别系统

（3）在【活动面板】中搜索【序列】活动控件，选中【序列】拖拽至【序列-发票识别机器人】活动内，在【属性面板】中，将【显示名称】修改为【(2)序列-打开发票识别系统】，如图 3-1-002 所示。

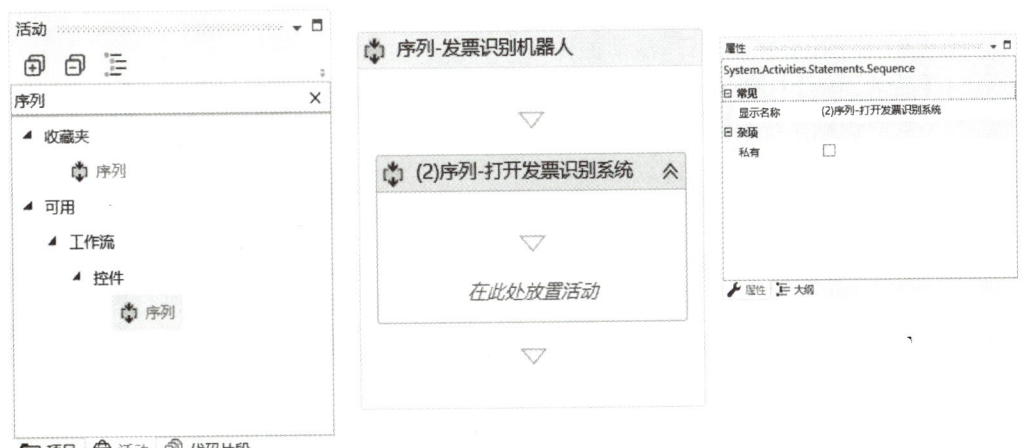

图 3-1-002 【序列-发票识别机器人】界面

2.2.2 添加【打开浏览器】活动控件

（1）在【活动面板】中搜索【打开浏览器】活动控件，选中【打开浏览器】拖拽至设计面板中【(2)序列-打开发票识别系统】活动内，在【属性面板】中，将【显示名称】修改为

【打开浏览器-打开发票识别系统】。

（2）选中【打开浏览器-打开发票识别系统】活动控件，单击【属性面板】-【输入】-【URL】输入框，单击右键，选择【创建变量】，输入【发票识别系统网址】，输入完成后，单击属性面板空白处，完成创建变量操作，打开【变量】面板，选中【发票识别系统网址】变量，将其变量类型设置为【String】，将其范围修改为【序列-发票识别机器人】，在默认值输入框中输入【"http://jy.hanzhisoft.com:8088/api/jh/invoice-auto-detect.html"】。

（3）选择【属性面板】-【输入】-【浏览器类型】-【▼】，从下拉列表中选择【Chrome】。

（4）单击【属性面板】-【输出】-【用户界面浏览器】输入框，单击右键，选择【创建变量】，输入【关闭发票识别系统】，输入完成后，单击属性面板空白处，完成创建变量操作。打开【变量面板】，选中【关闭发票识别系统】变量，将其变量类型设置为【Browser】，将其范围修改为【序列-发票识别机器人】，如图3-1-003所示。

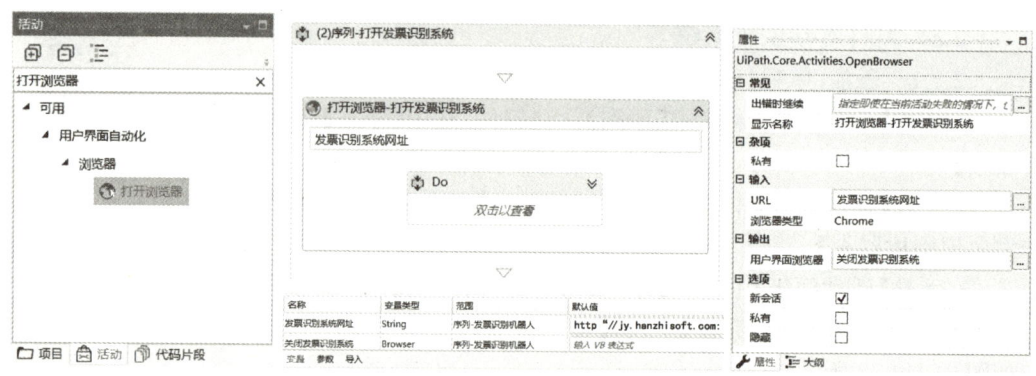

图3-1-003 【打开浏览器-打开发票识别系统】界面

2.2.3 添加【最大化窗口】活动控件

在【活动面板】中搜索【最大化窗口】活动控件，选中并拖拽至设计面板中【打开浏览器-打开发票识别系统】-【DO】活动内，在【属性面板】中，将【显示名称】修改为【最大化窗口-保持浏览器最大化状态】。

2.3 上传并识别发票文档

2.3.1 添加【序列】活动控件

在【活动面板】中搜索【序列】活动控件，选中【序列】拖拽至【序列-发票识别机器人】活动内【（2）序列】活动下，在【属性面板】中，将【显示名称】修改为【（3）序列-上传并识别发票文档】。

发票识别机器人-上传并识别发票文档

2.3.2 打开发票文档上传窗口

（1）在【活动面板】中搜索【单击】活动控件，选中【元素】-【鼠标】-【单击】活动控件，拖拽至设计面板【（3）序列】活动内，在【属性面板】中，将【显示名称】修改为【单击-打开发票文档上传窗口】。

（2）单击【指明在屏幕上】跳转至浏览器页面，选中浏览器页面中的【点击上传，或将PDF拖拽到此处】选项，如图3-1-004所示。

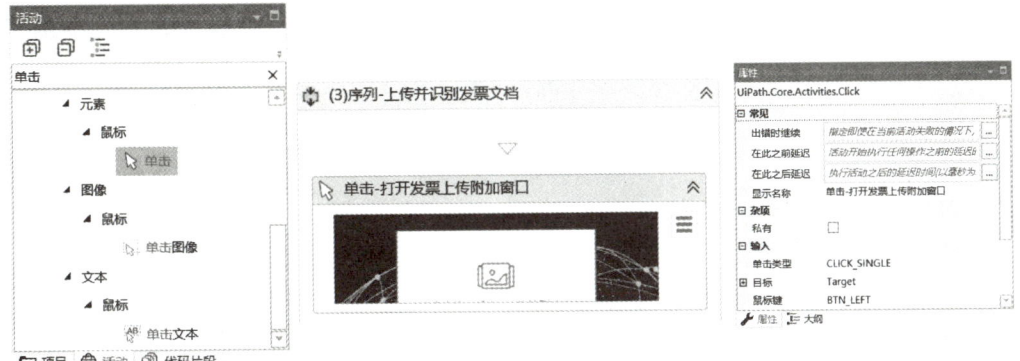

图 3-1-004 【单击-打开发票文档上传窗口】界面

2.3.3 将发票文档文件夹路径存储在剪贴板中

（1）在【活动面板】中搜索【设置为剪贴板】活动控件,选中并拖拽至设计面板【（3）序列】活动内【单击-打开发票文档上传窗口】活动下,在【属性面板】中,将【显示名称】修改为【设置为剪贴板设置发票文档路径】。

（2）单击【属性面板】-【输入】-【文本】输入框的【…】按钮,在弹窗输入【"C:\发票识别机器人\需要识别的发票"】,点击确定,如图 3-1-005 所示。

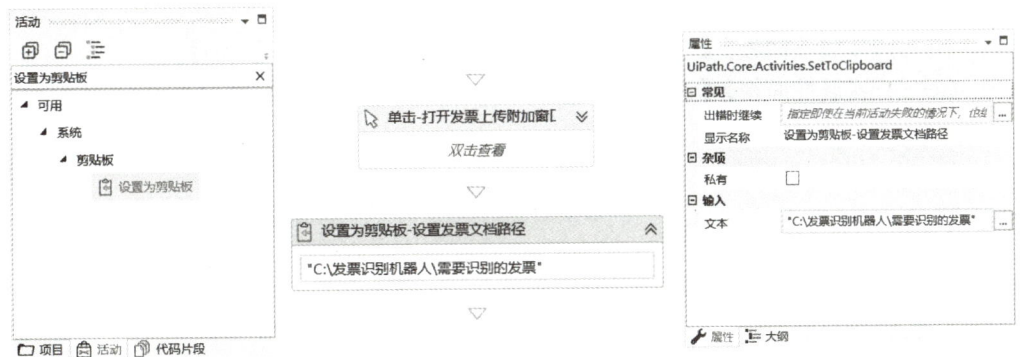

图 3-1-005 【设置为剪贴板-设置发票文档路径】界面

2.3.4 复制发票文档路径

（1）在【活动面板】中搜索【复制选定文本】活动控件,选中并拖拽至设计面板【（3）序列】活动内【设置为剪贴板设置发票文档路径】活动下,在【属性面板】中,将【显示名称】修改为【复制选定文本-复制发票文档路径】。

（2）勾选【属性面板】-【选项】-【发送窗口消息】。

（3）选中【属性面板】-【选项】-【结果】输入框,单击右键,选择【创建变量】,输入【发票文档路径】,输入完成后,单击属性面板空白处,完成创建变量操作。

（4）打开【变量】面板,选中【发票文档路径】变量,将其变量类型设置为【GenericValue】,将其范围修改为【序列-发票识别机器人】,在其默认值输入框中输入【"C:\发票识别机器人\需要识别的发票"】,设置完成后关闭变量面板,如图 3-1-006 所示。

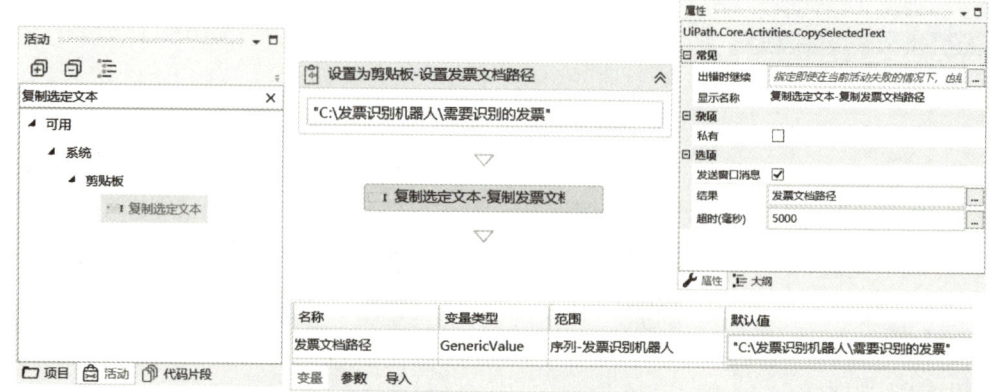

图 3-1-006 【发票文档路径】设置界面

2.3.5 粘贴发票文档路径

（1）在【活动面板】中搜索【发送热键】活动控件，选中【发送热键】活动控件，拖拽至设计面板【(3)序列】活动内【复制选定文本复制发票文档路径】活动下，在【属性面板】中，将【显示名称】修改为【发送热键-粘贴发票文档路径】。

（2）点击【指明在屏幕上】，跳转至浏览器页面，选中浏览器页面中的【发票文档上传窗口】的文件名输入框。

（3）选中【属性面板】–【输入】–【键值】输入框，输入【"v"】。

（4）打开【属性面板】–【选项】–【修饰键】–【▼】下拉菜单，选择【Ctrl】。

（5）勾选【属性面板】–【选项】下的【激活】和【空字段】，如图 3-1-007 所示。

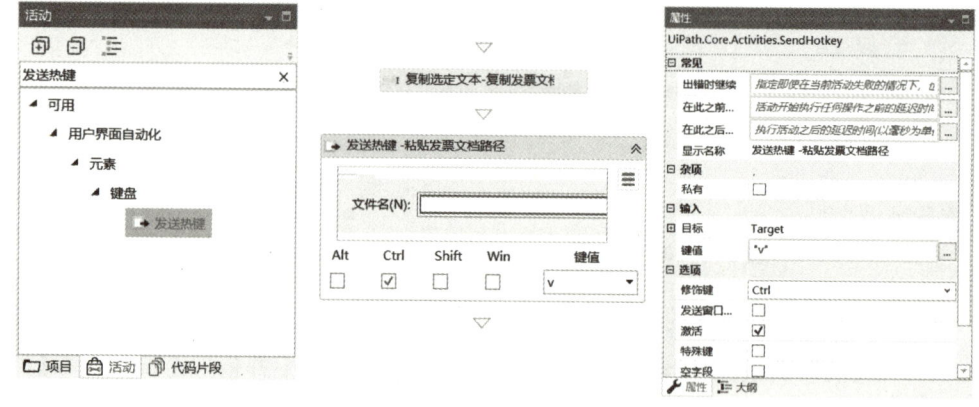

图 3-1-007 【发送热键-粘贴发票文档路径】界面

2.3.6 打开发票文档文件夹

（1）在【活动面板】中搜索【单击】活动控件，选中【元素】–【鼠标】–【单击】活动控件，拖拽至设计面板【(3)序列】活动内【发送热键-粘贴发票文档路径】活动下，在【属性面板】中，将【显示名称】修改为【单击-单击打开按钮 1】。

（2）单击【指明在屏幕上】跳转至浏览器页面，选中浏览器页面中的【发票文档上传窗口】的【打开】按钮。

2.3.7　全选发票文档

（1）在【活动面板】中搜索【发送热键】活动控件,选中【发送热键】活动控件,拖拽至设计面板【(3)序列】活动内【单击-单击打开按钮 1】活动下,在【属性面板】中,将【显示名称】修改为【发送热键-全选发票文档】。

（2）点击【指明在屏幕上】,跳转至浏览器页面,选中浏览器页面中的【发票文档上传窗口】的【内容区域】。

（3）选中【属性面板】-【输入】-【键值】输入框,输入【"a"】。

（4）打开【属性面板】-【选项】-【修饰键】-【▼】下拉菜单,选择【Ctrl】,如图 3-1-008所示。

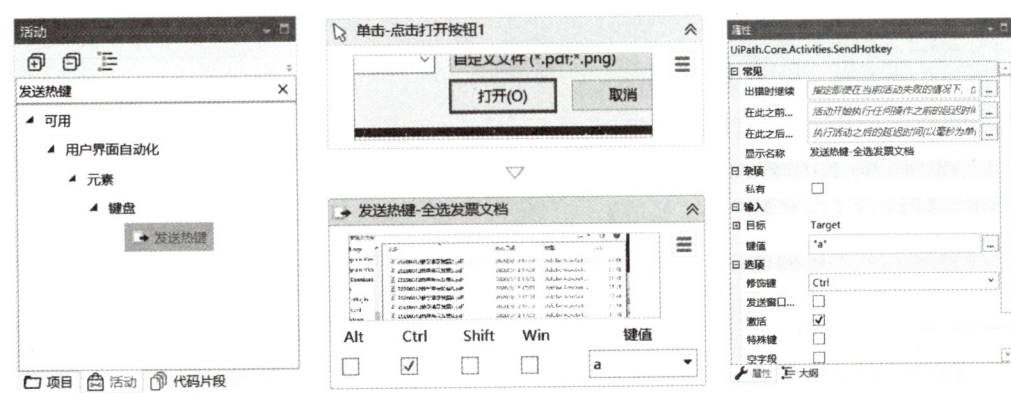

图 3-1-008　【发送热键-全选发票文档】界面

2.3.8　上传发票文档进行识别

（1）在【活动面板】中搜索【单击】活动控件,选中【元素】-【鼠标】-【单击】活动控件,拖拽至设计面板【(3)序列】活动内【发送热键全选发票文档】活动下,在【属性面板】中,将【显示名称】修改为【单击-单击打开按钮 2】。

（2）单击【指明在屏幕上】跳转至浏览器页面,选中浏览器页面中的【发票文档上传窗口】的【打开】按钮。

（3）选中【属性面板】-【常规】-【在此之后延迟】输入框【10000】,建议根据实训操作环境设置延迟时间,如图 3-1-009 所示。

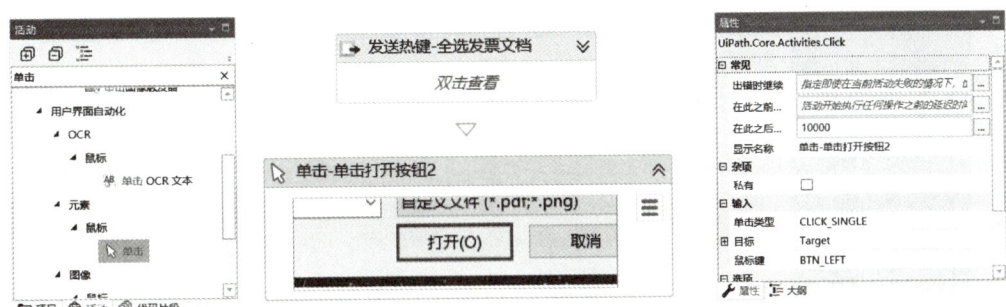

图 3-1-009　【单击-单击打开按钮 2】界面

> **温馨提示**
> ◆ 时间单位为毫秒（1 000 毫秒＝1 秒）。
> ◆ 设置延迟时间是为了确保发票文档全部识别结束后才执行下一个操作活动，如果设置的时间不够长，将有可能导致无法抓取所有的发票文档信息。

2.4 获取发票识别信息

发票识别机器
人-获取发票
识别信息

2.4.1 添加【序列】活动控件

在【活动面板】中搜索【序列】活动控件，选中【序列】拖拽至【序列-发票识别机器人】活动内【(3)序列】活动下，在【属性面板】中，将【显示名称】修改为【(4)序列-获取发票识别信息】。

2.4.2 数据抓取

(1) 将发票识别系统网页置顶，手动上传需要识别的发票文档，返回 UiPath Studio 操作界面，在菜单栏中单击【设计】-【向导】-【数据抓取】，页面跳转至发票识别系统网页。

(2) 根据【提取向导】提示，点击【下一步】按钮，如图 3-1-010 所示。

(3) 根据【提取向导】提示，点击文件名【第一行】的单元格，如图 3-1-011 所示。

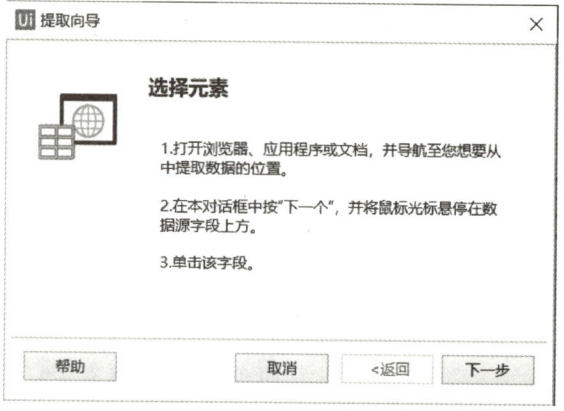

图 3-1-010 【提取向导】界面

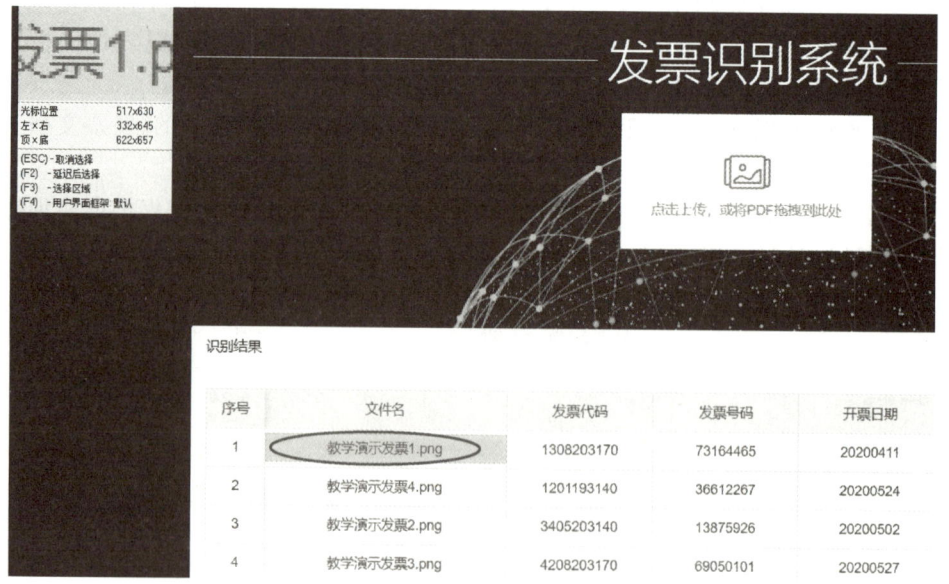

图 3-1-011 【发票识别系统网页】界面

温馨提示

◆ 此处不要点击【表头】和【序号】-【列】的单元格，否则无法获取整个网页表格的数据信息。

（4）根据【提取向导】提示，点击【是】按钮，如图 3-1-012 所示。

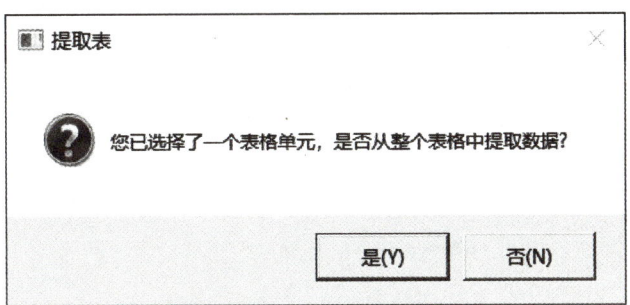

图 3-1-012 【提取表】界面

（5）选中【最大结果条数（0 代表全部）】文本框，根据实际情况，输入提取的数据条数，单击【完成】，如图 3-1-013 所示。

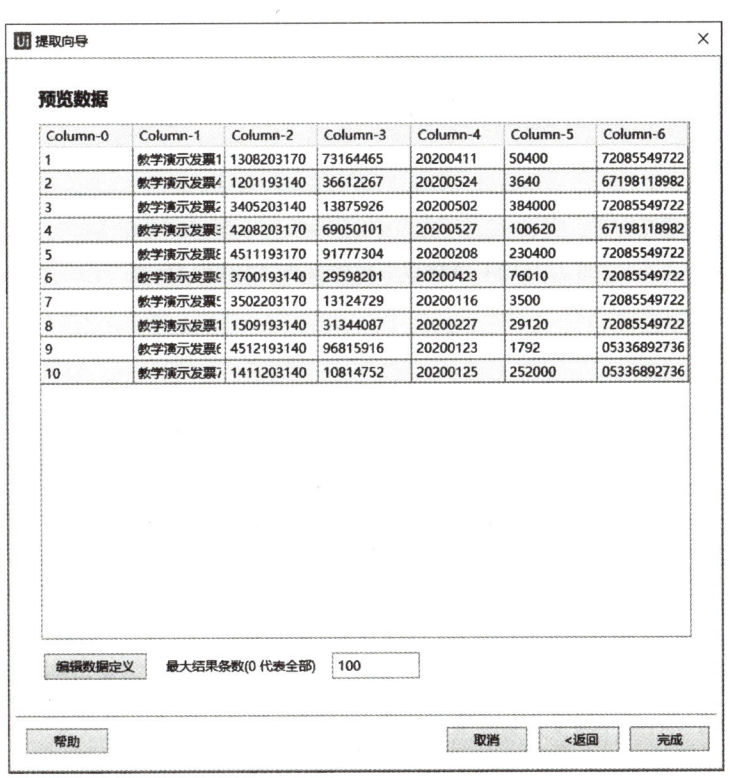

图 3-1-013 【提取的数据条数】输入界面

（6）根据实际情况选择【是】或【否】：

如果网页页面存在【下一页】按钮，则选择【是】。按下键盘上的【F2】延迟操作，手动找到【下一页】按钮，待延迟操作时间结束后，单击【下一页】按钮，结束【提取向导】操作。

如果网页页面不存在【下一页】按钮，则选择【否】，结束【提取向导】操作。

2.4.3　修改输出数据表变量

选中【数据抓取】中的【提取结构化数据 'TABLE'】活动，打开【变量】面板，选中【ExtractDataTable】，将变量名称修改为【发票识别信息】，变量类型设置为【DataTable】，范围修改为【序列-发票识别机器人】，如图 3-1-014 所示。

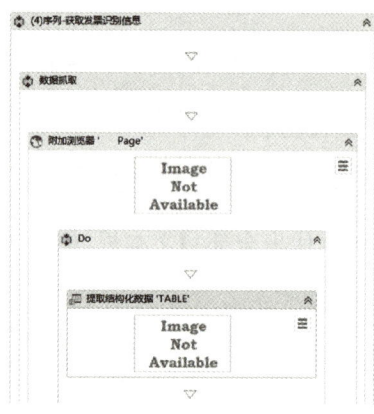

名称	变量类型	范围	默认值
发票识别信息	DataTable	序列-发票识别机器人	New System.Data.DataTable

变量　参数　导入

图 3-1-014　【提取结构化数据 'TABLE'】界面

2.5　输出发票识别信息

2.5.1　添加【序列】活动控件

在【活动面板】中搜索【序列】活动控件，选中【序列】拖拽至【序列-发票识别机器人】活动内【(4)序列】活动下，在【属性面板】中，将【显示名称】修改为【(5)序列-输出发票识别信息】。

发票识别机器人-输出发票识别信息

2.5.2　输出发票识别信息

（1）在【活动面板】中搜索【写入范围】活动控件，选中【系统】-【文件】-【工作簿】-【写入范围】拖拽至【(5)序列】活动内，在【属性面板】中，将【显示名称】修改为【写入范围-发票识别信息】。

（2）选中【属性面板】-【目标】-【工作表名称】的输入框，根据【发票识别结果.xlsx】文档修改工作表名称。

（3）选中【属性面板】-【目标】-【起始单元格】的输入框，因为工作表第一行为表头信息，发票识别信息需从第二行开始写入，故将【"A1"】修改为【"A2"】。

（4）选中【属性面板】-【输入】-【工作簿路径】输入框的【…】按钮，在弹窗输入【"C:\发票识别机器人\发票识别结果.xlsx"】，完成输入后点击确定。

（5）选中【属性面板】-【输入】-【数据表】输入框，键入空格，双击选中【发票识别信息】变量。单击属性面板空白处，完成引用变量的操作，如图 3-1-015 所示。

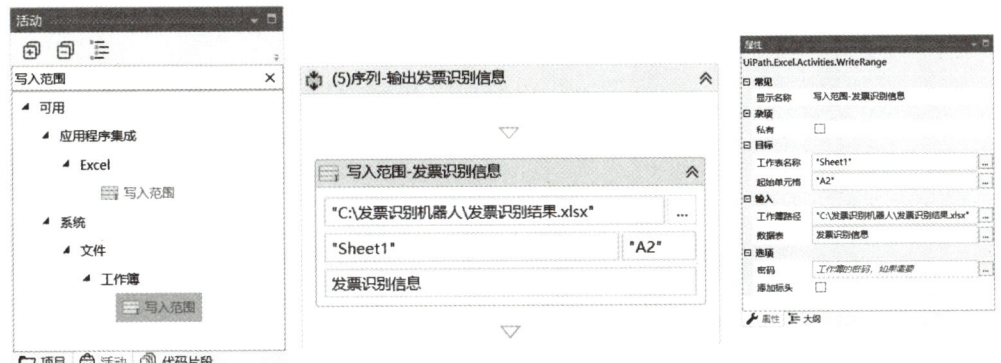

图 3-1-015 【写入范围-发票识别信息】界面

2.6 关闭发票识别系统

2.6.1 添加【序列】活动控件

在【活动面板】中搜索【序列】活动控件，选中【序列】拖拽至【序列-发票识别机器人】活动内【(5)序列】活动下，在【属性面板】中，将【显示名称】修改为【(6)序列-关闭发票识别系统】。

2.6.2 添加关闭选项卡活动控件

（1）在【活动面板】中搜索【关闭选项卡】活动控件，选中【关闭选项卡】活动控件，拖拽至【(6)序列】活动内，在【属性面板】中，将【显示名称】修改为【关闭选项卡-关闭发票识别系统】，如图 3-1-016 所示。

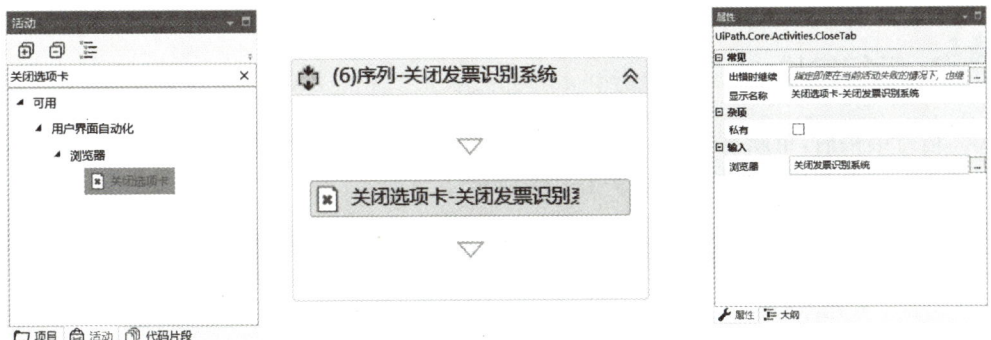

图 3-1-016 【关闭选项卡-关闭发票识别系统】界面

（2）引用前面创建的变量，选中【属性面板】-【输入】-【浏览器】输入框，键入空格，双击选中【关闭发票识别系统】变量，单击属性面板空白处，完成引用变量的操作。

（3）发票识别机器人设计完成全流程，如图 3-1-017 所示。

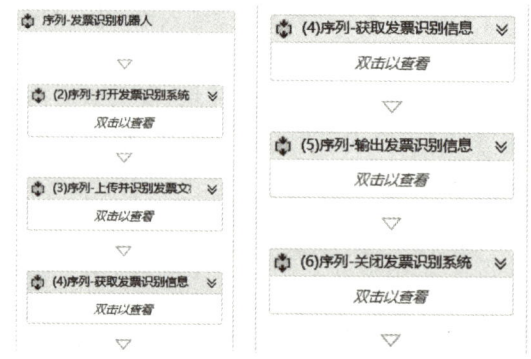

图 3-1-017 【发票识别机器人】界面

【视频合集】发票识别机器人

任务 3　发票识别机器人测试

学生将开发完成的发票识别机器人在平台进行运行测试,测试步骤如下。

1. 检查核对

打开"C:\发票识别机器人\发票识别结果.xlsx",显示"Sheet1"为只有表头的空表,关闭该文件。

2. 运行机器人

打开 UiPath Studio 窗口,点击【菜单面板】左侧的【运行】按钮,运行发票识别机器人。

【运行视频】发票识别机器人

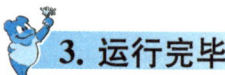
3. 运行完毕

运行结束后,重新打开"C:\发票识别机器人\发票识别结果.xlsx",Sheet1 表中显示所获取的发票识别数据,如图 3-1-018 所示。

序号	文件名	发票代码	发票号码	开票日期	不含税金额	校验码
1	教学演示发票1.png	1308203170	73164465	20200411	50400	72085549722978357185
2	教学演示发票3.png	4208203170	69050101	20200527	100620	67198118982123866995
3	教学演示发票2.png	3405203140	13875926	20200502	384000	72085549722978389032
4	教学演示发票5.png	3502203170	13124729	20200116	3500	72085549722978720785
5	教学演示发票6.png	4512193140	96815916	20200123	1792	05336892736777946780
6	教学演示发票4.png	1201193140	36612267	20200524	3640	67198118982123652144
7	教学演示发票7.png	1411203140	10814752	20200125	252000	05336892736777714275
8	教学演示发票9.png	3700193140	29598201	20200423	76010	72085549722978355814
9	教学演示发票10.png	1509193140	31344087	20200227	29120	72085549722978410172
10	教学演示发票8.png	4511193170	91777304	20200208	230400	72085549722978363738

图 3-1-018 【发票识别数据】成功界面

发票查询网站为"http://jy.hanzhisoft.com：8088/api/jh/invoice-form-check.html"。

任务 4　发票识别机器人应用

学生应根据发票识别业务场景,识别发票有效数据,按发票信息进行收集、整理,并完成发票分类统计报表。

1. 上传并识别发票文档

打开发票识别系统,上传的需要识别的发票文档数据。

2. 识别发票数据并输出

根据表 3-1-001 指标对发票识别数据进行分析,并完成 200～300 字的分析报告。

表 3-1-001　企业发票识别数据分析表

序号	分析指标	备注
1	企业正常发票数量及占比	分析企业 1 个月数据
2	企业异常发票数量及占比	分析企业 1 个月数据
3	企业年度发票异常率	分析企业 1 年内数据

思政园地

增值税电子专用发票的发票代码的含义①

发票,是指在购销商品,提供或者接受服务以及从事其他经营活动中,开具、收取的收付款凭证。

发票的基本内容包括:发票的名称、发票代码和号码、联次及用途、客户名称、开户银行及账号、商品名称或经营项目、计量单位、数量、单价、大小写金额、开票人、开票日期、开票单位(个人)名称(章)等。

其中,发票代码中的数字分别代表什么呢?根据《国家税务总局关于在新办纳税人中实行增值税专用发票电子化有关事项的公告》(国家税务总局公告 2020 年第 22 号)规定,电子专票的发票代码为 12 位,编码规则:第 1 位为 0,第 2～5 位代表省、自治区、

---

① 国家税务总局.国家税务总局关于在新办纳税人中实行增值税专用发票电子化有关事项的公告[A/OL].(2020-12-20)[2021-12-11]. http://www.chinatax.gov.cn/chinatax/n359/c5159928/content.html.

直辖市和计划单列市,第6～7位代表年度,第8～10位代表批次,第11～12位为12。发票号码为8位,按年度、分批次编制。

📝 项目重难点总结

重点:

(1)发票识别机器人的整体设计思路。

(2)发票识别机器人的测试及结果展示。

(3)发票识别机器人的拓展应用。

难点:

(1)发票识别机器人的开发过程。

(2)发票识别机器人所使用控件的掌握。

✏️ 课后实践训练

线上作业:将线下完成的作业上传"智慧职教——职教云"平台,进行头脑风暴、小组评比等教学活动。

项目 2 发票识别报告机器人

　　企业经营活动中,发票作为合理合法的业务真实性证明文件贯穿整个流程当中。然而,发票管理是诸多企业的痛点之一,传统手动输入发票四要素信息核验发票真假的方式,处理每张发票至少要花费 3～4 分钟,效率低下。基于 UiPath Studio 平台设计开发的发票识别报告机器人,结合上一项目的发票识别机器人,可以实现批量发票从信息的识别到验真一键完成,而且自动统计发票查询信息,生成发票识别报告,帮助企业解决发票数据采集和验真过程中遇到的纯手工输入发票信息占用人工时间长、易出错、效率低等问题,实现了企业对发票管理的规范化、智能化,提高了工作效率。

📖 项目成果

　　完成发票识别报告机器人的设计开发。

✏️ 项目目标

　　(1) 熟练读取范围、打开浏览器、发送热键、截取屏幕图、单击、保存图像、复制选定文本、赋值、遍历循环、IF 条件、写入行、写入单元格等操作控件的使用。
　　(2) 使用控件进行发票识别报告机器人的设计开发。
　　(3) 能够归纳总结发票识别报告机器人的设计流程。
　　(4) 能够在实践中拓展应用 RPA。

📖 项目内容

　　(1) RPA 设计:根据业务流程,设计发票识别报告机器人开发流程。
　　(2) RPA 开发:利用 UiPath Studio 平台进行发票识别报告机器人开发。
　　(3) RPA 测试:对开发完成的发票识别报告机器人进行调试运行。
　　(4) RPA 应用:通过案例,引导学生熟练应用发票识别报告机器人。

🔧 项目流程

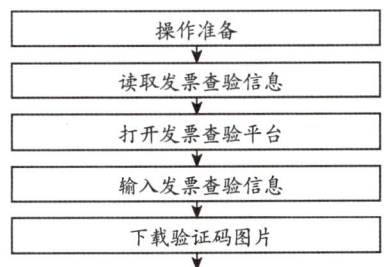

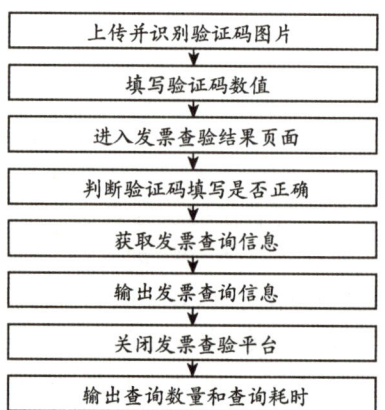

项目控件

序号	控件名称	控件图标	控件功能
1	录制器		轻松在屏幕上捕获用户的动作并将其转换为序列，可录制桌面、网页等多个活动界面
2	序列		根据单个定义的顺序执行一组子活动
3	读取范围		将电子表格根据指定范围读取为数据表
4	对于每一个行		对提供的数据表的每一行执行一次操作
5	打开浏览器		根据网站地址打开浏览器
6	最大化窗口		最大化指定的窗口

（续表）

序号	控件名称	控件图标	控件功能
7	输入信息		将文本值输入到选定的用户界面元素
8	发送热键		发送键盘快捷方式至用户界面
9	单击		单击指定的用户界面元素
10	截取屏幕截图		截取指定用户界面元素的屏幕截图
11	保存图像		能将图像保存在硬盘中
12	获取文本		从指定用户界面元素提取文本值
13	关闭选项卡		关闭浏览器页面
14	Do While 循环		首先执行一次活动,然后在条件为真时循环
15	IF 条件		根据设置的条件判断,条件成立时执行 Then 范围的活动,条件不成立时执行 Else 范围的活动
16	存在图像		检查图像是否是在指定用户界面元素中查找到的
17	赋值		设置工作流变量值

(续表)

序号	控件名称	控件图标	控件功能
18	写入单元格	写入单元格 "Sheet1" "A1" 值或公式,必须用引号将文本括起	将值写入电子表格的一个单元格中
19	设置为剪贴板	设置为剪贴板 必须用引号将文本括起	将指定文本置于剪贴板中
20	复制选定文本	复制选定文本	使用剪贴板功能获取选定文本

任务1　发票识别报告机器人设计

　　基于 UiPath Studio 平台设计的发票识别报告机器人,能高效实现批量发票验真一键完成,记录发票验证的结果和信息,统计发票查询信息,生成发票识别报告,帮助企业更加快速、高效地对发票进行管理,控制财税风险。发票识别报告机器人总体设计思路如下:

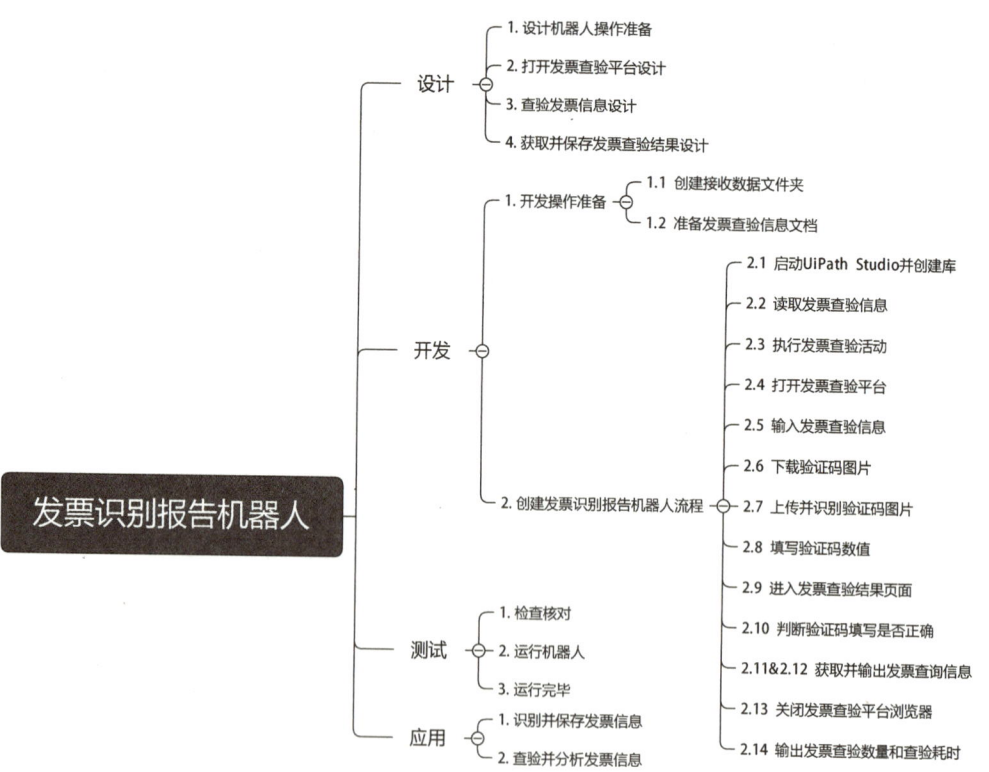

名师精品·
Gaozhigaozhuan Kuaiji Xilie
高职高专会计系列

任务 2　发票识别报告机器人开发

1. 开发操作准备

发票识别报告机器人-操作准备

1.1　创建接收数据文件夹

在【C:\】创建一个文件夹,命名为【发票识别报告机器人】。

1.2　准备发票查验信息文档

将文件【发票查验信息.xlsx】和【发票识别报告.xlsx】复制并粘贴至该文件夹中,如图 3-2-001 所示。

 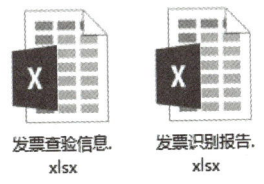

图 3-2-001　【实训文档复制粘贴】界面

2. 创建发票识别报告机器人流程

2.1　启动 UiPath Studio 并创建库

(1) 打开 UiPath Studio 界面,新建空白库,重命名为【发票识别报告机器人序列】,存储路径选择【C:\发票识别报告机器人】。

(2) 在活动面板,点击【项目】选项卡,选中【NewActivity.xaml】,鼠标右键选择【重命名】,选中【至:】输入框,重命名该项目为【发票识别报告机器人序列】,点击【确定】,双击打开项目文件。

2.2　读取发票查验信息

2.2.1　添加【序列】活动控件

(1) 添加【序列】活动控件,至【设计面板】中,重命名为【序列-发票识别报告机器人】。

(2) 添加【序列】活动控件,拖拽至设计面板中【序列-发票识别报告机器人】活动内,重命名为【(2)序列-读取发票查验信息】,如图 3-2-002 所示。

发票识别报告机器人-读取发票查验信息

 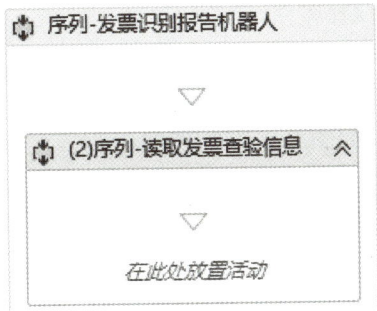 

图 3-2-002　【(2)序列-读取发票查验信息】界面

发票识别机器人设计与应用

2.2.2　读取发票查验信息的数据表

（1）在【活动面板】中搜索【读取范围】活动控件，选中【系统】-【文件】-【工作簿】-【读取范围】拖拽至【(2)序列】活动内。

（2）在【属性面板】中，设置属性：

① 将【显示名称】修改为【读取范围-获取发票查验文档】。

② 选择【输入】-【工作簿路径】输入框的【…】，在弹窗输入【"C:\发票识别报告机器人\发票查验信息.xlsx"】。

③ 选择【输入】-【范围】输入框，读取整个文档信息，将【"A1：A2"】清除。

④ 选择【输出】-【数据表】输入框，单击右键，选择【创建变量】，输入【数据源】，创建变量。打开【变量面板】，将其变量类型设置为【DataTable】，范围修改为【序列-发票识别报告机器人】，如图3-2-003所示。

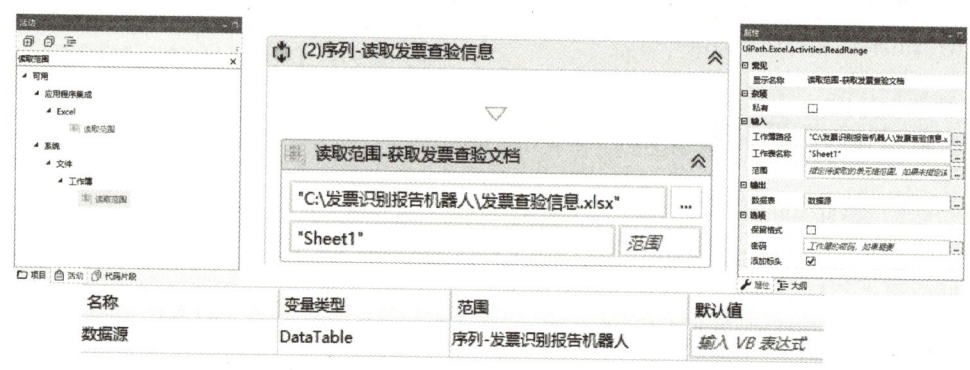

名称	变量类型	范围	默认值
数据源	DataTable	序列-发票识别报告机器人	输入 VB 表达式

图 3-2-003 【序列-发票识别报告机器人】界面

2.3　执行发票查验活动

2.3.1　添加【序列】活动控件

添加【序列】活动控件，拖拽至设计面板中【(2)序列】活动下，重命名为【(3)序列-执行发票查验活动】。

2.3.2　对列举的每张发票信息执行活动

（1）在【活动面板】中搜索【对于每　个行】，选中【对丁每一个行】活动控件拖拽至【(3)序列】活动内。

（2）在【属性面板】中，设置属性：

① 将【显示名称】修改为【对于每一个行-对列举的每张发票信息执行活动】。

② 选择【输入】-【数据表】输入框，键入空格，双击选中【数据源】变量，单击属性面板空白处，完成变量的引用，如图3-2-004所示。

2.4　打开发票查验平台

2.4.1　添加【序列】活动控件

（1）添加【序列】活动控件，拖拽至设计面板中【对于每一个行-对列举的每张发票信息执行活动】-【正文】-【Body】活动内，重命名为【(4)序列-打开发票查验平台】。

发票识别报告
机器人-执行
发票查验活动

发票识别报告
机器人-打开
发票查验平台

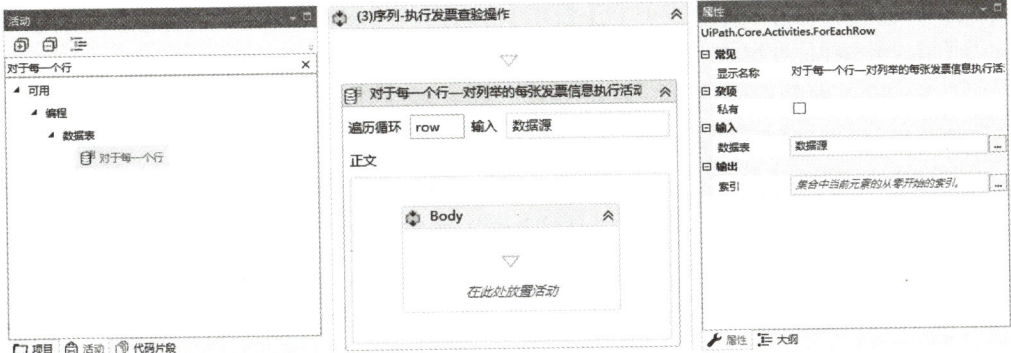

图 3-2-004 【变量的引用】界面

2.4.2 添加打开浏览器活动控件

（1）在【活动面板】中搜索【打开浏览器】活动控件,选中【打开浏览器】控件拖拽至【(4)序列】活动内。

（2）在【属性面板】中,设置属性:

① 将【显示名称】修改为【打开浏览器-打开发票查验平台】。

② 选择【输入】-【URL】输入框,单击右键,选择【创建变量】,输入【发票查验平台网址】,创建变量。打开【变量面板】,将其变量类型设置为【String】,范围修改为【序列-发票识别报告机器人】,在默认值输入框中输入【"http://jy.hanzhisoft.com:8088/api/jh/invoice-form-check.html"】。

③ 选择【输入】-【浏览器类型】输入框,单击选择【Chrome】。

④ 选择【输出】-【用户界面浏览器】输入框,单击右键,选择【创建变量】,输入【关闭发票查验平台浏览器】,创建变量。在【变量面板】,将其变量类型设置为【Browser】,范围修改为【序列-发票识别报告机器人】,如图 3-2-005 所示。

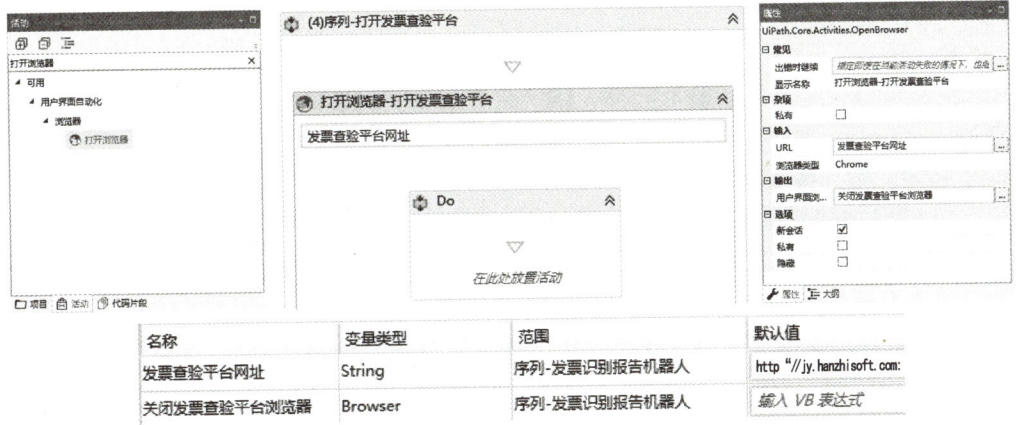

名称	变量类型	范围	默认值
发票查验平台网址	String	序列-发票识别报告机器人	http "//jy.hanzhisoft.com:
关闭发票查验平台浏览器	Browser	序列-发票识别报告机器人	输入 VB 表达式

图 3-2-005 【打开浏览器-打开发票查验平台】界面

2.4.3 添加【最大化窗口】活动控件

在【活动面板】中搜索【最大化窗口】活动控件,选中【最大化窗口】拖拽至设计面板中【打开浏览器-打开发票查验平台】-【DO】活动内,在【属性面板】中,将【显示名称】修改为【最大化窗口-发票查验平台浏览器】。

2.5　输入发票查验信息

2.5.1　添加【序列】活动控件

添加【序列】活动控件,拖拽至【(3)序列】中【(4)序列】活动下,在【属性面板】中,将【显示名称】修改为【(5)序列-输入发票查验信息】。

发票识别报告
机器人-输入
发票查验信息

2.5.2　输入发票代码

(1) 在【活动面板】中搜索【输入信息】活动控件,拖拽设计面板中【(5)序列】活动内。

(2) 在【属性面板】中,设置属性:

① 将【显示名称】修改为【输入信息-发票代码】。

② 单击【输入】-【文本】-【输入框】的【…】按钮,在弹窗中输入【row("发票代码").ToString】。

③ 勾选【选项】-【空字段】。

(3) 置顶浏览器页面,返回 Uipath studio 操作界面,单击【指明在屏幕上】跳转至浏览器页面,选中并点击浏览器页面中【发票代码】的输入框,页面自动跳转至 UiPath Studio 操作界面,完成【指明在屏幕上】操作,如图 3-2-006 所示。

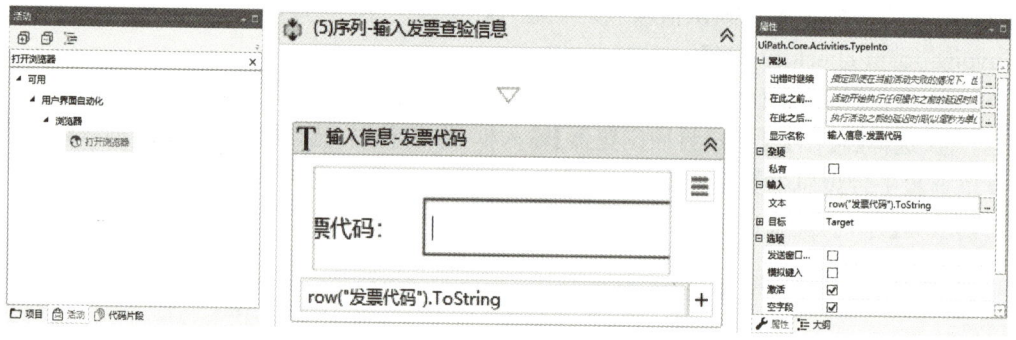

图 3-2-006　【输入信息-发票代码】界面

2.5.3　确认输入发票代码

(1) 在【活动面板】中搜索【发送热键】活动控件,选中【发送热键】拖拽【(5)序列】活动内【输入信息-发票代码】活动下,在【属性面板】中,将【显示名称】修改为【发送热键-确认输入发票代码】。

(2) 置顶浏览器页面,点击【指明在屏幕上】,跳转至浏览器页面,选中并点击浏览器页面中的【发票代码】的输入框,页面自动跳转至 UiPath Studio 操作界面,完成【指明在屏幕上】操作。

(3) 点击打开【键值】下拉菜单,选择【enter】,如图 3-2-007 所示。

重复上述步骤(2)和步骤(3),依次添加【输入信息】和【发送热键】活动控件,输入并确认发票号码、开票日期、校验码,主要参数如表 3-2-001、表 3-2-002 所示。

图 3-2-007 【发送热键-确认输入发票代码】界面

表 3-2-001 【输入信息】活动控件的主要参数

参数	发票代码	开票日期	校验码
①【显示名称】	【输入信息-发票代码】	【输入信息-开票日期】	【输入信息-校验码】
②【输入】-【文本】-【输入框】-【…】	在弹窗中输入【row("发票代码").ToString】	在弹窗中输入【row("开票日期").ToString】	在弹窗中输入【row("校验码").ToString.Substring(14)】
③【选项】-【空字段】	勾选		
④【指明在屏幕上】	选中并点击浏览器页面中的【发票代码】的输入框	选中并点击浏览器页面中的【开票日期】的输入框	选中浏览器页面中的【开具金额(不含税)】的输入框

表 3-2-002 【发送热键】活动控件的主要参数

参数	发票代码	校验码
①【显示名称】	【发送热键-确认输入发票代码】	【发送热键-确认输入校验码】
②【指明在屏幕上】	选中浏览器页面中的【发票代码】的输入框	选中浏览器页面中的【开具金额(不含税)】的输入框
③【键值】下拉菜单	选择【enter】	

2.6 下载验证码图片

2.6.1 添加【序列】活动控件

添加【序列】活动控件,拖拽至【对于每一个行-对列举的每张发票信息执行活动】-【正文】活动内【(5)序列】活动下,重命名为【(6)序列-下载验证码图片】。

发票识别报告
机器人-下载
验证码图片

2.6.2 点击获取验证码

(1)在【活动面板】中搜索【单击】活动控件,选中【元素】-【鼠标】-【单击】活动控件,拖拽至设计面板【(6)序列】活动内,在【属性面板】中,将【显示名称】修改为【单击-验证码图片】。

(2)置顶浏览器页面,单击【指明在屏幕上】跳转至浏览器页面,单击浏览器页面中的【点击获取验证码】。

发票识别机器人设计与应用

2.6.3　截取验证码图片

（1）在【活动面板】中搜索【截取屏幕截图】活动控件，选中【截取屏幕截图】活动控件，拖拽至设计面板【(6)序列】活动内【单击-验证码图片】活动下。

（2）在【属性面板】中，设置属性：

① 将【显示名称】修改为【截取屏幕截图-验证码图片】。

② 选择【输出】-【屏幕截图】输入框，单击右键，选择【创建变量】，输入【验证码图片】，创建变量。打开【变量面板】，将其变量类型设置为【Image】，范围修改为【序列-发票识别报告机器人】。

（3）置顶浏览器页面，单击【指明在屏幕上】跳转至浏览器页面，选中浏览器页面中的【验证码图片】，如图 3-2-008 所示。

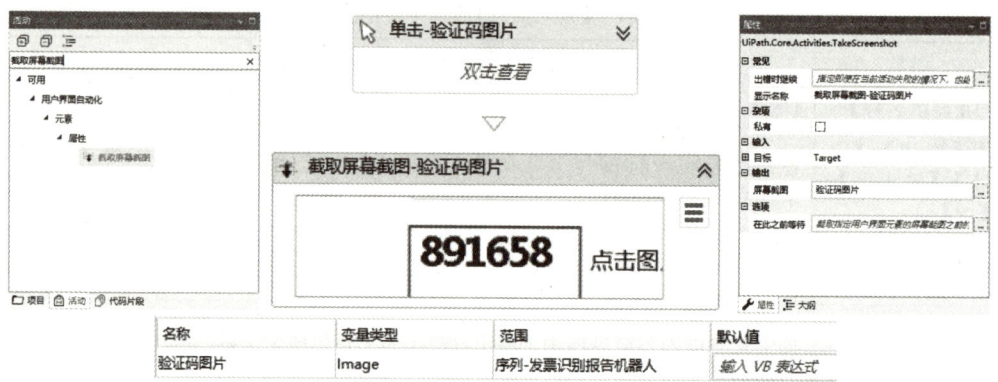

图 3-2-008　【截取屏幕截图-验证码图片】界面

2.6.4　保存验证码图片

（1）在【活动面板】中搜索【保存图像】活动控件，选中【保存图像】活动控件，拖拽至设计面板【(6)序列】活动内【截取屏幕截图-验证码图片】活动下。

（2）在【属性面板】中，设置属性：

① 将【显示名称】修改为【保存图像-验证码图片】。

② 选中【输入】-【图像】输入框，键入空格，双击选中【验证码图片】变量，单击属性面板空白处，完成变量的引用。

③ 单击【输入】-【文件名】文本输入框的【…】按钮，在弹窗输入【"C:\发票识别报告机器人\验证码图片.png"】，如图 3-2-009 所示。

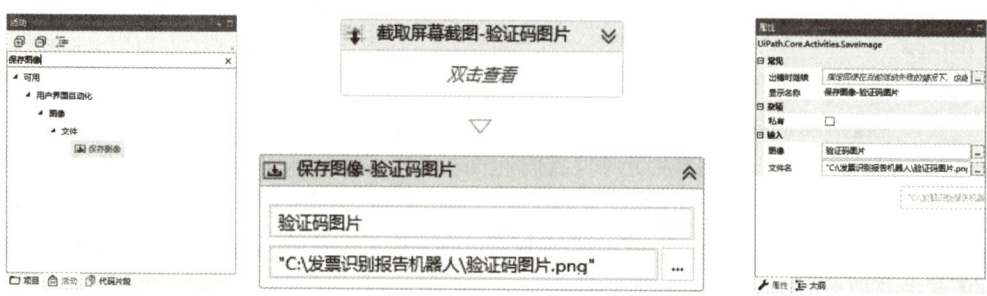

图 3-2-009　【保存图像-验证码图片】界面

2.7 上传并识别验证码图片

2.7.1 添加【序列】活动控件

添加【序列】活动控件，拖拽至【(3)序列】内【(6)序列】活动下，在【属性面板】中，将【显示名称】修改为【(7)序列-上传并识别验证码图片】。

发票识别报告机器人-上传并识别验证码图片

2.7.2 打开验证码识别系统

（1）在【活动面板】中搜索【打开浏览器】活动控件，选中【打开浏览器】拖拽至【(7)序列】活动内。

（2）在【属性面板】中，设置属性：

① 将【显示名称】修改为【打开浏览器-打开验证码识别系统】。

② 选择【输入】-【URL】输入框，单击右键，选择【创建变量】，输入【验证码识别系统网址】，创建变量。打开【变量面板】，将其变量类型设置为【String】，范围修改为【序列-发票识别报告机器人】，选择默认值输入框中输入【"http://jy.hanzhisoft.com:8088/api/jh/verify-code-auto-detect.html"】。

③ 在【输入】-【浏览器类型】输入框，单击选择【Chrome】。

④ 在【输出】-【用户界面浏览器】输入框，单击右键，选择【创建变量】，输入【关闭验证码识别系统浏览器】，创建变量。在【变量面板】，将其变量类型设置为【Browser】，范围修改为【序列-发票识别报告机器人】，如图3-2-010所示。

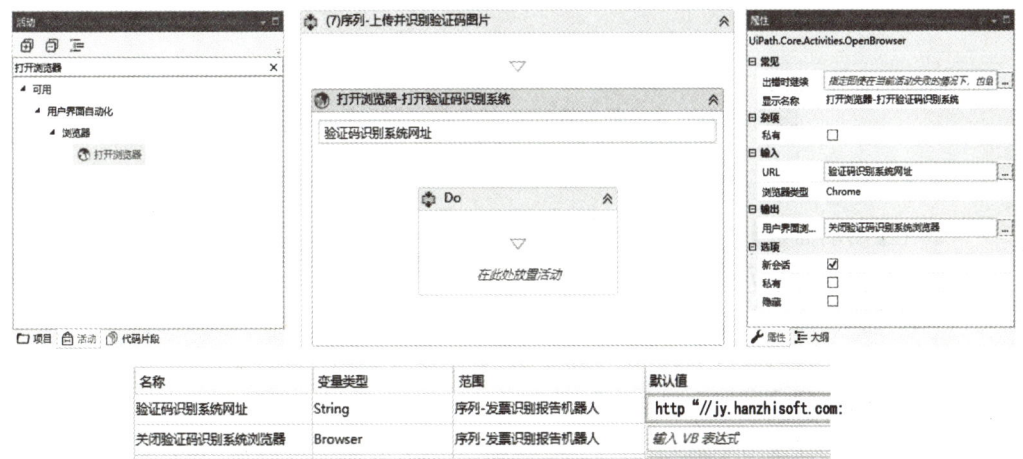

图 3-2-010 【打开浏览器-打开验证码识别系统】界面

2.7.3 添加【最大化窗口】活动控件

添加【最大化窗口】活动控件至设计面板中【打开浏览器-打开验证码识别系统】-【DO】活动内，在【属性面板】中，将【显示名称】修改为【最大化窗口-验证码识别系统浏览器】。

2.7.4 打开验证码上传窗口

（1）在【活动面板】中搜索【单击】活动控件，选中【元素】-【鼠标】-【单击】活动控件，拖拽至设计面板【(7)序列】活动内【打开浏览器-打开验证码识别系统】活动下，在【属性面板】中,将【显示名称】修改为【单击-打开验证码上传窗口】。

(2)单击【指明在屏幕上】跳转至浏览器页面,选中浏览器页面中的【点击上传,或将验证码拖拽到此处】。

2.7.5 将验证码图片路径存储在剪贴板中

(1)在【活动面板】中搜索【设置为剪贴板】活动控件,拖拽至设计面板【(7)序列】活动内【单击-打开验证码上传窗口】活动下。

(2)在【属性面板】中,设置属性:

① 将【显示名称】修改为【设置为剪贴板-设置验证码图片路径】。

② 选择【输入】-【文本】输入框【…】选项,在弹窗输入【"C:\发票识别报告机器人\验证码图片.png"】,如图 3-2-011 所示。

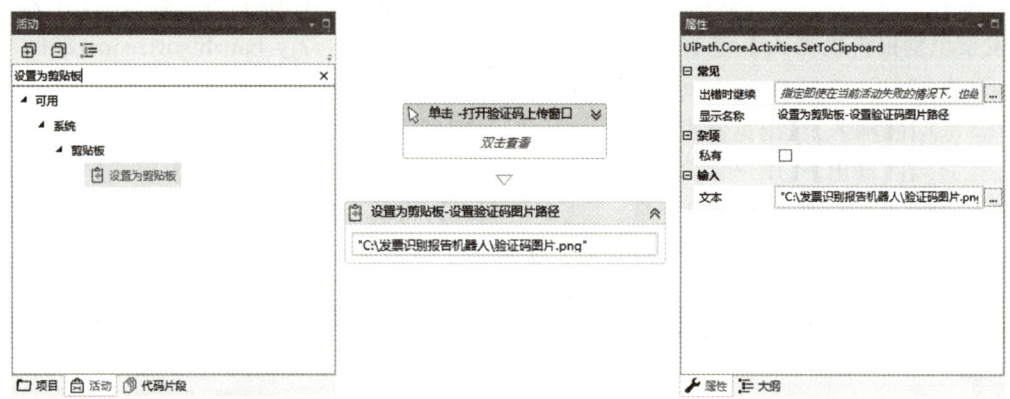

图 3-2-011 【设置为剪贴板-设置验证码图片路径】界面

2.7.6 复制验证码图片路径

(1)在【活动面板】中搜索【复制选定文本】活动控件,选中【复制选定文本】活动控件,拖拽至设计面板【(7)序列】活动内【设置为剪贴板-设置验证码图片路径】活动下。

(2)在【属性面板】中,设置属性:

① 将【显示名称】修改为【复制选定文本-复制验证码图片路径】。

② 勾选【选项】-【发送窗口信息】。

③ 选择【选项】-【结果】输入框,单击右键,选择【创建变量】,输入【验证码图片路径】,创建变量。打开【变量面板】,将其变量类型设置为【String】,范围修改为【序列-发票识别报告机器人】,默认值输入框中输入【"C:\发票识别报告机器人\验证码图片.png"】,如图 3-2-012 所示。

2.7.7 粘贴验证码图片路径

(1)在【活动面板】中搜索【发送热键】,拖拽至【(7)序列】活动内【复制选定文本-复制验证码图片路径】活动下。

(2)在【属性面板】中,设置属性:

① 将【显示名称】修改为【发送热键-粘贴验证码图片路径】。

② 单击【选项】-【修饰键】输入框,打开下拉菜单,选择【Ctrl】。

名称	变量类型	范围	默认值
验证码图片路径	GenericValue	序列-发票识别报告机器人	"C:\发票识别报告机器人\验证码图片.png"

图 3-2-012 【复制选定文本-复制验证码图片路径】界面

③ 单击【输入】-【键值】输入框,输入【"v"】。

④ 勾选【选项】-【空字段】。

(3) 置顶浏览器页面,返回 Uipath Studio 操作界面,单击【指明在屏幕上】,跳转至浏览器页面,选中浏览器页面中的【文件名】的输入框,如图 3-2-013 所示。

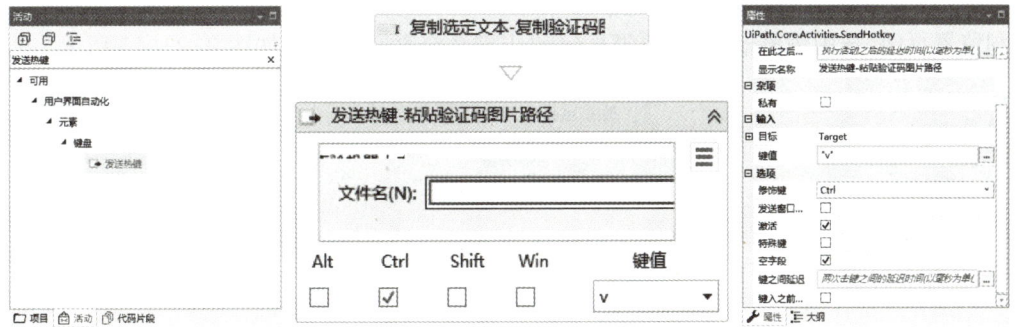

图 3-2-013 【发送热键-粘贴验证码图片路径】界面

2.7.8　点击打开按钮

(1) 在【活动面板】中搜索【单击】活动控件,选中【元素】-【鼠标】-【单击】活动控件,拖拽至设计面板【(7)序列】活动内【发送热键-粘贴验证码图片路径】活动下。

(2) 在【属性面板】中,设置属性:

① 将【显示名称】修改为【单击-打开按钮】。

② 选择【常规】-【在此之后延迟】输入框,输入【4000】,建议根据实际操作网络环境设置延迟时间。

(3) 置顶浏览器页面,返回 Uipath Studio 操作界面,单击【指明在屏幕上】跳转至浏览器页面,选中浏览器页面中的【验证码上传窗口】-【打开】按钮,如图 3-2-014 所示。

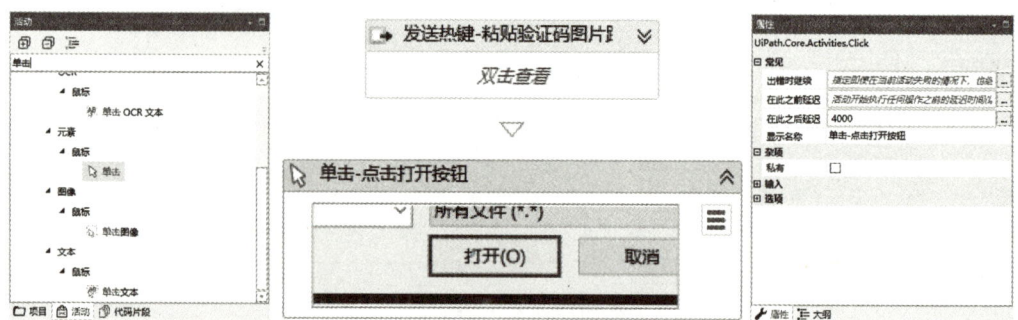

图 3-2-014　【单击-点击打开按钮】界面

2.7.9　获取验证码数值

（1）在【活动面板】中搜索【获取文本】活动控件，拖拽至设计面板【（7）序列】活动内【单击-点击打开按钮】活动下。

（2）在【属性面板】中，设置属性：

① 将【显示名称】修改为【获取文本-获取验证码数值】。

② 选择【输出】-【值】输入框，单击右键，选择【创建变量】，输入【验证码数值】，创建变量。打开【变量面板】，将其变量类型设置为【GenericValue】，范围修改为【序列-发票识别报告机器人】。

（3）置顶浏览器页面，返回 Uipath Studio 操作界面，单击【指明在屏幕上】跳转至浏览器页面，选中浏览器页面中的【验证码识别系统】的文本框，如图 3-2-015 所示。

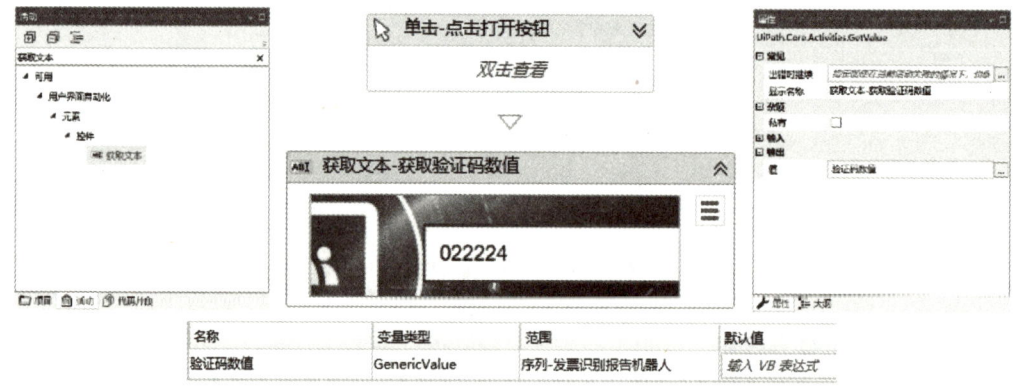

名称	变量类型	范围	默认值
验证码数值	GenericValue	序列-发票识别报告机器人	输入 VB 表达式

图 3-2-015　【获取文本-获取验证码数值】界面

2.7.10　关闭验证码识别系统浏览器

（1）在【活动面板】中搜索【关闭选项卡】活动控件，拖拽至设计面板【（7）序列】活动内【获取文本-获取验证码数值】活动下。

（2）在【属性面板】中，设置属性：

① 将【显示名称】修改为【关闭选项卡-关闭验证码识别系统浏览器】。

② 选择【输入】-【浏览器】输入框，键入空格，双击选中【验证码识别系统浏览器】变

量,单击属性面板空白处,完成变量的引用。

2.8 填写验证码数值

2.8.1 添加【序列】活动控件

添加【序列】活动控件,拖拽至【(3)序列】活动内【(7)序列】活动下,重命名为【(8)序列-填写验证码数值】。

发票识别报告机器人-填写验证码数值

2.8.2 输入验证码数值

(1) 在【活动面板】中搜索【输入信息】,拖拽至【(8)序列】活动内。

(2) 在【属性面板】中,设置属性:

① 将【显示名称】修改为【输入信息-验证码数值】。

② 选择【输入】-【文本】-【输入框】,键入空格,双击选中【验证码数值】变量,单击属性面板空白处,完成变量的引用。

③ 勾选【选项】-【空字段】。

(3) 置顶浏览器页面,返回 Uipath Studio 操作界面,单击【指明在屏幕上】跳转至浏览器页面,选中浏览器页面中的【验证码】的输入框,如图 3-2-016 所示。

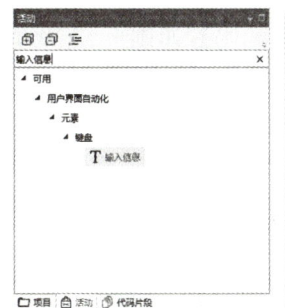 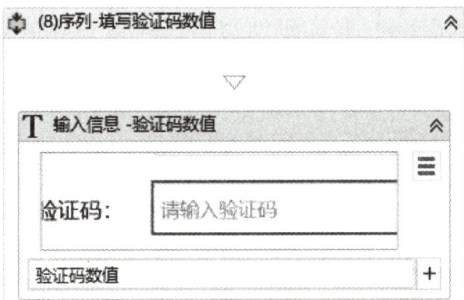 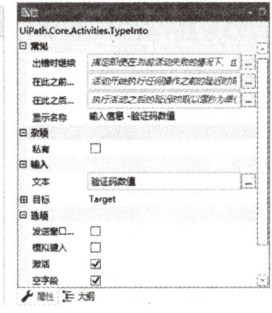

图 3-2-016 【输入信息-验证码数值】界面

2.8.3 确认输入验证码数值

(1) 在【活动面板】中搜索【发送热键】活动控件,拖拽至设计面板中【输入信息-验证码数值】活动下,在【属性面板】中,将【显示名称】修改为【发送热键-确认输入验证码数值】。

(2) 点击【指明在屏幕上】,跳转至浏览器页面,选中浏览器页面中的【验证码】的输入框。

(3) 打开【键值】拉菜单输入框,选择【enter】。

2.9 进入发票查验结果页面

2.9.1 添加【序列】活动控件

添加【序列】活动控件,拖拽至【(3)序列】活动内【(8)序列】活动下,重命名为【(9)序列-进入发票查验结果页面】。

发票识别报告机器人-进入发票查验结果页面

2.9.2 点击查验按钮进入发票查验结果页面

(1) 在【活动面板】中搜索【单击】活动控件,选中【元素】-【鼠标】-【单击】活动控件,拖拽至设计面板【(9)序列】活动内,在【属性面板】中,将【显示名称】修改为【单击-点击查验按钮】。

（2）置顶浏览器页面，返回 Uipath Studio 操作界面，单击【指明在屏幕上】跳转至浏览器页面，选中浏览器页面中的【查验】选项。

2.10 判断验证码填写是否正确

2.10.1 添加【序列】活动控件

添加【序列】活动控件，拖拽至【(3)序列】活动内【(9)序列】活动下，重命名为【(10)序列-判断验证码填写是否正确】。

发票识别报告机器人-判断验证码填写是否正确

2.10.2 多次执行获取并填写验证码操作

（1）在【活动面板】中搜索【Do while 循环】活动控件，拖拽至设计面板【(10)序列】活动内。

（2）在【属性面板】中，设置属性：

① 将【显示名称】修改为【Do While 循环-多次执行获取并填写验证码操作】。

② 单击【杂项】-【条件】输入框【…】选项，在弹窗输入【验证码错误提示=True】。

2.10.3 添加【序列】活动控件

添加【序列】活动控件，拖拽至【Do While 循环-多次执行获取并填写验证码操作】-【Body】活动内，重命名为【序列-验证码填写错误时重新获取验证码】，如图 3-2-017 所示。

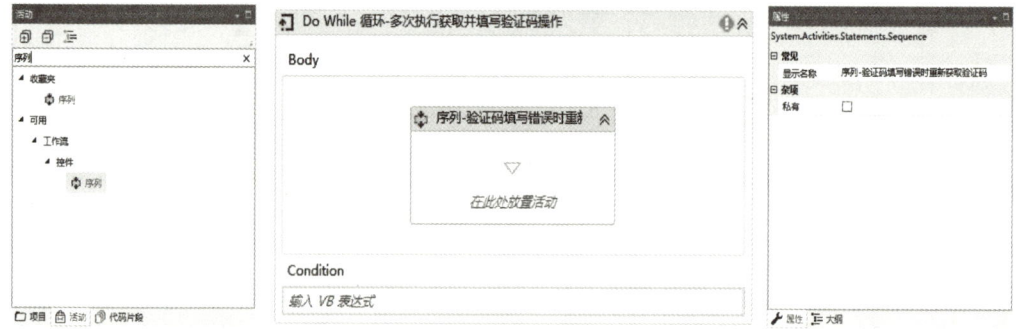

图 3-2-017 【验证码填写错误时重新获取验证码】界面

2.10.4 获取验证码错误提示

（1）在【活动面板】中搜索【存在图像】活动控件，拖拽至设计面板【序列-验证码填写错误时重新获取验证码】活动内。

（2）在【属性面板】中，设置属性：

① 将【显示名称】修改为【存在图像-验证码错误提示】。

② 选择【输出】-【值】输入框，单击右键，选择【创建变量】，输入【验证码错误提示】，创建变量。打开【变量面板】，将其变量类型设置为【Boolean】，范围修改为【序列-发票识别报告机器人】。

（3）置顶浏览器页面，返回 Uipath Studio 操作界面，单击【指出屏幕上的图像】跳转至浏览器页面，框选【验证码填写错误提示】弹窗，如图 3-2-018 所示。

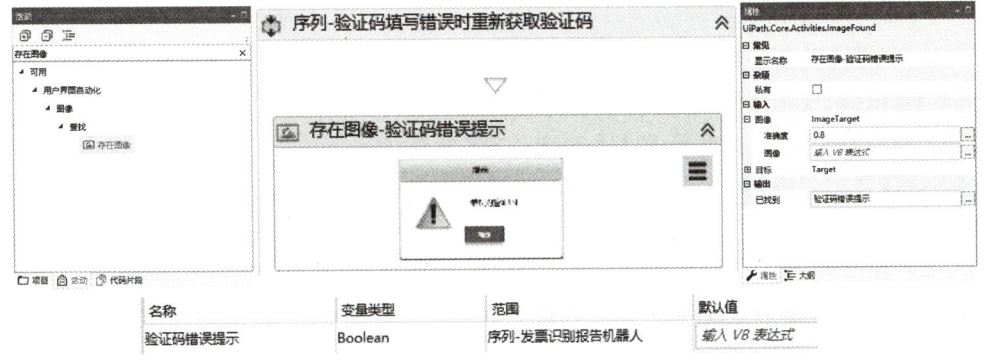

名称	变量类型	范围	默认值
验证码错误提示	Boolean	序列-发票识别报告机器人	输入 VB 表达式

图 3-2-018 【验证码填写错误提示】界面

2.10.5 根据验证码填写正确与否执行不同的活动

（1）在【活动面板】中搜索【IF 条件】活动控件，拖拽至设计面板【序列-验证码填写错误时重新获取验证码】活动内【存在图像-验证码错误提示】活动下。

（2）在【属性面板】中，设置属性：

① 将【显示名称】修改为【IF 条件-根据验证码填写正确与否执行不同的活动】。

② 单击【杂项】-【条件】输入框【…】选项，在弹窗输入【验证码错误提示＝True】，如图3-2-019所示。

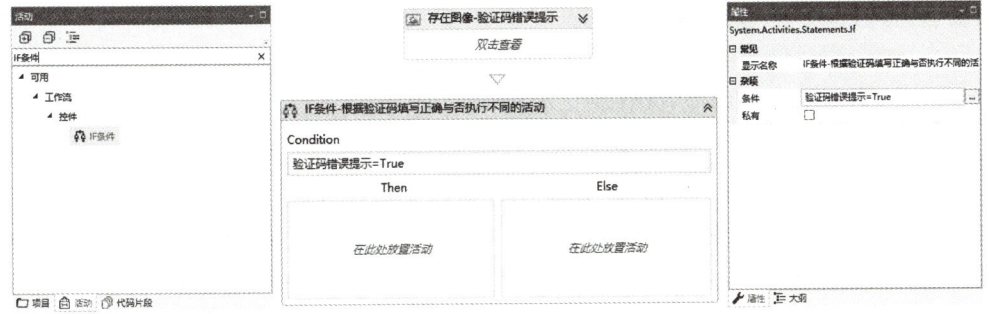

图 3-2-019 【验证码错误提示＝True】界面

2.10.6 添加序列集成 IF 条件成立时执行此活动

添加【序列】活动控件，拖拽至【IF 条件-根据验证码填写正确与否执行不同的活动】-【Then】活动内，重命名为【序列- IF 条件成立时执行此活动】，如图 3-2-020 所示。

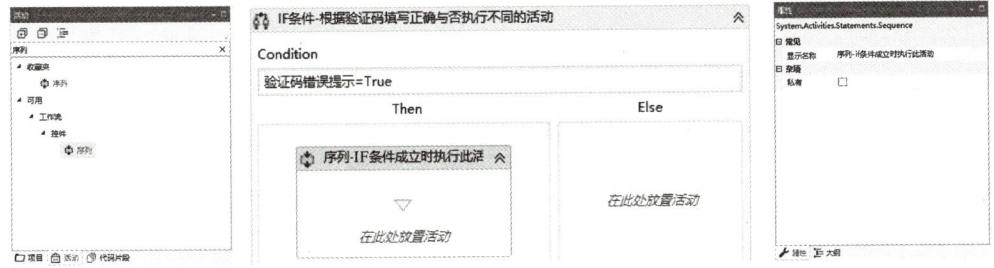

图 3-2-020 【序列- IF 条件成立时执行此活动】界面

2.10.7 单击错误验证码提示弹窗的确定按钮

（1）在【活动面板】中搜索【单击】活动控件，选中【元素】-【鼠标】-【单击】活动控件，拖拽至设计面板【序列-IF 条件成立时执行此活动】活动内。在【属性面板】中，将【显示名称】修改为【单击-错误验证码提示弹窗的确定按钮】。

（2）置顶浏览器页面，返回 Uipath Studio 操作界面，单击【指明在屏幕上】跳转至浏览器页面，选中浏览器页面中错误验证码提示弹窗的【确定】按钮。

（3）按【Ctrl】键，选中【(6)序列-下载验证码图片】【(7)序列-上传并识别验证码图片】【(8)序列-填写验证码数值】【(9)单击-进入发票查验结果页面】这四个子序列，【Ctrl＋C】复制这四个子序列，选中【单击-错误验证码提示弹窗的确定按钮】活动，【Ctrl＋V】粘贴这四个子序列，如图 3-2-021 所示。

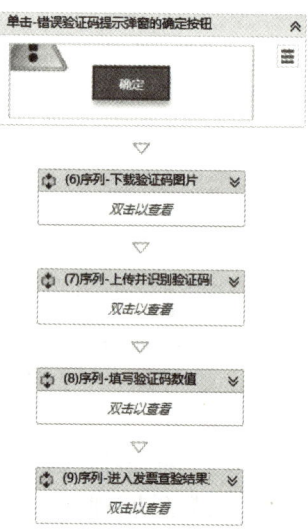

图 3-2-021 【单击-错误验证码提示弹窗的确定按钮】界面

2.11 获取发票查询信息

2.11.1 添加【序列】活动控件

添加【序列】活动控件，拖拽至【(3)序列】活动内【(10)序列】活动下，重命名为【(11)序列-获取发票信息】。

发票识别报告机器人-获取发票查询信息

2.11.2 获取发票信息

（1）在【活动面板】中搜索【获取文本】活动控件，拖拽至【(11)序列】活动内。

（2）在【属性面板】中，设置属性：

① 将【显示名称】修改为【获取文本-获取发票文本内容】。

② 选择【输出】-【值】输入框，单击右键，选择【创建变量】，输入【发票信息】，单击属性面板空白处，完成创建变量操作。打开【变量面板】，选中【发票信息】，将变量类型保存为【GenericValue】，将其范围修改为【序列-发票识别报告机器人】。

（3）将发票查验平台网页置顶，手动查验一张真发票信息，返回 UiPath Studio 操作界面，单击【指明在屏幕上】，跳转至浏览器页面，选中并点击发票查验结果的展示页面，页面自动跳转至 UiPath Studio 操作界面，完成【指明在屏幕上】的操作，如图3-2-022所示。

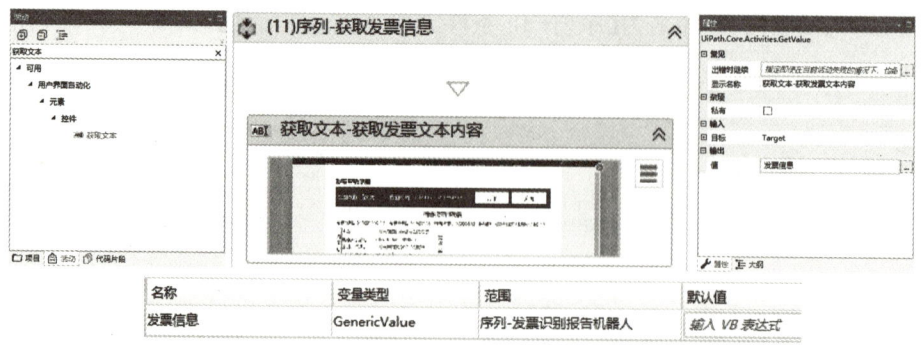

名称	变量类型	范围	默认值
发票信息	GenericValue	序列-发票识别报告机器人	输入 VB 表达式

图 3-2-022 【获取文本-获取发票文本内容】界面

2.11.3　去除发票信息空格符

（1）在【活动面板】中搜索【赋值】活动控件，拖拽至设计面板中【获取文本-获取发票文本内容】活动下。

（2）在【属性面板】中，设置属性：

① 将【显示名称】修改为【赋值-去除发票信息标准空格符】。

② 选中【杂项】-【值】输入框【…】选项，输入【发票信息.Replace(Chr(32)，"")】。

③ 选中【杂项】-【至】输入框，单击右键，选择【创建变量】，输入【去除发票信息标准空格符】，单击属性面板空白处，完成创建变量操作。打开【变量面板】，将其变量类型保存为【GenericValue】，范围修改为【序列-发票识别报告机器人】，如图 3-2-023 所示。

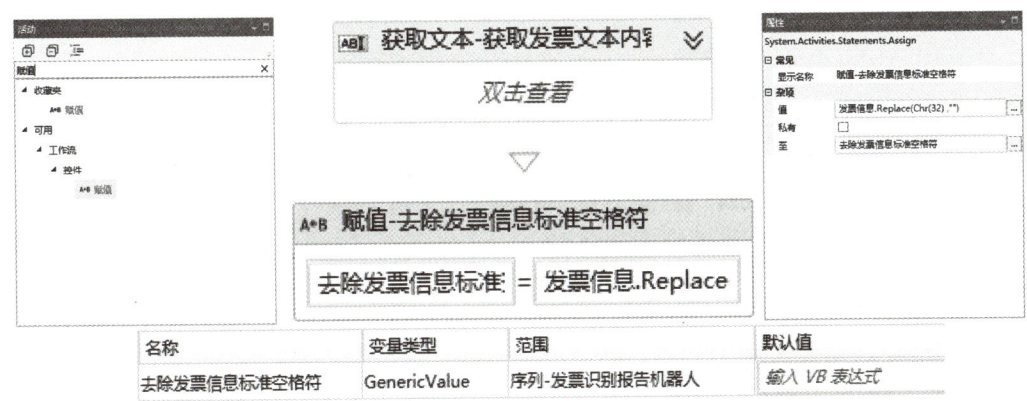

图 3-2-023　【赋值-去除发票信息标准空格符】界面

2.11.4　将发票信息拆分为数组并去除空行

（1）在【活动面板】搜索【赋值】，拖拽至设计面板中【赋值-去除发票信息标准空格符】活动下。

（2）在【属性面板】中，设置属性：

① 将【显示名称】修改为【赋值-将发票信息拆分为数组并去除空行】。

② 选择【杂项】-【值】输入框的【…】，输入【发票信息. Split（Vbcrlf.ToCharArray，StringSplitOptions.RemoveEmptyEntries）】。

> 🌱 **温馨提示**
>
> Split 函数的功能是用已知的分隔符拆分文本中的数组；
>
> [Vbcrlf]代表的是回车＋换行符；
>
> [ToCharArray]的作用是将文本内容转换为一个个的文本片段（即将字符串转换为字符数组）；
>
> [StringSplitOptions.RemoveEmptyEntries]的作用是省略返回的数组中的空行（即空数组元素）；
>
> 整个表达式的含义是以回车换行符作为分隔符，将发票信息拆分为多个文本片段并且在返回的数组中将空行（即空数组元素）省略掉。

③ 选择【杂项】—【至】输入框,单击右键,选择【创建变量】,输入【数组】,单击属性面板空白处,完成创建变量操作。打开【变量面板】,选中【数组】,选择变量类型【Array of[T]】,打开【选择类型】弹窗,点击【选择类型】的选框,打开下拉菜单,双击选中【String】,将变量类型保存为【String[]】,范围修改为【序列-发票识别报告机器人】,如图 3-2-024 所示。

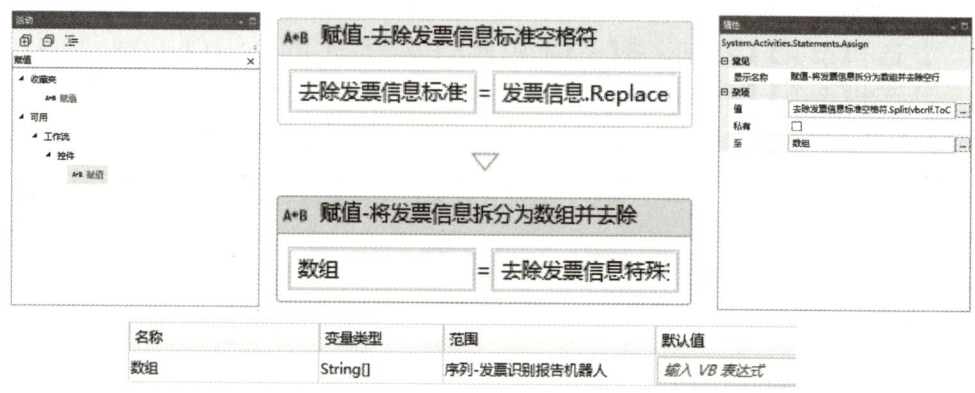

名称	变量类型	范围	默认值
数组	String[]	序列-发票识别报告机器人	输入 VB 表达式

图 3-2-024 【赋值-将发票信息拆分为数组并去除空行】界面

2.11.5 对发票信息中的每组元素执行操作

(1) 在【活动面板】中搜索【遍历循环】活动控件,拖拽至【赋值-将发票信息拆分为数组并去除空行】活动下。

(2) 在【属性面板】中,设置属性:

① 将【显示名称】修改为【遍历循环-对发票信息中的每组元素执行操作】。

② 对【杂项】—【值】输入框,键入空格,双击选中【数组】变量,单击空白处,完成变量的引用,如图 3-2-025 所示。

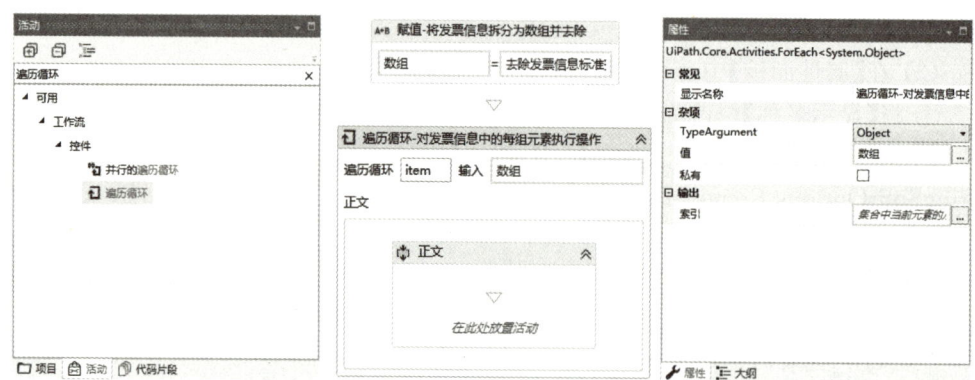

图 3-2-025 【遍历循环-对发票信息中的每组元素执行操作】界面

2.11.6 将发票信息写入 UiPath 输出面板

(1) 在【活动面板】中搜索【写入行】活动控件,拖拽至【遍历循环-对发票信息中的每组元素执行操作】—【正文】活动内。

(2) 在【属性面板】中,设置属性:

① 将【显示名称】修改为【写入行-将发票信息写入 UiPath 输出面板】

② 单击【杂项】-【文本】的【…】选项,打开【表达式编辑器】弹窗,输入【编号. ToString+"→"+item.ToString】,如图 3-2-026 所示。

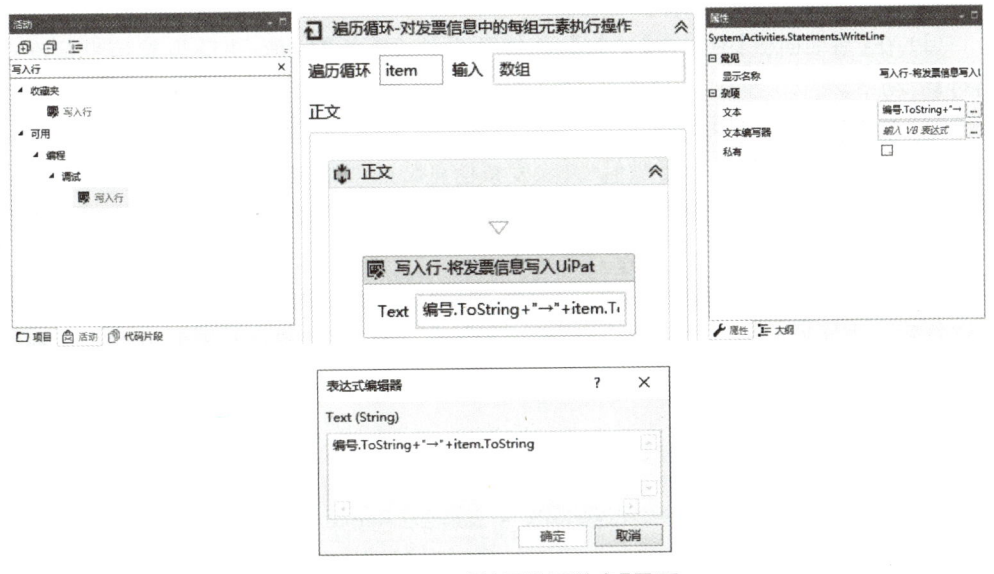

图 3-2-026 【填写发票信息】界面

2.11.7 编号的递增值

(1) 在【活动面板】中搜索【赋值】活动控件,拖拽至设计面板中【写入行-将发票信息写入 UiPath 输出面板】活动下。

(2) 在【属性面板】中,设置属性:

① 将【显示名称】修改为【赋值-编号的递增值】。

② 选中【杂项】-【至】输入框,单击右键,选择【创建变量】,输入【编号】,单击属性面板空白处,完成创建变量操作。打开【变量面板】,将其变量类型保存为【Int32】,范围修改为【序列-发票识别报告机器人】。

③ 选中【杂项】-【值】输入框,输入【编号+1】,如图 3-2-027 所示。

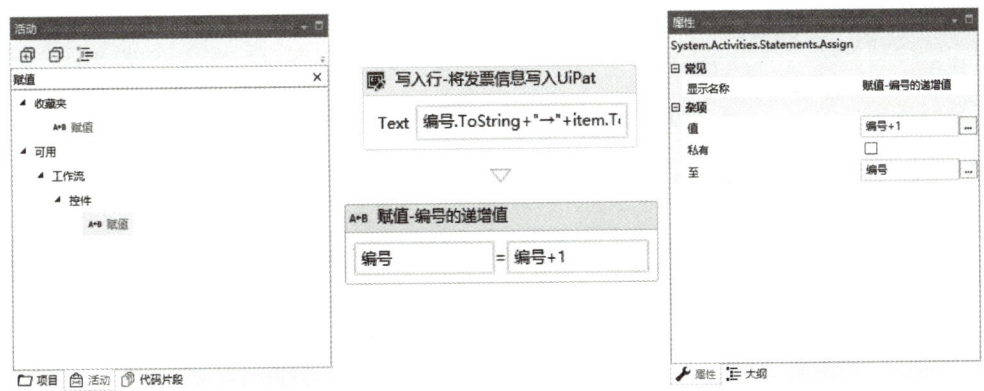

图 3-2-027 【赋值-编号的递增值】界面

（3）在菜单栏中单击【设计】-【文件】-【运行】，运行结束后，点击【输出】，打开输出面板，查看到发票信息的内容，选中并双击【6→】，打开消息详细信息弹窗，可发现还存在未去除的特殊字符。

2.11.8 去除发票信息特殊空格符

（1）在【活动面板】中搜索【赋值】，拖拽至设计面板中【赋值-去除发票信息标准空格符】活动下。

（2）在【属性面板】中，设置属性：

① 将【显示名称】修改为【赋值-去除发票信息特殊空格符】。

② 单击【杂项】-【值】输入框【…】选项，在打开的表达式编辑器弹窗中输入【去除发票信息标准空格符.Replace(" ","")】。

③ 选中【杂项】-【至】输入框，单击右键，选择【创建变量】，输入【去除发票信息特殊空格符】，单击属性面板空白处，完成创建变量操作。打开【变量面板】，将其变量类型保存为【String】，范围修改为【序列-发票识别报告机器人】，如图3-2-028所示。

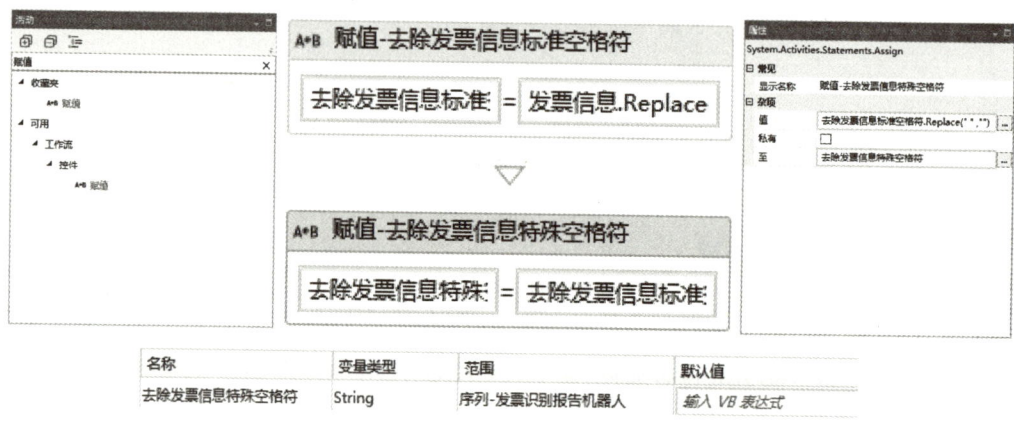

图 3-2-028 【赋值-去除发票信息特殊空格符】界面

（3）选中【赋值-将发票信息拆分为数组并去除空行】活动，选中【属性面板】-【杂项】-【值】输入框【…】选项，在打开的表达式编辑器弹窗中将【去除发票信息标准空格符】修改为【去除发票信息特殊空格符】，单击【确定】，如图3-2-029所示。

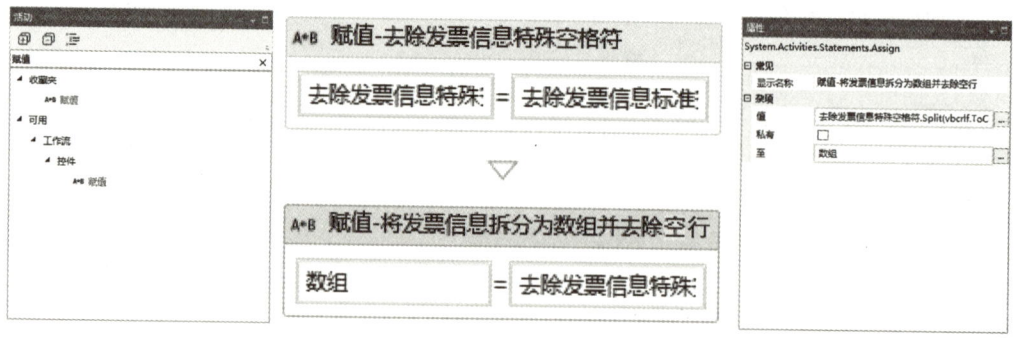

图 3-2-029 【赋值-将发票信息拆分为数组并去除空行】界面

2.12 输出发票查验信息

2.12.1 添加【序列】活动控件

添加【序列】活动控件,拖拽至【(3)序列】活动内【(11)序列】活动下,重命名为【(12)序列-输出发票查验信息】。

2.12.2 设置行数的递增值

(1)在【活动面板】中搜索【赋值】活动控件,拖拽至设计面板中【(12)序列】活动内。

(2)在【属性面板】中,设置属性:

① 将【显示名称】修改为【赋值-行数的递增值】。

② 选中【杂项】-【值】输入框,输入【行数+1】。

③ 选中【杂项】-【至】输入框,单击右键,选择【创建变量】,输入【行数】,单击属性面板空白处,完成创建变量操作。打开【变量面板】,将其变量类型保存为【Int32】,范围修改为【序列-发票识别报告机器人】,在默认值输入框中输入【1】,如图 3-2-030 所示。

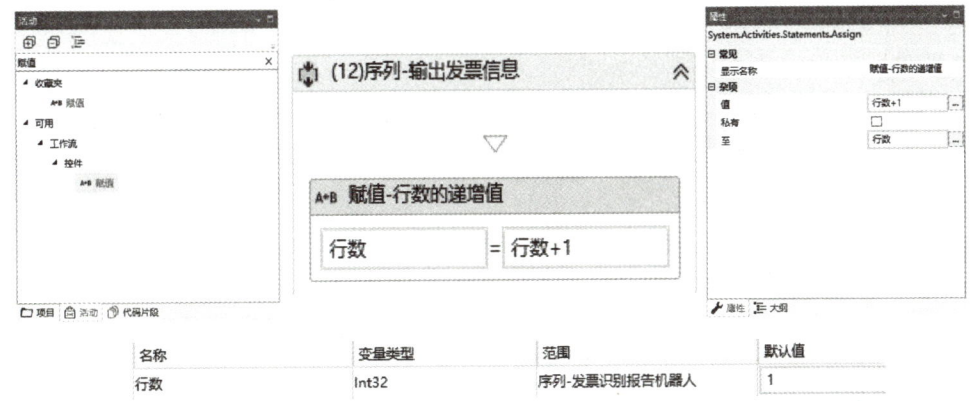

名称	变量类型	范围	默认值
行数	Int32	序列-发票识别报告机器人	1

图 3-2-030 【赋值-行数的递增值】界面

2.12.3 判断发票查验结果的真假

(1)在【活动面板】中搜索【IF 条件】活动控件,拖拽至设计面板【(12)序列】活动内【赋值-行数的递增值】活动下。

(2)在【属性面板】中,设置属性:

① 将【显示名称】修改为【IF 条件-判断发票查验真伪】。

② 选中【杂项】-【条件】输入框,输入【发票信息.Contains("查验次数")】,如图 3-2-031 所示。

2.12.4 添加序列集成输出真发票信息

添加【序列】活动控件,拖拽至【IF 条件-判断发票查验真伪】中的【Then】活动内,重命名为【序列-真发票】。

2.12.5 输出真发票信息

(1)在【活动面板】中搜索【Excel 应用程序范围】活动控件,拖拽至设计面板中【序列-真发票】活动内。

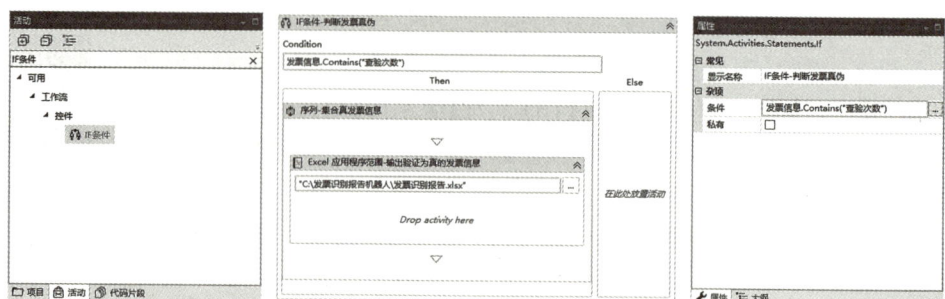

图 3-2-031　【IF 条件-判断发票真伪】界面

（2）在【属性面板】中，设置属性：

① 将【显示名称】修改为【Excel 应用程序范围-输出真发票信息】。

② 单击【文件】-【工作簿路径】输入框【⋯】，在弹窗输入【"C:\发票识别报告机器人\发票识别报告.xlsx"】，如图 3-2-032 所示。

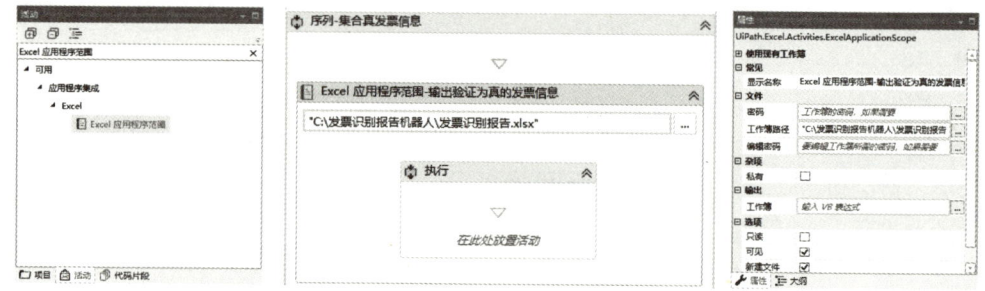

图 3-2-032　【Excel 应用程序范围-输出验证为真的发票信息】界面

（3）在【活动面板】中搜索【赋值】活动控件，拖拽至设计面板【Excel 应用程序范围-输出真发票信息】-【执行】活动内，

（4）在【属性面板】中，设置属性：

① 将【显示名称】修改为【赋值-获取序号的值】。

② 选中【杂项】-【至】输入框，单击右键，选择【创建变量】，输入【序号】，创建变量。

③ 选中【杂项】-【值】输入框，输入【行数-1】，如图 3-2-033 所示。

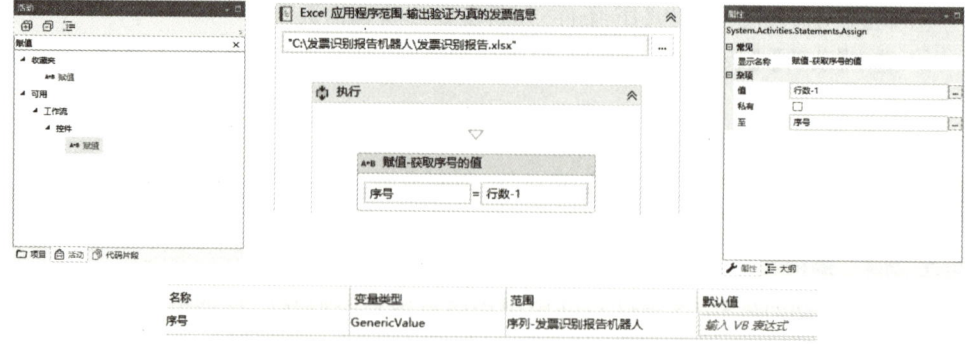

名称	变量类型	范围	默认值
序号	GenericValue	序列-发票识别报告机器人	输入 VB 表达式

图 3-2-033　【赋值-获取序号的值】界面

（5）在【活动面板】中搜索【写入单元格】活动控件，选中【可用】-【应用程序集成】-【Excel】-【写入单元格】拖拽至设计面板中【赋值-获取序号的值】活动下。

（6）在【属性面板】中，设置属性：

① 将【显示名称】修改为【写入单元格-A-序号】。

② 选择【目标】-【工作表名称】，将【"Sheet1"】修改为【"发票信息汇总"】。

③ 选择【目标】-【范围】输入框，将【"A1"】修改为【"A"+行数.ToString】。

④ 选择【输入】-【值】输入框，键入空格，双击选中【序号】变量，单击属性面板空白处，完成变量的引用，如图 3-2-034 所示。

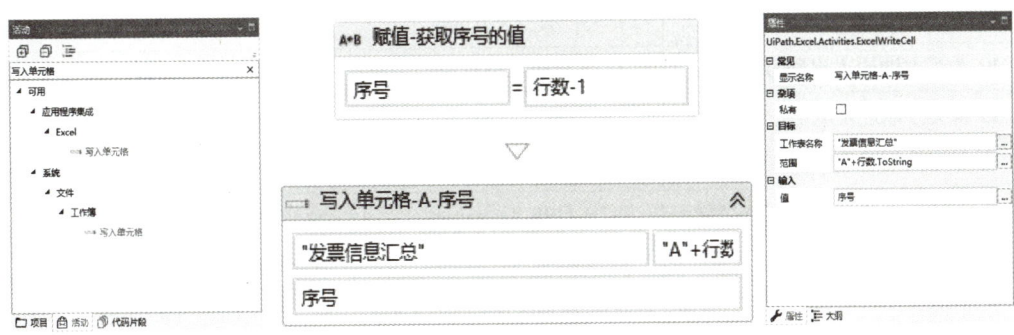

图 3-2-034 【写入单元格-A-序号】界面

（7）添加【写入单元格】活动控件至设计面板中【写入单元格-A-序号】活动下。

（8）在【属性面板】中，设置属性：

① 将【显示名称】修改为【写入单元格-B-验证真伪】。

② 选中【目标】-【工作表名称】，将【"Sheet1"】修改为【"发票信息汇总"】。

③ 选中【目标】-【范围】输入框，将【"A1"】修改为【"B"+行数.ToString】。

④ 选中【输入】-【值】输入框，输入【"真发票"】。

（9）添加【写入单元格】活动控件至设计面板中【写入单元格-B-验证真伪】活动下。

（10）在【属性面板】中，设置属性：

① 将【显示名称】修改为【写入单元格-C-查验次数】。

② 选中【目标】-【工作表名称】，将【"Sheet1"】修改为【"发票信息汇总"】。

③ 选中【目标】-【范围】输入框，将【"A1"】修改为【"C"+行数.ToString】。

（11）点击【输出】，打开【输出】面板，可查看到要提取的【查验次数】位于数组中的【第1位】。

（12）选中【属性面板】-【输入】-【值】的输入框，输入【数组(1).Substring(5)】。

（13）按照表 3-2-003 信息，依次添加【写入单元格】活动控件，输出真发票信息，其中，对所有控件的【属性面板】-【目标】-【工作表名称】，均需要将【"Sheet1"】修改为【"发票信息汇总"】，其余参数如表 3-2-003 所示。

发票识别机器人设计与应用

表 3-2-003　活动控件参数表(1)

【写入单元格】活动控件	【范围】	【输入】-【值】
D-查验时间	["D"+行数.ToString]	[数组(2).Substring(5)]
E-发票类型	["E"+行数.ToString]	[数组(4).Substring(5)]
F-发票代码	["F"+行数.ToString]	[数组(5).Substring(5)]
G-发票号码	["G"+行数.ToString]	[数组(6).Substring(5)]
H-开票日期	["H"+行数.ToString]	[数组(7).Substring(5)]
I-校验码	["I"+行数.ToString]	[数组(8).Substring(5)]
J-购买方名称	["J"+行数.ToString]	[数组(14).Substring(5)]
K-购买方纳税人识别号	["K"+行数.ToString]	[数组(19).Substring(5)]
L-购买方地址及电话	["L+行数.ToString]	[数组(21).Substring(5)]
M-购买方开户行及账号	["M"+行数.ToString]	[数组(23).Substring(5)]
N-货物或应税劳务或服务名称	["N"+行数.ToString]	[数组(32).Substring(5)]
O-规格型号	["O"+行数.ToString]	[数组(33).Substring(5)]
P-单位	["P"+行数.ToString]	[数组(34).Substring(5)]
Q-数量	["Q"+行数.ToString]	[数组(35).Substring(5)]
R-单价	["R"+行数.ToString]	[数组(36).Substring(5)]
S-金额	["S"+行数.ToString]	[数组(37).Substring(5)]
T-税率	["T"+行数.ToString]	[数组(38).Substring(5)]
U-税额	["U"+行数.ToString]	[数组(39).Substring(5)]
V-合计金额	["V"+行数.ToString]	[数组(41).Substring(5)]
W-合计税额	["W"+行数.ToString]	[数组 42).Substring(5)]
X-价税合计(大写)	["X"+行数.ToString]	[数组(44).Substring(5)]
Y-价税合计(小写)	["Y"+行数.ToString]	[数组(45).Substring(5)]
Z-销售方名称	["Z"+行数.ToString]	[数组(50).Substring(5)]
AA-销售方纳税人识别号	["AA"+行数.ToString]	[数组(54).Substring(5)]
AB-销售方地址及电话	["AB"+行数.ToString]	[数组(56).Substring(5)]
AC-销售方开户行及账号	["AC"+行数.ToString]	[数组(58).Substring(5)]

2.12.6　输出假发票信息

（1）添加【序列】活动控件,拖拽至【IF 条件-判断发票查验真伪】-【Else】活动内,重命名为【序列-集合假发票信息】。

（2）在【活动面板】中搜索【Excel 应用程序范围】活动控件,拖拽至设计面板中【序列-集合假发票信息】活动内。

（3）在【属性面板】中，设置属性：

① 将【显示名称】修改为【Excel 应用程序范围-输出验证为假的发票信息】。

② 单击【文件】-【工作簿路径】输入框【…】选项，在弹窗输入【"C:\发票识别报告机器人\发票识别报告.xlsx"】，如图 3-2-035 所示。

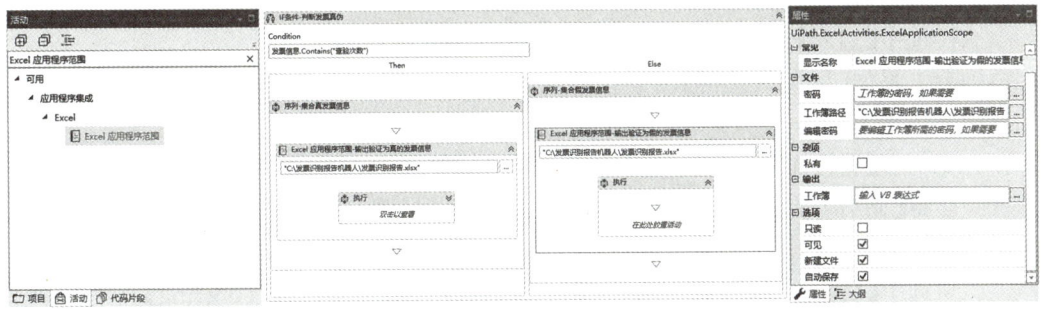

图 3-2-035　【Excel 应用程序范围-输出验证为假的发票信息】界面

（4）在【活动面板】中搜索【赋值】活动控件，拖拽至设计面板【Excel 应用程序范围-输出验证为假的发票信息】-【执行】活动内。

（5）在【属性面板】中，设置属性：

① 将【显示名称】修改为【赋值-获取序号的值】。

② 对【杂项】-【至】输入框，单击右键，选择【创建变量】，输入【序号】。

③ 对【杂项】-【值】输入框，输入【行数-1】，如图 3-2-036 所示。

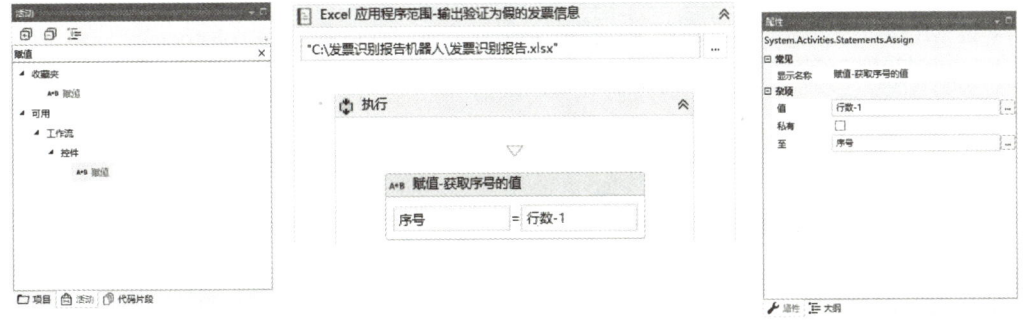

图 3-2-036　【赋值-获取序号的值】界面

（6）在【活动面板】中搜索【写入单元格】活动控件，选中【可用】-【应用程序集成】-【Excel】-【写入单元格】拖拽至设计面板中【赋值-获取序号的值】活动下。

（7）在【属性面板】中，设置属性：

① 将【显示名称】修改为【写入单元格-A-序号】。

② 选择【目标】-【工作表名称】，将【"Sheet1"】修改为【"发票信息汇总"】。

③ 选择【目标】-【范围】输入框，将【"A1"】修改为【"A"+行数.ToString】。

④ 选择【输入】-【值】输入框，键入空格，双击选中【序号】变量，单击属性面板空白处，完成变量的引用。

（8）添加【写入单元格】活动控件至设计面板中【写入单元格-A-序号】活动下。

（9）在【属性面板】中，设置属性：

① 将【显示名称】修改为【写入单元格-B-验证真伪】。

② 选中【目标】-【工作表名称】，将【"Sheet1"】修改为【"发票信息汇总"】。

③ 选中【目标】-【范围】输入框，将【"A1"】修改为【"B"＋行数.ToString】。

④ 选中【输入】-【值】输入框，输入【"假发票"】。

（10）添加【写入单元格】活动控件至设计面板中【写入单元格-B-验证真伪】活动下。

（11）在【属性面板】中，设置属性：

① 将【显示名称】修改为【写入单元格-D-查询时间】。

② 选中【目标】-【工作表名称】，将【"Sheet1"】修改为【"发票信息汇总"】。

③ 选中【目标】-【范围】输入框，将【"A1"】修改为【"D"＋行数.ToString】。

（12）点击【输出】，打开【输出】面板，可查看到要提取的【查验次数】位于数组中的【第1位】。

（13）选中【属性面板】-【输入】-【值】输入框，输入【数组(1).Substring(5)】。

（14）按照下表信息，依次添加【写入单元格】活动控件，输出假发票信息，其中，【属性面板】-【目标】-【工作表名称】，均需要将【"Sheet1"】修改为【"发票信息汇总"】，其余参数如表3-2-004所示。

表3-2-004 活动控件参数表（2）

【写入单元格】活动控件	【范围】	【输入】-【值】
F-发票代码	["F"＋行数.ToString]	[数组(5).Substring(5)]
G-发票号码	["G"＋行数.ToString]	[数组(7).Substring(5)]
H-开票日期	["H"＋行数.ToString]	[row("开票日期").ToString]
I-校验码	["I"＋行数.ToString]	[row("校验码").ToString]

2.13 关闭发票查验平台浏览器

2.13.1 添加【序列】活动控件

添加【序列】活动控件，拖拽至【(3)序列】活动内【(12)序列】活动下，重命名为【(13)序列-关闭发票查验平台浏览器】。

2.13.2 关闭发票查验平台浏览器

（1）在【活动面板】中搜索【关闭选项卡】，拖拽至设计面板【(13)序列】活动内。

（2）在【属性面板】中，设置属性：

① 将【显示名称】修改为【关闭选项卡-关闭发票查验平台浏览器】。

② 选中【输入】-【浏览器】输入框，键入空格，双击选中【关闭发票查验平台浏览器】变量，单击属性面板空白处，完成变量的引用。

发票识别报告
机器人-关闭
发票查验平台
浏览器

2.14 输出发票查验数量和查验耗时

2.14.1 添加【序列】活动控件

添加【序列】活动控件,拖拽至【(3)序列】活动下,重命名为【(14)序列-输出发票查验数量和查验耗时】。

2.14.2 输出发票查验数量

(1)在【活动面板】中搜索【写入单元格】活动控件,选中【系统】-【文件】-【工作簿】-【写入单元格】拖拽至设计面板中【(14)序列】活动内。

(2)在【属性面板】中,设置属性:

① 将【显示名称】修改为【写入单元格-输出发票查验数量】。

② 选中【目标】-【范围】输入框,将【"A1"】修改为【"B2"】。

③ 选中【目标】-【工作表名称】输入框,将【"Sheet1"】修改为【"发票数据统计"】。

④ 选中【文件】-【工作簿路径】输入框的【…】选项,在打开的表达式编辑器弹窗中输入【"C:\发票识别报告机器人\发票识别报告.xlsx"】。

⑤ 选中【输入】-【文本】的输入框,输入【序号】,如图3-2-037所示。

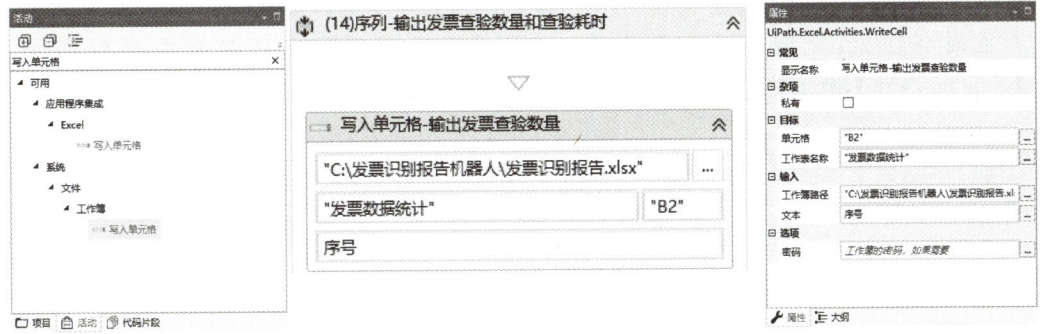

图3-2-037 【写入单元格-输出发票查验数量】界面

2.14.3 发票查验开始时间

(1)在【活动面板】中搜索【赋值】活动控件,拖拽至设计面板【序列-发票识别报告机器人】中【(2)序列】活动上。

(2)在【属性面板】中,设置属性:

① 将【显示名称】修改为【赋值-发票查验开始时间】。

② 选中【杂项】-【值】输入框,输入【DateTime.Now】。

③ 选中【杂项】-【至】输入框,单击右键,选择【创建变量】,输入【开始时间】,单击属性面板空白处,完成创建变量操作。打开【变量面板】,将其变量类型保存为【GenericValue】,范围修改为【序列-发票识别报告机器人】,如图3-2-038所示。

2.14.4 发票查验结束时间

(1)添加【赋值】活动控件至设计面板【(14)序列】中【写入单元格-输出发票查验数量】活动下。

(2)在【属性面板】中,设置属性:

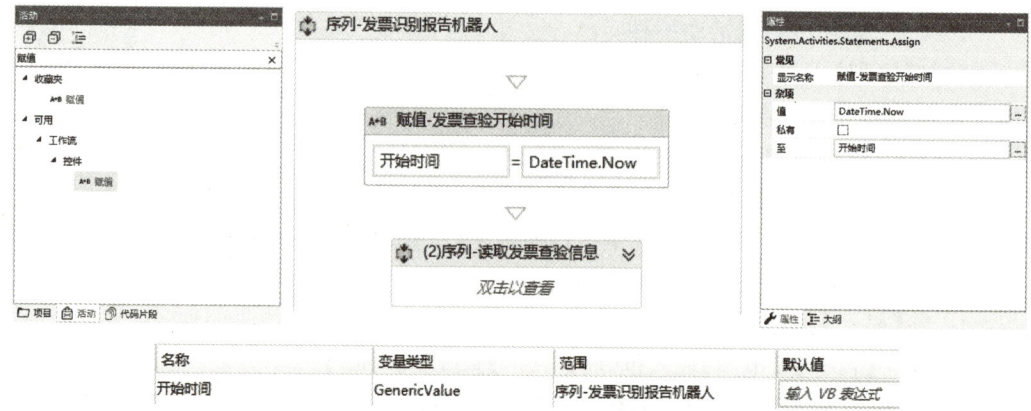

图 3-2-038 【赋值-发票查验开始时间】界面

① 将【显示名称】修改为【赋值-发票查验结束时间】。

② 选中【杂项】-【值】输入框,输入【DateTime.Now】。

③ 选中【杂项】-【至】输入框,单击右键,选择【创建变量】,输入【结束时间】,单击属性面板空白处,完成创建变量操作。打开【变量面板】,将其变量类型保存为【GenericValue】,范围修改为【序列-发票识别报告机器人】,如图 3-2-039 所示。

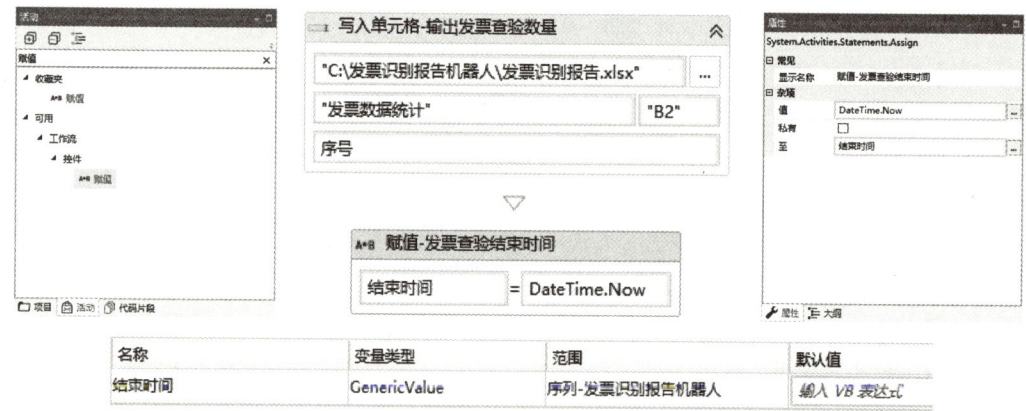

图 3-2-039 【赋值-发票查验结束时间】界面

2.14.5 计算发票查验耗时

(1) 添加【赋值】活动控件至设计面板【(14)序列】中【赋值-发票查验结束时间】活动下。

(2) 在【属性面板】中,设置属性:

① 将【显示名称】修改为【赋值-计算发票查验耗时】。

② 选中【杂项】-【值】输入框,输入【结束时间-开始时间】。

③ 选中【杂项】-【至】输入框,单击右键,选择【创建变量】,输入【发票查验耗时】,单击属性面板空白处,完成创建变量操作。打开【变量面板】,将其变量类型保存为

【GenericValue】,将其范围修改为【序列-发票识别报告机器人】,如图 3-2-040 所示。

图 3-2-040 【赋值-计算发票查验耗时】界面

2.14.6 输出发票查验耗时

(1) 在【活动面板】中搜索【写入单元格】活动控件,选中【系统】-【文件】-【工作簿】-【写入单元格】拖拽至设计面板中【赋值-计算发票查验耗时】活动下。

(2) 在【属性面板】中,设置属性:

① 将【显示名称】修改为【写入单元格-输出发票查验耗时】。

② 选中【目标】-【范围】输入框,将【"A1"】修改为【"B3"】。

③ 选中【目标】-【工作表名称】输入框,将【"Sheet1"】修改为【"发票数据统计"】。

④ 选中【文件】-【工作簿路径】输入框【…】,在打开的表达式编辑器弹窗中输【"C:\发票识别报告机器人\发票识别报告.xlsx"】。

⑤ 选中【输入】-【文本】输入框,输入【发票查验耗时】,如图 3-2-041 所示。

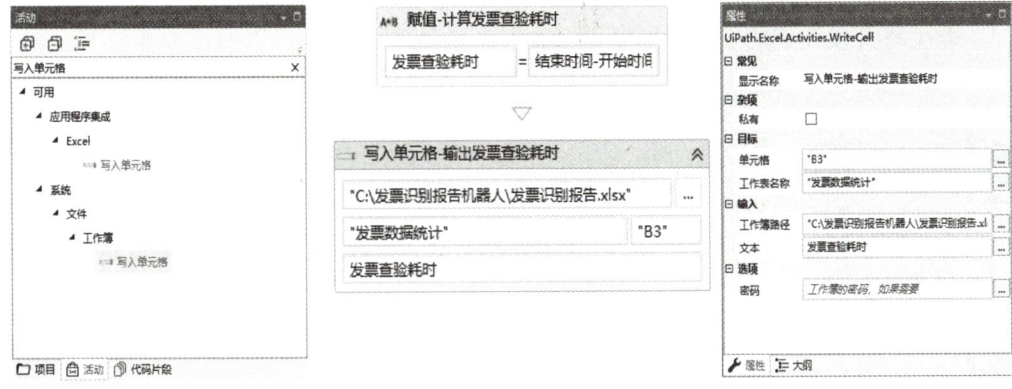

图 3-2-041 【写入单元格-输出发票查验耗时】界面

(3) 发票识别报告机器人全过程开发流程,如图 3-2-042 所示。

发票识别机器人设计与应用

图3-2-042 【发票识别报告机器人】界面

【视频合集】发
票识别报告机
器人

任务3　发票识别报告机器人测试

学生将开发完成的发票识别报告机器人在平台进行运行测试,测试步骤如下。

1. 检查核对

打开【C:\发票识别报告机器人\发票识别报告.xlsx】,显示【发票信息汇总】和【发票数据统计】工作表均为空表,关闭该文件。

2. 运行机器人

【运行视频】发
票识别报告
机器人

打开 UiPath Studio 窗口,点击【菜单面板】左侧的【运行】按钮,运行发票识别报告机器人。

3. 运行完毕

运行结束后,再次打开【C:\发票识别报告机器人\发票识别报告.xlsx】,【发票信息汇总】和【发票数据统计】工作表显示本次发票查验数据,如图 3-2-043 所示。

图 3-2-043 【发票识别报告机器人】运行界面

任务 4 发票识别报告机器人应用

企业在日常费用报销流程中,可以应用发票识别机器人和发票识别报告机器人,根据业务员上传的发票图片,批量识别发票信息并进行查验,获取发票数据,针对通过查验的发票,分析费用类型及金额是否与业务相匹配,形成费用报销是否存在异常的结论。

1. 识别并保存发票信息

根据员工上传的发票图片,先运行发票识别机器人,识别关键信息并保存到指定文件中。

2. 查验并分析发票信息

根据识别的发票信息,运行发票识别报告机器人查验发票,输出发票各项详细信息,形成发票查验报告。针对检验为假的发票,退回业务员;针对检验为真的发票信息,根据业务内容,进一步分析费用发生的合理性,判断能否进行报销。

思政园地

发票种类大观园

为持续深化税务系统"放管服"改革,方便同学们认识、开具和使用增值税发票,本节思政园地为大家梳理了发票的种类。

发票主要分为税控发票和非税控发票,增值税发票开票软件开具的发票种类包括:增值税专用发票(折叠式)、增值税电子专用发票、增值税普通发票(折叠式、卷式、电子发票)、机动车销售统一发票(折叠式)、二手车销售统一发票(折叠式)。增值税发票管理系统开具的发票种类包括:通用机打发票(折叠式、卷式)、定额发票、其他特殊发票。

从事经营活动的单位和个人,应向付款方开具发票,购买商品、接受服务以及其他经营活动支付款项时,应向收款方取得发票。发票应当如实开具,并加盖发票专用章。企业不得开具与实际经营业务情况不符的发票,不得涂改、转让发票。

项目重难点总结

重点:

(1)发票识别报告机器人的整体设计思路。

(2)发票识别报告机器人的测试及结果展示。

(3)发票识别报告机器人的拓展应用。

难点:

(1)发票识别报告机器人的开发过程。

(2)发票识别报告机器人所使用控件的掌握。

课后实践训练

(1)线下作业:开发【银行回单查阅机器人(单个账号)】,查阅10张银行回单。

(2)线上作业:将线下完成的作业上传"智慧职教——职教云"平台,进行头脑风暴、小组评比等教学活动。

模 块 4

财务日常业务机器人
设计与应用

项目 1　银行对账机器人

数据稽查是财务人员工作的内容之一,下载各类数据报表,通过比对数据报表,找出数据报表中存在的错误信息,确保数据报表的准确性。但人为的操作比对,不仅不能保证结果的准确性,而且费时、费力。如何通过出纳和会计的账面记录进行资金对账,快速查找公司资金的账账不符,完成对账工作?基于 UiPath Studio 平台设计开发的银行对账机器人通过对比两份数据表存在差异化的数据,输出两份数据表中各自不相同的数据信息,可以实现差异的快速查找与更正。

项目成果

完成银行对账机器人的设计开发。

项目目标

(1)熟练录制、数据抓取、写入范围等操作控件的使用。
(2)使用控件进行银行对账机器人的设计开发。
(3)能够归纳总结银行对账机器人的设计流程。
(4)能够在实践中拓展应用 RPA。

项目内容

(1)RPA 设计:根据业务流程,设计银行对账机器人开发流程。
(2)RPA 开发:利用 UiPath Studio 平台进行银行对账机器人开发。
(3)RPA 测试:对开发完成的银行对账机器人进行调试运行。
(4)RPA 应用:通过案例,引导学生熟练应用银行对账机器人。

项目流程

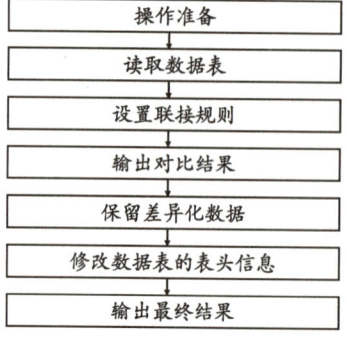

项目控件

序号	控件名称	控件图标	控件功能
1	序列		根据单个定义的顺序执行一组子活动
2	读取范围		将电子表格根据指定范围读取为数据表
3	筛选数据表		按照指定条件对数据表进行筛选
4	联接数据表		对两个数据表进行联接查询
5	写入范围		将提取到的数据从起始单元格开始,写入指定的 Excel 中
6	赋值		设置工作流变量值

任务 1　银行对账机器人设计

基于 UiPath Studio 平台设计的银行对账机器人,按指定条件对比查找银行账单与日记账单两份数据表存在差异化的数据,可以输出:①银行账单中存在,而日记账单中不存在的数据;②银行账单中不存在,而日记账单中存在的数据。银行对账机器人为财务人员对账提供快速方法,大大缩减财务人员对账的工作量,其整体设计思路如下:

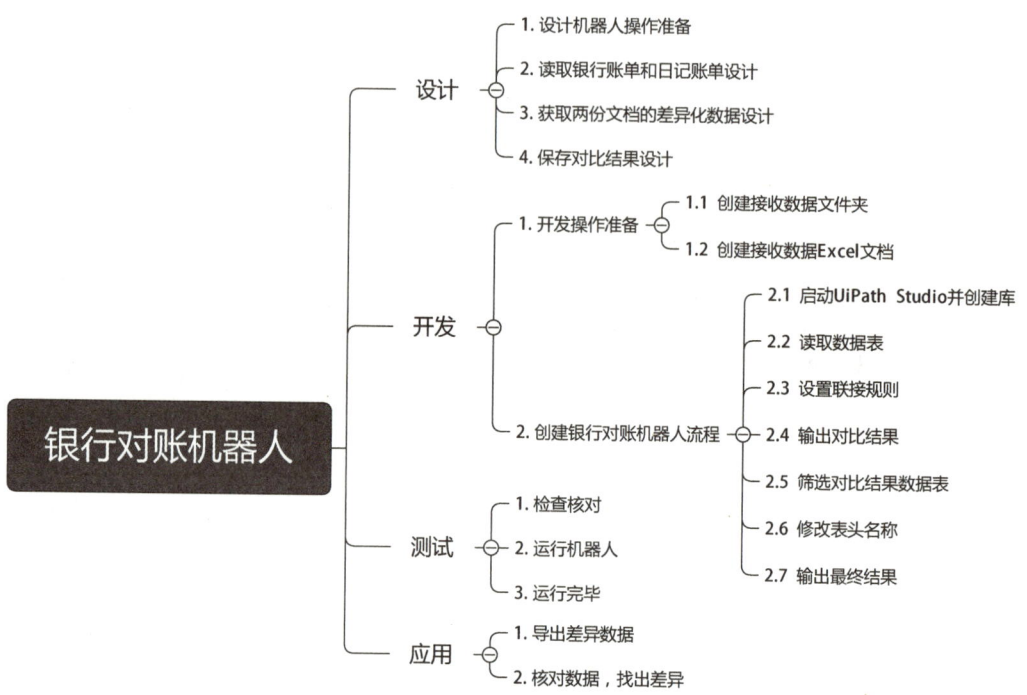

名师精品 ·

Gaozhigaozhuan Kuaiji Xilie

高职高专会计系列

任务 2　银行对账机器人

 **1. 开发操作准备**

银行对账机器人-操作准备

1.1　创建接收数据文件夹

在【C:\】创建文件夹,文件夹名称建议设置为【银行对账机器人】。在此文件夹下新建【日记账单】【银行账单】和【对账结果】三个文件夹。

1.2　创建接收数据 Excel 文档

将日记账单【日记账单.xlsx】、银行账单【银行账单.xlsx】和对账结果【对账结果.xlsx】的 Excel 文档分别存储在【日记账单】【银行账单】和【对账结果】文件夹中。

2. 创建银行对账机器人流程

2.1　启动 UiPath Studio 并创建库

(1) 打开 UiPath Studio 界面,新建空白库,重命名为【银行对账机器人】,存储路径选择【C:\银行对账机器人】。

（2）在活动面板，点击【项目】选项卡，选中【NewActivity.xaml】，鼠标右键选择【重命名】，选中【至：】输入框，重命名该项目为【银行对账序列】，点击【确定】，双击打开项目文件。

2.2 读取数据表

2.2.1 添加【序列】活动控件

在【活动面板】中搜索【序列】活动控件，选中【序列】拖拽至【设计面板】中。在【属性面板】中，单击【常见】项下的【显示名称】，修改为【序列-银行对账机器人】，如图 4-1-001 所示。

银行对账机器人-读取银行账单与日记账单

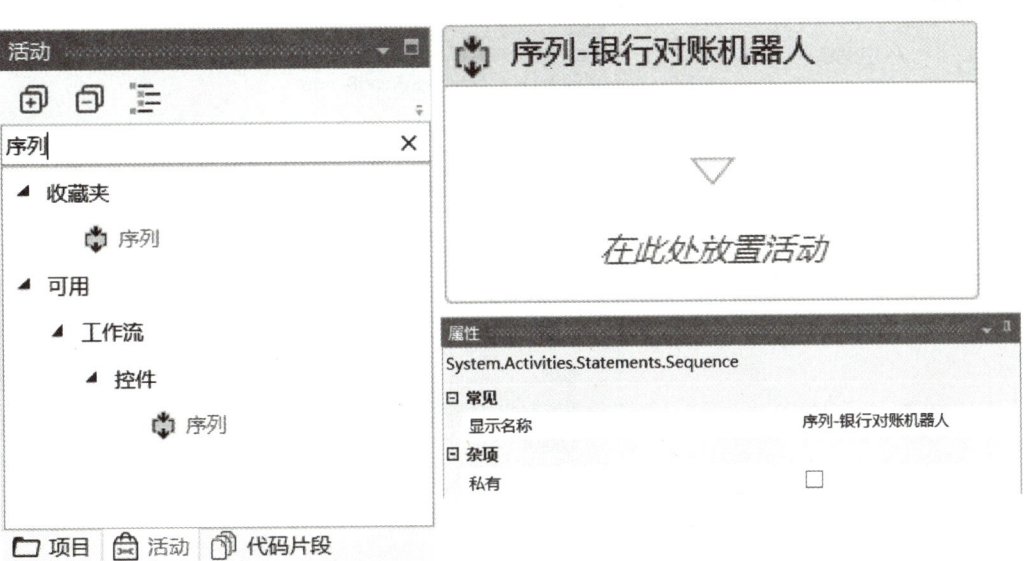

图 4-1-001　【序列-银行对账机器人】命名界面

2.2.2 读取银行账单

（1）在【活动面板】中搜索【读取范围】活动控件，选中【系统】-【文件】-【工作簿】-【读取范围】拖拽至设计面板中【序列-银行对账机器人】活动内，在【属性面板】中，将【显示名称】修改为【读取范围-银行账单】。

（2）选中【属性面板】-【输入】-【工作簿路径】输入框的【···】，在弹窗输入【"C:\银行对账机器人\银行账单\银行账单.xlsx"】。

（3）因为"银行账单.xlsx"文档中的工作表名称为"Sheet1"，【属性面板】-【输入】-【工作表名称】保留为"Sheet1"。

（4）因为"银行账单.xlsx"的表头是从 A4 单元格开始，因此，选中【属性面板】-【输入】-【范围】，将【"A1"】修改为【"A4"】。

（5）选中【属性面板】-【输出】-【数据表】输入框，单击右键，选择【创建变量】，输入【银行账单数据】，输入完成后单击属性面板空白处，完成创建变量操作。打开【变量面板】，选中【银行账单数据】，将变量类型保存为【DataTable】，将其范围修改为【序列-银行对账机器人】，如图 4-1-002 所示。

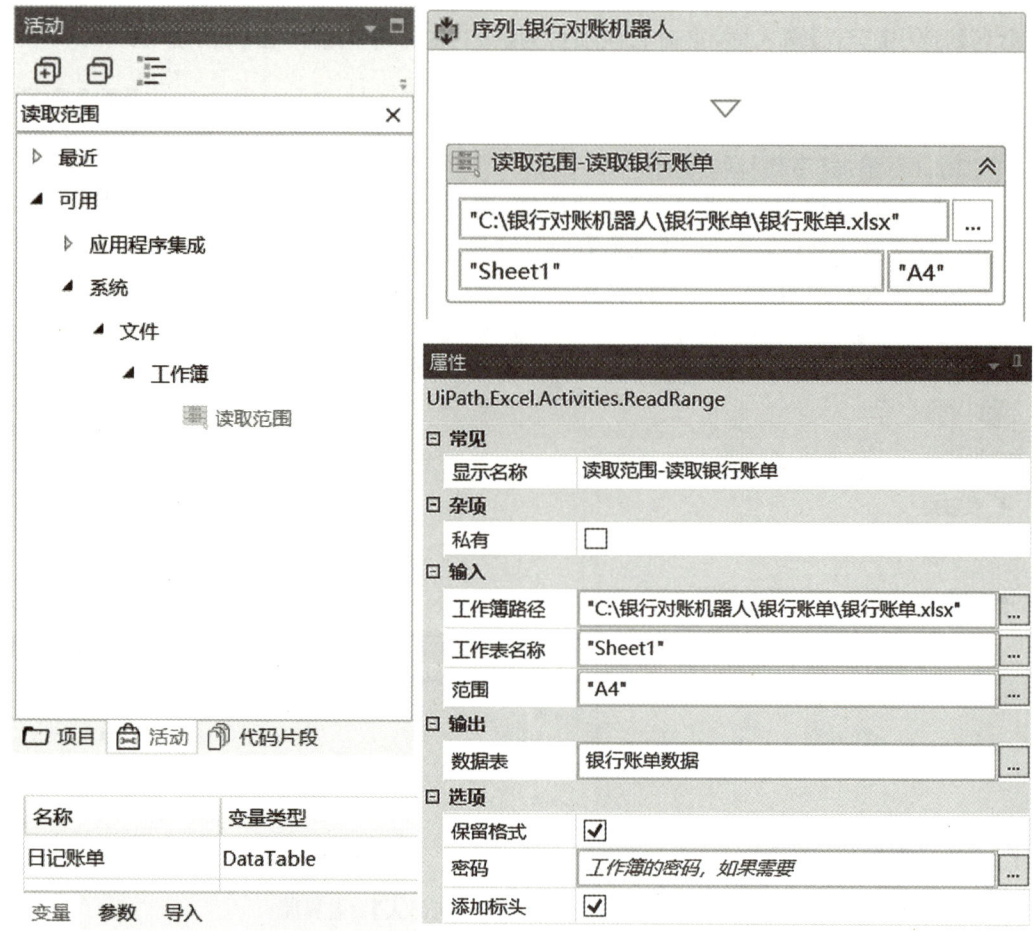

图 4-1-002 【序列-银行对账机器人】设置界面

2.2.3 设置条件筛选银行账单

（1）在【活动面板】中搜索【筛选数据表】活动控件，选中并拖拽至设计面板中【读取范围-银行账单】下，在【属性面板】中，将【显示名称】修改为【筛选数据表-银行账单】。

（2）选中【属性面板】-【输入】-【数据表】输入框，键入空格，双击选中【银行账单数据】变量，单击属性面板空白处，完成变量的引用。

（3）同上，在【属性面板】-【输出】-【数据表】中引用变量【银行账单数据】。

（4）单击【筛选器向导…】，打开筛选器弹窗，选择【筛选行】选项卡，选择【保留】选项，在【列】输入框中输入【"记账日"】，在操作选项的下拉菜单中选择【Is Not Empty】，单击【确定】，如图 4-1-003 所示。

> 🌱 **温馨提示**
>
> "记账日"=Is Not Empty 的含义是如果【银行账单.xlsx】-【Sheet1】的【记账日】列中的单元格内容不为空则保留，如果为空则删除此单元格所在的行。

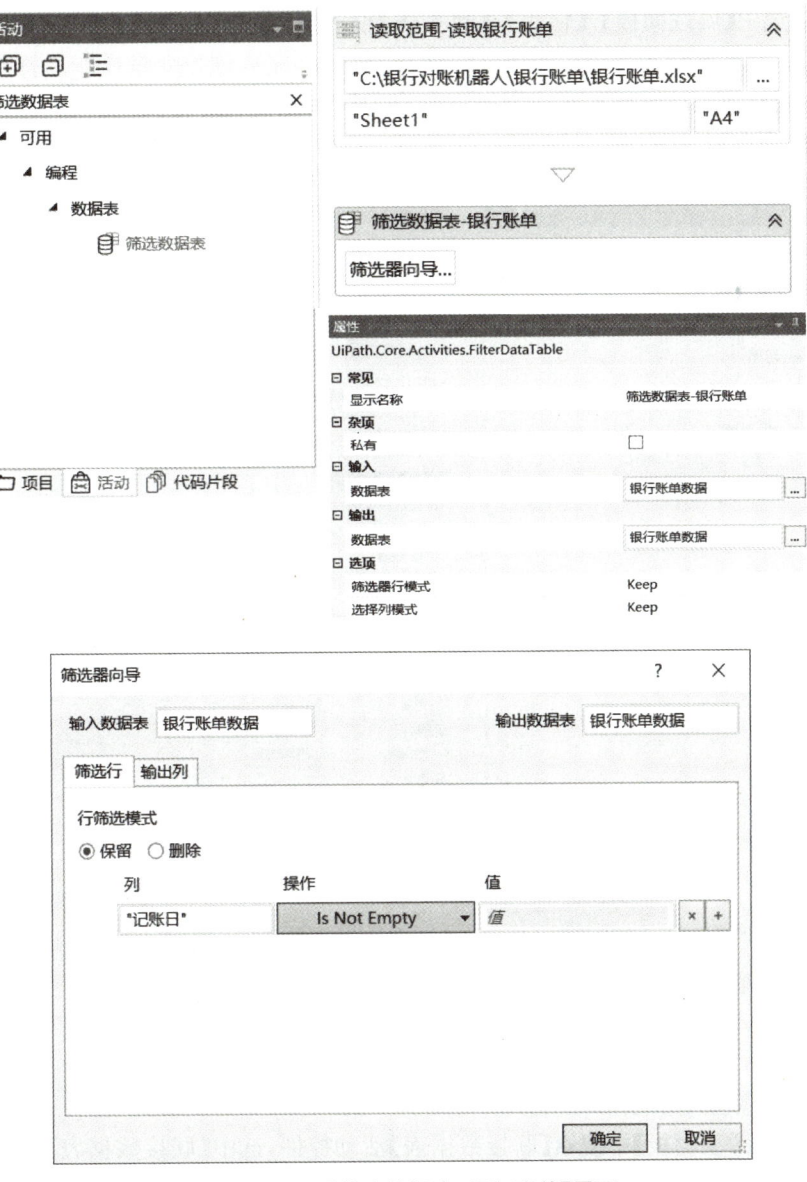

图 4-1-003 【筛选数据表-银行账单】界面

2.2.4　读取日记账单

（1）在【活动面板】中搜索【读取范围】活动控件，选中【系统】-【文件】-【工作簿】-【读取范围】拖拽至设计面板中【筛选数据表-银行账单】活动下，在【属性面板】中，将【显示名称】修改为【读取范围-日记账单】。

（2）选中【属性面板】-【输入】-【工作簿路径】输入框的【…】，在弹窗输入【"C:\银行对账机器人\日记账单\日记账单.xlsx"】。

（3）因为【银行账单.xlsx】的表头是从 A1 单元格开始，因此，【属性面板】-【输入】-【范围】仍保留为【"A1"】。

（4）选中【属性面板】-【输出】-【数据表】输入框，单击右键，选择【创建变量】，输入【日记账单数据】，输入完成后单击属性面板空白处，完成创建变量操作。打开【变量面板】，选中【日记账单数据】，将变量类型保存为【DataTable】，将其范围修改为【序列-银行对账机器人】，如图4-1-004所示。

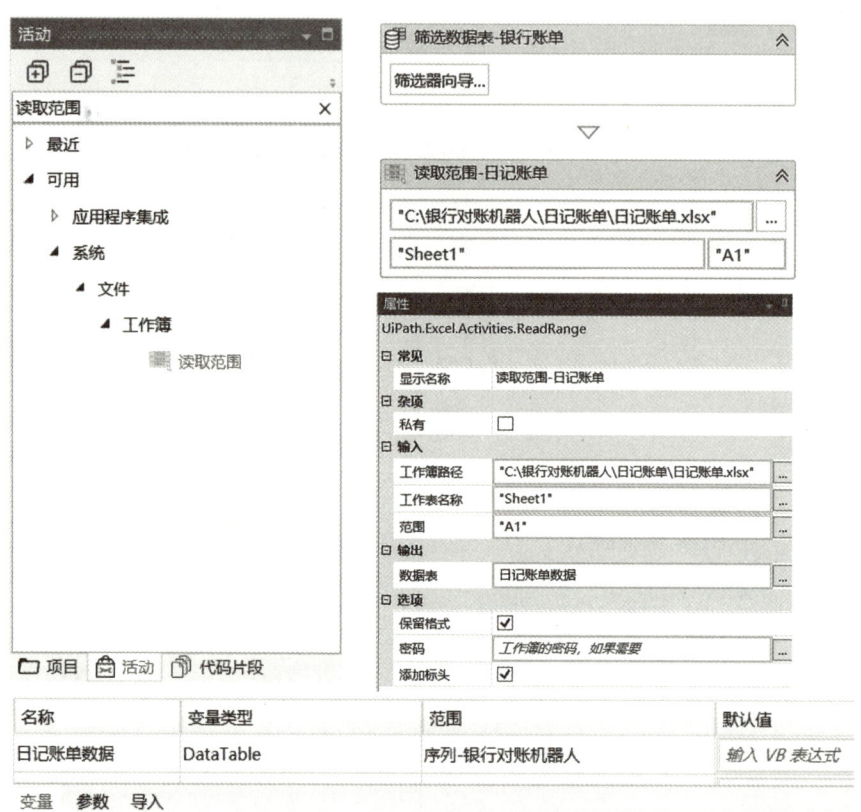

图4-1-004 【读取范围-日记账单】界面

2.3　设置联接规则

（1）在【活动面板】中搜索【联接数据表】活动控件，选中【联接数据表】拖拽至设计面板中【读取范围-日记账单】活动下，在【属性面板】中，将【显示名称】修改为【联接数据表-银行账单与日记账单】。

（2）选中【属性面板】-【输入】-【数据表1】输入框，键入空格，双击选中【银行账单数据】变量，单击属性面板空白处，完成变量的引用。

（3）同上，在【属性面板】-【输入】-【数据表2】输入框，完成变量【日记账单数据】的引用。

（4）选中【属性面板】-【输出】-【数据表】输入框，单击右键，选择【创建变量】，输入【对比结果】，输入完成后单击属性面板空白处，完成创建变量操作。打开【变量面板】，选中【对比结果】，将变量类型保存为【DataTable】，将其范围修改为【序列-银行对账机器人】。

银行对账机器人-设置联接规则

（5）选中【属性面板】-【选项】-【联接类型】，打开联接类型下拉菜单，选择【Full】类型。

（6）设置联接规则，单击【联接向导…】，打开联接向导弹窗，设置【银行账单.xlsx】【日记账单.xlsx】两份文档的联接规则，按照框选区域填写联接规则，点击【确定】，如图 4-1-005 所示。

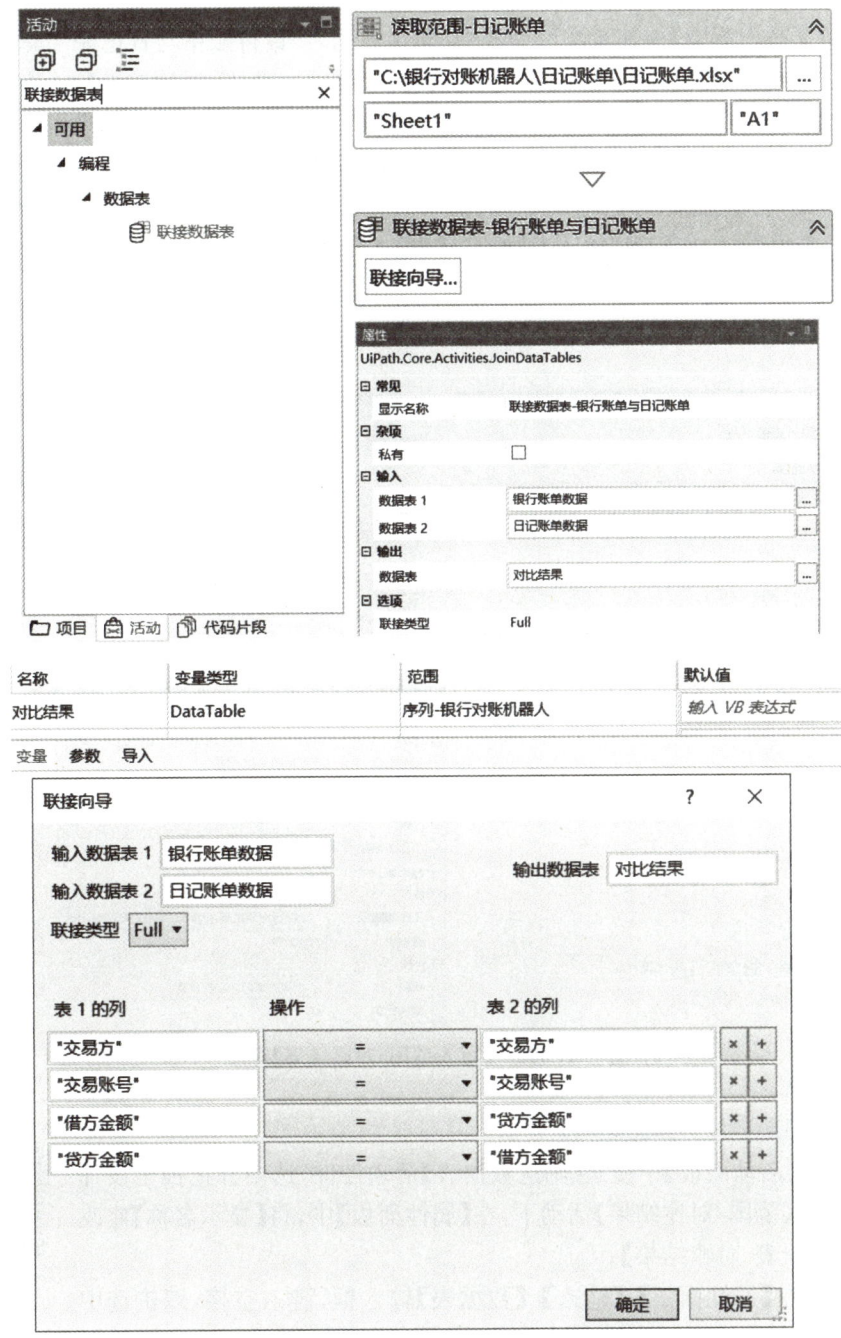

图 4-1-005 【设置两份文档联接规则】界面

> **温馨提示**
>
> 本次设置联接向导的含义：保留银行账单和日记账单的所有行，并且将空值插入到银行账单和日记账单不满足条件的行。

2.4　输出对比结果

（1）在【活动面板】中搜索【写入范围】活动控件，选中【系统】-【文件】-【工作簿】-【写入范围】拖拽至设计面板中【联接数据表-银行账单与日记账单】活动下，在【属性面板】中，将【显示名称】修改为【写入范围-对比结果】。

（2）将【属性面板】-【目标】-【工作表名称】修改为【"对比结果"】。

（3）选中【属性面板】-【输入】-【工作簿路径】输入框，输入【"C:\银行对账机器人\对账结果\对账结果.xlsx"】。

（4）选中【属性面板】-【输入】-【数据表】输入框，键入空格，双击选中【对比结果】变量，单击属性面板空白处，完成变量的引用。

（5）勾选【属性面板】-【选项】-【添加标头】，如图 4-1-006 所示。

银行对账机器
人-输出对比
结果

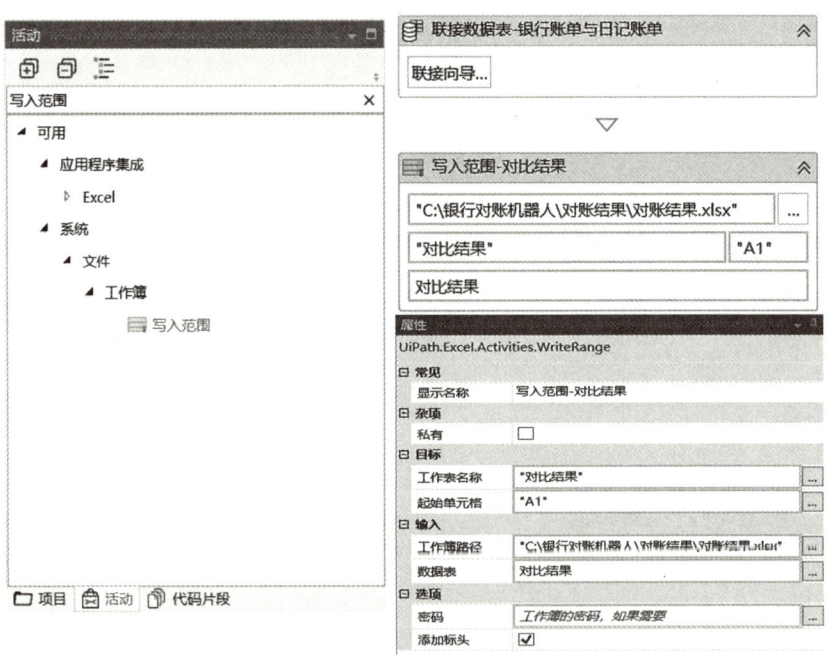

图 4-1-006　【写入范围-对比结果】界面

2.5　筛选对比结果数据表

（1）在【活动面板】中搜索【筛选数据表】活动控件，选中并拖拽至设计面板中【写入范围-对比结果】活动下，在【属性面板】中，将【显示名称】修改为【筛选数据表-对账结果】。

（2）选中【属性面板】-【输入】-【数据表】输入框，键入空格，双击选中【对比结果】变量，单击属性面板空白处，完成变量的引用。

银行对账机器
人-筛选对比
结果数据表

（3）单击【属性面板】-【输出】-【数据表】输入框，单击右键，选择【创建变量】，输入
【最终结果】，输入完成后单击属性面板空白处，完成创建变量操作。打开【变量面板】，选
中【最终结果】，将变量类型保存为【DataTable】，将其范围修改为【序列-银行对账机器人】。

（4）单击【筛选器向导…】，打开筛选器弹窗，选择【筛选行】选项卡，选择【保留】选
项，在【列】输入框中输入【"交易方"】，在操作选项的下拉菜单中选择【Is Empty】，点击
【And】，修改为【Or】，【列】输入框中输入【"交易方_1"】，在操作选项的下拉菜单中选择
【Is Empty】，单击【确定】，如图 4-1-007 所示。

图 4-1-007 【筛选数据表-对账结果】界面

温馨提示

"交易方"=Is Empty的含义：如果【对账结果.xlsx】的【对比结果】工作表中的【交易方】列中的单元格为空值则保留此行，否则不保留。

2.6 修改表头名称

（1）在【活动面板】中搜索【赋值】活动控件，选中并拖拽至设计面板中【筛选数据表-对账结果】活动下，在【属性面板】中，将【显示名称】修改为【赋值-修改表头】。

（2）选中【属性面板】-【杂项】-【值】输入框，输入【"日记账交易方"】。

（3）选中【属性面板】-【杂项】-【至】输入框，输入【最终结果.Columns("交易方_1").ColumnName】。此赋值表达式的含义是将【最终结果】工作表中的【交易方_1】列的表头修改为"日记账交易方"，如图4-1-008所示。

银行对账机器人-修改表头名称

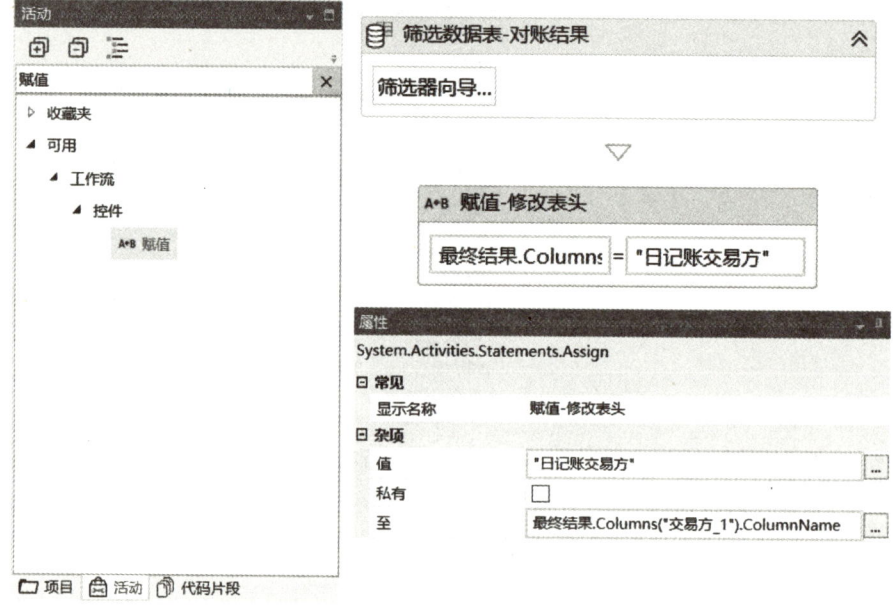

图4-1-008 【赋值-修改表头】界面

2.7 输出最终结果

（1）在【活动面板】中搜索【写入范围】活动控件，选中【系统】-【文件】-【工作簿】-【写入范围】拖拽至设计面板中【赋值-修改表头】活动下，在【属性面板】中，将【显示名称】修改为【写入范围-最终结果】。

（2）将【属性面板】-【目标】-【工作表名称】修改为"最终结果"。

（3）选中【属性面板】-【输入】-【工作薄路径】输入框，输入【"C:\银行对账机器人\对账结果\对账结果.xlsx"】。

（4）选中【属性面板】-【输入】-【数据表】输入框，键入空格，双击选中【最终结果】变量，单击属性面板空白处，完成变量的引用。

银行对账机器人-输出最终结果

（5）勾选【属性面板】-【选项】-【添加标头】，如图 4-1-009 所示。

（6）银行对账机器人设计完成全流程，如图 4-1-010 所示。

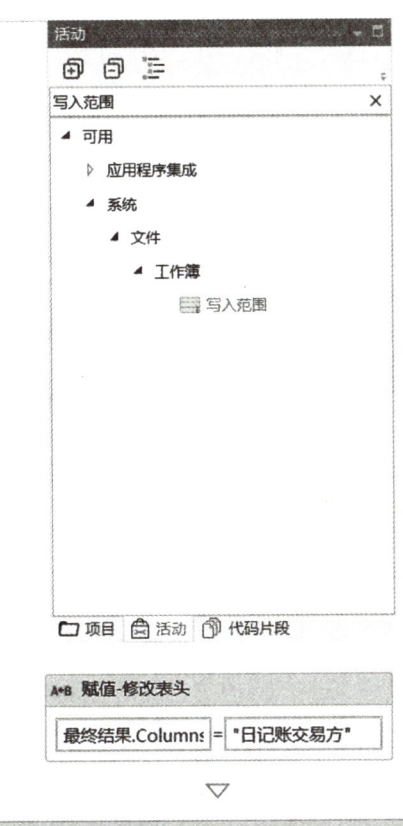

图 4-1-009 【写入范围-最终结果】界面

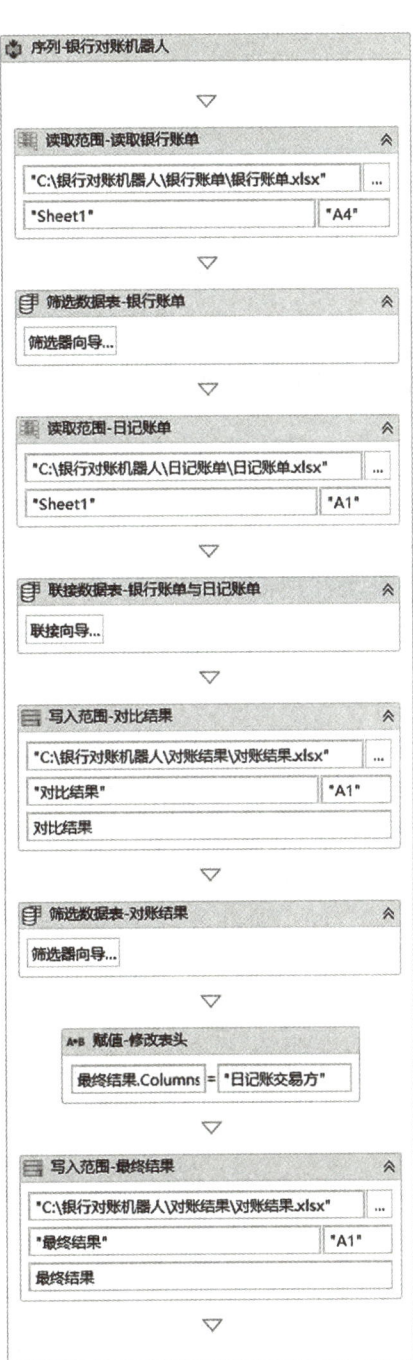

图 4-1-010 【银行对账机器人】
界面

任务3　银行对账机器人测试

学生将开发完成的银行对账机器人在平台进行运行测试,测试步骤如下。

1. 检查核对

打开【C:\银行对账机器人\对账结果\对账结果.xlsx】,显示 Sheet1 为空表,关闭该文件。

2. 运行机器人

打开 UiPath Studio 窗口,点击【菜单面板】左侧的【运行】按钮,运行银行对账机器人。

【运行视频】银行对账机器人

3. 运行完毕

运行结束后,重新打开【C:\银行对账机器人\对账结果\对账结果.xlsx】,查看【对比结果】和【对比差异】中所有显示的差异数据,如图 4-1-011 所示。

图 4-1-011　【差异数据】界面

任务4　银行对账机器人应用

学生应根据对账机器人查找出纳流水账数据和会计日记账的差异数据,进行对账的核对及修订工作。

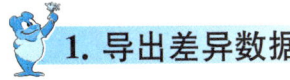

1. 导出差异数据

将企业差异数据导出并存放在指定位置，为核对差异数据做准备。

2. 核对数据，找出差异

根据银行对账机器人找出的差异数据进行分析，并完成当月以下对账工作，如表4-1-001所示。

表 4-1-001　对账差异处理表

序号	对账内容	备注
1	出纳流水有财务账上无的数据	翻查出纳账
2	财务日记账有出纳账上无的数据	核对记账凭证
3	项目相似金额不一致的数据	核对记账凭证，查找原始凭证
4	项目不一致金额一致的数据	核对记账凭证，查找原始凭证

思政园地

科技赋能银行对账，有效降低风险

银行对账是指在每月月末，企业的出纳人员将企业的银行存款日记账与开户银行发来的当月银行存款对账单进行逐笔核对，确认已达账项，找出未达账项，并编制每月银行存款余额调节表的过程。一般财务软件中执行银行对账功能，具体步骤包括银行对账初始数据录入、银行对账单录入、对账、银行存款余额调节表的编制等。

银行对账是企业内部控制中关于资产管理的重要内容，是银行内部风险监管的重要防线之一。传统的纸质对账方式存在成本高、流程长、时效性与安全性差、客户配合度低的缺陷。随着网络信息技术在金融业务中的深入应用，更加便捷、高效、安全、环保的网上银行、自助设备、手机短信等电子对账渠道逐渐成为银企对账的重要载体，为银企对账提供了崭新的发展空间。

项目重难点总结

重点：

（1）银行对账机器人的整体设计思路。

（2）银行对账机器人的测试及结果展示。

（3）银行对账机器人的拓展应用。

难点：

（1）银行对账机器人的开发过程。

（2）银行对账机器人所使用控件的掌握。

✎ 课后实践训练

线上作业：将线下完成的作业上传"智慧职教——职教云"平台，进行头脑风暴、小组评比等教学活动。

项目 2 银行回款通知机器人

财务人员在收到客户回款时，往往会编制回款通知的邮件，发送到各个销售人员的邮箱中。这样的工作既重复又枯燥，还容易出错。基于 UiPath Studio 平台设计开发的银行回款通知机器人，在银行收到回款后，就能根据预设信息开始自动发送邮件通知相关人员，无需人工操作，非常简单智能。

项目成果

完成银行回款通知机器人的设计开发。

项目目标

（1）熟练序列、读取范围、对于数据表中每一个行、IF 条件、最大化窗口、输入信息、单击、选择项目、发送热键、数据抓取、赋值、Do While 循环、存在元素、截取屏幕截图、保存图像、中断、清除数据表、关闭选项卡、发送 SMTP 邮件信息、写入单元格等操作控件的使用。

（2）使用控件进行银行回款通知机器人的设计开发。

（3）能够归纳总结银行回款通知机器人的设计流程。

（4）通过 UiPath 批量发送邮件。

（5）能够在实践中拓展应用 RPA。

项目内容

（1）RPA 设计：根据业务流程，设计银行回款通知机器人开发流程。

（2）RPA 开发：利用 UiPath Studio 平台进行银行回款通知机器人开发。

（3）RPA 测试：对开发完成的银行回款通知机器人进行调试运行。

（4）RPA 应用：通过案例，引导学生熟练应用银行回款通知机器人。

项目流程

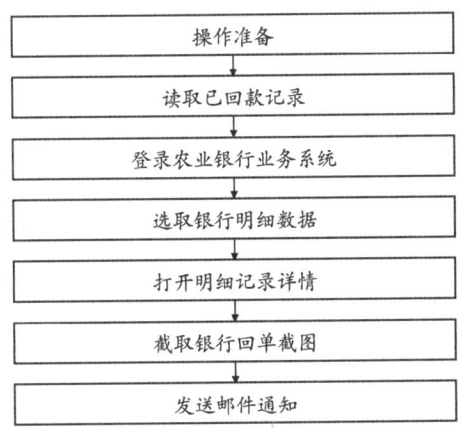

项目控件

序号	控件名称	控件图标	控件功能
1	打开浏览器	打开浏览器 在此处插入 URL。必须用引号将文本括起 Do ▽ 在此处放置活动	根据网站地址打开浏览器
2	截取屏幕截图	截取屏幕截图 指明在屏幕上	截取指定用户界面元素的屏幕截图
3	输入信息	T 输入信息 指明在屏幕上 必须用引号将文本括起	将文本值输入到选定的用户界面元素
4	发送热键	发送热键 指明在屏幕上 Alt Ctrl Shift Win 键值	发送键盘快捷方式至用户界面
5	对于每一个行	对于每一个行 遍历循环 row 输入 输入 VB 表达式 正文 Body ▽ 在此处放置活动	对提供的数据表的每一行执行一次操作
6	单击	单击 指明在屏幕上	单击指定的用户界面元素
7	赋值	A*B 赋值 To = 输入 VB 表达式	设置工作流变量值

序号	控件名称	控件图标	控件功能
8	IF 条件	IF条件 / Condition 输入 VB 表达式 / Then 在此处放置活动 / Else 在此处放置活动	根据设置的条件判断,条件成立时执行 Then 范围的活动,条件不成立时执行 Else 范围的活动
9	保存图像	保存图像 / 图像 / 文件名,必须用引号将文本括起	能将图像保存在硬盘中
10	Do While 循环	Do While 循环 / Body 在此处放置活动 / Condition 输入 VB 表达式	首先执行一次活动,然后在条件为真时循环
11	中断	中断	退出"每一"活动并继续执行后面的活动
12	发送 SMTP 邮件消息	发送 SMTP 邮件消息 / 收件人 必须用引号将文本括起 / 主题 必须用引号将文本括起 / 正文 必须用引号将文本括起 / 附加文件	使用 SMTP 协议发送电子邮件消息
13	读取范围	读取范围 / 工作簿路径,必须用引号将文本括起 / "Sheet1" "A1:A2"	将电子表格根据指定范围读取为数据表
14	最大化窗口	最大化窗口	最大化指定的窗口
15	选择项目	选择项目 / 指明在屏幕上 / 项目,必须用引号将文本括起	在下拉框或列表框选择一个项目
16	存在元素	存在元素 / 指明在屏幕上	能检验是否存在用户界面元素

任务 1 银行回款通知机器人设计

如何设置一款通过自动发送邮件,及时通知销售、财务人员应收款项已到账,满足货款回笼实时跟踪的软件?基于 UiPath Studio 平台设计的银行回款通知机器人,能高效并随时获取银行回款信息,通过浏览器、邮箱等平台及交互软件,将银行回单信息批量自动发送到指定人员邮件中,为使用者提供回款数据进行回款情况分析并做出对应的销售决策。银行回款通知机器人整体设计思路如下:

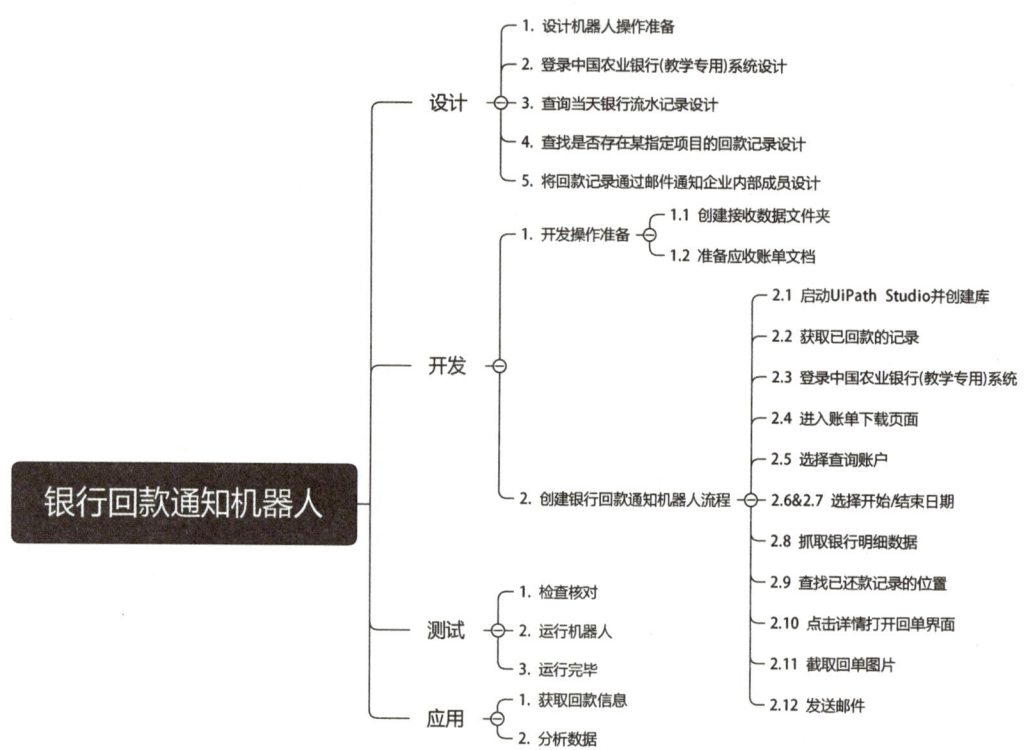

任务 2 银行回款通知机器人开发

1. 开发操作准备

1.1 创建接收数据文件夹

在【C:\】创建一个文件夹,命名为【银行回款通知机器人】。

1.2 准备应收账单文档

将【应收表.xlsx】和【销售人员通讯表.xlsx】文档存储在该文件夹中,如图4-2-001所示。

银行回款通知
机器人-操作
准备

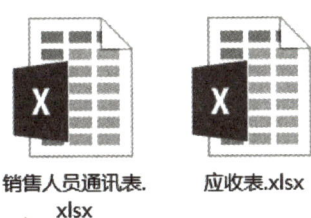

> 此电脑 > Windows-SSD (C:) > 银行回款通知机器人

销售人员通讯表.
xlsx

应收表.xlsx

图 4-2-001 【应收表.xlsx】和【销售人员通讯表.xlsx】界面

 2. 创建银行回款通知机器人

2.1 启动 UiPath Studio 并创建库

（1）打开 UiPath Studio 界面，新建空白库，重命名为【银行回款通知机器人序列】，存储路径选择【C:\银行回款通知机器人】。

（2）在活动面板，点击【项目】选项卡，选中【NewActivity.xaml】，鼠标右键选择【重命名】，选中【至：】输入框，重命名该项目为【银行回款通知机器人序列】，点击【确定】，双击打开项目文件。

2.2 获取已回款的记录

2.2.1 获取已收款的记录

（1）添加【序列】活动控件，拖拽至【设计面板】中，重命名为【序列-银行回款通知机器人】。

（2）添加【序列】活动控件，拖拽至设计面板【序列-银行回款通知机器人】活动内。重命名为【(2)序列-读取已回款的信息】。如图 4-2-002 所示。

银行回款通知
机器人-获取
已回款的记录

财务日常业务机器人设计与应用

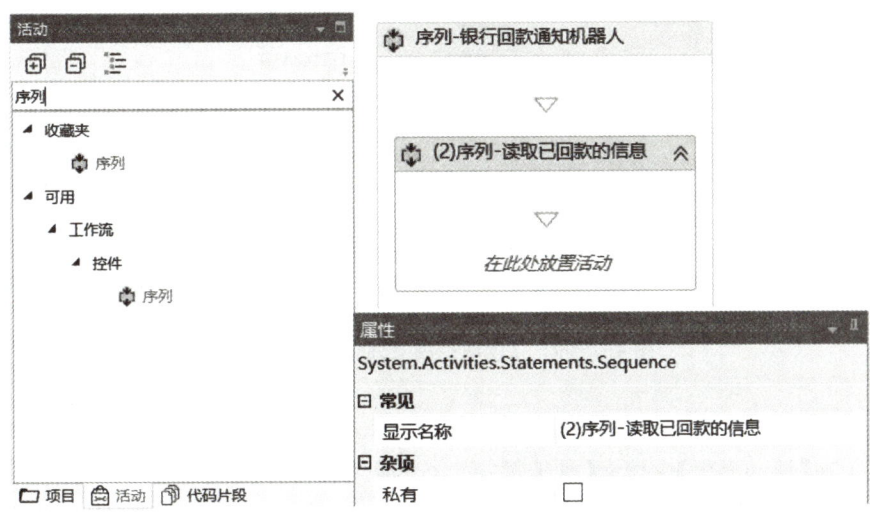

图 4-2-002 【(2)序列-读取已回款的信息】界面

2.2.2 读取应收表的回款记录

（1）在【活动面板】中搜索【读取范围】活动控件,选中【系统】-【文件】-【工作簿】-【读取范围】拖拽至设计面板中【(2)序列】活动内,并重命名为【读取范围-已回款记录】。

（2）在【属性面板】中,设置相关属性:

① 单击【输入】-【工作簿路径】输入框的【…】,在弹窗输入【"C:\银行回款通知机器人\应收表.xlsx"】。

② 选中【输入】-【工作表名称】,将【"Sheet1"】修改为【"Sheet2"】。

③ 选中【输入】-【范围】,将【"A1:A2"】修改为【""】。

④ 选中【输出】-【结果】输入框,单击右键,选择【创建变量】,输入【V1_已回款记录】,输入完成后单击属性面板空白处,完成创建变量操作。打开【变量面板】,选中【V1_已回款记录】,将变量类型保存为【DataTable】,将其范围修改为【序列-银行回款通知机器人】,如图 4-2-003 所示。

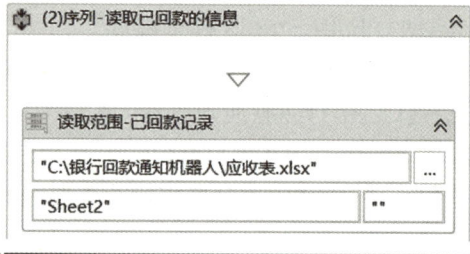

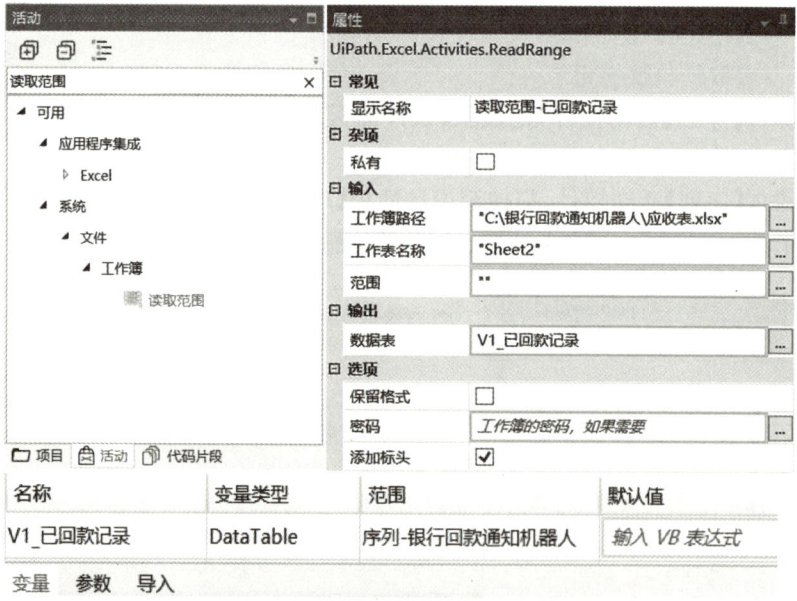

图 4-2-003 【读取范围-已回款记录】界面

2.2.3 汇总对每行回款记录执行的操作

（1）在【活动面板】中搜索【对于每一个行】活动控件,选中【对于每一个行】拖拽至设计面板中【读取范围-已回款记录】活动内,重命名为【对于每一个行-汇总对每行回款记录执行的操作】。

（2）在【属性面板】中，设置相关属性：

① 选中【输入】-【文本】输入框，键入空格，双击选中【V1_已回款记录】变量，单击属性面板空白处，完成变量的引用。

② 选中【输出】-【结果】输入框，单击右键，选择【创建变量】，输入【V2_应收表行数】，单击属性面板空白处，完成创建变量操作。打开【变量面板】，选中【V2_应收表行数】，将变量类型保存为【Int32】，将其范围修改为【序列-银行回款通知机器人】，如图4-2-004所示。

名称	变量类型	范围	默认值
V2_应收表行数	Int32	序列-银行回款通知机器人	*输入 VB 表达式*

变量　参数　导入

图 4-2-004 【对于每一个行-汇总对每行回款记录执行的操作】界面

2.2.4 判断已回款的记录是否已发送

（1）在【活动面板】中搜索【IF 条件】活动控件，选中【IF 条件】拖拽至【对于每一个行-汇总对每行回款记录执行的操作】-【Boby】活动内，重命名为【IF 条件-判断记录是否已发送】。

（2）在【属性面板】中，选中【杂项】-【条件】输入框的【…】，打开表达式编辑器弹窗，输入【row("状态").ToString<>"已发送"】，完成 IF 条件的编辑，如图 4-2-005所示。

图 4-2-005 【IF 条件-判断记录是否已发送】界面

2.3 登录中国农业银行(教学专用)

2.3.1 添加序列集成操作步骤

添加【序列】活动控件,至【设计面板】中的【IF 条件-判断记录是否已发送】-【Then】活动内,重命名为【(3)序列-登录中国农业银行(教学专用)】。

2.3.2 打开中国农业银行(教学专用)网页

(1) 在【活动面板】中搜索并选中,将【打开浏览器】拖拽至【(3)序列】活动内,重命名为【打开浏览器-打开中国农业银行(教学专用)】。

(2) 在【属性面板】中,设置相关属性:

① 单击【输入】-【URL】输入框的【…】选项,打开表达式编辑器弹窗,在输入框中输入【"http://jy.hanzhisoft.com:8088/api/nh/EbankSite/login.html"】。

② 选中【输入】-【浏览器类型】下拉框,单击选择【Chrome】。

③ 选中【输出】-【用户界面浏览器】输入框,单击右键,选择【创建变量】,输入【V3_浏览器】,输入完成后单击属性面板空白处,完成创建变量操作。打开【变量面板】,选中【V3_浏览器】,将变量类型保存为【Browser】,将其范围修改为【序列-银行回款通知机器人】,如图 4-2-006 所示。

2.3.3 最大化浏览器窗口

在【活动面板】中搜索并选中【最大化窗口】,将其拖拽至【打开浏览器-打开中国农业银行(教学专用)】-【Do】活动内,并重命名为【最大化窗口-谷歌浏览器】,如图 4-2-007 所示。

银行回款通知
机器人-登录
中国农业银行
(教学专用)

图 4-2-006 【打开浏览器-打开中国农业银行(教学专用)】界面

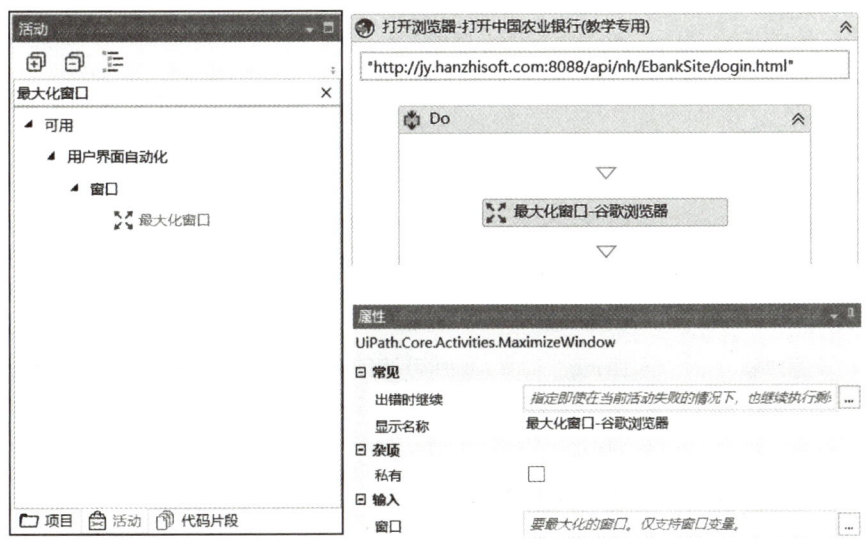

图 4-2-007 【最大化窗口-谷歌浏览器】界面

2.3.4　输入客户识别号

（1）在【活动面板】中搜索【输入信息】活动控件，选中【输入信息】拖拽至设计面板中【最大化窗口-谷歌浏览器】活动下，并重命名为【输入信息-客户识别号】。

（2）在【属性面板】中，设置相关属性：

① 勾选【选项】中的【空字段】选项和【模拟键入】选项。

② 选中【输入】-【文本】输入框，单击右键，选择【创建变量】，输入【V4_登录账号】，单击属性面板空白处，完成创建变量操作。打开【变量面板】，选中【V4_登录账号】，将变量类型保存为【String】，将其范围修改为【序列-银行回款通知机器人】，将变量默认值设置【"Student"】。

（3）单击【指出浏览器中的元素】，跳转至浏览器页面，选取网页元素，中国农业银行登录页的【用户名/卡号/身份证号/手机号】输入框，页面自动跳转至 UiPath Studio 操作界面，如图 4-2-008 所示。

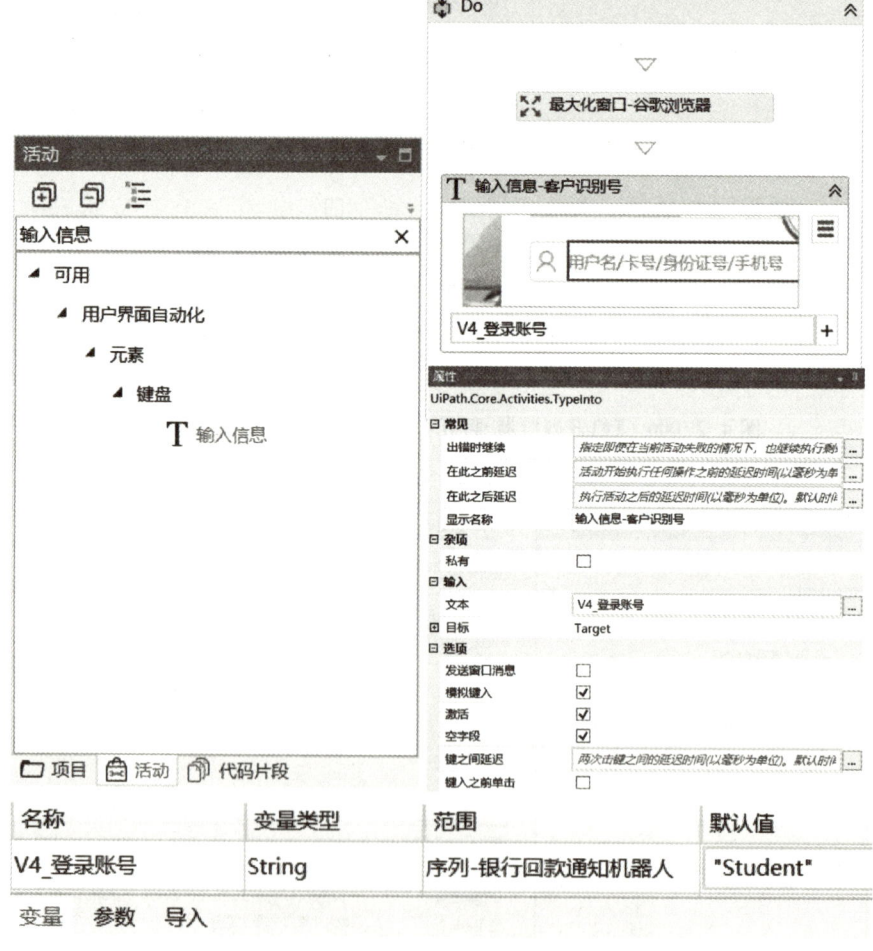

图 4-2-008　【输入信息-客户识别号】界面

2.3.5 输入登陆密码

（1）添加【输入信息】活动控件，拖拽至设计面板中【输入信息-客户识别号】活动下，重命名为【输入信息登陆密码】。

（2）在【属性面板】中，设置相关属性：

① 勾选【选项】中的【空字段】选项和【模拟键入】选项。

② 选中【输入】-【文本】输入框，单击右键，选择【创建变量】，输入【V5_登录密码】，单击属性面板空白处，完成创建变量操作。打开【变量面板】，选中【V5_登录密码】，将变量类型保存为【String】，将其范围修改为【序列-银行回款通知机器人】，将变量默认值设置【"123"】。

（3）单击【指出浏览器中的元素】，跳转至浏览器页面，选取网页元素，中国农业银行登录页的【密码】输入框，页面自动跳转至 UiPath Studio 操作界面，如图 4-2-009 所示。

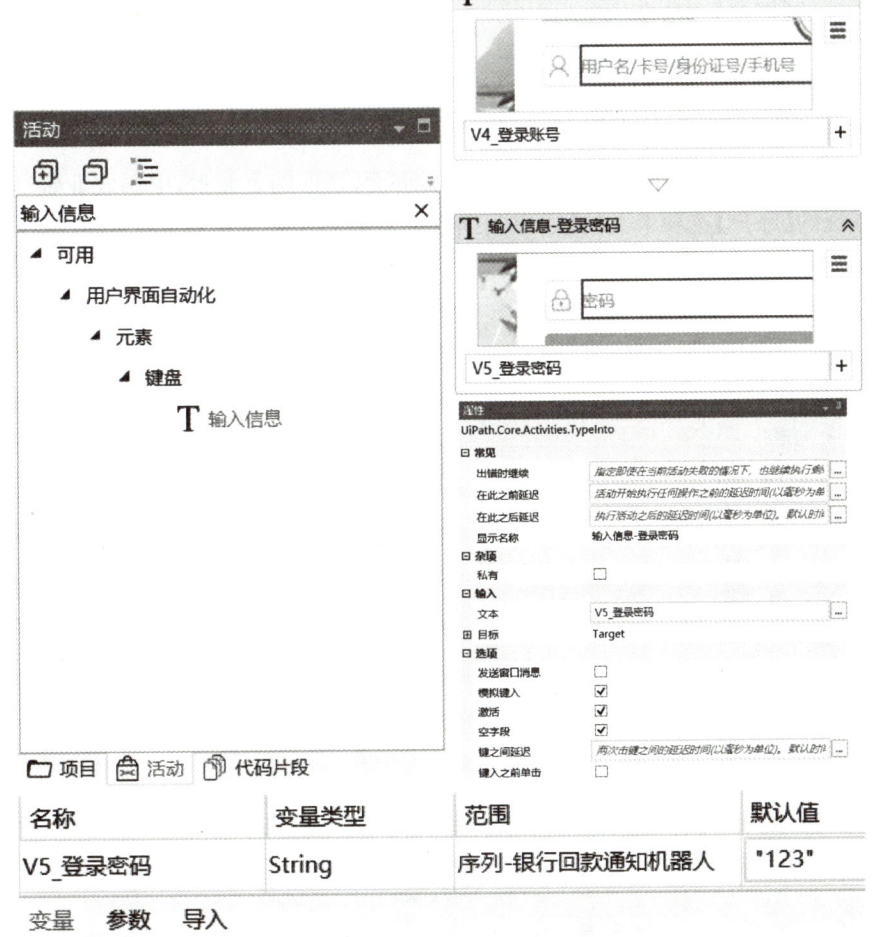

名称	变量类型	范围	默认值
V5_登录密码	String	序列-银行回款通知机器人	"123"

变量　参数　导入

图 4-2-009 【输入信息-登陆密码】界面

2.3.6　单击登陆按钮

（1）在【活动面板】中搜索【单击】活动控件，选中【用户界面自动化】-【元素】-【鼠标】-【单击】拖拽至【输入信息登录密码】活动下，重命名为【单击-登录按钮】。

（2）单击【指出浏览器中的元素】，跳转至浏览器页面，选取网页元素，中国农业银行登录页的【登录】选项。

2.4　进入账单下载页面

2.4.1　添加序列集成操作步骤

添加【序列】活动控件，拖拽至设计面板中【（3）序列】活动内，重命名为【（4）序列-进入账单明细下载页面】。

银行回款通知机器人-进入账单下载页面

2.4.2　单击账户选项

（1）添加【单击】活动控件，拖拽至设计面板中【IF 条件-判断记录是否已发送】-【Then】活动内，并重命名为【单击-账户】。

（2）单击【指明在屏幕上】，跳转至浏览器页面，选取网页元素，中国农业银行（教学专用）系统的【账户】选项卡。

2.4.3　单击账户明细查询选项

（1）添加【单击】活动控件，拖拽至【单击-账户】活动内，重命名为【单击-账户明细查询】。

（2）单击【指明在屏幕上】，跳转至浏览器页面，选取网页元素，中国农业银行（教学专用）系统的【账户】选项卡下的【账户明细查询】，如图 4-2-010 所示。

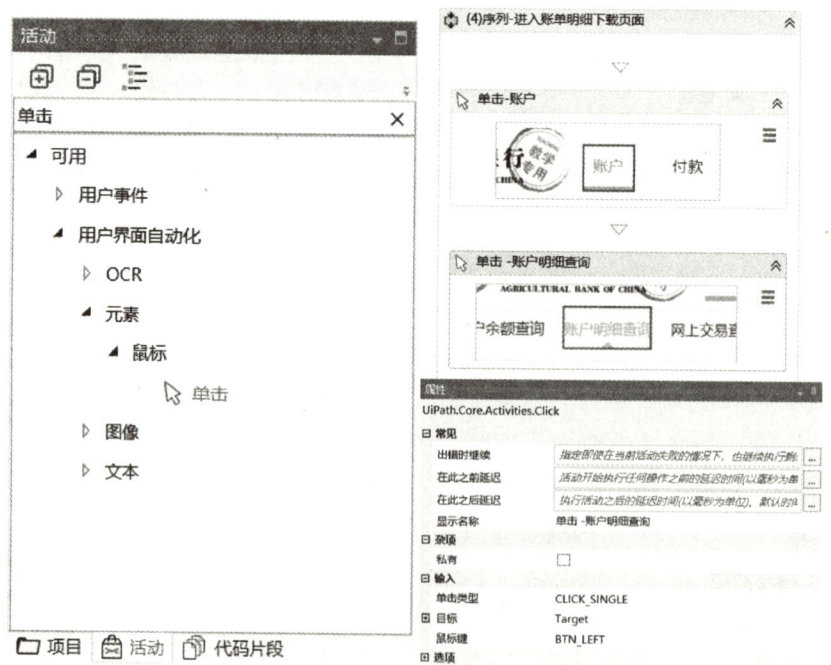

图 4-2-010　【单击-账户明细查询】界面

2.5 选择查询账户

2.5.1 添加序列集成操作步骤

添加【序列】活动控件,拖拽至设计面板中【(4)序列】活动内,重命名为【(5)序列-选取查询账户】。

2.5.2 设置选择查询账户

(1)在【活动面板】中搜索【选择项目】活动控件,选中【选择项目】拖拽至【(5)序列】活动内,重命名为【选择项目-选择查询账户】。

(2)单击【指明在屏幕上】,跳转至浏览器页面,选取网页元素,中国农业银行(教学专用)系统账户明细查询页面下的【账户】下拉框。

(3)单击【属性面板】-【输入】-【项目】输入框的【…】,打开表达式编辑器弹窗,输入【row("收款账号").ToString】,如图 4-2-011 所示。

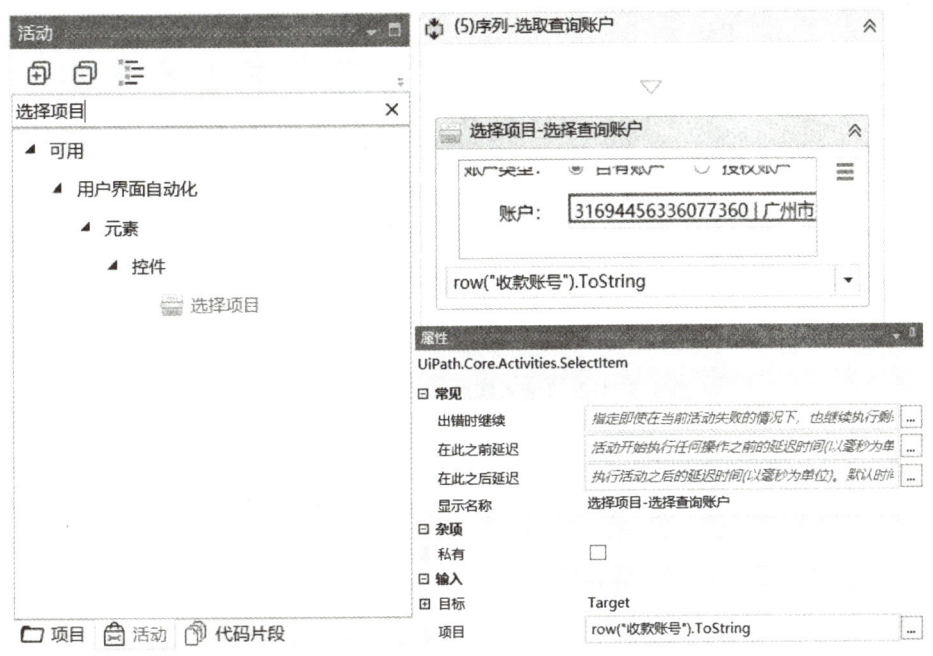

图 4-2-011 【选择项目-选择查询账户】界面

2.6 选择开始日期

2.6.1 添加序列集成操作步骤

添加【序列】活动控件,拖拽至设计面板中【(5)序列】活动内,重命名为【(6)序列-开始日期】。

2.6.2 选择查询开始年份

(1)在【活动面板】中搜索【输入信息】活动控件,选中【输入信息】拖拽至设计面板中【(6)序列】活动内,重命名为【输入信息-选择开始年份】。

(2)在【属性面板】中,设置相关属性:

①单击【输入】-【文本】输入框的【…】,打开表达式编辑器弹窗,输入

【split(row("交易时间").ToString,"-")(0)】。

② 勾选【选项】中的【空字段】选项。

（3）单击【指明在屏幕上】，跳转至浏览器页面，选择网页元素，账户明细查询页面下的【起止日期】日期选择框的开始部分，页面自动跳转至 UiPath Studio 操作界面，完成【指明在屏幕上】操作，如图 4-2-012 所示。

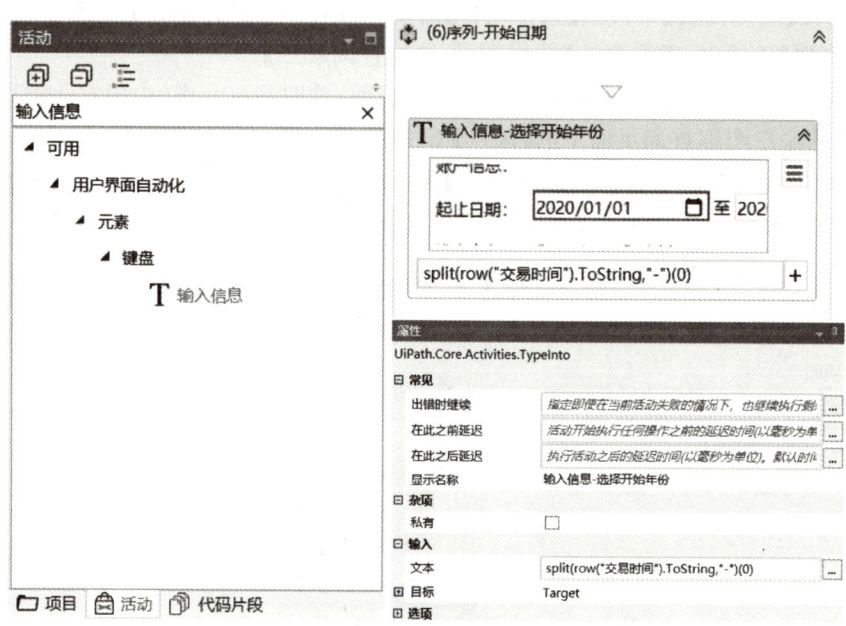

图 4-2-012 【输入信息-选择开始年份】界面

2.6.3 发送热键选择月份输入

（1）在【活动面板】中搜索【发送热键】活动控件，选中【发送热键】拖拽至设计面板中【输入信息-选择开始年份】活动内，重命名为【发送热键-选择月份输入】。

（2）在【属性面板】中，设置相关属性：

① 单击【输入】-【键值】输入框【…】，打开表达式编辑器弹窗，输入【"Tab"】。

② 勾选【选项】-【特殊键】选择框。

（3）单击【指出窗口中的元素】，跳转至浏览器页面，选择网页元素，账户明细查询页面下的【起止日期】日期选择框的开始部分，如图 4-2-013 所示。

2.6.4 选择查询开始月份

（1）在【活动面板】中搜索【输入信息】活动控件，选中【输入信息】拖拽至设计面板中【发送热键-选择月份输入】活动内，重命名为【输入信息-选择开始月份】。

（2）单击【属性面板】-【输入】-【文本】输入框的【…】，打开表达式编辑器弹窗，输入【split(row("交易时间").ToString,"-")(1)】。

（3）单击【指明在屏幕上】，跳转至浏览器页面，选择网页元素，账户明细查询页面下的【起止日期】日期选择框的开始部分，页面自动跳转至 UiPath Studio 操作界面，完成【指明在屏幕上】操作，如图 4-2-014 所示。

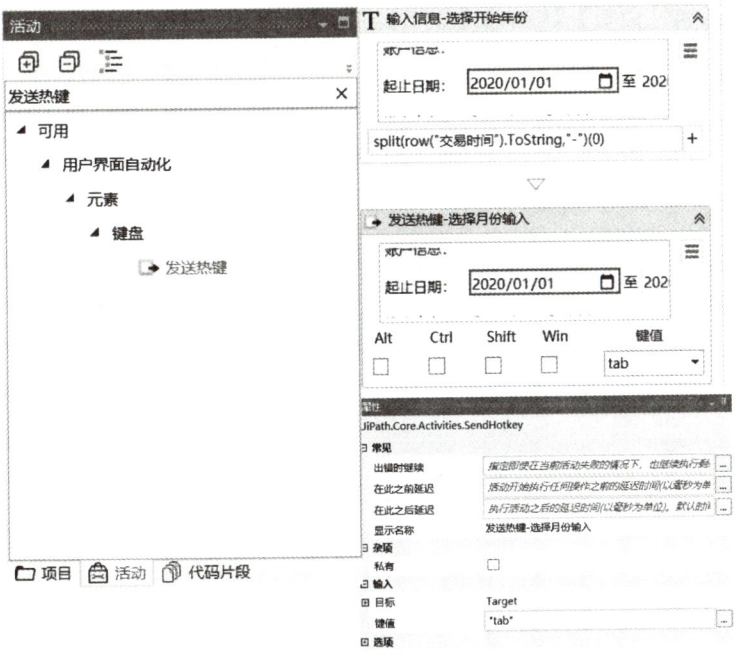

图 4-2-013 【发送热键-选择月份输入】界面

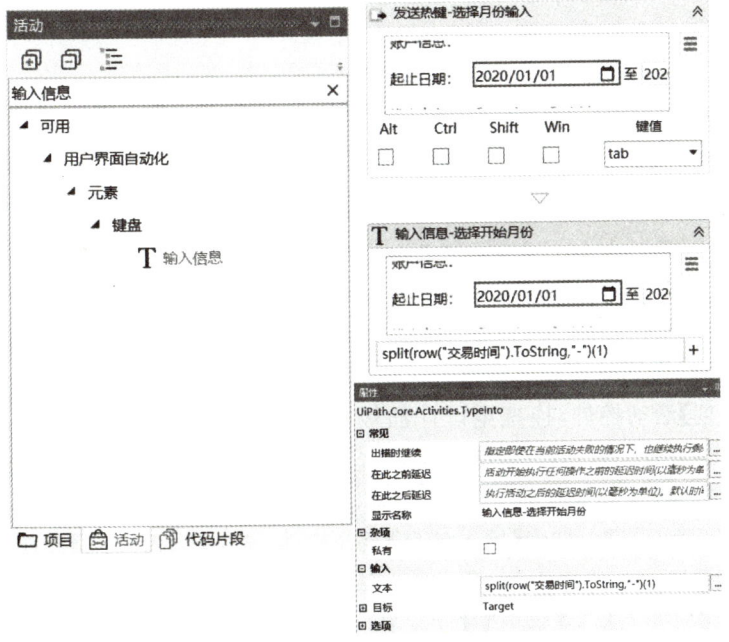

图 4-2-014 【输入信息-选择开始月份】界面

2.6.5 选择查询开始日期

（1）添加【输入信息】活动控件,拖拽至设计面板中【输入信息-选择开始月份】活动下,重命名为【输入信息-选择开始日期】。

（2）单击【属性面板】-【输入】-【文本】输入框的【…】，打开表达式编辑器弹窗，输入【split(row("交易时间").ToString,"-")(2)】。

（3）单击【指明在屏幕上】，跳转至浏览器页面，选择网页元素，账户明细查询页面下的【起止日期】日期选择框的开始部分，页面自动跳转至 UiPath Studio 操作界面，完成【指明在屏幕上】操作，如图 4-2-015 所示。

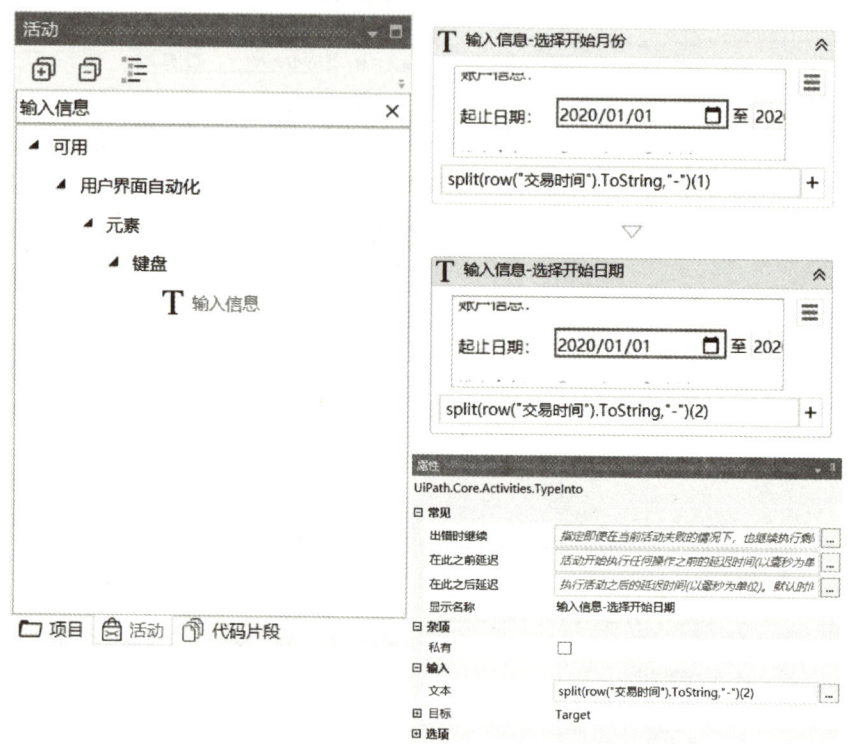

图 4-2-015 【输入信息-选择开始日期】界面

2.7 选择结束日期

2.7.1 添加序列集成操作步骤

添加【序列】活动控件，拖拽至设计面板中【(6)序列】活动内，重命名为【(7)序列-结束日期】。

2.7.2 选择查询结束年份

（1）在【活动面板】中搜索【输入信息】活动控件，选中【输入信息】拖拽至设计面板中【(7)序列】活动内，重命名为【输入信息-选择结束年份】。

（2）单击【属性面板】-【输入】-【文本】输入框的【…】，打开表达式编辑器弹窗，输入【split(row("交易时间").ToString,"-")(0)】。

（3）勾选【属性面板】-【选项】-【空字段】选项。

（4）单击【指明在屏幕上】，跳转至浏览器页面，选择网页元素，账户明细查询页面下的【起止日期】日期选择框的结束部分，页面自动跳转至 UiPath Studio 操作界面，完成【指明在屏幕上】操作，如图 4-2-016 所示。

银行回款通知机器人-选择结束日期

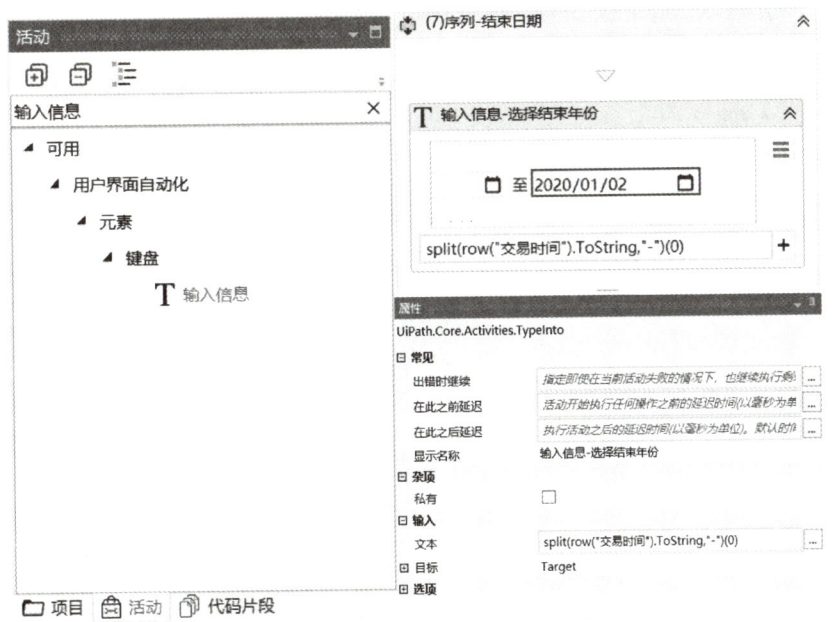

图 4-2-016 【输入信息-选择结束年份】界面

2.7.3 发送热键选择月份输入

(1) 在【活动面板】中搜索【发送热键】活动控件,选中【发送热键】拖拽至设计面板中【输入信息-选择结束年份】活动下,在【属性面板】中,将【显示名称】修改为【发送热键-选择月份输入】。

(2) 单击【属性面板】-【输入】-【键值】输入框【…】,打开表达式编辑器弹窗,输入【"Tab "】。

(3) 勾选【属性面板】-【选项】-【特殊键】选择框。

(4) 单击【指出窗口中的元素】,跳转至浏览器页面,选择网页元素,账户明细查询页面下的【起止日期】日期选择框的结束部分。

2.7.4 选择查询结束月份

(1) 在【活动面板】中搜索【输入信息】活动控件,选中【输入信息】拖拽至设计面板中【发送热键-选择月份输入】活动下,在【属性面板】中,将【显示名称】修改为【输入信息-选择结束月份】。

(2) 单击【属性面板】-【输入】-【文本】输入框的【…】,打开表达式编辑器弹窗,输入【split(row("交易时间").ToString,"-")(1)】。

(3) 单击【指明在屏幕上】,跳转至浏览器页面,选择网页元素,账户明细查询页面下的【起止日期】日期选择框的结束部分,页面自动跳转至 UiPath Studio 操作界面,完成【指明在屏幕上】操作,如图 4-2-017 所示。

2.7.5 选择查询结束日期

(1) 添加【输入信息】活动控件,拖拽至设计面板中【输入信息-选择结束月份】活动下,重命名为【输入信息-选择结束日期】。

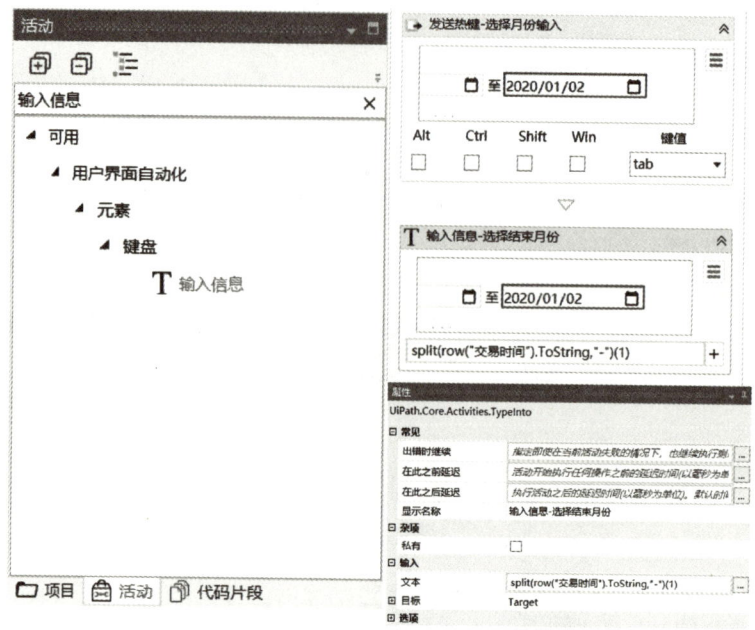

图 4-2-017 【发送热键-选择月份输入】界面

(2) 单击【属性面板】-【输入】-【文本】输入框的【…】,打开表达式编辑器弹窗,输入【split(row("交易时间").ToString,"-")(2)】。

(3) 单击【指明在屏幕上】,跳转至浏览器页面,选择网页元素,账户明细查询页面下的【起止日期】日期选择框的结束部分,页面自动跳转至 UiPath Studio 操作界面,完成【指明在屏幕上】操作,如图 4-2-018 所示。

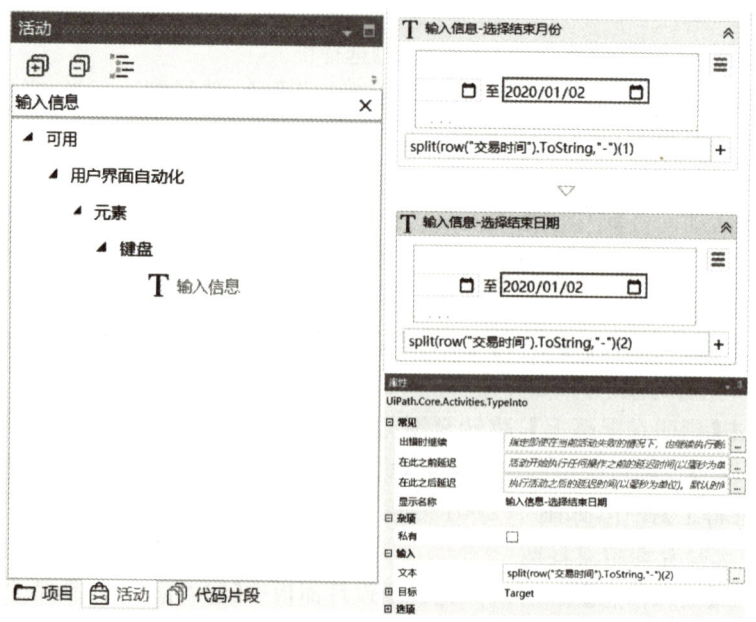

图 4-2-018 【输入信息-选择结束日期】界面

2.7.6 单击确定按钮查询银行流水

(1) 在【活动面板】中搜索【单击】活动控件,选中【用户界面自动化】-【元素】-【鼠标】-【单击】拖拽至【输入信息-选择结束日期】活动内。在【属性面板】中,将【显示名称】,修改为【单击-确定】。

(2) 单击【指明在屏幕上】,跳转至浏览器页面,选择网页元素,账户明细查询页面下的【确定】选项。

(3) 选中【属性面板】-【常见】-【在此之后延迟】输入框,输入【5000】,如图 4-2-019所示。

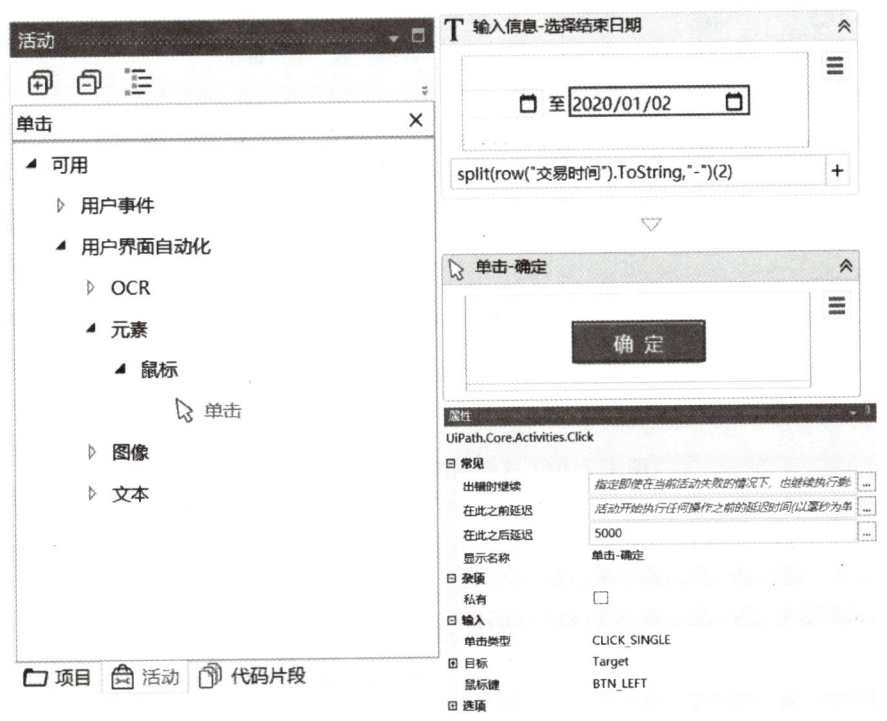

图 4-2-019 【单击-确定】界面

2.8 抓取银行明细数据

2.8.1 添加序列集成操作步骤

在【活动面板】中搜索【序列】活动控件,选中【序列】拖拽至(7)序列】活动下,重命名为【(8)序列-数据抓取】。

2.8.2 数据抓取账户明细查询结果

(1) 点击菜单栏的【设计】-【向导】-【数据抓取】,在提取向导弹窗选择【下一步】。

(2) 选取网页元素【账户明细查询结果】表格的任意单元格,在提取表弹窗选择【是】【完成】。

(3) 在指出下一个链接弹窗选择【否】,自动返回 UiPath 界面并生成【数据抓取】活

银行回款通知
机器人-抓取
银行明细数据

动控件。

（4）选中【数据抓取】活动控件，拖拽至【(8)序列】活动内。在【属性面板】中，单击【常见】项下的【显示名称】，修改为【数据抓取-账户明细】。

（5）打开【变量面板】，选中【ExtractDataTable】变量，将其变量名称修改为【V6_账户明细结果】，变量类型设置为【DataTable】，范围修改为【序列-银行回款通知机器人】，如图4-2-020所示。

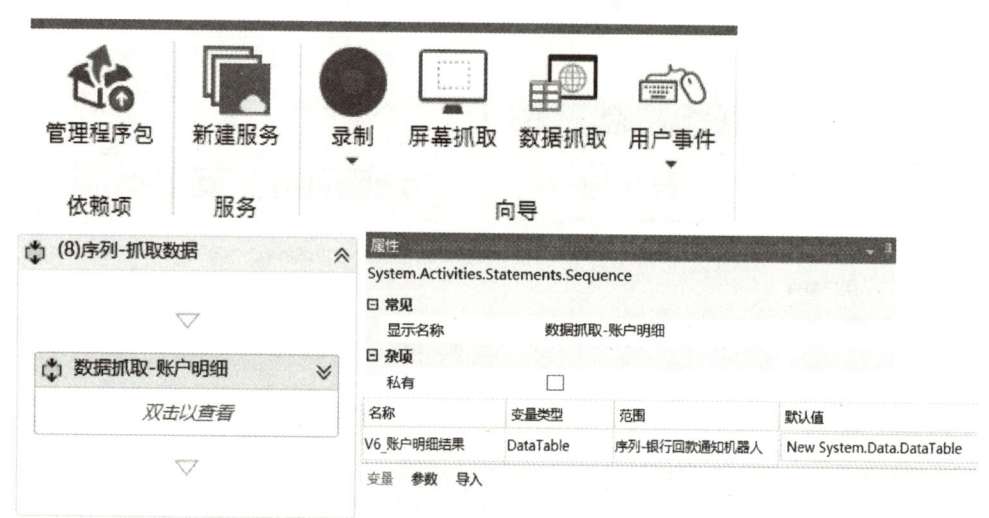

图4-2-020 【数据抓取-账户明细】界面

2.9 查找已还款记录的位置

2.9.1 添加序列集成操作步骤

在【活动面板】中搜索【序列】活动控件，选中【序列】拖拽至【(8)序列】活动下。在【属性面板】中，单击【常见】项下的【显示名称】，修改为【(9)序列-查找已还款记录的位置】。

2.9.2 汇总对明细查询结果每一行的操作

（1）在【活动面板】中搜索【对于每一个行】活动控件，选中【对于每一个行】拖拽至设计面板中【(9)序列】活动内，在【属性面板】中，将【显示名称】修改为【对于每一个行-汇总对明细查询结果的操作】。

（2）选中【属性面板】-【输入】-【数据表】输入框，键入空格，双击选中【V6_账户明细结果】变量，单击属性面板空白处，完成变量的引用。

（3）选中【对于每一个行-汇总对明细查询结果的操作】活动控件，将【row】修改为【row2】。

（4）选中【属性面板】-【输出】-【索引】输入框，单击右键，选择【创建变量】，输入【V7_查找数据的位置】，单击属性面板空白处，完成创建变量操作。打开【变量面板】，选中【V7_查找数据的位置】，将变量类型保存为【Int32】，将其范围修改为【序列-银行回款通知机器人】，如图4-2-021所示。

银行回款通知机器人-查找已还款记录的位置

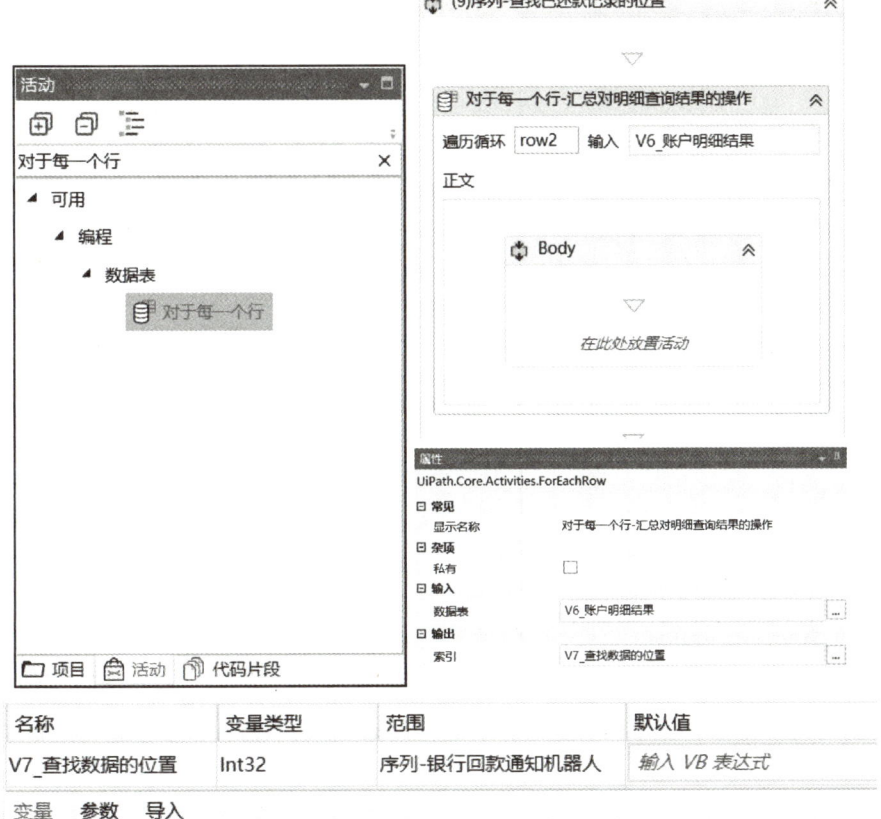

名称	变量类型	范围	默认值
V7_查找数据的位置	Int32	序列-银行回款通知机器人	*输入 VB 表达式*

变量　参数　导入

图 4-2-021 【对于每一个行-汇总对明细查询结果的操作】界面

2.9.3　判断应收表数据与抓取的数据是否相等

（1）在【活动面板】中搜索【IF 条件】活动控件,选中【IF 条件】拖拽至【对于每一个行-汇总对明细查询结果的操作】-【Body】活动内。在【属性面板】中,将【显示名称】,修改为【IF 条件-判断条件是否相同】。

（2）选中【属性面板】-【杂项】-【条件】输入框的【…】,打开表达式编辑器弹窗,输入【row("对方户名").ToString = row2("对方户名").ToString And row("流水号").ToString = row2("流水号").ToString And row("对方账号").ToString = row2("对方账号").ToString】,单击【确定】,完成 IF 条件的编辑,如图 4-2-022 所示。

2.9.4　设置赋值使两边的位置相等

（1）在【活动面板】中搜索【赋值】活动控件,选中【赋值】拖拽至设计面板中【IF 条件判断条件是否相同】-【Then】活动内,在【属性面板】中,将【显示名称】修改为【赋值-查找的位置加 2】。

（2）选中【属性面板】-【杂项】-【值】输入框的【…】,打开表达式编辑器弹窗,输入【V7_查找数据的位置＋2】,点击【确定】,完成编辑。

（3）选中【属性面板】-【输入】-【数据表】输入框,键入空格,双击选中【V7_查找数据的位置】变量,单击属性面板空白处,完成变量的引用,如图 4-2-023 所示。

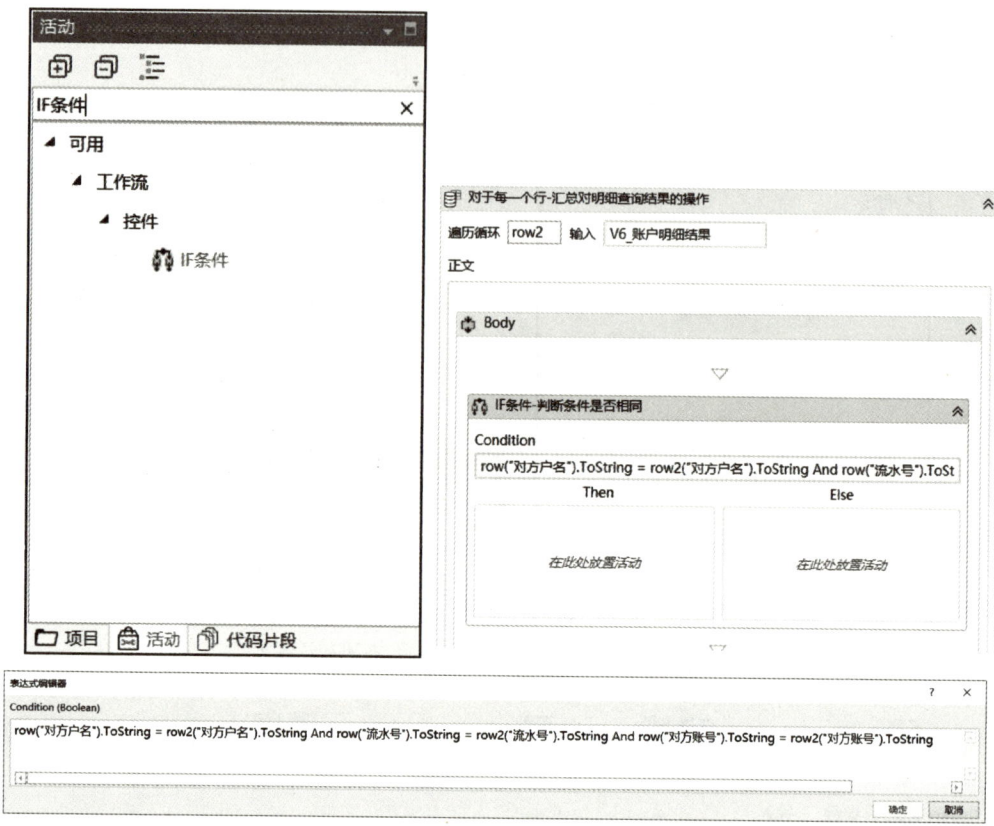

图 4-2-022 【IF 条件-判断条件是否相同】界面

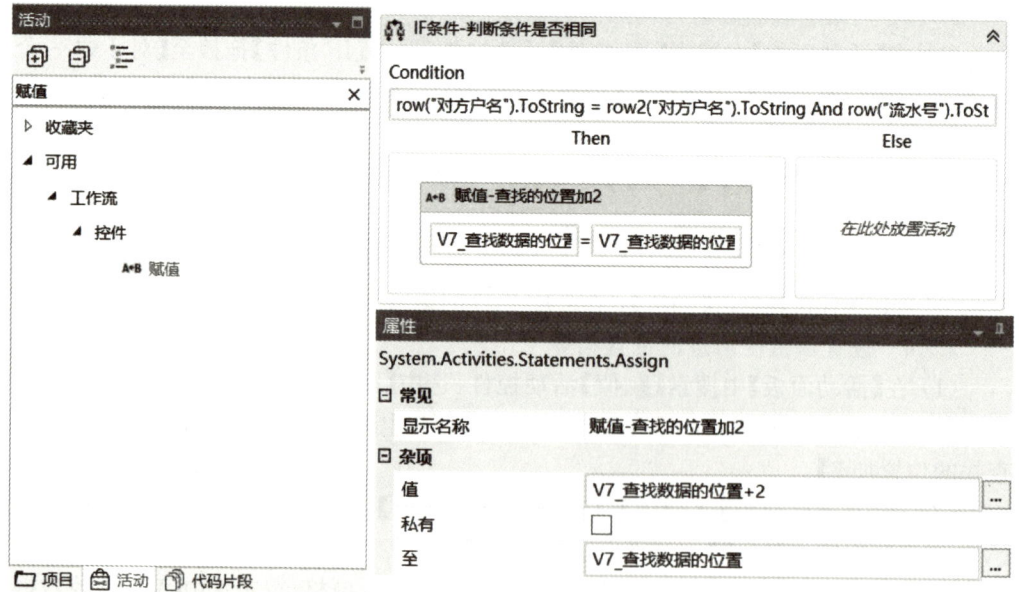

图 4-2-023 【赋值-查找的位置加 2】界面

2.10 点击详情打开回单界面

2.10.1 添加序列集成操作步骤

在【活动面板】中搜索【序列】活动控件，选中【序列】拖拽至【赋值-查找的位置加 2】活动下。在【属性面板】中，单击【常见】项下的【显示名称】，修改为【(10)序列-点击详情打开回单】。

银行回款通知机器人-点击详情打开回单界

2.10.2 汇总循环查找下载回单元素

（1）在【活动面板】中搜索【Do While 循环】活动控件，选中【Do While 循环】拖拽至【(10)序列】活动内。在【属性面板】中，将【显示名称】修改为【Do While 循环-汇总查找元素操作】。

（2）选中【属性面板】-【杂项】-【条件】输入框，单击右键，选择【创建变量】，输入【V8_存在下载回单】，单击属性面板空白处，完成创建变量操作。打开【变量面板】，选中【V8_存在下载回单】，将变量类型保存为【Boolean】，将其范围修改为【序列-银行回款通知机器人】。

（3）选中【属性面板】-【杂项】-【条件】输入框的【…】，打开表达式编辑器弹窗，输入【V8_存在下载回单＝false】，如图 4-2-024 所示。

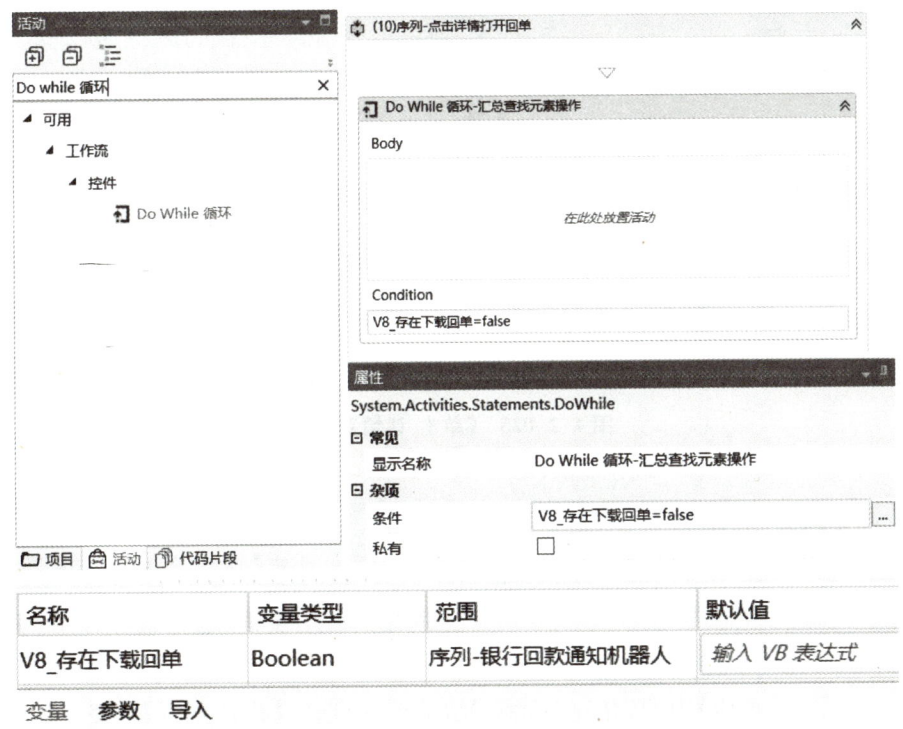

图 4-2-024 【Do While 循环-汇总查找元素操作】界面

2.10.3 单击回单详情按钮

（1）在【活动面板】中搜索【单击】活动控件，选中【用户界面自动化】-【元素】-【鼠标】-【单击】拖拽至【Do While 循环-汇总查找元素操作】-【Body】活动内。在【属性面

财务日常业务机器人设计与应用

板】中,将【显示名称】修改为【单击-详情】。

(2) 单击【指明在屏幕上】,跳转至浏览器页面,选择网页元素,账户明细查询结果列表的任意【详情】选项。

(3) 选择【单击】活动控件的【≡】-【编辑选取器】,打开选取器编辑器弹窗,在下方【编辑选取器】中,将【tableRow='x'】修改为【tableRow='{{V7_查找数据的位置}}'】。点击【确定】,完成编辑,如图 4-2-025 所示。

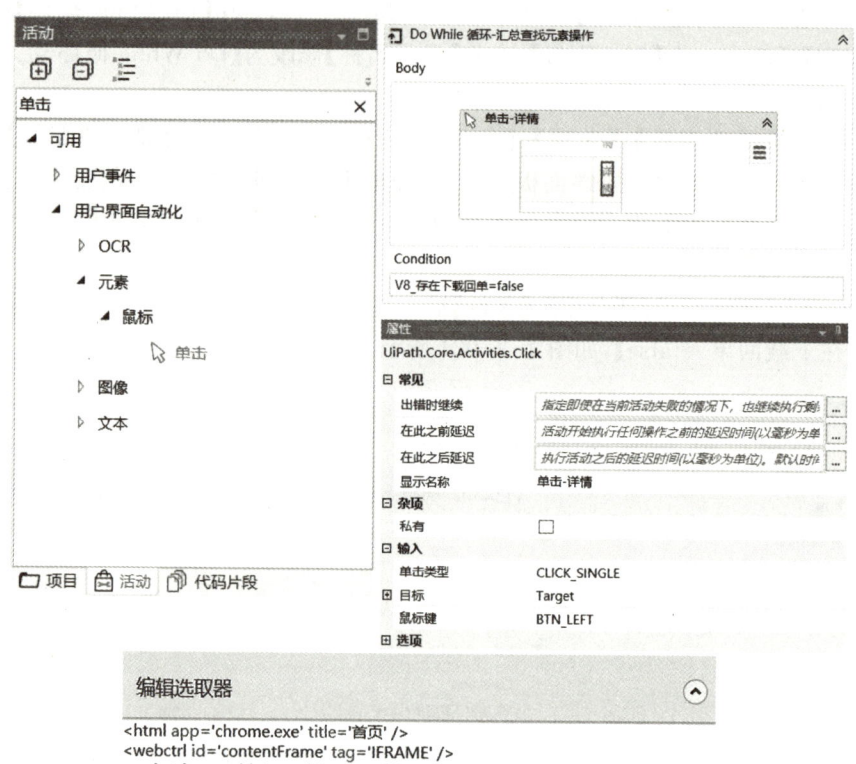

图 4-2-025 【单击-详情】界面

> **温馨提示**
>
> 如果在编辑选取器中没有 tableCol 和 tableRow,点击【在用户界面探索器中打开】,在弹窗右侧勾选 tableCol 和 tableRow,保存。

2.10.4 查找下载回单按钮

(1) 在【活动面板】中搜索【存在元素】活动控件,选中【存在元素】拖拽至【单击详情】活动下。在【属性面板】中,将【显示名称】修改为【存在元素-下载回单】。

(2) 选中【属性面板】-【输出】-【存在】输入框,键入空格,双击选中【V8_存在下载回单】变量,单击属性面板空白处,完成变量的引用。

(3) 单击【指明在屏幕上】,跳转至浏览器页面,选择网页元素,农业银行电子回单的【下载回单】选项,如图 4-2-026 所示。

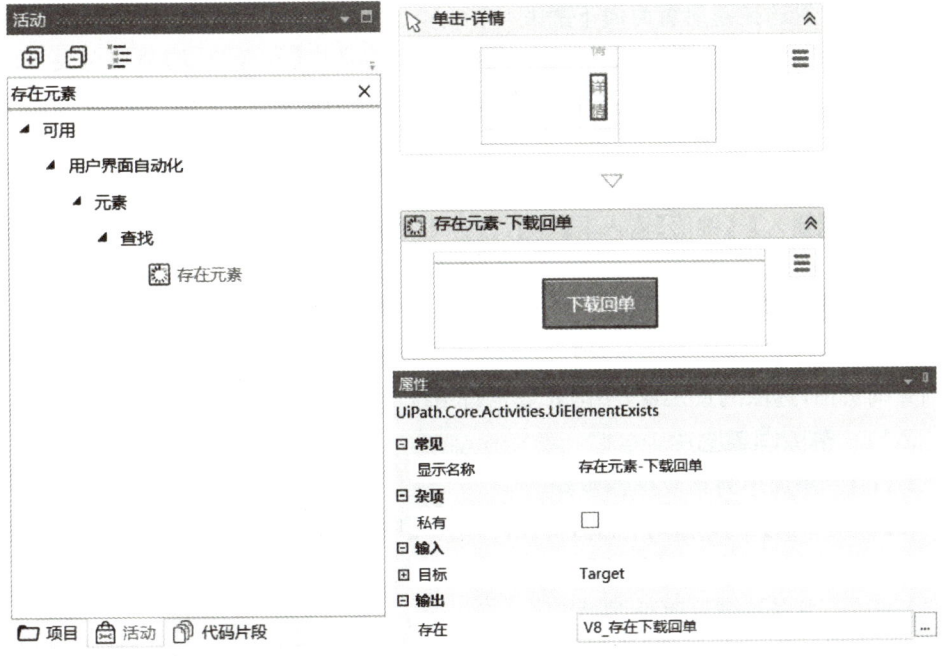

图 4-2-026 【存在元素-下载回单】界面

2.10.5 判断是否存在下载回单按钮

（1）在【活动面板】中搜索【IF 条件】活动控件，选中【IF 条件】拖拽至【存在元素下载回单】活动下。在【属性面板】中，将【显示名称】修改为【IF 条件-判断是否下载回单按钮】。

（2）选中【属性面板】-【杂项】-【条件】输入框的【…】，打开表达式编辑器弹窗，输入【V8_存在下载回单＝false】，点击【确定】，完成 IF 条件的编辑，如图 4-2-027 所示。

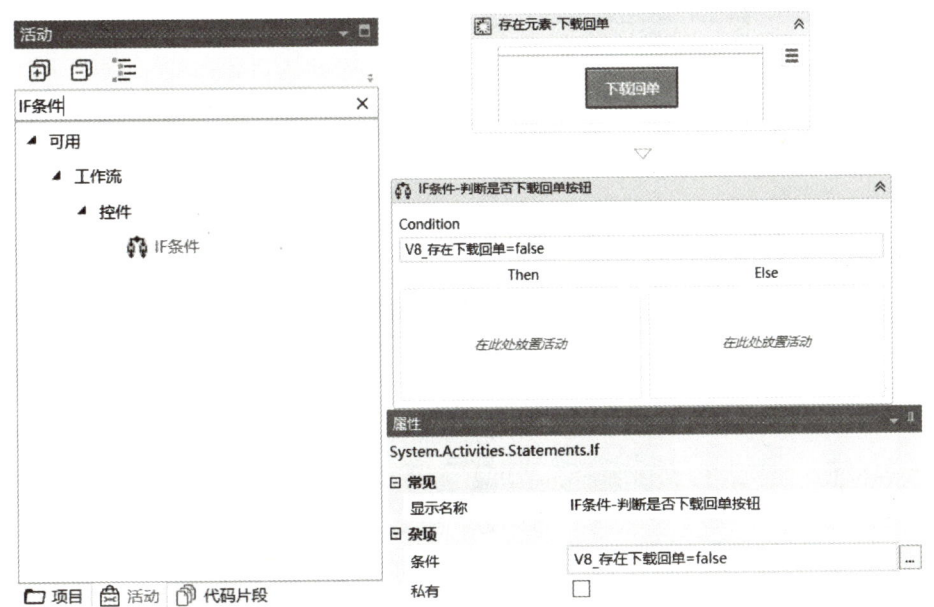

图 4-2-027 【IF 条件-判断是否下载回单按钮】界面

2.10.6 发送热键使页面向下翻滚

（1）在【活动面板】中搜索【发送热键】活动控件，选中【发送热键】拖拽至设计面板中【IF 条件-判断是否下载回单按钮】-【Then】活动内，重命名为【发送热键-页面向下滚动】。

（2）在【属性面板】中，设置相关属性：

① 单击【输入】-【键值】输入框【…】，打开表达式编辑器弹窗，输入【"pgdn"】，点击【确定】，完成编辑。

② 选中【选项】-【特殊键】。

（3）单击【指出窗口中的元素】，页面跳转至【中国农业银行（教学专用）系统】账户明细查询页面，选取网页元素，中国农业银行系统的任意空白处。

2.11 截取回单图片

2.11.1 添加序列集成操作步骤

在【活动面板】中搜索【序列】活动控件，选中【序列】拖拽至（10）序列】活动下，并重命名为【（11）序列-截取回单图片】。

2.11.2 发送热键返回页面顶部

（1）在【活动面板】中搜索【发送热键】活动控件，选中【发送热键】拖拽至设计面板中【（11）序列】活动内，在【属性面板】中，将【显示名称】修改为【发送热键-返回页面顶部】。

（2）在【属性面板】中，设置相关属性：

① 单击【目标】-【键值】输入框【…】，打开表达式编辑器弹窗，输入【"home"】，点击【确定】，完成编辑。

② 勾选【选项】-【特殊键】选择框，如图 4-2-028 所示。

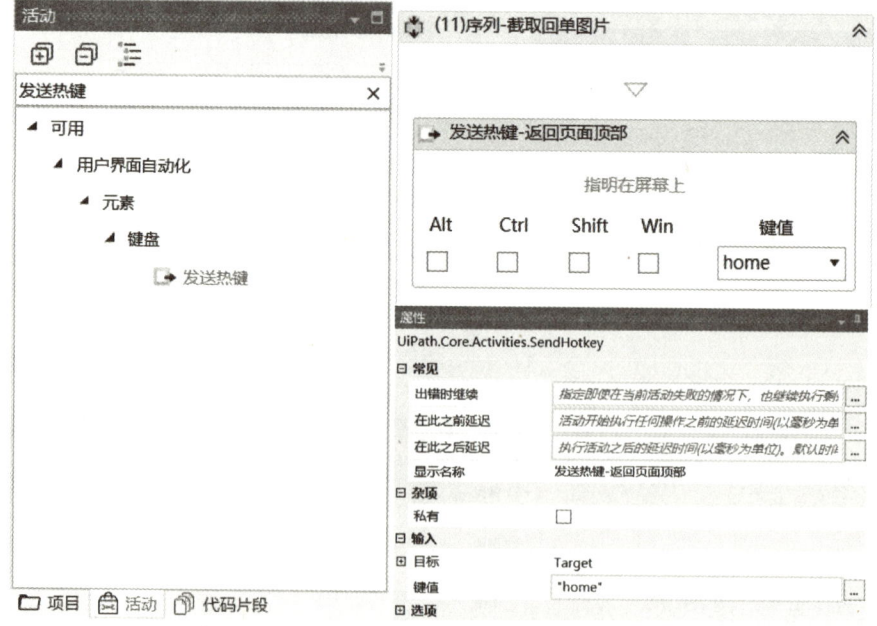

图 4-2-028 【发送热键-返回页面顶部】界面

2.11.3 截取回单截图

（1）在【活动面板】中搜索【截取屏幕截图】活动控件，选中【截取屏幕截图】拖拽至设计面板中【发送热键-返回页面顶部】活动下，重命名为【截取屏幕截图-回单截图】。

银行回款通知机器人-截取回单截图

（2）选中【属性面板】-【输出】-【屏幕截图】输入框，单击右键，选择【创建变量】，输入【V9_回单截图】，单击属性面板空白处，完成创建变量操作。打开【变量面板】，选中【V9_回单截图】，将变量类型保存为【Image】，将其范围修改为【序列-银行回款通知机器人】。

（3）单击【指明在屏幕上】，页面跳转至【中国农业银行（教学专用）系统】账户明细查询页面，选择网页元素，银行账单明细详情的回单图像，如图 4-2-029 所示。

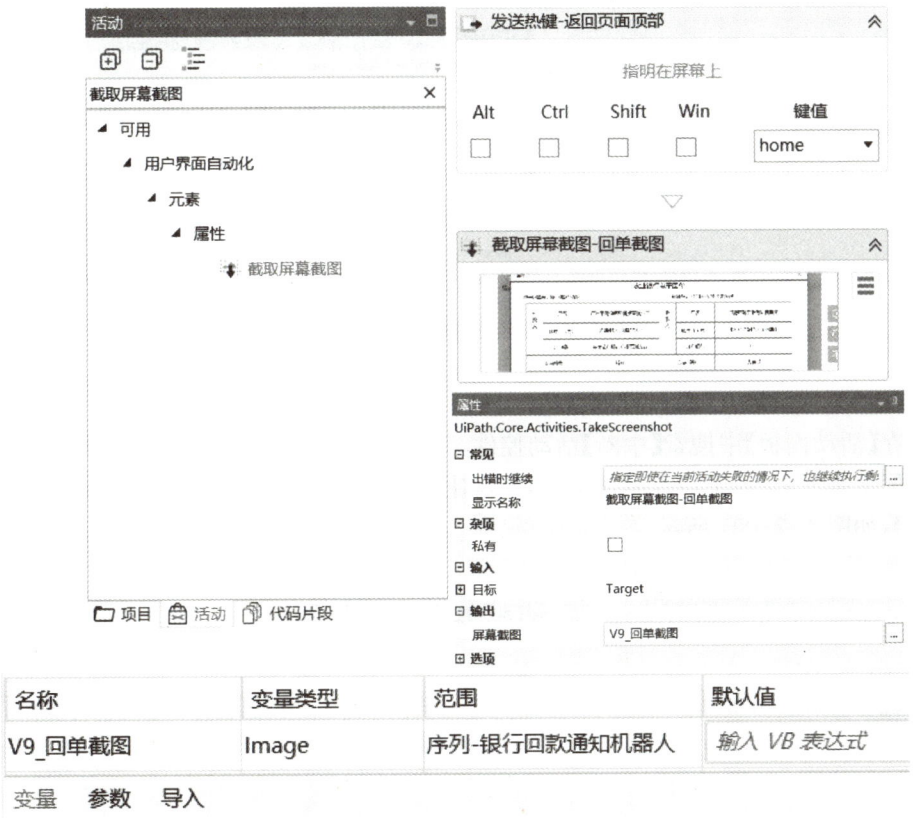

名称	变量类型	范围	默认值
V9_回单截图	Image	序列-银行回款通知机器人	输入 VB 表达式

变量　参数　导入

图 4-2-029　【截取屏幕截图-回单截图】界面

2.11.4 保存回单截图

（1）在【活动面板】中搜索【保存图像】活动控件，选中【保存图像】拖拽至设计面板中【截取屏幕截图-回单截图】活动下，在【属性面板】中，将【显示名称】修改为【保存图像-保存回单截图】。

（2）单击【属性面板】-【输入】-【文件名】输入框【…】，打开表达式编辑器弹窗，输入【"C:\银行回款通知机器人\"＋row("流水号").ToString＋".png"】，点击【确定】，完成编辑。

（3）单击【属性面板】—【输入】—【图像】输入框，键入空格，双击选中【V9_回单截图】变量，单击属性面板空白处，完成变量的引用，如图4-2-030所示。

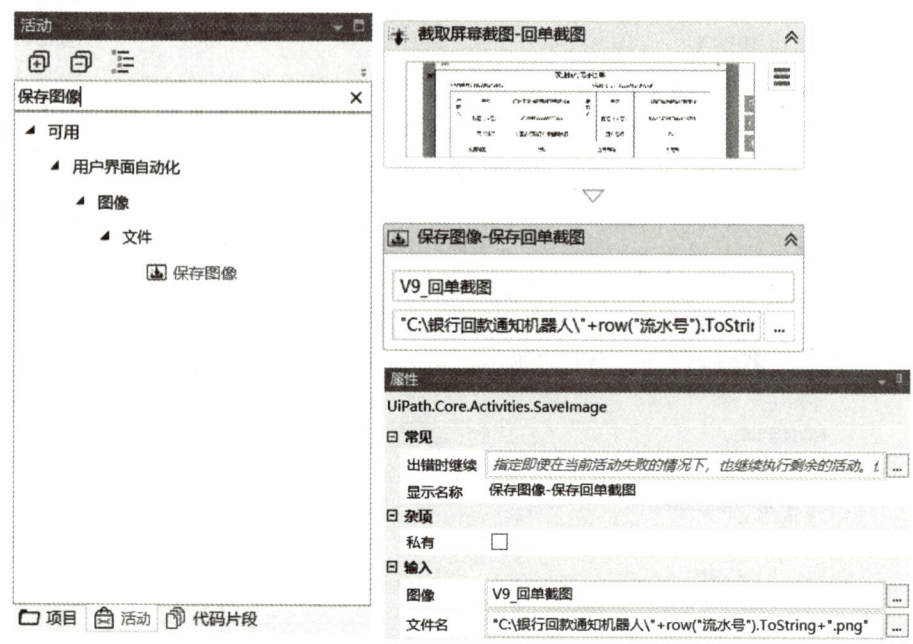

图4-2-030 【保存图像-保存回单截图】界面

2.11.5 中断对于每一行的循环

在【活动面板】中搜索【中断】活动控件，选中【中断】拖拽至设计面板中【保存图像-保存回单截图】活动下，在【属性面板】中，将【显示名称】修改为【中断-结束对于每一行循环】，如图4-2-031所示。

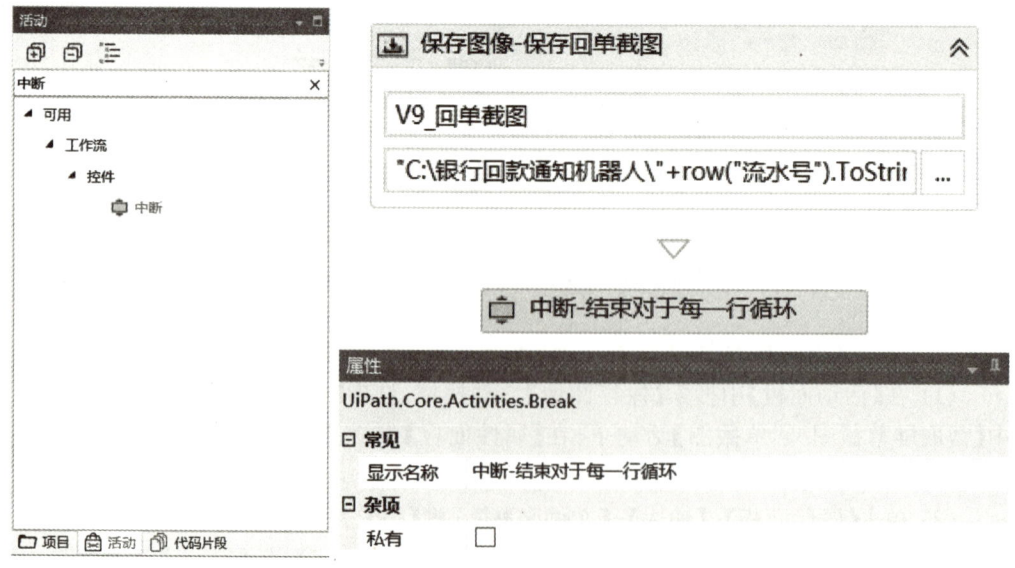

图4-2-031 【中断-结束对于每一行循环】界面

2.12 发送邮件

2.12.1 添加序列集成操作步骤

在【活动面板】中搜索【序列】活动控件,选中【序列】拖拽至【(9)序列】活动下,重命名为【(12)序列-发送邮件】。

银行回款通知
机器人-发送
邮件

2.12.2 清除数据抓取的记录

(1)在【活动面板】中搜索【清除数据表】活动控件,选中【清除数据表】拖拽至设计面板中【(12)序列】活动内,在【属性面板】中,将【显示名称】修改为【清除数据表-账户明细查询结果】。

(2)选中【属性面板】-【输入】-【数据表】输入框,键入空格,双击选中【V6_账户明细结果】变量,单击属性面板空白处,完成变量的引用,如图4-2-032所示。

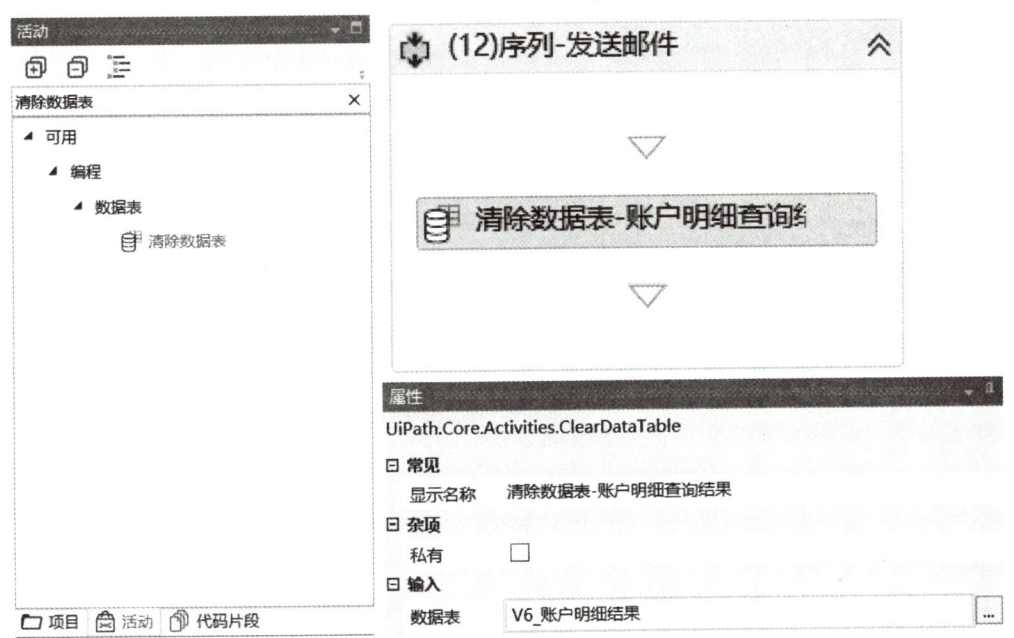

图4-2-032 【清除数据表-账户明细查询结果】界面

2.12.3 退出浏览器

(1)在【活动面板】中搜索【关闭选项卡】活动控件,选中【关闭选项卡】拖拽至设计面板中【清除数据表-账户明细查询结果】活动下,在【属性面板】中,将【显示名称】修改为【关闭选项卡-退出谷歌浏览器】。

(2)选中【属性面板】-【输入】-【浏览器】输入框,键入空格,双击选中【V3_浏览器】变量,单击属性面板空白处,完成变量的引用。

2.12.4 读取销售人员通讯表

(1)在【活动面板】中搜索【读取范围】活动控件,选中【系统】-【文件】-【工作簿】-

【读取范围】拖拽至设计面板中【关闭选项卡-退出谷歌浏览器】活动下,在【属性面板】中,将【显示名称】修改为【读取范围-销售人员通讯表】。

(2) 在【属性面板】中,设置相关属性:

① 单击【输入】—【工作簿路径】输入框的【…】,在弹窗输入【"C:\ 银行回款通知机器人\销售人员通讯表.xlsx"】。

② 选中【输入】—【范围】,将【"A1:A2"】修改为【""】。

③ 选中【输出】—【数据表】输入框,单击右键,选择【创建变量】,输入【"V10_销售人员通讯表"】,输入完成后单击属性面板空白处,完成创建变量操作。打开【变量面板】,选中【V10_销售人员通讯表】,将变量类型保存为【DataTable】,将其范围修改为【序列-银行回款通知机器人】,如图4-2-033所示。

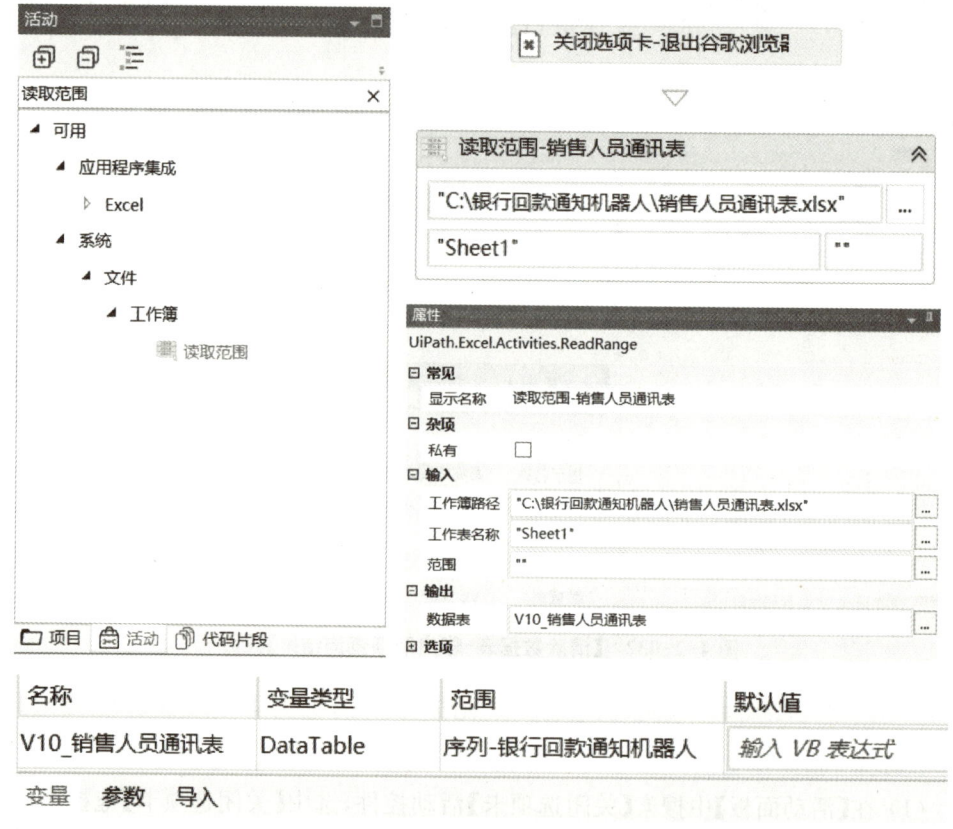

名称	变量类型	范围	默认值
V10_销售人员通讯表	DataTable	序列-银行回款通知机器人	输入 VB 表达式

变量　参数　导入

图4-2-033　【读取范围-销售人员通讯表】界面

2.12.5　汇总对通讯表每一行执行

(1) 在【活动面板】中搜索【对于每一个行】活动控件,选中【对于每一个行】拖拽至设计面板中【读取范围-应收表数据】活动下,在【属性面板】中,将【显示名称】修改为【对于每一个行-汇总对通讯表每一行操作】。

（2）选中【属性面板】-【输入】-【浏览器】输入框，键入空格，双击选中【V10_销售人员通讯表】变量，单击属性面板空白处，完成变量的引用。

（3）选中【对于每一个行-汇总对通讯表每一行操作】活动控件，将【row】修改为【row3】，如图 4-2-034 所示。

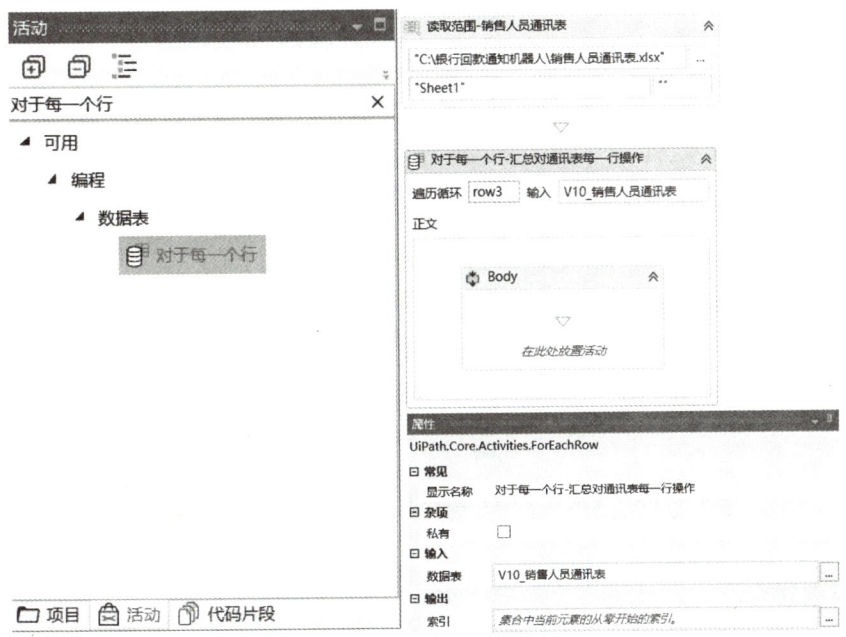

图 4-2-034 【对于每一个行-汇总对通讯表每一行操作】界面

2.12.6　将回单截图发送至邮箱

（1）在【活动面板】中搜索【发送 SMTP 邮件消息】活动控件，选中【发送 SMTP 邮件消息】拖拽至设计面板中【对于每一个行-汇总对通讯表每一行操作】-【Body】活动内，在【属性面板】中，将【显示名称】修改为【发送 SMTP 邮件消息-将截图发送至邮箱】。

（2）在【属性面板】中，设置相关属性：

① 选中【收件人】-【至】输入框，输入【row3("邮箱").ToString】。

② 选中【电子邮件】-【主题】输入框，输入【"回款通知"】。

③ 选中【电子邮件】-【正文】输入框，输入【"恭喜回款"＋row("贷方金额").ToString】。

④ 选中【主机】-【服务期】输入框，输入【"smtp.qq.com"】。

⑤ 选中【主机】-【端口】输入框，输入【465】。

⑥ 选中【登录】-【密码】输入框，输入【"dndlbbdaj"】。

⑦ 选中【登录】-【电子邮件】输入框，输入【"101490@qq.com"】。注意此处输入发

件人的邮箱账号,如图 4-2-035 所示。

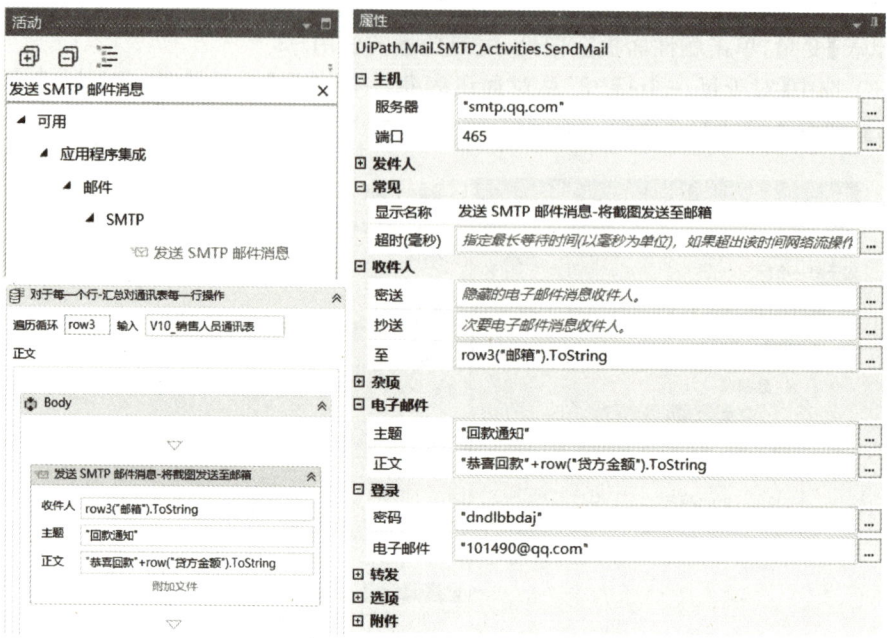

图 4-2-035 【发送 SMTP 邮件消息-将截图发送至邮箱】界面

> **温馨提示**
>
> 为了保障用户邮箱的安全,邮箱设置了 POP3/SMTP/IMAP 的开关。系统默认设置是【关闭】,在用户需要这些功能时请【开启】。
> ① 首先,登录邮箱,进入【设置>账户】。
> ② 然后,在账户设置中,找到设置项,开启【IMAP/SMTP 服务选项】。
> ③ 根据提示要求,使用手机发送短信后点击【我已发送】。
> ④ 复制生成的授权码,粘贴到 UiPath 中【发送 SMTP 邮件消息】的【属性>登录>密码】输入框内。

2.12.7 修改回款记录的发送状态

(1) 在【活动面板】中搜索【写入单元格】活动控件,选中【系统】-【文件】-【工作簿】-【写入单元格】拖拽至设计面板中【对于每一个行-汇总对通讯表每一行操作】活动下,在【属性面板】中,将【显示名称】修改为【写入单元格-修改发送状态】。

(2) 在【属性面板】中,设置相关属性:

① 单击【输入】-【工作簿路径】的输入框【…】,打开表达式编辑器弹窗,输入【"C:\银行回款通知机器人\应收表.xlsx"】。

② 单击【目标】-【单元格】输入框的【…】,在弹窗中输入【"H"+(V2_应收表行数+2).ToString】。

③ 单击【目标】-【工作表名称】的输入框,将【"Sheet1"】修改为【"Sheet2"】。

④ 选中【输入】—【文本】的输入框,输入【"已发送"】,如图 4-2-036 所示。

图 4-2-036 【写入单元格-修改发送状态】界面

任务 3　银行回款通知机器人测试

学生将开发完成的银行回款通知机器人在平台进行运行测试,测试步骤如下。

【视频合集】银行回款通知机器人

1. 检查核对

打开指定邮箱,显示邮箱没有相关回款通知邮件。

2. 运行机器人

打开 UiPath Studio 窗口,点击【菜单面板】左侧的【运行】按钮,运行银行回款通知抓取机器人。

【运行视频】银行回款通知机器人

 3. 运行结果

运行结束后,重新点开指定邮箱,邮箱中显示所获取的银行回款邮件,如图

4-2-037所示。

图 4-2-037 【邮箱】界面

任务4 银行回款通知抓取机器人应用

学生应根据银行回款业务场景,利用机器人抓取回款数据并发送到邮箱,利用回款信息进行客户回款分析,并完成分析报告。

1. 获取回款信息

获取一个月期间的银行回款信息。

2. 分析数据

根据表4-2-001指标对银行回款信息进行统计分析,并完成100～200字的分析报告。

表 4-2-001 银行回款信息

序号	分析指标	备注
1	客户回款统计表	分析一月份的数据
2	客户按期回款率	分析一月份的数据
3	客户逾期回款率	分析一月份的数据

思政园地

有效回款，持续发展

银行回款是指有些企业以代销的形式销售商品，销售商品时并不立即结款，而是通过企业信用，以后定期结款，回款是销售业务的重要环节，只有提高业绩和提高回款质量，企业才能持续发展。

结合现代企业的内部控制理念，企业应选择与客户相适应的结算方式，加快款项回收；建立票据管理制度，特别是商业汇票、赊销管理。销售部门应负责应收款项的催收，回款及时入账，不得账外设账、坐支现金。

项目重难点总结

重点：

(1) 银行回款通知机器人的整体设计思路。

(2) 银行回款通知机器人的测试及结果展示。

(3) 银行回款通知机器人的拓展应用。

难点：

(1) 银行回款通知机器人的开发过程。

(2) 银行回款通知机器人所使用控件的掌握。

课后实践训练

线上作业：将线下完成的作业上传"智慧职教——职教云"平台，进行头脑风暴、小组评比等教学活动。

项目3　费用报销数据校验机器人(以业务招待费为例)

费用报销是指业务经办部门在业务发生取得原始凭据后,按规定的审批程序办理的经费结算活动。财务会计依据行政部门制定的各项经费支出标准执行,审核本单位的费用报销申请,做到节约使用各项资金,提高经费使用效率,对专项资金做到专款专用。基于 UiPath Studio 平台设计开发的费用报销数据校验机器人可以实现上述功能,本项目以业务招待费的费用报销为例进行介绍。

📖 项目成果

完成费用报销数据校验机器人之业务招待费机器人的设计开发。

✏️ 项目目标

(1) 熟练序列、打开浏览器、最大化窗口、读取单元格、输入信息、单击、单击图像、发送热键、存在元素、IF 条件、数据抓取、附加浏览器、提取结构化数据、对于每一个行、获取文本、赋值、读取文本、关闭应用程序、写入范围等操作控件的使用。

(2) 使用控件进行费用报销数据校验机器人之业务招待费机器人设计开发。

(3) 能够归纳总结费用报销数据校验机器人之业务招待费机器人设计流程。

(4) 能够在实践中拓展应用 RPA。

📖 项目内容

(1) RPA 设计:根据业务流程,设计费用报销数据校验机器人之业务招待费机器人开发流程。

(2) RPA 开发:利用 UiPath Studio 平台进行费用报销数据校验机器人之业务招待费机器人开发。

(3) RPA 测试:对开发完成的费用报销数据校验机器人之业务招待费机器人进行调试运行。

(4) RPA 应用:通过案例,引导学生熟练应用费用报销数据校验机器人之业务招待费机器人。

🚩 项目流程

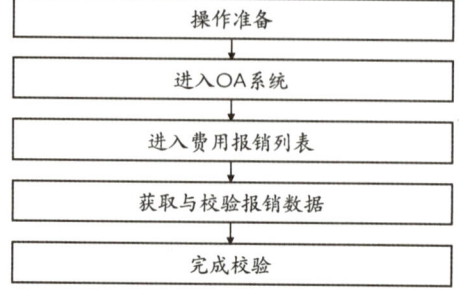

项目控件

序号	控件名称	控件图标	控件功能
1	序列	序列 ▽ 在此处放置活动	根据单个定义的顺序执行一组子活动
2	打开浏览器	打开浏览器 在此处插入 URL。必须用引号将文本括起 Do ▽ 在此处放置活动	根据网站地址打开浏览器
3	最大化窗口	最大化窗口	最大化指定的窗口
4	读取单元格	读取单元格 工作薄路径。必须用引号将文本括起 … "Sheet1" "A1"	将电子表格中指定单元格的值读取为字符串
5	输入信息	T 输入信息 指明在屏幕上 必须用引号将文本括起 +	将文本值输入到选定的用户界面元素
6	单击	单击 指明在屏幕上	单击指定的用户界面元素
7	单击图像	单击图像 指出屏幕上的图像	搜索用户界面元素中的图像,并单击该图像
8	发送热键	发送热键 指明在屏幕上 Alt Ctrl Shift Win 键值 □ □ □ □ ▼	发送键盘快捷方式至用户界面

（续表）

序号	控件名称	控件图标	控件功能
9	存在元素	存在元素 指明在屏幕上	能检验是否存在用户界面元素
10	IF 条件	条件 Condition 输入VB表达式 Then Else 在此处放置活动 在此处放置活动	根据设置的条件判断,条件成立时执行 Then 范围的活动,条件不成立时执行 Else 范围的活动
11	数据抓取	数据抓取	实现浏览器、应用程序或文档界面结构化数据提取至数据表中
12	对于每一个行	对于每一个行 遍历循环 row 输入 输入VB表达式 正文 Body 在此处放置活动	对提供的数据表的每一行执行一次操作
13	获取全文本	获取全文本 指明在屏幕上	使用全文屏幕抓取方法从指定的用户界面元素中提取一个字符串及其信息
14	获取文本	获取文本 指明在屏幕上	从指定用户界面元素提取文本值
15	赋值	赋值 To = 输入VB表达式	设置工作流变量值
16	读取文本	读取文本 文档路径,必须将文本放入引号中 文档中的文本	读取文档中的所有文本
17	关闭应用程序	关闭应用程序 指明在屏幕上	关闭指定应用程序

任务 1　费用报销数据校验机器人之业务招待费机器人设计

基于 UiPath Studio 平台设计的费用报销数据校验机器人之业务招待费机器人，能高效并随时获取 OA 网站报销信息，通过浏览器、Excel、OA 等平台及交互软件，将其保存在本地的表格文件中，为使用者提供业务招待数据进行相关费用分析并做出明智的招待费用监管决策。费用报销数据校验机器人之业务招待费机器人整体设计思路如下：

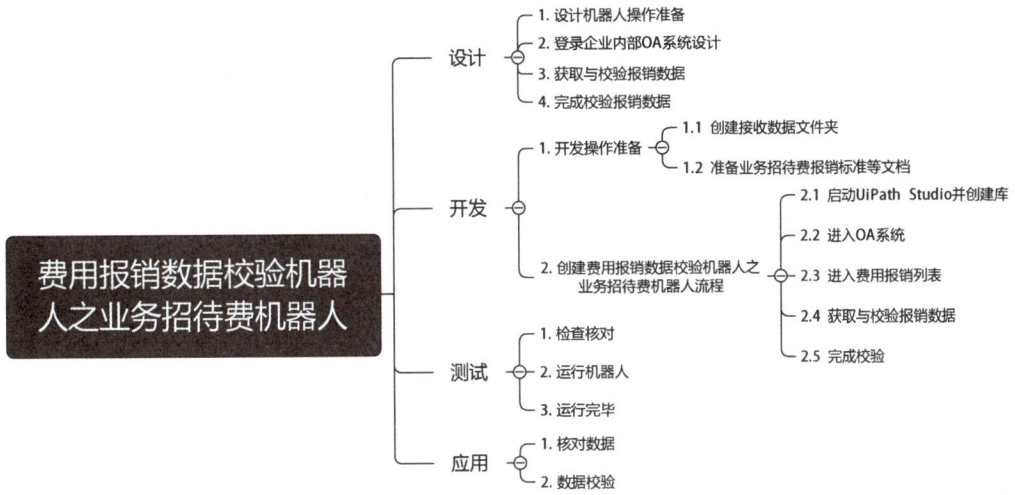

任务 2　费用报销数据校验机器人之业务招待费机器人开发

1. 开发操作准备

1.1　创建接收数据文件夹

在【C:\】创建一个文件夹，命名为【费用报销数据校验机器人之业务招待费】。

1.2　准备业务招待费报销标准等文档

本项目需要用到的【业务招待费报销标准.docx】【OA 协同办公软件登录信息.xlsx】与【OA 协同办公软件查询时间段.xlsx】存储到该文件夹中，如图 4-3-001 所示。

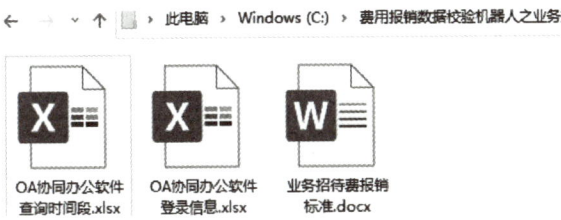

图 4-3-001　【费用报销数据校验机器人之业务招待费】界面

2. 创建费用报销数据校验机器人之业务招待费机器人流程

2.1 启动 UiPath Studio 并创建库

（1）打开 UiPath Studio 界面，新建空白库，重命名为【费用报销数据校验机器人之业务招待费】，存储路径选择【C:\费用报销数据校验机器人之业务招待费】。

（2）单击界面顶部菜单栏的【设计】-【管理程序包】打开管理程序包弹窗，在搜索框中输入【word】，选中【所有程序包】-【UiPath.Word.Activities】，单击【版本】-【1.3.2】右边的【安装】选项。单击【保存】按钮，等待出现【许可证接受】弹窗后，单击【我接受】选项完成安装，如图 4-3-002 所示。

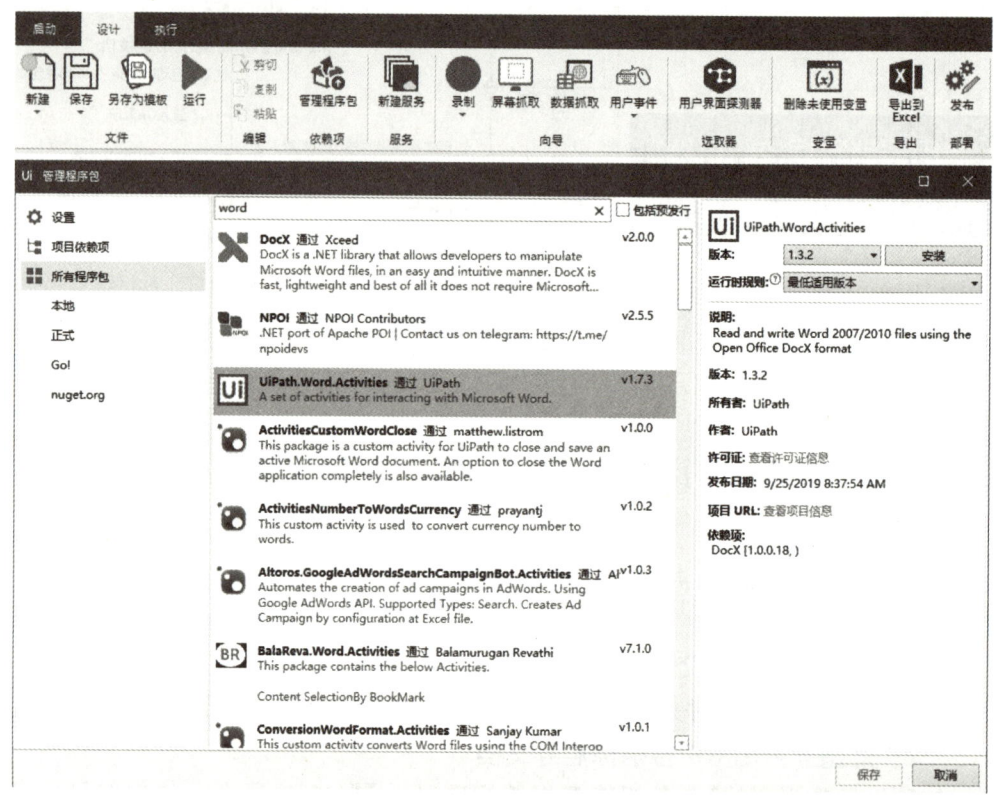

图 4-3-002 【费用报销数据校验机器人之业务招待费】界面

（3）在活动面板，点击【项目】选项卡，选中【NewActivity.xaml】，鼠标右键选择【重命名】选项，选中【至：】输入框，重命名该项目为【费用报销数据校验机器人之业务招待费】，点击【确定】，双击打开项目文件。

2.2 进入 OA 系统

2.2.1 添加【序列】活动控件

（1）添加【序列】活动控件，至【设计面板】中，重命名为【序列-费用报销数据校验机器人之业务招待费】。

费用报销数据
校验机器人-
进入 OA 系统

（2）添加【序列】活动控件，拖拽至设计面板中【序列-费用报销数据校验机器人之业务招待费】活动内，重命名为【(2)序列-进入 OA 系统】，如图 4-3-003 所示。

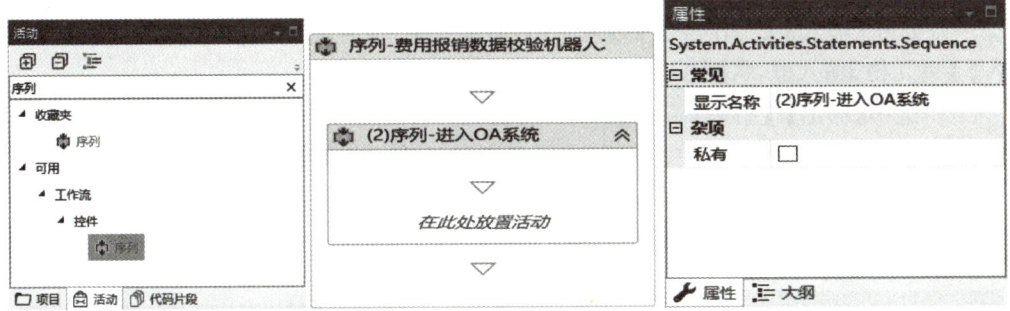

图 4-3-003 【(2)序列-进入 OA 系统】界面

2.2.2 添加打开浏览器-登录 OA 系统

（1）在【活动面板】中搜索【打开浏览器】活动控件，选中【打开浏览器】拖拽至【(2)序列】活动内，重命名为【打开浏览器-登录 OA 系统】。

（2）在【属性面板】中，设置【输入】属性：

① 选中【URL】输入框的【…】，打开表达式编辑器弹窗，输入【"http://jy.hanzhisoft.com:8088/oa-system/"】。

② 选中【浏览器类型】输入框，单击选择【Chrome】，如图 4-3-004 所示。

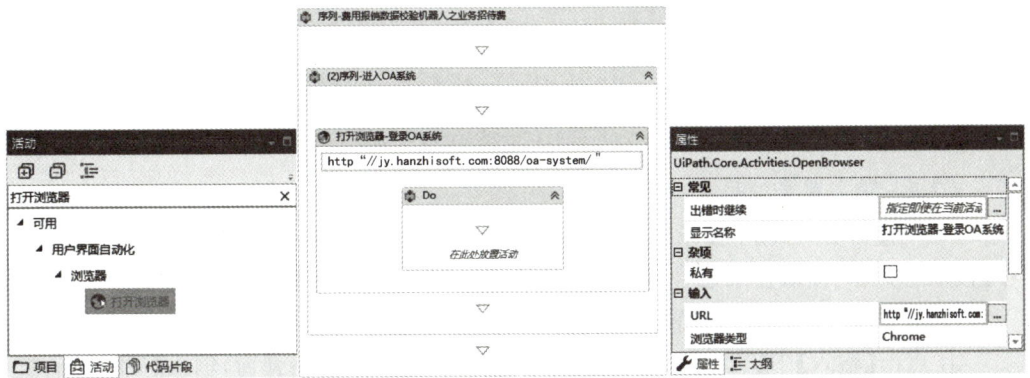

图 4-3-004 【打开浏览器-登陆 OA 系统】界面

2.2.3 将浏览器窗口最大化

在【活动面板】中搜索【最大化窗口】活动控件，选中【最大化窗口】拖拽至【打开浏览器-登录 OA 系统】-【Do】活动内，重命名为【最大化窗口-将浏览器窗口最大化】。

2.2.4 读取登录帐号

（1）在【活动面板】中搜索【读取单元格】活动控件，选中【系统】-【文件】-【工作簿】-【读取单元格】拖拽至设计面板中【最大化窗口-将浏览器窗口最大化】活动下，重命名为【读取单元格-读取登录帐号】。

（2）在【属性面板】中，设置相关属性：

① 选中【输入】-【工作簿路径】输入框的【…】，在弹窗中输入【"C:\费用报销数据校验机器人之业务招待费\OA协同办公软件登录信息.xlsx"】。

② 选中【输入】-【工作表名称】输入框，设置为【"Sheet1"】。选中【属性面板】-【输入】-【单元格】输入框，将【"A1"】修改为【"B2"】。

③ 选中【输出】-【结果】输入框，单击右键，选择【创建变量】，输入【V1_登录帐号】，输入完成后单击属性面板空白处，完成创建变量操作。打开【变量面板】，选中【V1_登录帐号】，将变量类型保存为【GenericValue】，将其范围修改为【序列-费用报销数据校验机器人之业务招待费】，如图4-3-005所示。

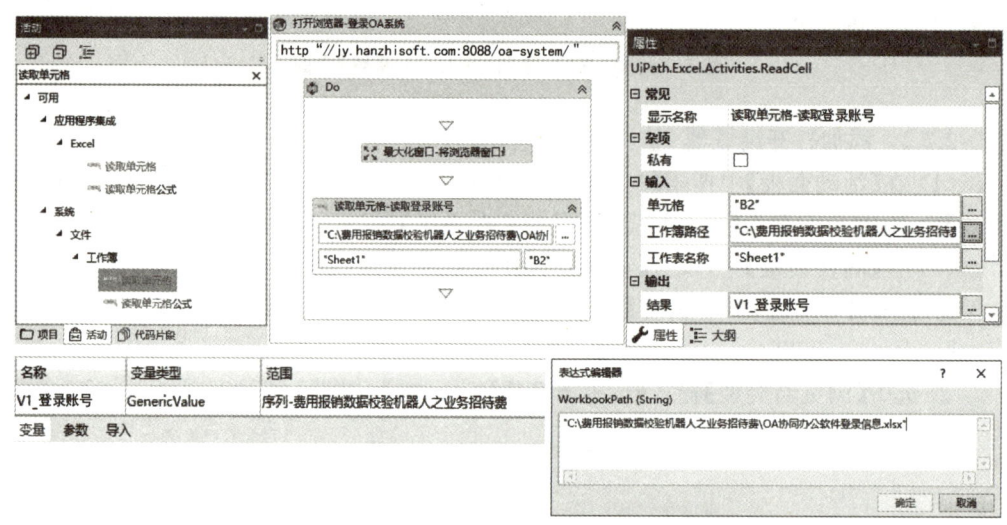

图4-3-005 【读取单元格-读取登录账号】界面

2.2.5 输入登录帐号

（1）在【活动面板】中搜索【输入信息】活动控件，选中【输入信息】拖拽至设计面板中【读取单元格-读取登录账号】活动下，重命名为【输入信息-输入登录账号】。

（2）在【属性面板】中，设置相关属性：

① 点击【输入】中【文本】输入框的【…】，打开表达式编辑器弹窗，输入【V1_登录帐号.ToString】。

② 勾选【选项】中的【空字段】和【发送窗口消息】选项。

（3）单击【指明在屏幕上】，自动跳转至浏览器页面，选中【账号】输入框，页面自动跳转至 UiPath Studio 操作界面，完成【指明在屏幕上】操作。如图4-3-006所示。

2.2.6 读取登录密码

（1）在【活动面板】中搜索【读取单元格】活动控件，选中【系统】-【文件】-【工作簿】-【读取单元格】拖拽至设计面板中【输入信息-输入登录账号】活动下，重命名为【读取单元格-读取登录密码】。

（2）在【属性面板】中，设置相关属性：

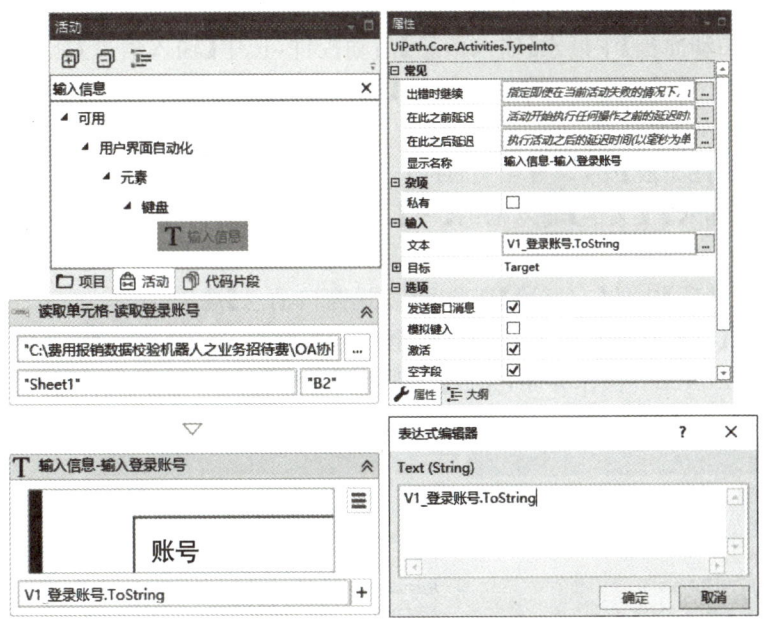

图4-3-006 【输入信息-输入登录账号】界面

① 选中【输入】-【工作簿路径】输入框的【…】，在弹窗中输入【"C:\费用报销数据校验机器人之业务招待费\OA 协同办公软件登录信息.xlsx"】。

② 选中【输入】-【工作表名称】输入框，设置为【"Sheet1"】。选中【属性面板】-【输入】-【单元格】输入框，将【"A1"】修改为【"C2"】。

③ 选中【输出】-【结果】输入框，单击右键，选择【创建变量】，输入【V2_登录密码】，输入完成后单击属性面板空白处，完成创建变量操作。打开【变量面板】，选中【V2_登录密码】，将变量类型保存为【GenericValue】，将其范围修改为【序列-费用报销数据校验机器人之业务招待费】，如图4-3-007 所示。

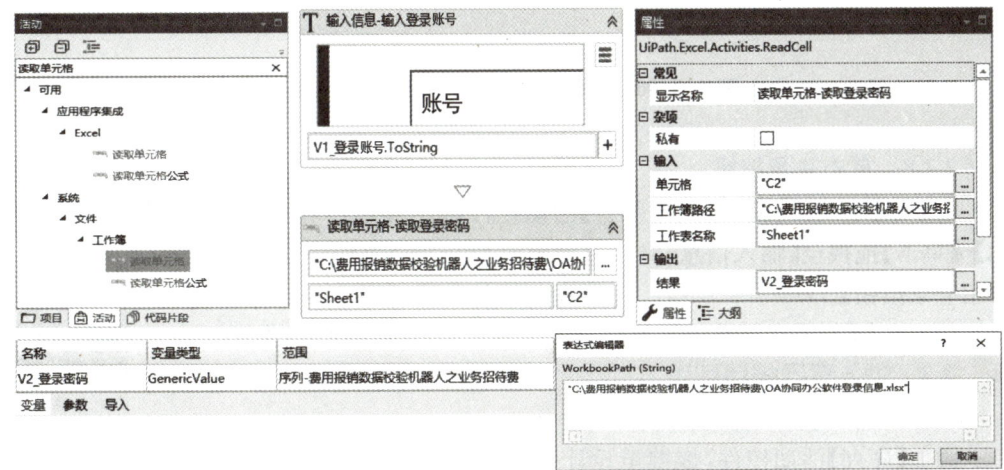

图4-3-007 【读取单元格-读取登录密码】界面

2.2.7 输入登录密码

(1) 在【活动面板】中搜索【输入信息】活动控件,选中【输入信息】拖拽至设计面板中【读取单元格-读取登录密码】活动下,在【属性面板】中,将【显示名称】修改为【输入信息-输入登录密码】。

(2) 在【属性面板】中,设置相关属性:

① 单击【输入】—【文本】输入框的【…】,打开表达式编辑器弹窗,输入【V2_登录密码.ToString】。

② 勾选【选项】中的【空字段】选项和【发送窗口消息】选项。

(3) 单击【指明在屏幕上】,自动跳转至浏览器页面,选中【密码】输入框,页面自动跳转至 UiPath Studio 操作界面,完成【指明在屏幕上】操作,如图 4-3-008 所示。

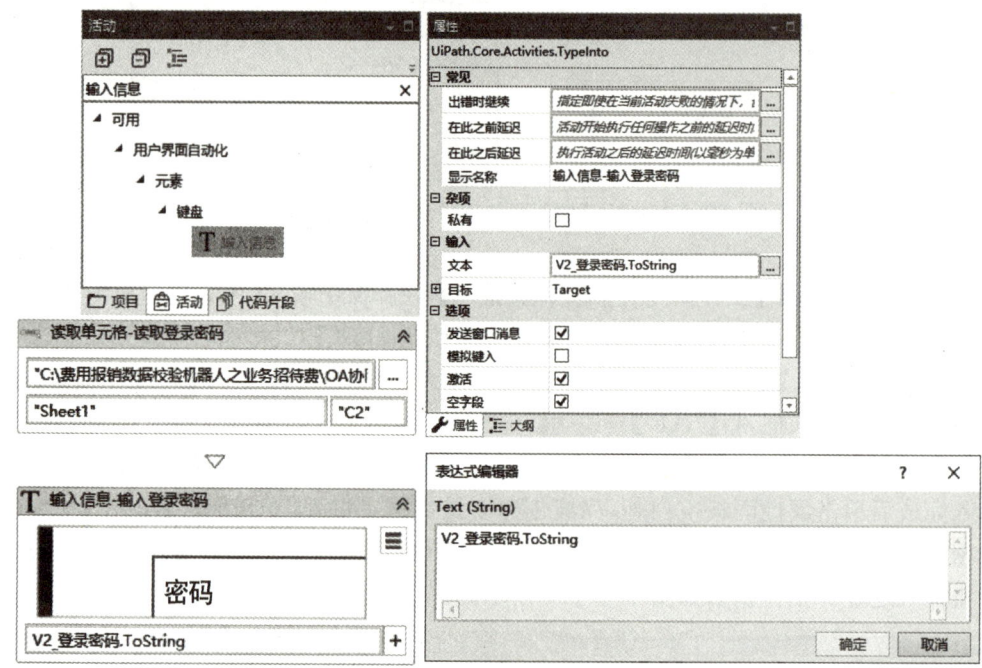

图 4-3-008 【输入信息-输入登录密码】界面

2.2.8 单击登录按钮

(1) 在【活动面板】中搜索【单击】活动控件,选中【用户界面自动化】—【元素】—【鼠标】—【单击】拖拽至【输入信息-输入登录密码】活动下,并重命名为【单击-单击登录按钮】。

(2) 单击【指明在屏幕上】,跳转至浏览器页面,选中【登录】选项。

2.3 进入费用报销列表

2.3.1 添加【序列】活动控件

添加【序列】活动控件,拖拽至设计面板中【(2)序列】活动下,并重命名为【(3)序列-进入费用报销列表】。

费用报销数据校验机器人-进入费用报销列表

2.3.2　单击报销业务

（1）在【活动面板】中搜索【单击】活动控件，选中【用户界面自动化】-【元素】-【鼠标】-【单击】拖拽至（3）序列】活动内。在【属性面板】中，将【显示名称】修改为【单击-单击报销业务】。

（2）单击【指明在屏幕上】，跳转至浏览器页面，选中浏览器页面顶部的【报销业务】选项，如图 4-3-009 所示。

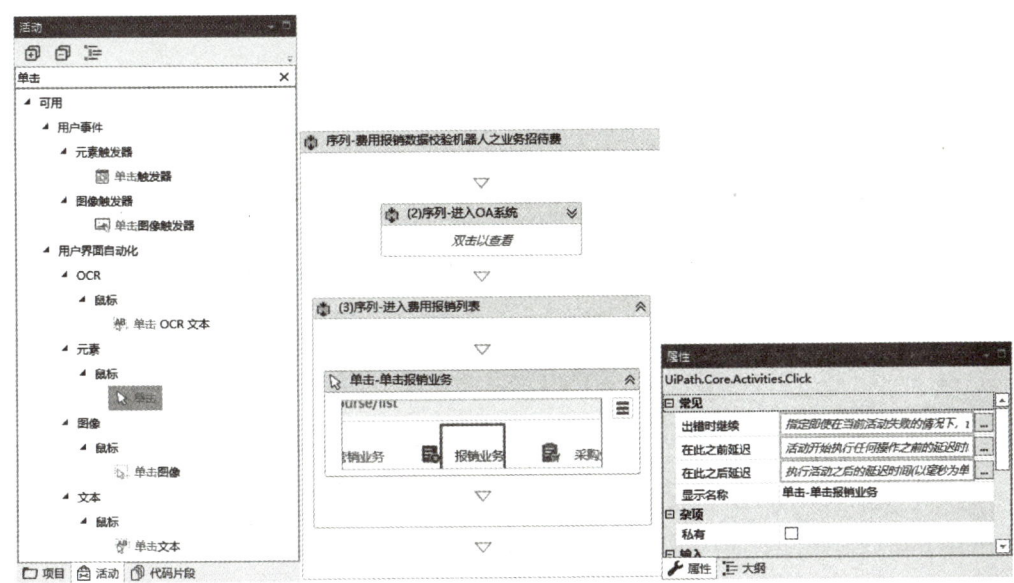

图 4-3-009　【单击-单击报销业务】界面

2.3.3　单击费用报销列表

（1）在【活动面板】中搜索【单击图像】活动控件，选中【单击图像】活动控件，拖拽至设计面板【单击-单击报销业务】活动下，在【属性面板】中，将【显示名称】修改为【单击图像-单击费用报销列表】。

（2）单击【指出屏幕上的图像】，跳转至浏览器页面，用红色方框选中浏览器页面顶部的【费用报销列表】选项。

2.3.4　单击审批意见

（1）在【活动面板】中搜索【单击】活动控件，选中【用户界面自动化】-【元素】-【鼠标】-【单击】拖拽至【单击图像-单击费用报销列表】活动下。在【属性面板】中，将【显示名称】修改为【单击-单击审批意见】。

（2）单击【指明在屏幕上】，跳转至浏览器页面，选中浏览器页面中间的【审批意见：】右边的下拉选项。

2.3.5　单击待审核

（1）添加【单击】活动控件，拖拽至【单击-单击审批意见】活动下。在【属性面板】中，将【显示名称】修改为【单击-单击待审核】。

（2）单击【指明在屏幕上】，跳转至浏览器页面，选中浏览器页面中间的【审核意见：】右边的下拉选项。

（3）选中【属性面板】-【光标位置】-【位置】下拉列表，并选择【Center】，选中【属性面板】-【光标位置】-【偏移 X】输入框，输入【0】，选中【属性面板】-【光标位置】-【偏移 Y】输入框，输入【114】，如图 4-3-010 所示。

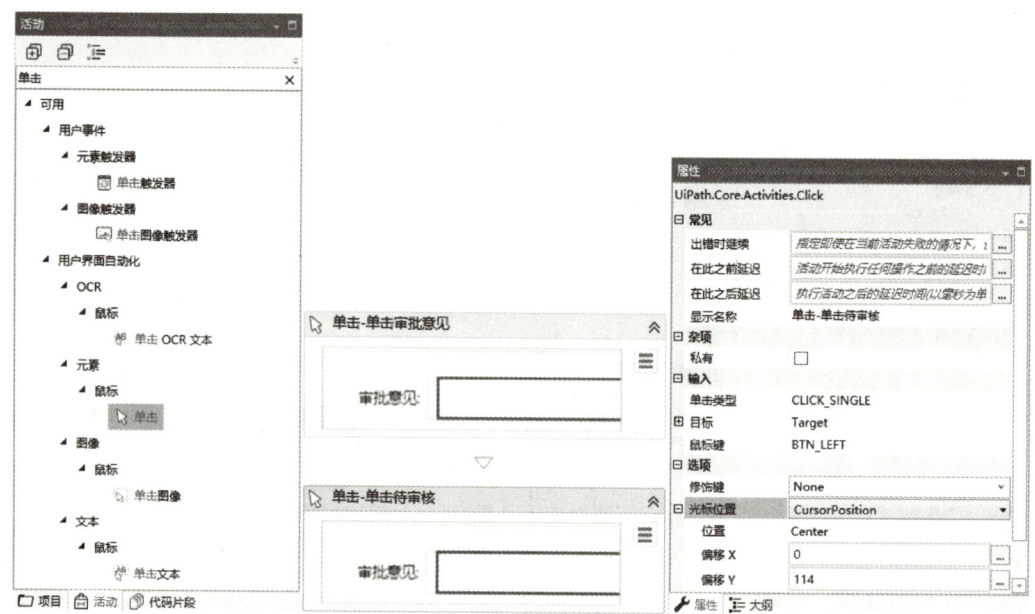

图 4-3-010 【单击-单击待审核】界面

2.3.6 单击费用类型

（1）添加【单击】活动控件，拖拽至【单击-单击待审核】活动下。在【属性面板】中，将【显示名称】修改为【单击-单击费用类型】。

（2）单击【指明在屏幕上】，跳转至浏览器页面，选中浏览器页面中间的【费用类型：】右边的下拉选项。

2.3.7 单击业务招待费

（1）添加【单击】活动控件，拖拽至【单击-单击费用类型】活动下。在【属性面板】中，将【显示名称】修改为【单击-单击业务招待费】。

（2）单击【指明在屏幕上】，跳转至浏览器页面，选中浏览器页面中间的【费用类型：】右边的下拉选项。

（3）选中【属性面板】-【光标位置】-【位置】下拉列表，并选择【Center】，选中【属性面板】-【光标位置】-【偏移 X】输入框，输入【0】，选中【属性面板】-【光标位置】-【偏移 Y】输入框，输入【38】，如图 4-3-011 所示。

2.3.8 单击填报日期输入框

（1）添加【单击】活动控件，拖拽至【单击-单击业务招待费】活动下。在【属性面板】中，将【显示名称】修改为【单击-单击填报日期输入框】。

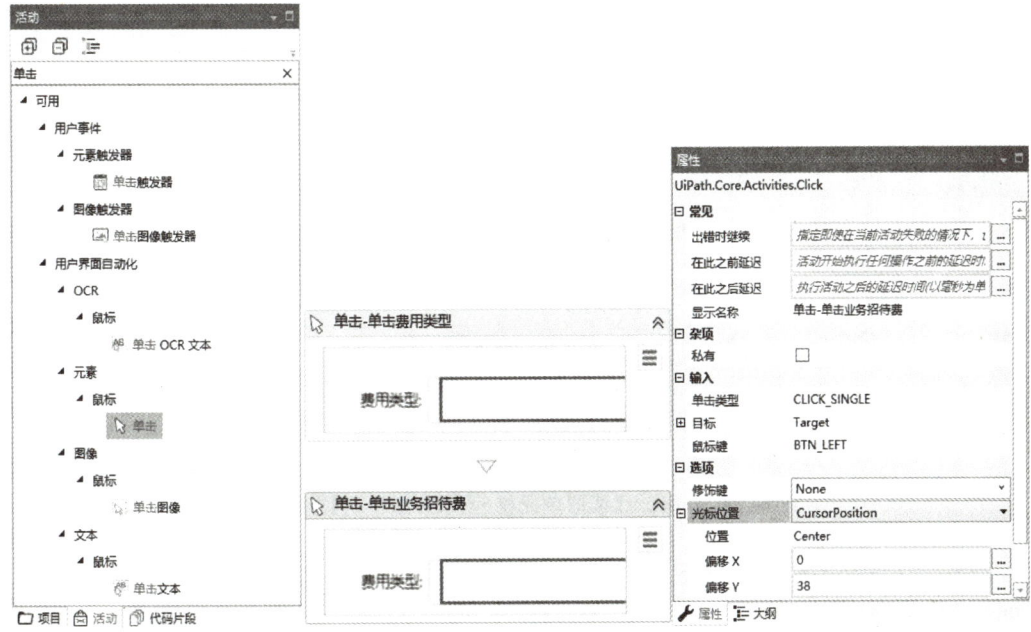

图 4-3-011 【单击-单击业务招待费】界面

（2）单击【指明在屏幕上】，跳转至浏览器页面，选中浏览器页面中间的【填报日期】右边的【开始日期】输入框。

2.3.9 读取开始日期

（1）在【活动面板】中搜索【读取单元格】活动控件，选中【系统】-【文件】-【工作簿】-【读取单元格】拖拽至设计面板中【单击-单击填报日期输入框】活动下，在【属性面板】中，将【显示名称】修改为【读取单元格-读取开始日期】。

（2）在【属性面板】中，设置相关属性：

① 选中【输入】-【工作簿路径】输入框的【…】，在弹窗输入【"C:\费用报销数据校验机器人之业务招待费\OA 协同办公软件查询时间段.xlsx"】。

② 选中【输入】-【工作表名称】输入框，在弹窗中输入【"Sheet1"】。选中【属性面板】-【输入】-【单元格】输入框，将【"A1"】修改为【"B2"】。

③ 选中【输出】-【结果】输入框，单击右键，选择【创建变量】，输入【V3_开始日期】，单击属性面板空白处，完成创建变量操作。打开【变量面板】，选中【V3_开始日期】，将变量类型保存为【GenericValue】，将其范围修改为【序列-费用报销数据校验机器人之业务招待费】，如图 4-3-012 所示。

2.3.10 输入开始日期

（1）在【活动面板】中搜索【输入信息】活动控件，选中【输入信息】拖拽至设计面板中【读取单元格-读取开始日期】活动下，在【属性面板】中，将【显示名称】修改为【输入信息-输入开始日期】。

（2）在【属性面板】中，设置相关属性：

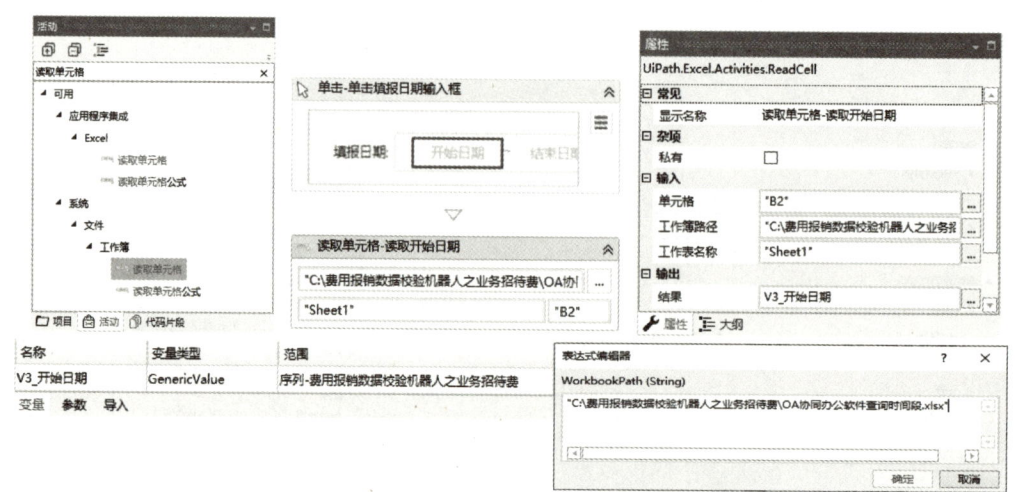

图 4-3-012　【读取单元格-读取开始日期】界面

① 选中【输入】-【文本】输入框的【…】,打开表达式编辑器弹窗,输入【V3_开始日期.ToString】。

② 勾选【选项】-【空字段】选项。

(3) 单击【指明在屏幕上】,跳转至浏览器页面,选中【填报日期:】右边的【开始日期】输入框,页面自动跳转至 UiPath Studio 操作界面,完成【指明在屏幕上】操作,如图 4-3-013 所示。

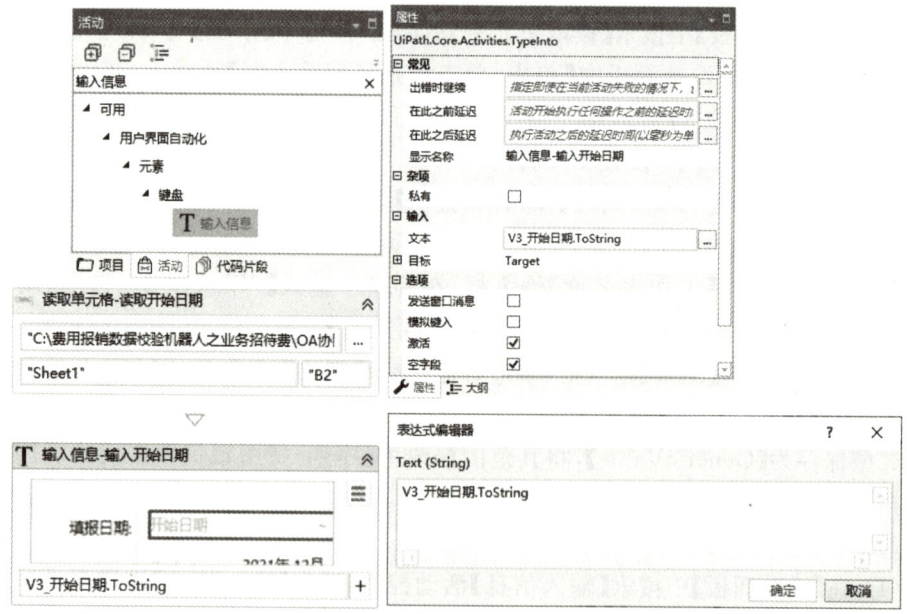

图 4-3-013　【输入信息-输入开始日期】界面

2.3.11 读取结束日期

（1）在【活动面板】中搜索【读取单元格】活动控件，选中【系统】-【文件】-【工作簿】-【读取单元格】拖拽至设计面板中【输入信息-输入开始日期】活动下，在【属性面板】中，将【显示名称】修改为【读取单元格-读取结束日期】。

（2）在【属性面板】中，设置相关属性：

① 选中【输入】-【工作簿路径】输入框的【…】，在弹窗输入【"C:\ 费用报销数据校验机器人之业务招待费\OA 协同办公软件查询时间段.xlsx"】。

② 选中【输入】-【工作表名称】输入框，在弹窗中输入【"Sheet1"】。选中【属性面板】-【输入】-【单元格】输入框，将【"A1"】修改为【"C2"】。

③ 选中【输出】-【结果】输入框，单击右键，选择【创建变量】，输入【V4_结束日期】，单击属性面板空白处，完成创建变量操作。打开【变量面板】，选中【V4_结束日期】，将变量类型保存为【GenericValue】，将其范围修改为【序列-费用报销数据校验机器人之业务招待费】，如图 4-3-014 所示。

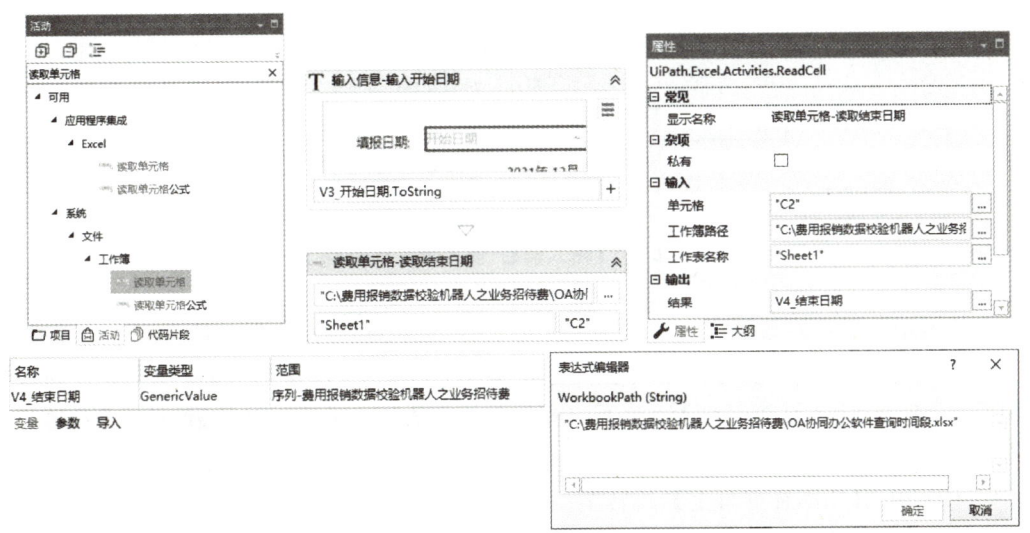

图 4-3-014 【读取单元格-读取结束日期】界面

2.3.12 输入结束日期

（1）在【活动面板】中搜索【输入信息】活动控件，选中【输入信息】拖拽至设计面板中【读取单元格-读取结束日期】活动下，在【属性面板】中，将【显示名称】修改为【输入信息-输入结束日期】。

（2）在【属性面板】中，设置属性：

① 选中【输入】-【文本】输入框的【…】，打开表达式编辑器弹窗，输入【V4_结束日期.ToString】。

② 勾选【选项】-【空字段】选项。

（3）单击【指明在屏幕上】，跳转至浏览器页面，选中【填报日期:】右边的【结束日期】输入框，页面自动跳转至 UiPath Studio 操作界面，完成【指明在屏幕上】操作，如图

4-3-015 所示。

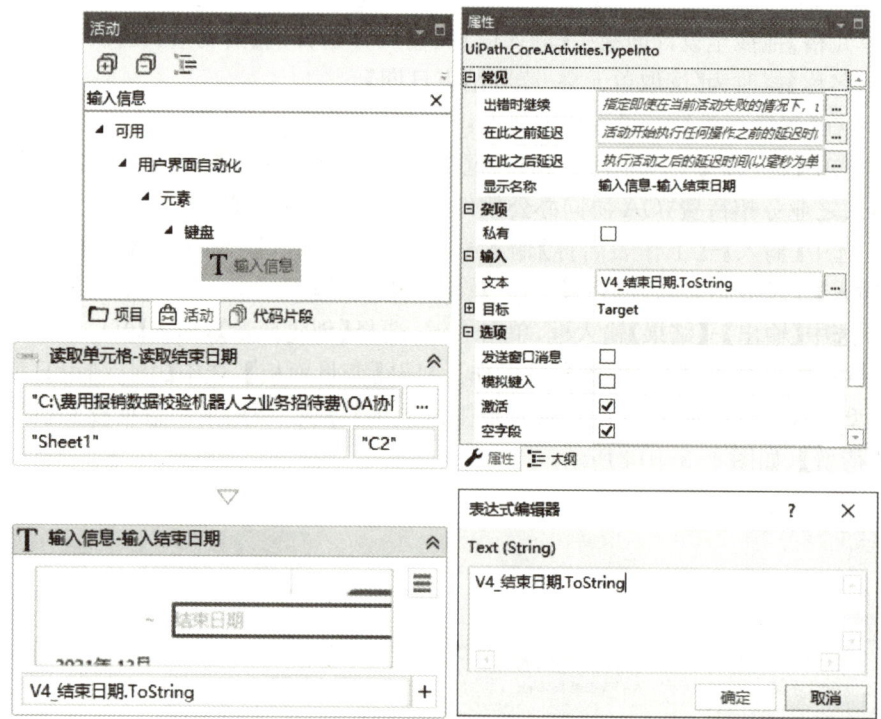

图 4-3-015 【输入信息-输入结束日期】界面

2.3.13 发送回车键

(1) 在【活动面板】中搜索【发送热键】活动控件,选中【发送热键】拖拽至设计面板中【输入信息-输入结束日期】活动下,在【属性面板】中,将【显示名称】修改为【发送热键-发送回车键】。

(2) 单击【指明在屏幕上】,跳转至浏览器页面,选中浏览器页面中间的【填报日期】右边【结束日期】输入框。

(3) 选中【键值】下方的下拉菜单,选中【Enter】。

2.3.14 单击查询

(1) 在【活动面板】中搜索【单击】活动控件,选中【用户界面自动化】-【元素】-【鼠标】-【单击】拖拽至【发送热键-发送回车键】活动下,重命名为【单击-单击查询】。

(2) 单击【指明在屏幕上】,跳转至浏览器页面,选中浏览器页面中间的【查询】选项。

(3) 选中【属性面板】-【常见】-【在此之后延迟】输入框,输入【3000】,如图 4-3-016 所示。

2.3.15 单击填报日期排序

(1) 添加【单击】活动控件,拖拽至【单击-单击查询】活动下。在【属性面板】中,【显示名称】,修改为【单击-单击填报日期排序】。

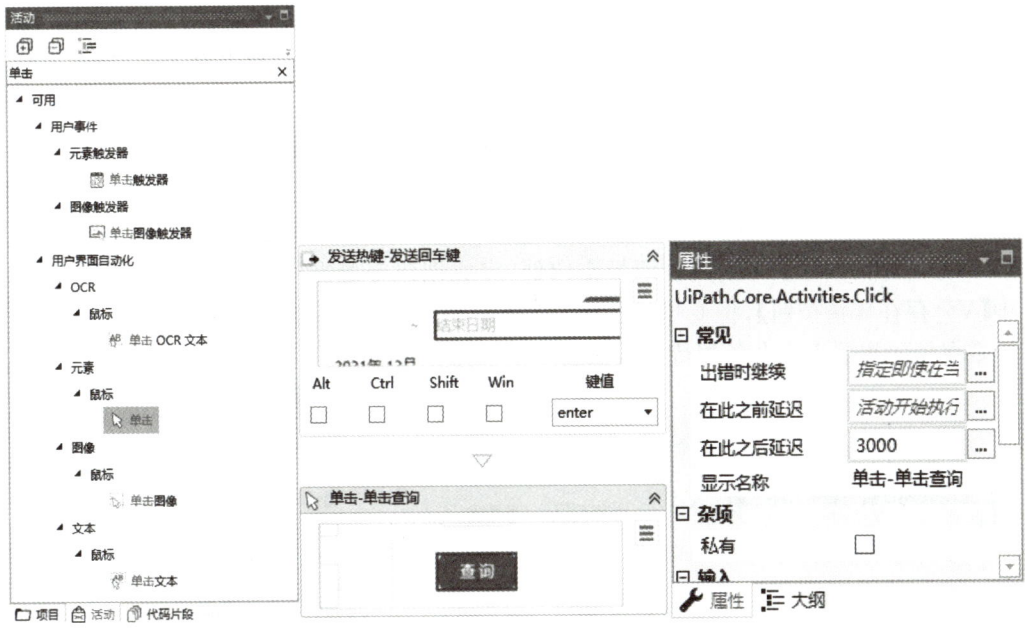

图 4-3-016 【单击-单击查询】界面

（2）单击【指明在屏幕上】，跳转至浏览器页面，选中浏览器页面中间的【填报日期】
表头右边的【排序】选项，如图 4-3-017 所示。

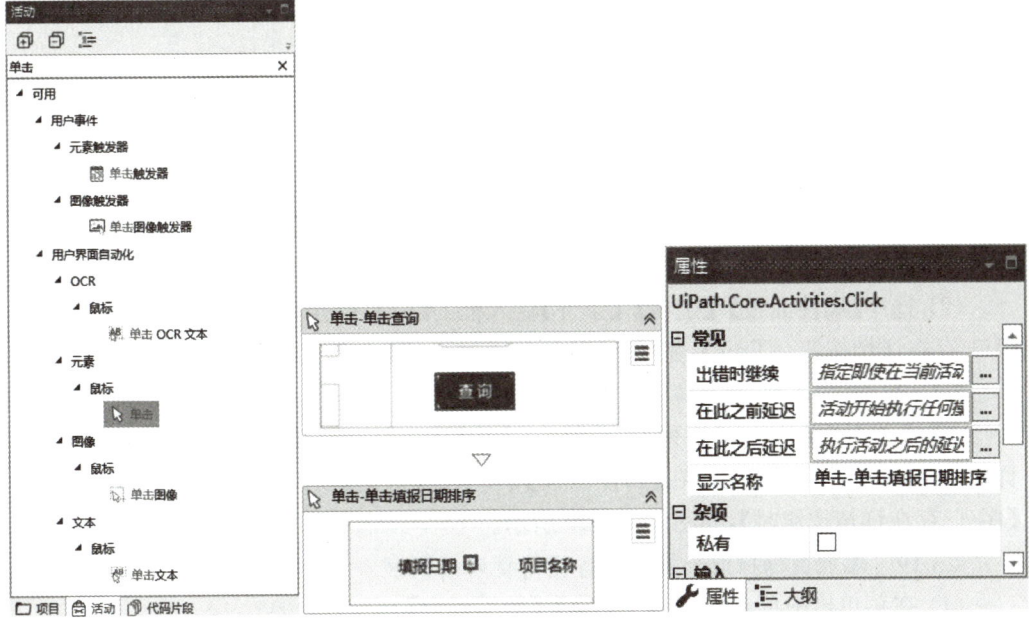

图 4-3-017 【单击-单击填报日期排序】界面

2.3.16 添加存在元素-存在详情

（1）在【活动面板】中搜索【存在元素】活动控件，选中【存在元素】拖拽至【单击-单击填报日期排序】活动下。在【属性面板】中，将【显示名称】修改为【存在元素-存在详情按钮】。

（2）单击【指明在屏幕上】，跳转至浏览器页面，选中浏览器页面右边列表中的第一个【详情】选项。

（3）选中【属性面板】-【输出】-【存在】输入框，单击右键，选择【创建变量】，输入【V5_存在详情按钮】，单击属性面板空白处，完成创建变量操作。打开【变量面板】，选中【V5_存在详情按钮】，将变量类型保存为【Boolean】，将其范围修改为【序列-费用报销数据校验机器人之业务招待费】，如图 4-3-018 所示。

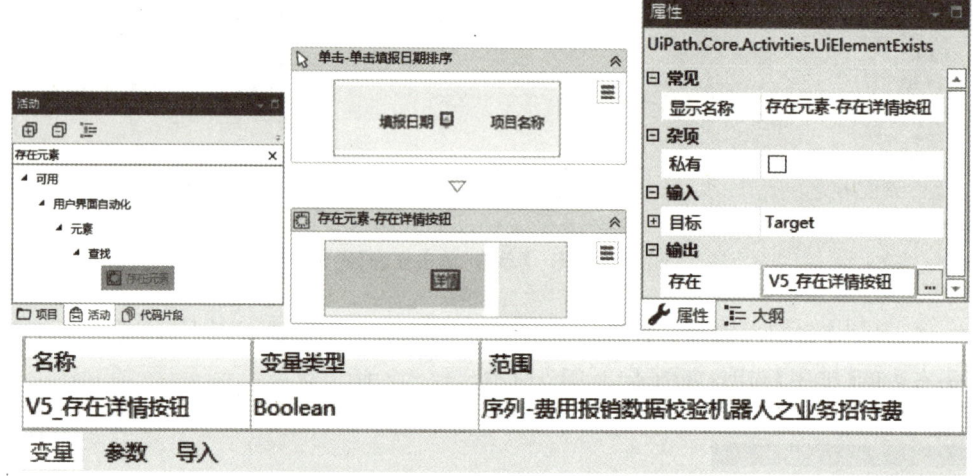

图 4-3-018 【存在元素-存在详情按钮】界面

2.3.17 判断是否存在详情选项

（1）在【活动面板】中搜索【IF 条件】活动控件，选中【IF 条件】拖拽至【存在元素-存在详情按钮】活动下。在【属性面板】中，将【显示名称】修改为【IF 条件-判断是否存在详情按钮】。

（2）选中【属性面板】-【杂项】-【条件】输入框的【…】，打开表达式编辑器弹窗，输入【V5_存在详情按钮＝True】，完成 IF 条件的编辑，如图 4-3-019 所示。

2.3.18 添加序列-存在详情按钮时操作

在【活动面板】中搜索【序列】活动控件，选中【序列】拖拽至【IF 条件-判断是否存在详情按钮】-【Then】活动中。在【属性面板】中，单击【常见】项下的【显示名称】，修改为【序列-存在详情按钮时】，如图 4-3-020 所示。

2.3.19 添加数据抓取—提取业务招待费申请列表

（1）在菜单栏中单击【设计】-【向导】-【数据抓取】。

（2）跳转到浏览器界面，单击【提取向导】-【选择元素】-【下一步】。选中浏览器页面中费用报销列表的【序号】。

图 4-3-019 【IF 条件-判断是否存在详情按钮】界面

图 4-3-020 【序列-存在详情按钮时】界面

（3）单击【提取表】-【是】。将【最大结果数（0 代表全部）】右边输入框中的【100】修改为【0】。单击【提取向导】-【预览数据】-【完成】，如图 4-3-021 所示。

图 4-3-021 【提取向导】-【预览数据】-【完成】界面

（4）单击【指出下一个链接】-【数据是否跨多个页面?】-【是】。选中浏览器页面中的【下一页】图标选项。

（5）选中已添加的【数据抓取】控件，拖拽至设计面板中【序列-存在详情按钮时】活动内。在【属性面板】中，单击【常见】项下的【显示名称】，修改为【数据抓取－提取业务招待费申请列表】。

（6）对活动控件【附加浏览器 'Page'】进行重命名，在【属性面板】中，单击【常见】项下的【显示名称】，修改为【附加浏览器-业务招待费申请列表】。

（7）对活动控件【提取结构化数据 'TABLE'】进行重命名，在【属性面板】中，单击【常见】项下的【显示名称】，修改为【提取结构化数据－提取业务招待费申请列表】。选中【属性面板】-【选项】-【页面之间延迟（毫秒）】输入框，将【300】修改为【3000】。

（8）打开【变量面板】，选中【ExtractDataTable】变量，名称修改为【V6_业务招待费申请列表】，变量类型设置为【DataTable】，范围修改为【序列-费用报销数据校验机器人之业务招待费】，如图 4-3-022 所示。

2.3.20 遍历业务招待费申请列表每一行

（1）在【活动面板】中搜索【对于每一个行】活动控件，选中【对于每一个行】拖拽至设计面板中【数据抓取-提取业务招待费申请列表】活动下，在【属性面板】中，将【显示名称】修改为【对于每一个行-遍历业务招待费申请列表每一行】。

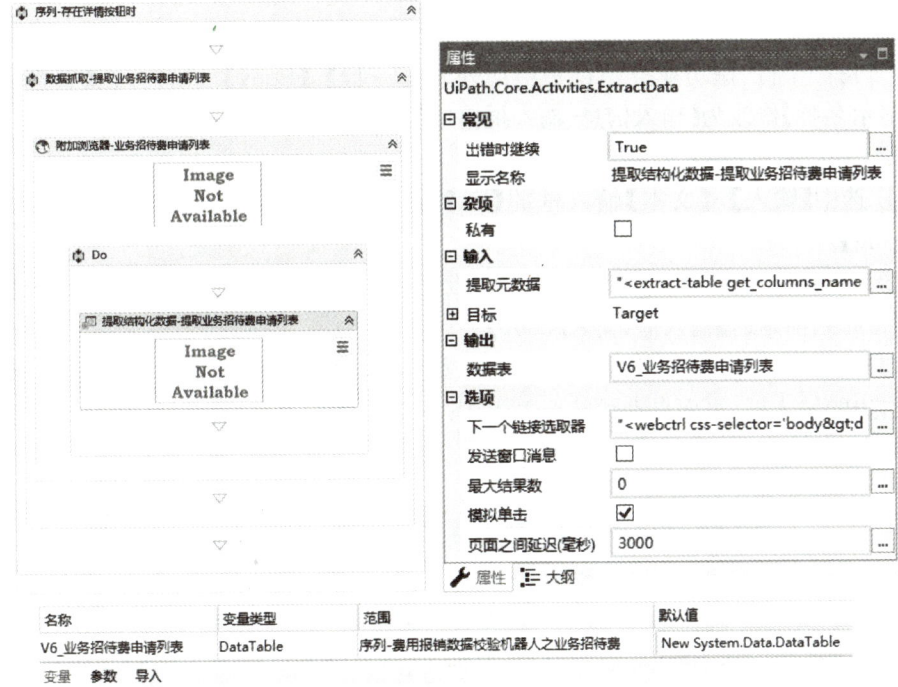

图 4-3-022 【提取结构化数据-提取业务招待费申请列表】界面

（2）选中【属性面板】-【输入】-【数据表】输入框，键入空格，双击选中【V6_业务招待费申请列表】变量，单击属性面板空白处，完成变量的引用，如图 4-3-023 所示。

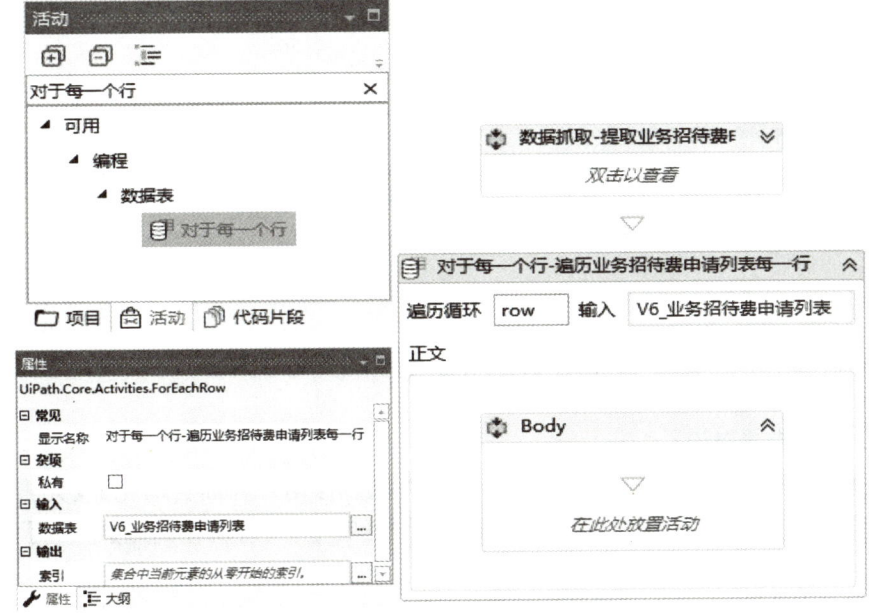

图 4-3-023 【对于每一个行-遍历业务招待费申请列表每一行】界面

2.3.21 输入报销单编号

（1）在【活动面板】中搜索【输入信息】活动控件，选中【输入信息】拖拽至设计面板中【对于每一个行-遍历业务招待费申请列表每一行】-【Body】活动内，在【属性面板】中，【显示名称】修改为【输入信息-输入报销单编号】。

（2）在【属性面板】中，设置相关属性：

① 选中【输入】-【文本】输入框的【…】，打开表达式编辑器弹窗，输入【row(1).ToString】。

② 勾选【选项】中的【空字段】选项和【发送窗口消息】选项。选中【属性面板】-【常见】-【在此之前延迟】输入框，输入【3000】。

（3）单击【指明在屏幕上】，跳转至浏览器页面，选中浏览器页面中间的【报销单编号：】右边的输入框，页面自动跳转至 UiPath Studio 操作界面，完成【指明在屏幕上】操作，如图 4-3-024 所示。

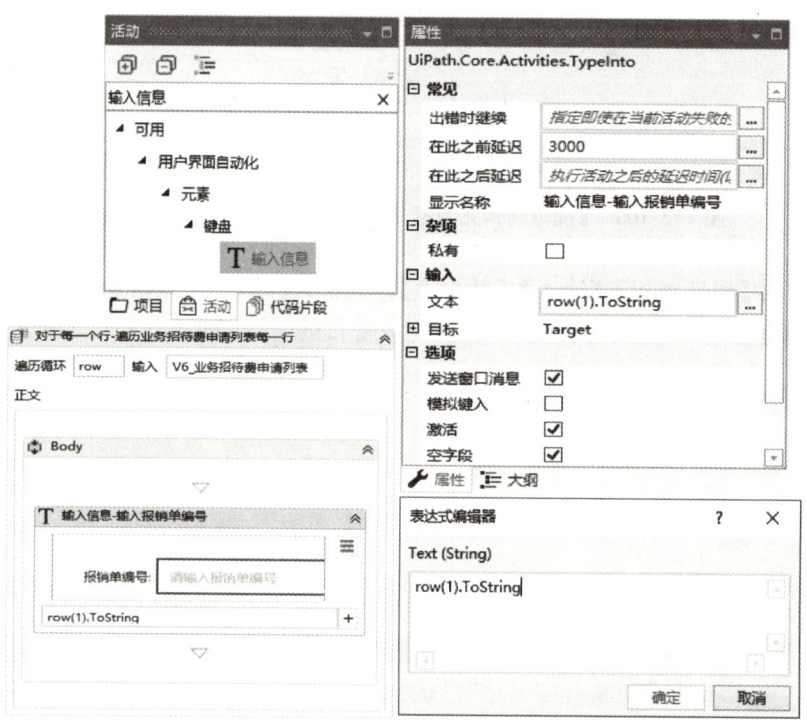

图 4-3-024 【输入信息-输入报销单编号】界面

2.3.22 单击查询

（1）在【活动面板】中搜索【单击】活动控件，选中【用户界面自动化】-【元素】-【鼠标】-【单击】拖拽至【输入信息-输入报销单编号】活动下。在【属性面板】中，将【显示名称】修改为【单击-单击查询按钮】。

（2）单击【指明在屏幕上】，跳转至浏览器页面，选中浏览器页面中间的【查询】选项。

2.3.23 单击详情

（1）添加【单击】活动控件，拖拽至【单击-单击查询按钮】活动下。在【属性面板】中，将【显示名称】修改为【单击-单击详情】。

（2）单击【指明在屏幕上】，跳转至浏览器页面，选中浏览器页面右边列表中的第一个【详情】选项。

（3）选中【属性面板】-【常见】-【在此之前延迟】输入框，输入【3000】，如图4-3-025所示。

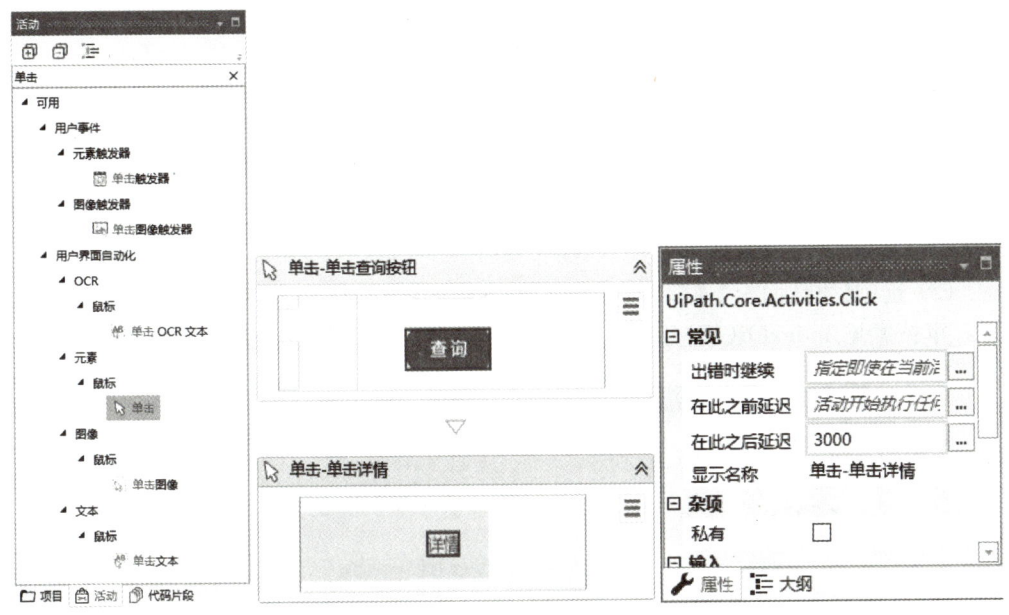

图 4-3-025 【单击-单击详情】界面

2.3.24 获取审核意见

（1）在【活动面板】中搜索【获取全文本】活动控件，选中【获取全文本】拖拽至【单击-单击详情】活动下。在【属性面板】中，将【显示名称】修改为【获取全文本-获取审核意见】。

（2）单击【指明在屏幕上】，跳转至浏览器页面，选中浏览器页面中间的【审核意见】单元格正下方的单元格的内容。

（3）选中【属性面板】-【输出】-【文本】输入框，单击右键，选择【创建变量】，输入【V7_审核意见】，单击属性面板空白处，完成创建变量操作。打开【变量面板】，选中【V7_审核意见】，将变量类型保存为【String】，将其范围修改为【序列-费用报销数据校验机器人之业务招待费】，如图 4-3-026 所示。

2.3.25 判断审核意见是否有财务总监

（1）在【活动面板】中搜索【IF 条件】活动控件，选中【IF 条件】拖拽至【获取全文本-获取审核意见】活动下。在【属性面板】中，将【显示名称】修改为【IF 条件-判断审核意见是否有财务总监】。

财务日常业务机器人设计与应用

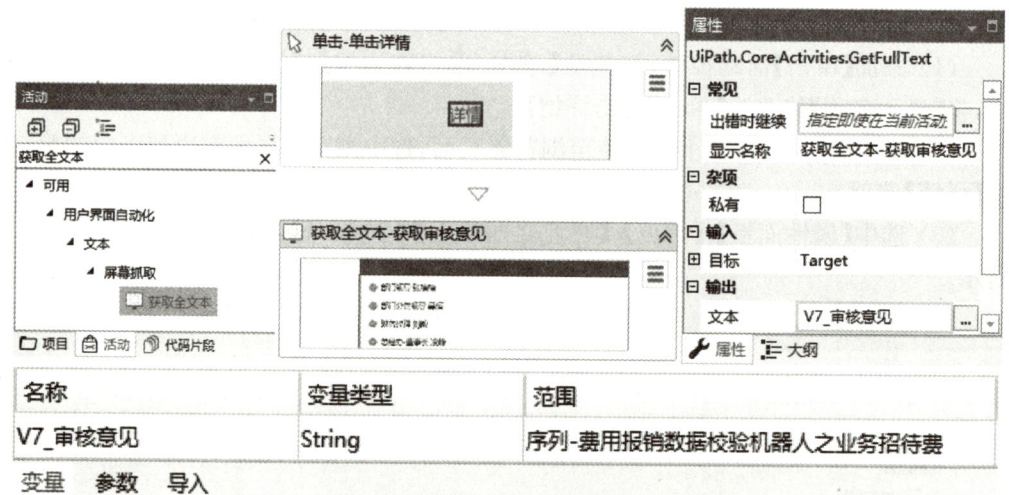

名称	变量类型	范围
V7_审核意见	String	序列-费用报销数据校验机器人之业务招待费

变量　参数　导入

图 4-3-026　【获取全文本-获取审核意见】界面

（2）选中【属性面板】-【杂项】-【条件】输入框的【…】，打开表达式编辑器弹窗，输入【V7_审核意见.IndexOf("财务总监")＜0】，完成 IF 条件的编辑，如图 4-3-027 所示。

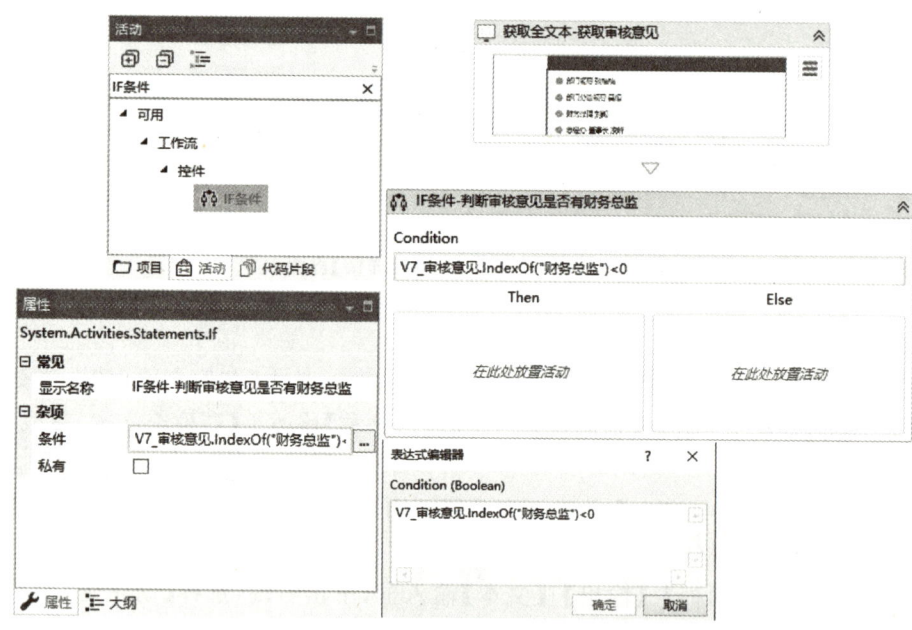

图 4-3-027　【IF 条件-判断审核意见是否有财务总监】界面

2.4　获取与校验报销数据

2.4.1　添加【序列】活动控件

（1）添加【序列】活动控件，拖拽至设计面板中【IF 条件-判断审核意见是否有财务总监】-【Then】活动内，重命名为【（4）序列-获取与校验报销数据】。

费用报销数据
校验机器人-
获取与校验
报销数据

（2）添加【序列】活动控件，拖拽至设计面板中【(4)序列】活动内，重命名为【序列-获取报销数据】，如图4-3-028所示。

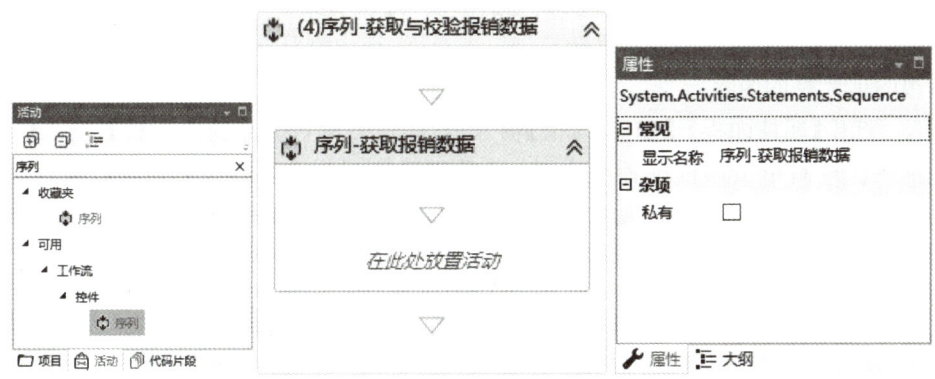

图4-3-028　【序列-获取报销数据】界面

2.4.2　获取费用明细

（1）在【活动面板】中搜索【获取文本】活动控件，选中【获取文本】拖拽至【序列-获取报销数据】活动内。在【属性面板】中，单击【常见】项下的【显示名称】，修改为【获取文本-获取费用明细】。

（2）单击【指明在屏幕上】，跳转至浏览器页面，选中浏览器页面中间的【费用明细】单元格正下方的单元格的内容。

（3）选中【属性面板】-【输出】-【值】输入框，单击右键，选择【创建变量】，输入【V8_费用明细】，单击属性面板空白处，完成创建变量操作。打开【变量面板】，选中【V8_费用明细】，将变量类型保存为【String】，将其范围修改为【序列-费用报销数据校验机器人之业务招待费】，如图4-3-029所示。

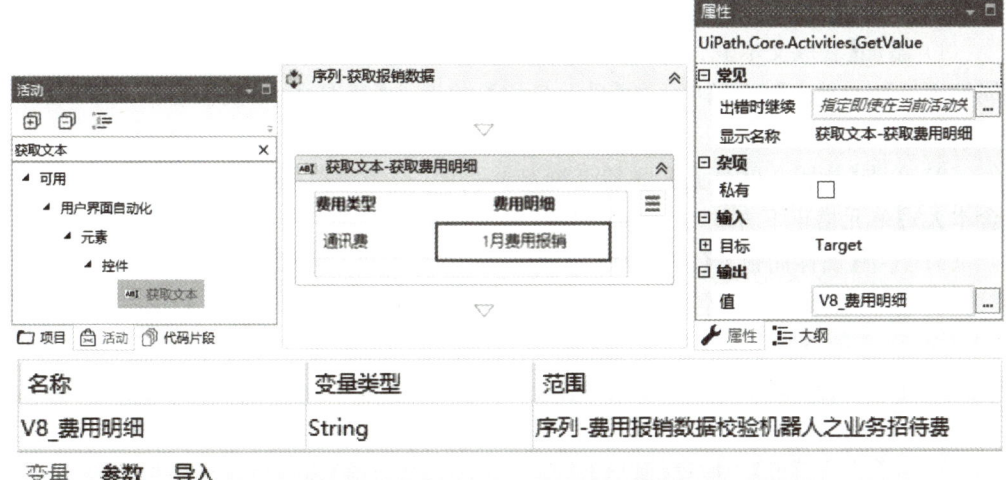

名称	变量类型	范围
V8_费用明细	String	序列-费用报销数据校验机器人之业务招待费

变量　参数　导入

图4-3-029　【获取文本-获取费用明细】界面

2.4.3　获取报销金额合计

（1）添加【获取文本】活动控件，拖拽至【获取文本-获取费用明细】活动下。在【属性面板】中，单击【常见】项下的【显示名称】，修改为【获取文本-获取报销金额合计】。

（2）单击【指明在屏幕上】，跳转至浏览器页面，选中浏览器页面中间的【合计】单元格右边的单元格的内容。

（3）选中【属性面板】-【输出】-【值】输入框，单击右键，选择【创建变量】，输入【V9_报销金额合计】，单击属性面板空白处，完成创建变量操作。打开【变量面板】，选中【V9_报销金额合计】，将变量类型保存为【String】，将其范围修改为【序列-费用报销数据校验机器人之业务招待费】，如图4-3-030所示。

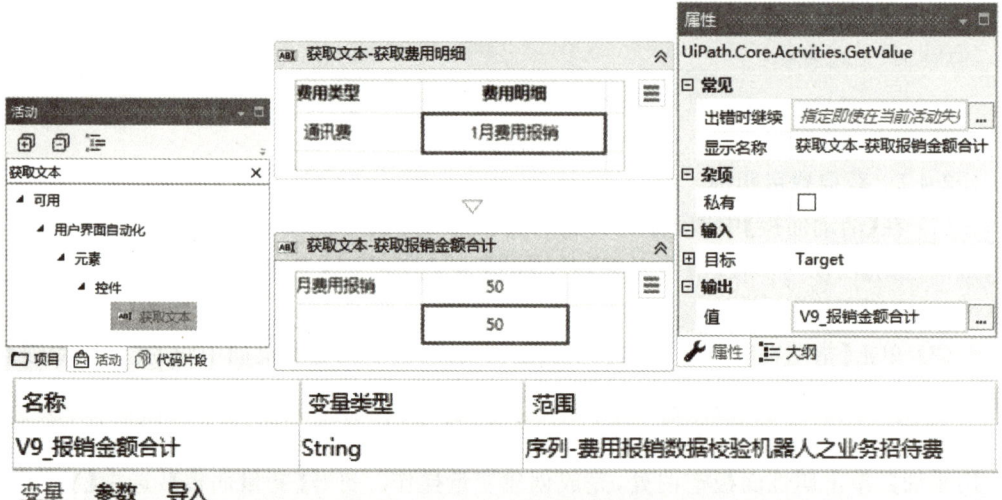

图 4-3-030　【获取文本-获取报销金额合计】界面

2.4.4　获取宴请人数（含本人）

（1）添加【获取文本】活动控件，拖拽至【获取文本-获取报销金额合计】活动下。在【属性面板】中，单击【常见】项下的【显示名称】，修改为【获取文本-获取宴请人数（含本人）】。

（2）单击【指明在屏幕上】，跳转至浏览器页面，选中浏览器页面中间的【宴请人数（含本人）】单元格正下方的单元格的内容。

（3）选中【属性面板】-【输出】-【值】输入框，单击右键，选择【创建变量】，输入【V10_宴请人数】，单击属性面板空白处，完成创建变量操作。打开【变量面板】，选中【V10_宴请人数】，将变量类型保存为【String】，将其范围修改为【序列-费用报销数据校验机器人之业务招待费】，如图4-3-031所示。

2.4.5　获取客户职级

（1）在【活动面板】中搜索【赋值】活动控件，选中【赋值】拖拽至设计面板中【获取文本-获取宴请人数（含本人）】活动下，在【属性面板】中，将【显示名称】修改为【赋值-获取客户职级】。

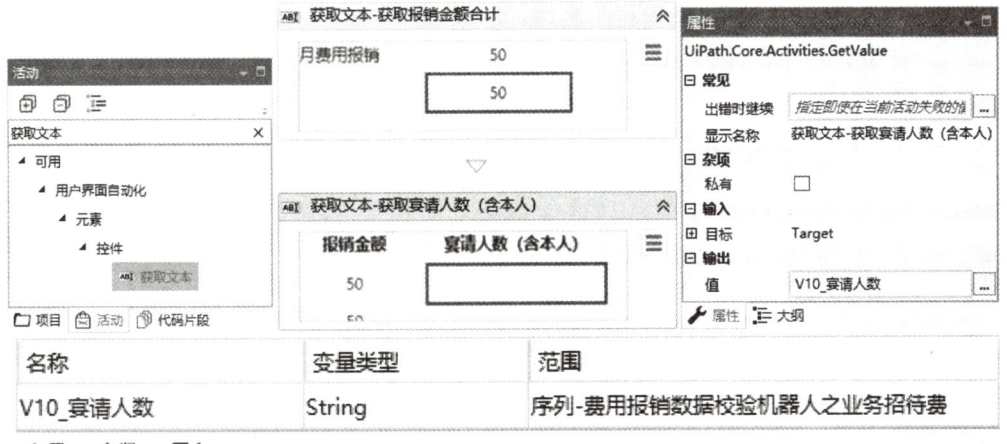

财务日常业务机器人设计与应用

名称	变量类型	范围
V10_宴请人数	String	序列-费用报销数据校验机器人之业务招待费

变量　参数　导入

图 4-3-031　【获取文本-获取宴请人数(含本人)】界面

（2）在【属性面板】中，设置属性：

① 选中【杂项】-【值】输入框的【…】，输入【V8_费用明细.Replace("业务招待费","")】。

② 选中【杂项】-【至】输入框，单击右键，选择【创建变量】，输入【V11_客户职级】，单击属性面板空白处，完成创建变量操作。打开【变量面板】，选中【V11_客户职级】，将变量类型保存为【String】，将其范围修改为【序列-费用报销数据校验机器人之业务招待费】，如图 4-3-032 所示。

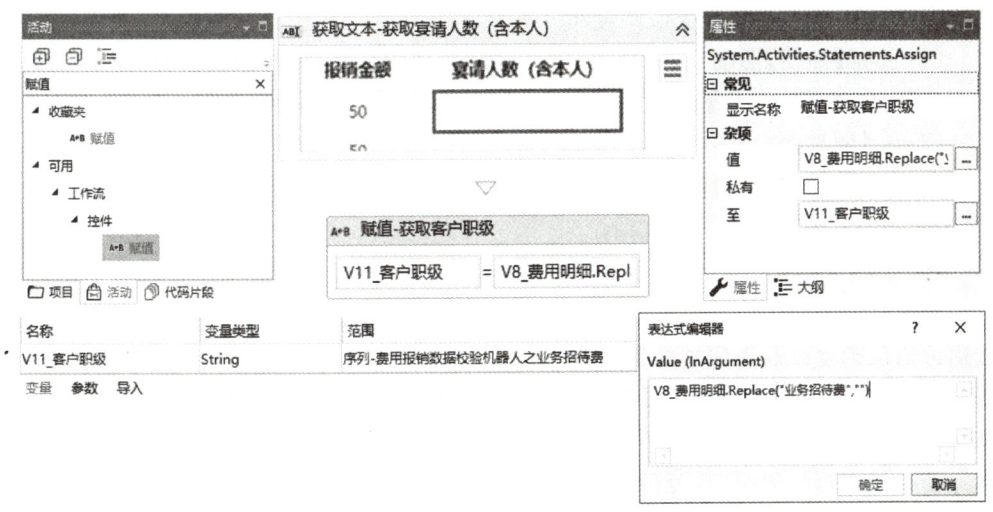

名称	变量类型	范围
V11_客户职级	String	序列-费用报销数据校验机器人之业务招待费

变量　参数　导入

图 4-3-032　【赋值-获取客户职级】界面

2.4.6　转换宴请人数

（1）添加【赋值】活动控件，拖拽至设计面板中【赋值-获取客户职级】活动下，在【属性面板】中，将【显示名称】修改为【赋值-转换宴请人数】。

（2）在【属性面板】中，设置相关属性：

① 选中【杂项】-【值】输入框的【…】，输入【cdbl（V10_宴请人数.Replace（"人"，""））】。

② 选中【杂项】-【至】输入框，单击右键，选择【创建变量】，输入【V12_宴请人数转换后】，单击属性面板空白处，完成创建变量操作。打开【变量面板】，选中【V12_宴请人数转换后】，将变量类型保存为【Double】，将其范围修改为【序列-费用报销数据校验机器人之业务招待费】，如图4-3-033所示。

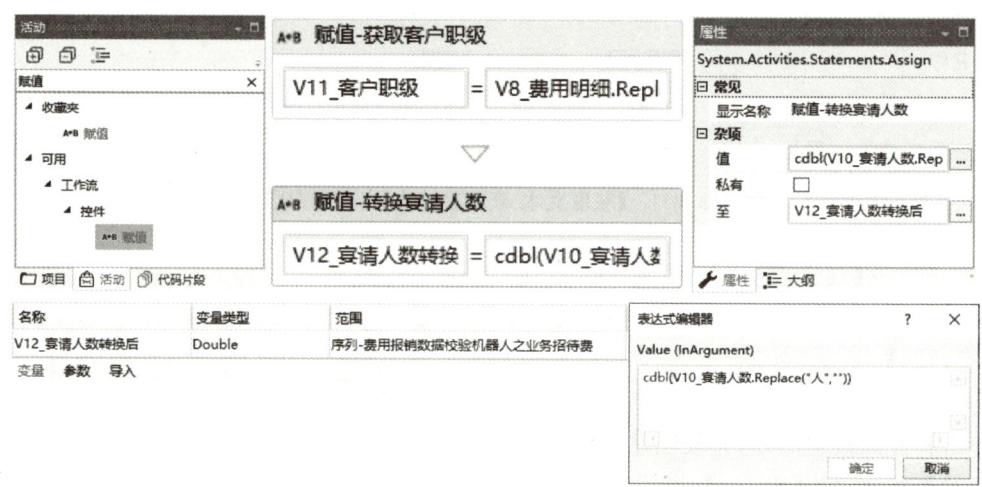

图4-3-033 【赋值-转换宴请人数】界面

2.4.7 转换业务招待费报销金额

（1）添加【赋值】活动控件，拖拽至设计面板中【赋值-转换宴请人数】活动下，在【属性面板】中，将【显示名称】修改为【赋值-转换业务招待费报销金额】。

（2）在【属性面板】中，设置相关属性：

① 选中【杂项】-【值】输入框的【…】，输入【cdbl（V9_报销金额合计）/ V12_宴请人数转换后】。

② 选中【杂项】-【至】输入框，单击右键，选择【创建变量】，输入【V13_业务招待费报销金额】，单击属性面板空白处，完成创建变量操作。打开【变量面板】，选中【V13_业务招待费报销金额】，将变量类型保存为【Double】，将其范围修改为【序列-费用报销数据校验机器人之业务招待费】，如图4-3-034所示。

2.4.8 获取业务招待费报销标准

添加【序列】活动控件，拖拽至设计面板中【（4）序列】-【序列-获取报销数据】活动下，重命名为【序列-获取业务招待费报销标准】。

2.4.9 获取业务招待费报销标准文本

（1）在【活动面板】中搜索【读取文本】活动控件，选中【系统】-【文件】-【Word文档】-【读取文本】拖拽至【序列-获取业务招待费报销标准】活动内。在【属性面板】中，单击【常见】项下的【显示名称】，修改为【读取文本-获取业务招待费报销标准文本】。

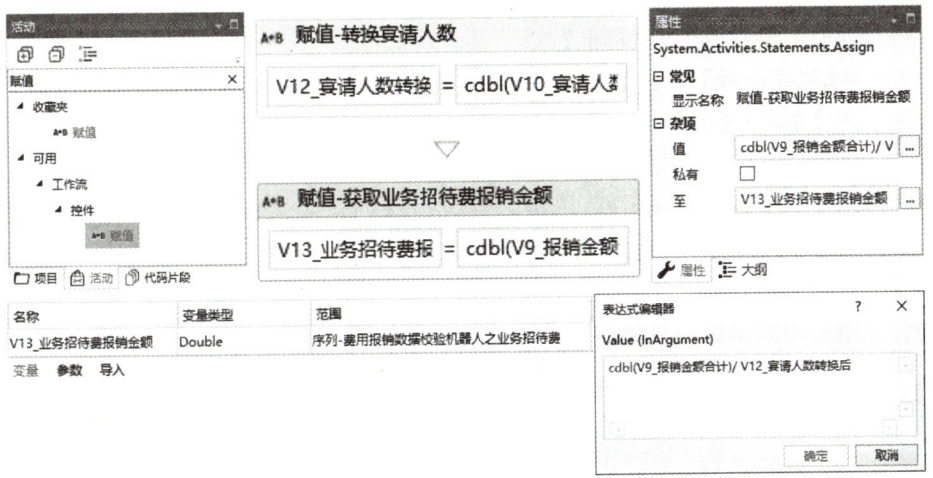

图 4-3-034 【赋值-获取业务招待费报销金额】界面

（2）在【属性面板】中，设置相关属性：

① 选中【文件】-【文件路径】输入框的【…】，打开表达式编辑器弹窗，输入【"C:\费用报销数据校验机器人之业务招待费\业务招待费报销标准.docx"】。

② 选中【输出】-【文本】输入框，单击右键，选择【创建变量】，输入【V14_业务招待费报销标准文本】，单击属性面板空白处，完成创建变量操作。打开【变量面板】，选中【V14_业务招待费报销标准文本】，将变量类型保存为【String】，将其范围修改为【序列-费用报销数据校验机器人之业务招待费】，如图 4-3-035 所示。

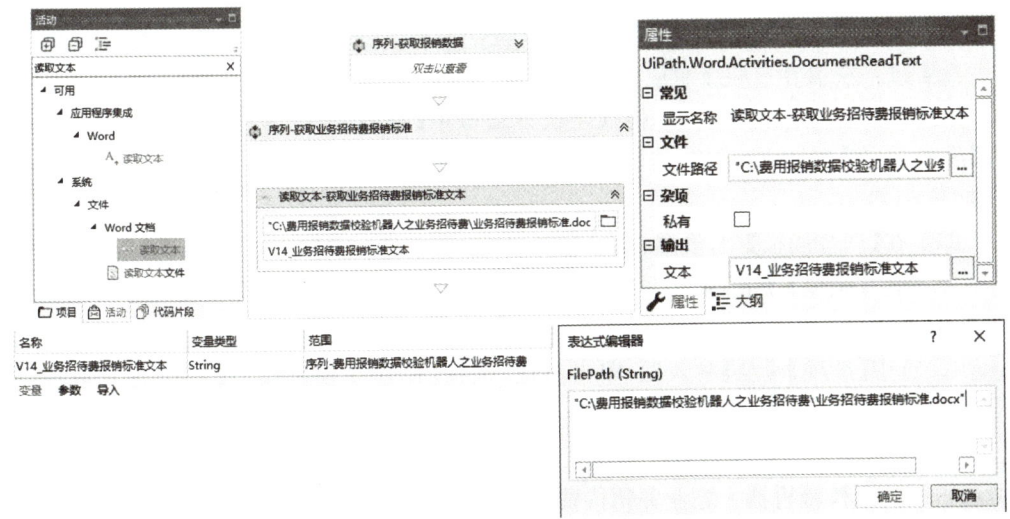

图 4-3-035 【读取文本-获取业务招待费报销标准文本】界面

2.4.10 定位客户职级对应的报销标准

（1）在【活动面板】中搜索【赋值】活动控件，选中【赋值】拖拽至设计面板中【获取文本-获取业务招待费报销标准文本】活动下,在【属性面板】中,将【显示名称】修改为【赋值-定位客户职级对应的报销标准】。

(2)在【属性面板】中,设置相关属性:

① 选中【杂项】-【值】输入框的【…】,输入【split(V14_业务招待费报销标准文本,V11_客户职级)(1).Trim】。

② 选中【杂项】-【至】输入框,单击右键,选择【创建变量】,输入【V15_定位客户职级对应的报销标准】,单击属性面板空白处,完成创建变量操作。打开【变量面板】,选中【V15_定位客户职级对应的报销标准】,将变量类型保存为【String】,将其范围修改为【序列-费用报销数据校验机器人之业务招待费】,如图4-3-036所示。

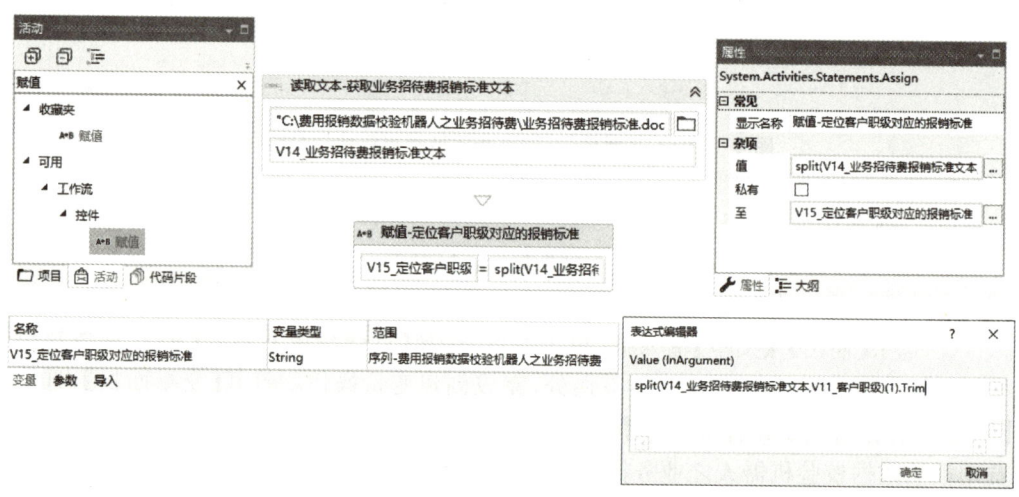

图 4-3-036 【赋值-定位客户职级对应的报销标准】界面

2.4.11 获取客户职级对应的报销标准

(1)添加【赋值】活动控件,拖拽至设计面板中【赋值-定位客户职级对应的报销标准】活动下,在【属性面板】中,将【显示名称】修改为【赋值-获取客户职级对应的报销标准】。

(2)在【属性面板】中,设置相关属性:

① 选中【杂项】-【值】输入框的【…】,输入【split(V15_定位客户职级对应的报销标准,chr(10))(0).Trim】。

② 选中【杂项】-【至】输入框,单击右键,选择【创建变量】,输入【V16_客户职级对应的报销标准】,单击属性面板空白处,完成创建变量操作。打开【变量面板】,选中【V16_客户职级对应的报销标准】,将变量类型保存为【String】,将其范围修改为【序列-费用报销数据校验机器人之业务招待费】,如图4-3-037所示。

2.4.12 转换业务招待费报销标准

(1)添加【赋值】活动控件,拖拽至设计面板中【赋值-获取客户职级对应的报销标准】活动下,在【属性面板】中,将【显示名称】修改为【赋值-转换业务招待费报销标准】。

(2)在【属性面板】中,设置属性:

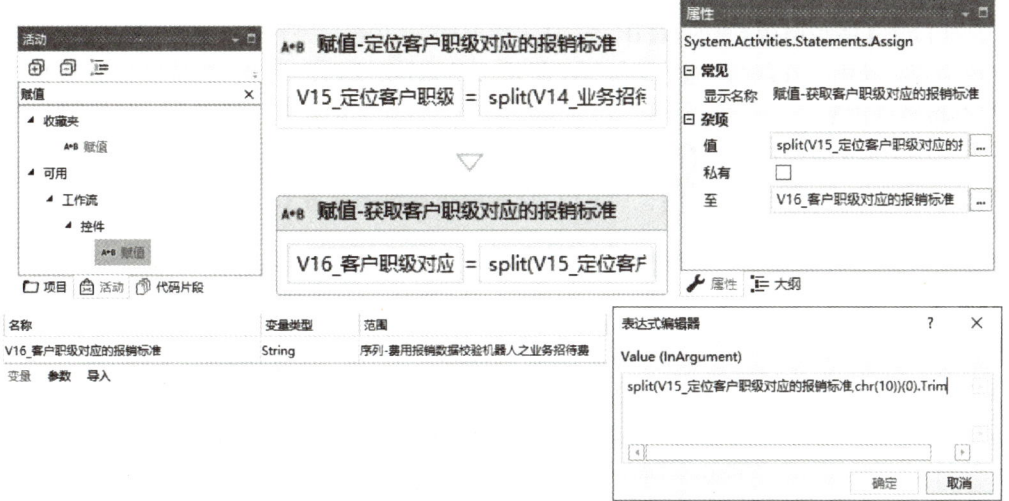

图 4-3-037 【赋值-获取客户职级对应的报销标准】界面

① 选中【杂项】-【值】输入框的【…】,输入【cdbl(V16_客户职级对应的报销标准)】。

② 选中【杂项】-【至】输入框,单击右键,选择【创建变量】,输入【V17_业务招待费报销标准】,单击属性面板空白处,完成创建变量操作。打开【变量面板】,选中【V17_业务招待费报销标准】,将变量类型保存为【Double】,将其范围修改为【序列-费用报销数据校验机器人之业务招待费】,如图 4-3-038 所示。

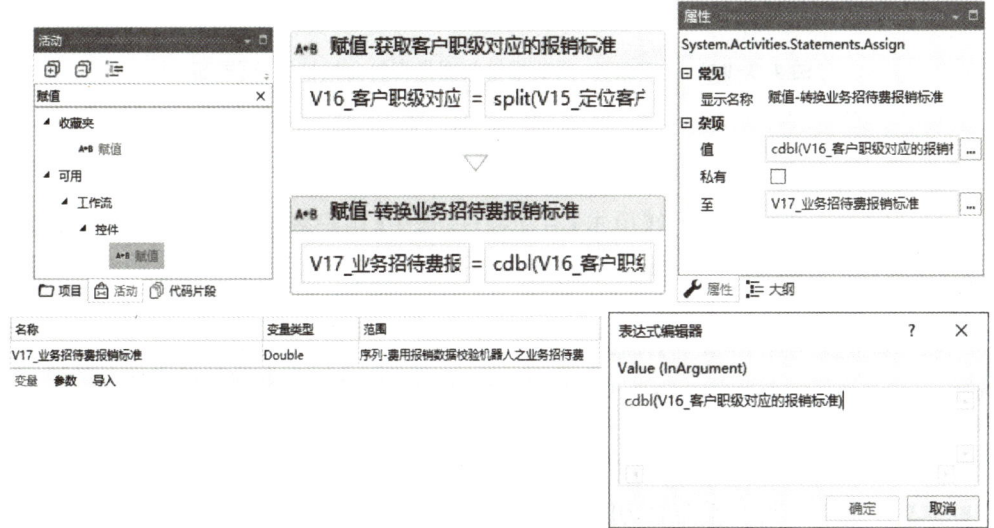

图 4-3-038 【赋值-转换业务招待费报销标准】界面

2.4.13 校验报销数据

添加【序列】活动控件,拖拽至设计面板中【序列-获取业务招待费报销标准】活动下,重命名为【序列-校验报销数据】。

2.4.14　判断报销数据是否符合报销标准

（1）在【活动面板】中搜索【IF 条件】活动控件，选中【IF 条件】拖拽至【序列-校验报销数据】活动内。在【属性面板】中，将【显示名称】修改为【IF 条件-判断报销数据是否符合报销标准】。

（2）选中【属性面板】-【杂项】-【条件】输入框的【…】，打开【表达式编辑器】弹窗，输入【V13_业务招待费报销金额<=V17_业务招待费报销标准】，如图 4-3-039 所示。

图 4-3-039　【IF 条件-判断报销数据是否符合报销标准】界面

2.4.15　单击审核通过

（1）在【活动面板】中搜索【单击】活动控件，选中【用户界面自动化】-【元素】-【鼠标】-【单击】拖拽至【IF 条件-判断报销数据是否符合报销标准】-【Then】活动内。在【属性面板】中，将【显示名称】修改为【单击-单击审核通过】。

（2）单击【指明在屏幕上】，跳转至浏览器页面，选中浏览器页面底部的【审核通过】选项。

2.4.16　审核不通过时

（1）添加【序列】活动控件，拖拽至设计面板中【IF 条件-判断报销数据是否符合报销标准】-【Else】活动内，重命名为【序列-审核不通过】，如图 4-3-040 所示。

（2）在【活动面板】中搜索【单击】活动控件，选中【用户界面自动化】-【元素】-【鼠标】-【单击】拖拽至【序列-审核不通过】活动内。在【属性面板】中，将【显示名称】修改为【单击-单击审核不通过】。

（3）单击【指明在屏幕上】，跳转至浏览器页面，选中浏览器页面底部的【审核不通过】选项。

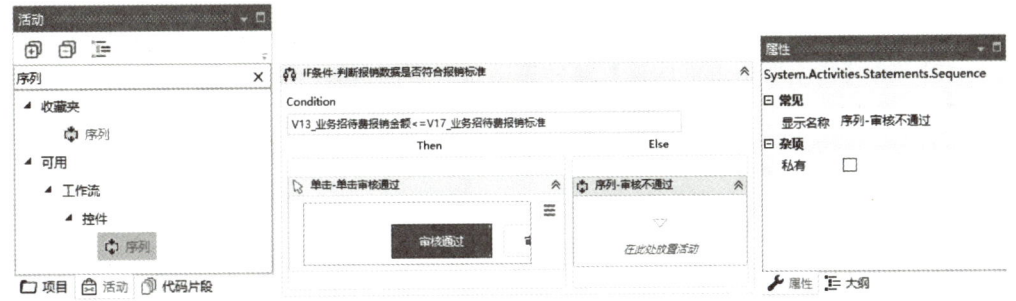

图 4-3-040 【序列-审核不通过】界面

2.4.17. 输入审核不通过理由

（1）在【活动面板】中搜索【输入信息】活动控件，选中【输入信息】拖拽至设计面板中【单击-单击审核不通过】活动下，在【属性面板】中，将【显示名称】修改为【输入信息-输入审核不通过理由】。

（2）单击【指明在屏幕上】，跳转至浏览器页面，选中浏览器页面中间的【审核不通过】弹窗的【请输入不通过的理由（可为空）】输入框，页面自动跳转至 UiPath Studio 操作界面，完成【指明在屏幕上】操作。

（3）在【属性面板】中，设置相关属性：

① 选中【输入】-【文本】输入框的【…】，打开表达式编辑器弹窗，输入【"报销金额不符合业务招待费报销标准。"】。

② 选中【选项】-【空字段】选项，如图 4-3-041 所示。

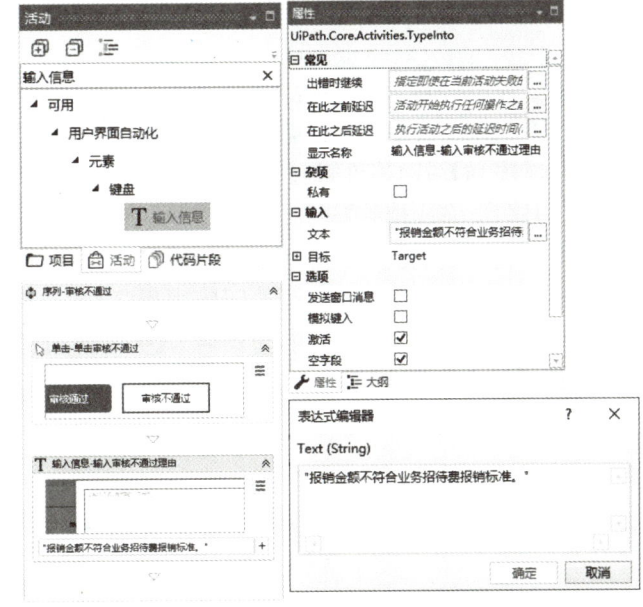

图 4-3-041 【输入信息-输入审核不通过理由】界面

2.4.18 单击确定

（1）在【活动面板】中搜索【单击】活动控件，选中【用户界面自动化】-【元素】-【鼠标】-【单击】拖拽至【输入信息-输入审核不通过理由】活动下。在【属性面板】中，将【显示名称】修改为【单击-单击确定按钮】。

（2）单击【指明在屏幕上】，跳转至浏览器页面，选中浏览器页面弹窗中的【确定】按钮。

2.4.19 审核意见有财务总监时

（1）添加【序列】活动控件，拖拽至设计面板中【IF 条件-判断审核意见是否有财务总监】-【Else】活动内，重命名为【序列-审核意见有财务总监时】。

（2）在【活动面板】中搜索【单击图像】活动控件，选中【单击图像】活动控件，拖拽至设计面板【序列-审核意见有财务总监时】活动内，重命名为【单击图像-单击返回按钮】。

（3）单击【指出屏幕上的图像】，跳转至浏览器页面，用红色方框选中浏览器页面左边的【返回】选项，如图4-3-042所示。

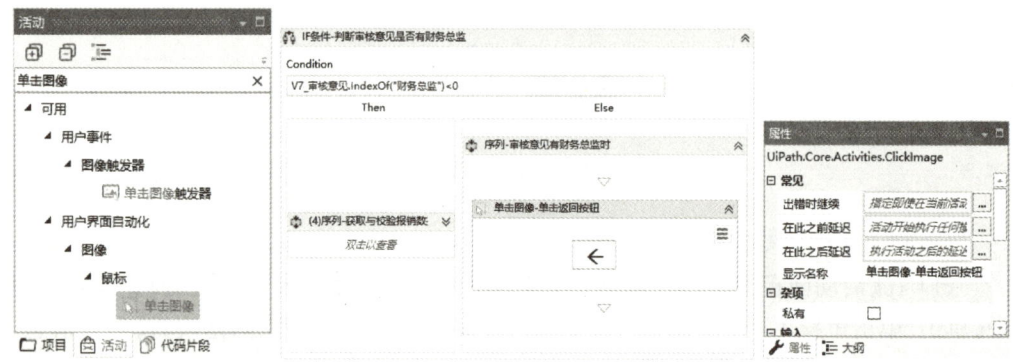

图4-3-042 【序列-审核意见有财务总监时】界面

2.5 完成校验

2.5.1 添加【序列】活动控件

添加【序列】活动控件，拖拽至设计面板中【（3）序列】活动下，并重命名为【（5）序列-完成校验】。

2.5.2 关闭浏览器

（1）在【活动面板】中搜索【关闭应用程序】活动控件，选中【关闭应用程序】拖拽至【（5）序列】活动内，重命名为【关闭应用程序-关闭浏览器】。

（2）单击【指明在屏幕上】，跳转至浏览器页面，选中浏览器页面空白处，如图4-3-043所示。

费用报销数据校验机器人-完成校验

【视频合集】费用报销数据校验机器人

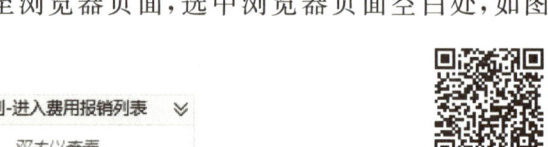

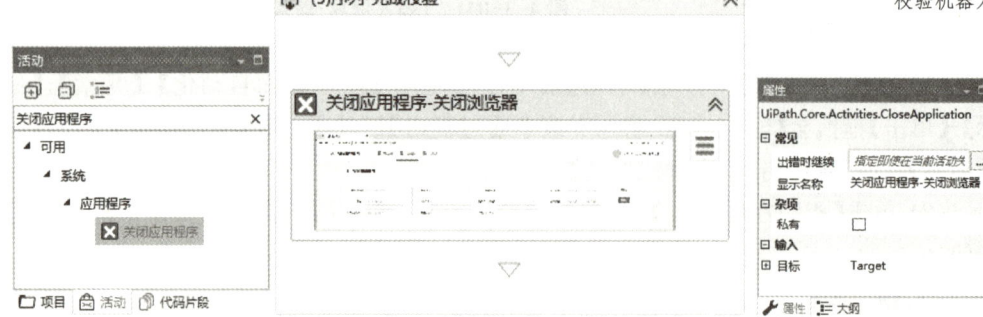

图4-3-043 【关闭应用程序-关闭浏览器】界面

任务3　费用报销数据校验机器人之业务招待费机器人测试

学生应将开发完成的费用报销数据校验机器人之业务招待费机器人在平台进行运行测试，测试步骤如下。

1. 检查核对

打开【"C:\费用报销数据校验机器人之业务招待费\业务招待费报销标准.docx"】，显示业务招待费报销标准，关闭该文件。

2. 运行机器人

打开 UiPath Studio 窗口，点击【菜单面板】左侧的【运行】按钮，运行费用报销数据校验机器人之业务招待费机器人。

【运行视频】费用报销数据校验机器人

3. 运行完毕

运行结束后，显示对应的费用报销的审核是否通过的提示，如图 4-3-044 所示。

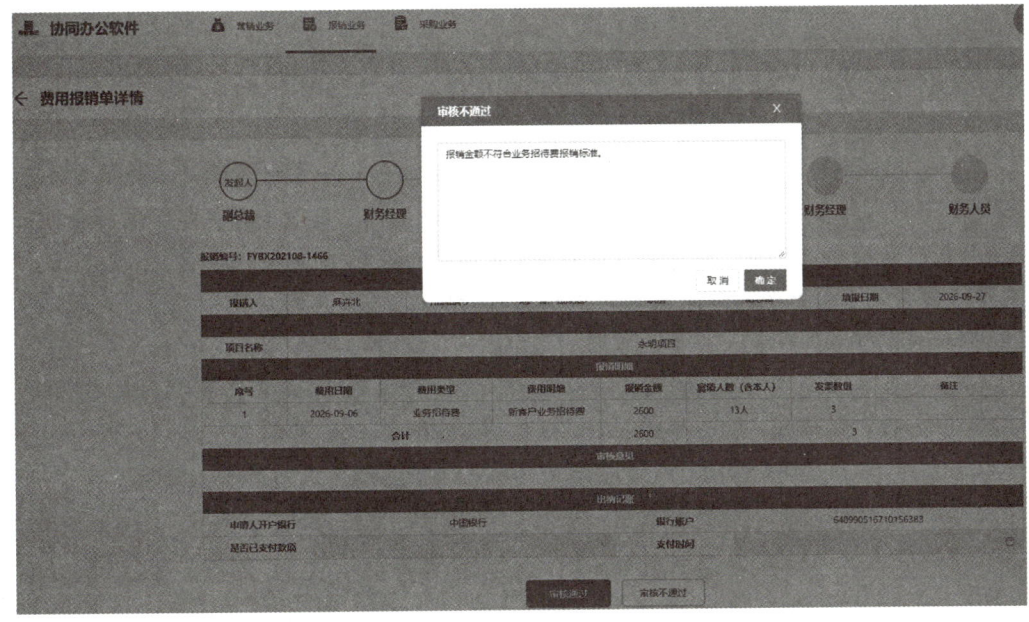

图 4-3-044　【审核是否通过】界面

任务4 费用报销数据校验机器人之业务招待费机器人应用

学生应根据业务招待费用报销数据校验的业务场景,通过校验差异数据,对各部门提出数据差异分析报告。

1. 核对数据

通过企业现有业务招待费报销相关数据与企业制订标准进行逐一校验并提示是否符合标准。

2. 分析数据

根据表4-3-001指标对数据校验结果进行分析,并完成100～300字的分析报告:

表4-3-001　业务招待费用指标

序号	分析指标	备注
1	业务招待费用报销超标单据占比	分析1月份的数据
2	业务招待费用占销售费用的占比	分析1月份的数据
3	业务招待费用占总管理费用的占比	分析1月份的数据

📖 思政园地

落实八项规定精神,厉行节俭①

业务招待费是企业为业务经营的合理需要而支付的招待费用。回看中铁建"天价招待费"事件,以及2 469家上市公司业务招待费高达137.98亿元等"天价招待费"乱象,必须引起同学们反思。在全面深化改革、我国经济高质量发展的今天,企业经营更需要企业将更多的资金和精力投入到核心技术研发、提高服务的科技含金量,而非通过"招待"而"中标"。

2012年12月4日,中共中央政治局召开会议,审议通过了《中央政治局关于改进工作作风、密切联系群众的八项规定》。其中,第8条:要厉行勤俭节约,严格遵守廉洁从政有关规定,严格执行住房、车辆配备等有关工作和生活待遇的规定。习近平总书记提出,要坚持勤俭办一切事业,坚决反对讲排场比阔气,坚决抵制享乐主义和奢靡之风;要大力弘扬中华民族勤俭节约的优秀传统,大力宣传节约光荣、浪费可耻的思想观念,

---

① 新华社.中共中央政治局会议审议关于改进工作作风等规定[EB/OL].(2012-12-04)[2021-12-11]. http://www.gov.cn/ldhd/2012-12/04/content_2282400.htm.

努力使厉行节约、反对浪费在全社会蔚然成风。

前国资委主任张毅强调，要进一步完善会议费、业务招待费、差旅费、国（境）外考察费等有关费用的标准，规范经营管理活动。他要求，要建立落实"厉行节俭"中央八项规定精神的长效机制，以规范业务招待费管理为切入点，健全与现代企业制度相适应的权力制约和监督体系；要加强对企业"三重一大"决策制度执行情况的监督，坚决惩治腐败。

项目重难点总结

重点：

（1）费用报销数据校验机器人之业务招待费机器人的整体设计思路。

（2）费用报销数据校验机器人之业务招待费机器人的测试及结果展示。

（3）费用报销数据校验机器人之业务招待费机器人的拓展应用。

难点：

（1）费用报销数据校验机器人之业务招待费机器人的开发过程。

（2）费用报销数据校验机器人之业务招待费机器人所使用控件的掌握。

课后实践训练

线上作业：将线下完成的作业上传"智慧职教——职教云"平台，进行头脑风暴、小组评比等教学活动。

项目4　企业增值税申报机器人

　　增值税是以商品(含应税劳务)在流转过程中产生的增值额作为计税依据而征收的一种流转税。企业作为纳税人必须履行纳税义务,每月按时申报缴纳增值税。然而,财务人员填写纳税申报表时,采用人工输入或者复制、粘贴数据的方式,往往出现耗费时间长,出错率较高,工作效率低下的情形。基于 UiPath Studio 平台设计开发的企业增值税申报机器人可以根据企业信息,自动登录税务局网站、读取并填写申报信息,完成申报与缴款,轻松实现每月一键报税,优化税务处理流程,提高业务处理效率和质量。

项目成果

完成企业增值税申报机器人的设计开发。

项目目标

　　(1) 熟练打开浏览器、单击、单击图像、查找图像、读取单元格、输入信息、读取范围、对于数据表中的每一行、IF 条件等操作控件的使用。
　　(2) 使用控件进行企业增值税申报机器人的设计开发。
　　(3) 能够归纳总结企业增值税申报机器人的设计流程。
　　(4) 能够在实践中拓展应用 RPA。

项目内容

　　(1) RPA 设计:根据业务流程,设计企业增值税申报机器人开发流程。
　　(2) RPA 开发:利用 UiPath Studio 平台进行企业增值税申报机器人开发。
　　(3) RPA 测试:对开发完成的企业增值税申报机器人进行调试运行。
　　(4) RPA 应用:通过案例,引导学生熟练应用企业增值税申报机器人。

项目流程

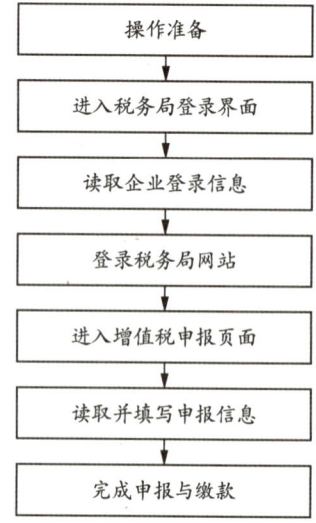

操作准备

进入税务局登录界面

读取企业登录信息

登录税务局网站

进入增值税申报页面

读取并填写申报信息

完成申报与缴款

名师精品·高职高专会计系列 *Gaozhigaozhuan Kuaiji Xilie*

✎ 项目控件

序号	控件名称	控件图标	控件功能
1	序列	序列 ▽ 在此处放置活动	根据单个定义的顺序执行一组子活动
2	打开浏览器	打开浏览器 在此处插入 URL,必须用引号将文本括起 Do ▽ 在此处放置活动	根据网站地址打开浏览器
3	最大化窗口	最大化窗口	最大化指定的窗口
4	单击	单击 指明在屏幕上	单击指定的用户界面元素
5	Excel 应用程序范围	Excel 应用程序范围 工作簿路径,必须用引号将文本括起 执行 ▽ 在此处放置活动	提供 Excel 活动范围
6	读取单元格	读取单元格 工作簿路径,必须用引号将文本括起 "Sheet1"　"A1"	将电子表格中指定单元格的值读取为字符串
7	输入信息	输入信息 指明在屏幕上 必须用引号将文本括起	将文本值输入到选定的用户界面元素
8	读取范围	读取范围 工作簿路径,必须用引号将文本括起 "Sheet1"　"A1:A2"	将电子表格根据指定范围读取为数据表

（续表）

序号	控件名称	控件图标	控件功能
9	对于每一个行		对提供的数据表的每一行执行一次操作
10	IF 条件		根据设置的条件判断，条件成立时执行 Then 范围的活动，条件不成立时执行 Else 范围的活动
11	单击图像		搜索用户界面元素中的图像，并单击该图像
12	锚点基准		通过其他用户界面元素为锚点来搜索指定界面元素
13	查找图像		检查图像是否是在指定用户界面元素中找到的
14	选中		选中或取消选中单选按钮与复选框
15	关闭应用程序		关闭指定应用程序

任务1　企业增值税申报机器人设计

　　基于 UiPath Studio 平台设计的企业增值税申报机器人，通过浏览器、Excel 等平台及交互软件，能辅助财务人员完成繁琐、重复、易错的纳税系统填写操作，高效且准确地完成增值税申报和缴纳业务，显著提升税务处理效率。企业增值税申报机器人整体设计思路如下：

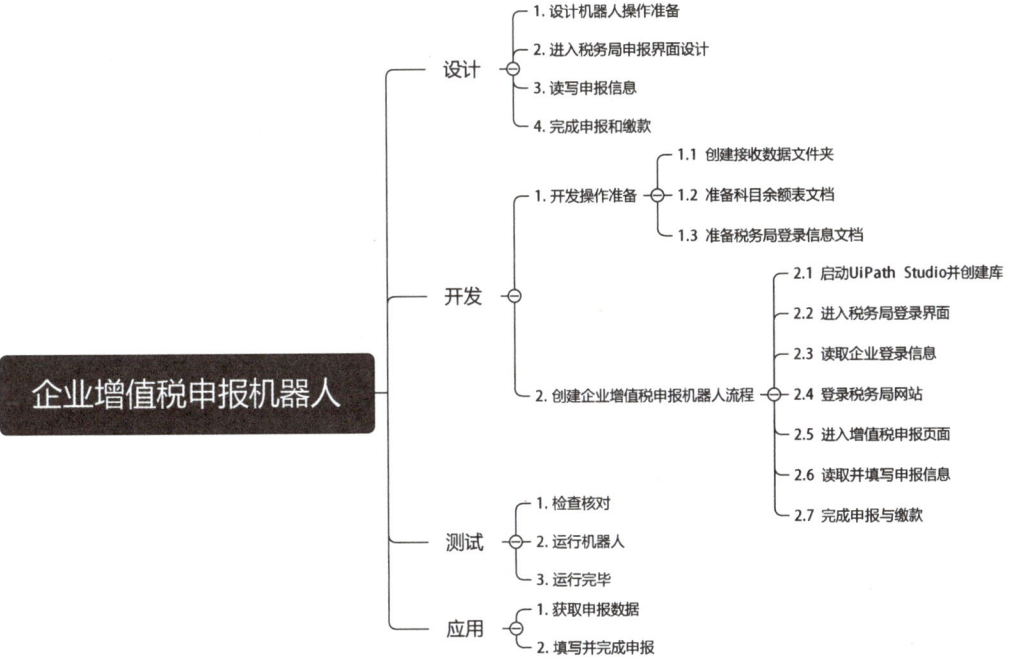

任务 2　企业增值税申报机器人

1. 开发操作准备

1.1　创建接收数据文件夹

（1）在【C:\】创建一个文件夹，命名为【RPA-企业增值税申报机器人】。

（2）将【科目余额表】和【税务申报机器人登录信息文件.xlsx】存放至该文件夹，如图 4-4-001 所示。

企业增值税申
报机器人-
操作准备

图 4-4-001　【RPA一企业增值税申报机器人】界面

1.2　使用"谷歌浏览器"打开【广东省电子税务局（教学版）】

打开的广东省电子税务局（教学版）界面如图 4-4-002 所示。

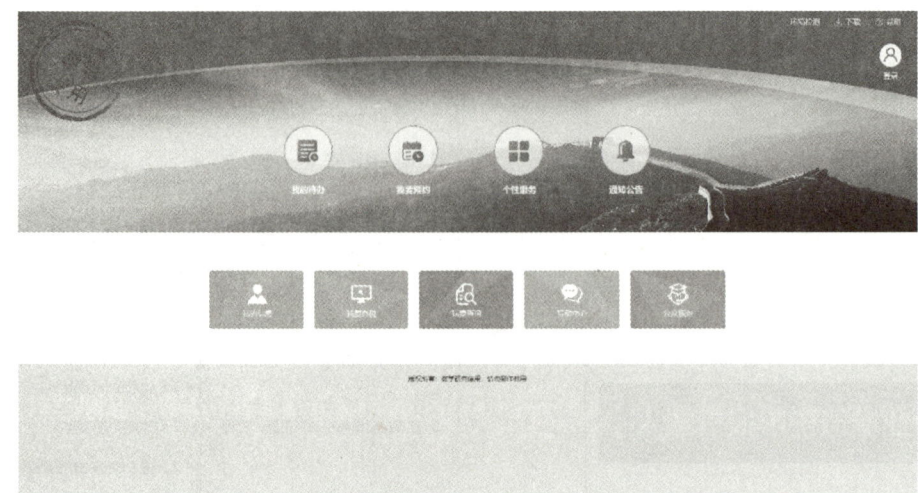

图 4-4-002 【广东省电子税务局(教学版)】界面

2. 创建企业增值税申报机器人流程

2.1 启动 UiPath Studio 并创建库

（1）打开 UiPath Studio 界面，新建空白库，重命名为【企业增值税申报机器人】，存储路径选择【C:\ RPA-企业增值税申报机器人】。

（2）在活动面板，点击【项目】选项卡，选中【NewActivity.xaml】，鼠标右键选择【重命名】，选中【至:】输入框，重命名该项目为【企业增值税申报机器人】，点击【确定】，双击打开项目文件。

2.2 进入登录界面

2.2.1 添加【序列】活动控件

（1）添加【序列】活动控件，拖拽至【设计面板】中。在【属性面板】中，将【显示名称】重命名为【序列-企业增值税申报机器人】。

（2）添加【序列】活动控件，拖拽至【序列-企业增值税申报机器人】活动内，重命名为【(2)序列-进入登录界面】，如图 4-4-003 所示。

企业增值税申报机器人-进入登录界面

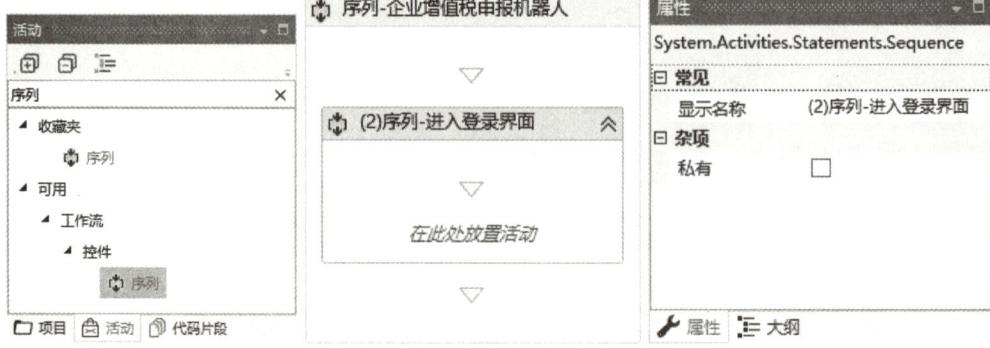

图 4-4-003 【(2)序列-进入登录界面】界面

2.2.2 添加【打开浏览器】活动控件

（1）在【活动面板】中搜索【打开浏览器】活动控件，拖拽至设计面板中【（2）序列】活动内。

（2）在【属性面板】中，设置属性：

① 将【显示名称】修改为【打开浏览器-进入税务局网站（教学版）】。

② 选中【输入】-【URL】输入框【…】选项，在弹窗中输入【"http://jy.hanzhisoft.com:8088/api/taxn/index.html"】。

③ 选中【输入】-【浏览器类型】-【▼】，从下拉列表中选择【Chrome】，如图4-4-004所示。

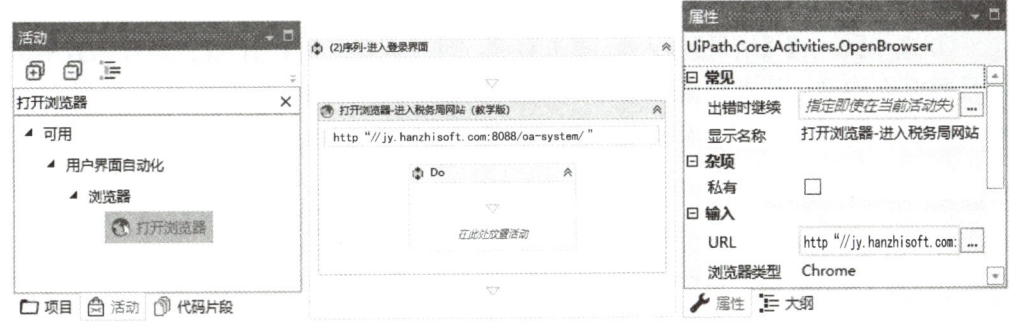

图 4-4-004 【打开浏览器-进入税务局网站（教学版）】界面

2.2.3 添加【最大化窗口】活动控件

在【活动面板】中搜索【最大化窗口】活动控件，拖拽至设计面板中【打开浏览器-进入税务局网站（教学版）】-【DO】活动内，在【属性面板】中，将【显示名称】修改为【最大化窗口-将浏览器窗口最大化】。

2.2.4 添加【单击】活动控件

（1）在【活动面板】中搜索【单击】活动控件，选中【元素】-【鼠标】-【单击】活动控件，拖拽至设计面板【最大化窗口-将浏览器窗口最大化】活动下，在【属性面板】中，将【显示名称】修改为【单击-我要办税】。

（2）将广东省电子税务局网站（教学版）置顶，返回 UiPath 操作界面，单击【指出浏览器中的元素】，跳转至浏览器页面，选中浏览器界面中的【我要办税】图标。

（3）切换至浏览器页面，手动单击【我要办税】图标，等待页面跳转后再进行下一步。

2.3 读取登录信息

2.3.1 添加【序列】活动控件

添加【序列】活动控件，拖拽至【序列-企业增值税申报机器人】内【（2）序列】活动下，重命名为【（3）序列-读取登录信息】。

2.3.2 添加 Excel 应用程序范围

（1）在【活动面板】中搜索【Excel 应用程序范围】活动控件，拖拽至设计面板中【（3）序列】活动内。

（2）在【属性面板】中，设置属性：

企业增值税申报机器人-读取登录信息

① 将【显示名称】修改为【Excel 应用程序范围-读取登录信息】。

② 选中【文件】—【工作簿路径】输入框【…】选项,弹窗中输入【"C:\ RPA-企业增值税申报机器人\税务申报机器人登录信息文件.xlsx"】。

2.3.3 读取信用代码

(1) 在【活动面板】中搜索【读取单元格】活动控件,选中【应用程序集成】【Excel】【读取单元格】拖拽至设计面板中【Excel 应用程序范围-读取登录信息】—【执行】活动中。

(2) 在【属性面板】中,设置属性:

① 将【显示名称】修改为【读取单元格-读取信用代码】。

② 在【输入】—【工作表名称】中,【"Sheet1"】保持不变。

③ 选中【输入】—【单元格】,将【"A1"】修改为【"B2"】。

④ 选中【输出】—【结果】输入框,单击右键,选择【创建变量】,输入【信用代码】,单击属性面板空白处,完成创建变量操作。打开【变量面板】,将其变量类型保存为【GenericValue】,范围修改为【序列-企业增值税申报机器人】,如图 4-4-005 所示。

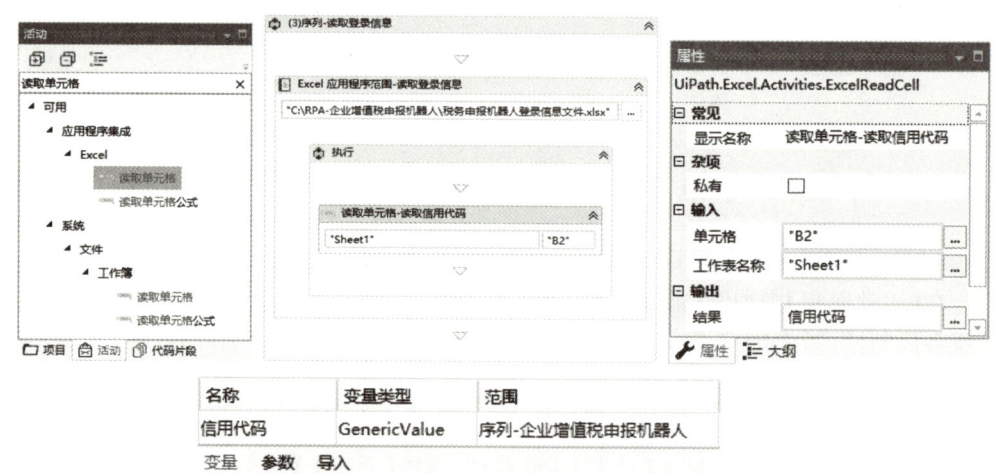

图 4-4-005 【读取单元格-读取信用代码】界面

2.3.4 读取账号和密码

重复 2.3.3 中的步骤,依次添加【读取单元格】活动控件,读取账号和密码,主要属性参数如表 4-4-001 所示,有关界面如图 4-4-006、4-4-007 所示。

表 4-4-001 活动控件属性参数表

【读取单元格】活动控件	【显示名称】	【输入】—【工作表名称】	【输入】—【单元格】	【输出】—【结果】
读取账号	【读取单元格-读取账号】	【"Sheet1"】	【"A1"】修改为【"D2"】	创建变量【账号】	变量类型保存为【GenericValue】,范围修改为【序列-企业增值税申报机器人】
读取密码	【读取单元格-读取密码】		【"A1"】修改为【"E2"】	创建变量【密码】	

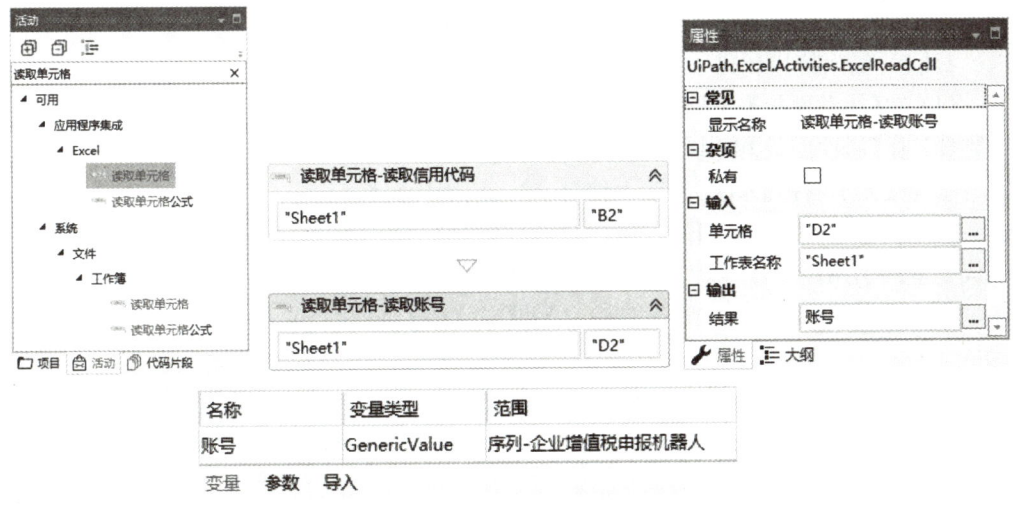

图 4-4-006 【读取单元格-读取账号】界面

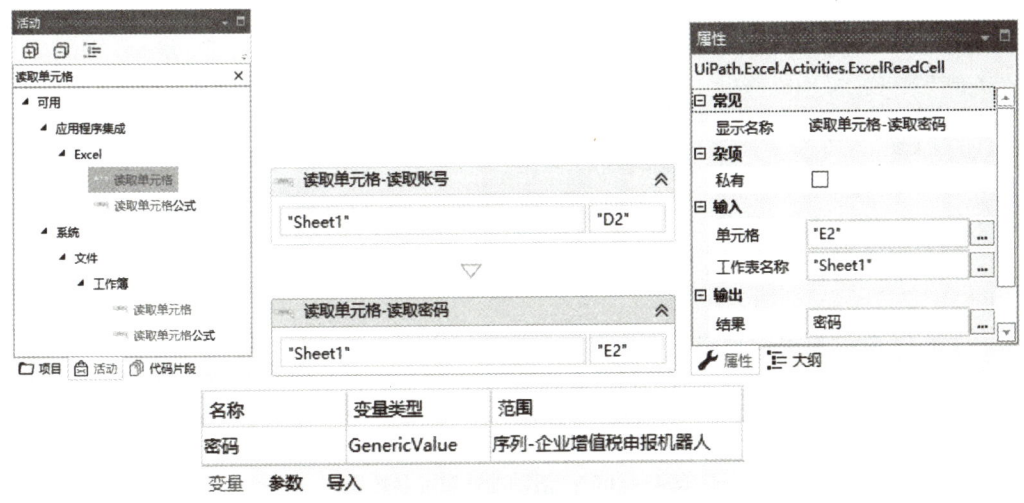

图 4-4-007 【读取单元格-读取密码】界面

2.4 登录税务局

2.4.1 添加【序列】活动控件

添加【序列】活动控件,拖拽至【序列-企业增值税申报机器人】内【(3)序列】活动下,重命名为【(4)序列-登录税务局】。

2.4.2 单击企业登录

(1) 在【活动面板】中搜索【单击】活动控件,选中【元素】-【鼠标】-【单击】活动控件,拖拽至设计面板【(4)序列】活动内,在【属性面板】中,将【显示名称】修改为【单击-企业登录】。

企业增值税申报机器人-登录税务局

（2）置顶浏览器页面，返回 Uipath Studio 操作界面，单击【指明在屏幕上】跳转至浏览器页面，选中浏览器页面中的【企业登录】图标。

2.4.3　输入信用代码

（1）在【活动面板】中搜索【输入信息】，拖拽至设计面板【单击-企业登录】活动下。

（2）在【属性面板】中，设置属性：

① 将【显示名称】修改为【输入信息-输入信用代码】。

② 选中【输入】-【文本】输入框，键入空格，双击选中【信用代码】变量，单击空白处，完成变量的引用。

③ 勾选【选项】中的【发送窗口信息】和【空字段】，如图 4-4-008 所示。

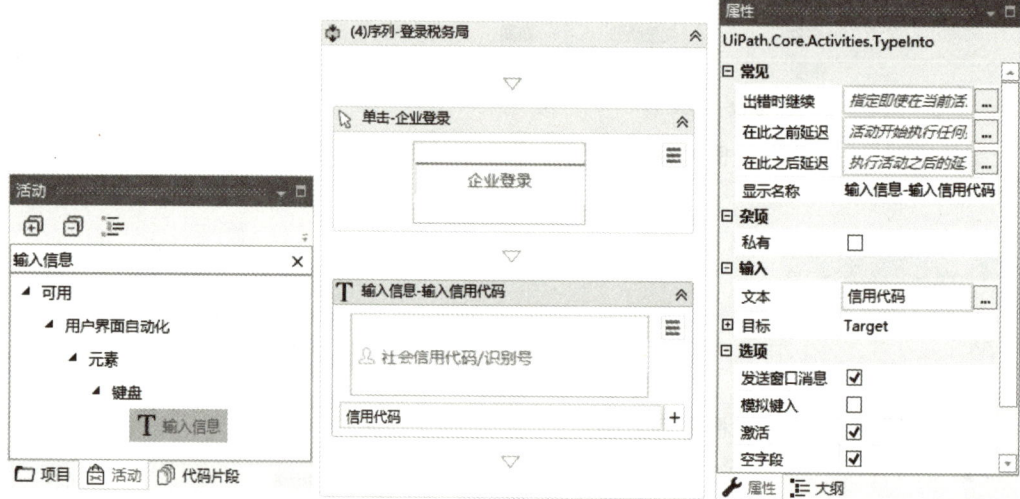

图 4-4-008　【输入信息-输入信用代码】界面

2.4.4　输入账号和密码

重复 2.4.3 中的步骤，依次添加【输入信息】活动控件，输入账号和密码，主要属性参数设置如表 4-4-002 所示，有关界面如图 4-4-009、4-4-010 所示。

表 4-4-002　活动控件属性参数表

【输入信息】活动控件	【显示名称】	【输入】-【文本】	【选项】	【指明在屏幕上】
输入账号	【输入信息-输入账号】	键入空格，双击选中【账号】	勾选【发送窗口信息】和【空字段】	选中浏览器页面中【用户名/实名手机号】输入框
输入密码	【输入信息-输入密码】	键入空格，双击选中【密码】		选中浏览器页面中【用户密码】输入框

2.4.5　单击滑动验证条左边滑块

（1）在【活动面板】中搜索【单击】活动控件，选中【元素】-【鼠标】-【单击】活动控件，拖拽至设计面板【输入信息-输入密码】活动下。

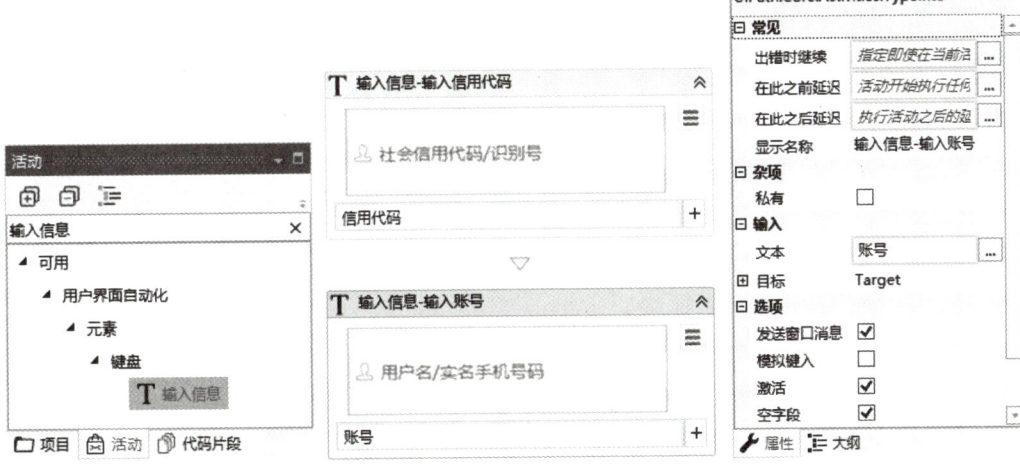

图 4-4-009 【输入信息-输入账号】界面

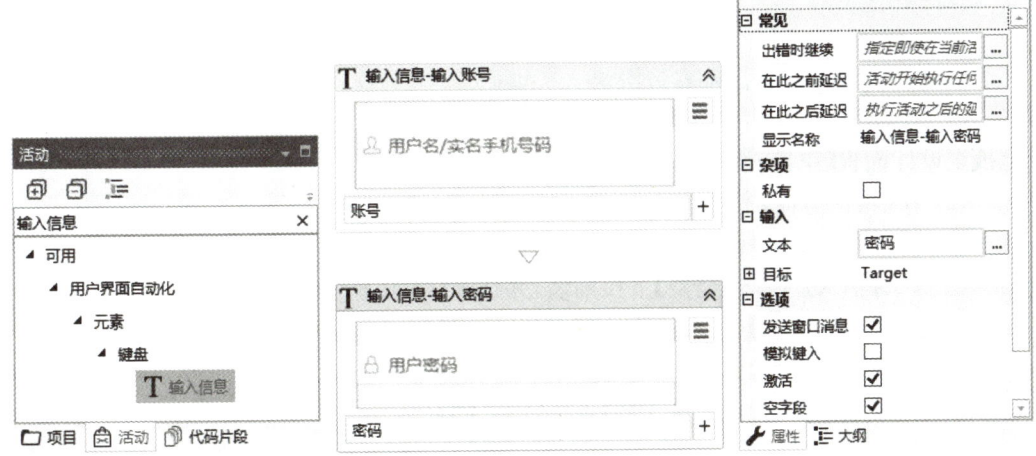

图 4-4-010 【输入信息-输入密码】界面

（2）在【属性面板】中，设置属性：

① 将【显示名称】修改为【单击-滑动验证条左边】。

② 选中【输入】-【单击类型】下拉列表，并选择【CLICK_DOWN】。

③ 选中【光标位置】-【位置】下拉列表，并选择【Center】。

🌱 温馨提示

◆ 如果未找到【光标位置】-【位置】，则需要先单击【光标位置】左边的"十"号。

④ 选中【光标位置】-【偏移 X】输入框，输入【0】。

⑤ 选中【光标位置】-【偏移 Y】输入框，输入【0】。

（3）置顶浏览器页面，返回 Uipath Studio 操作界面，单击【指明在屏幕上】跳转至浏览器页面，选中浏览器页面中滑动验证条左边的滑块，如图 4-4-011 所示。

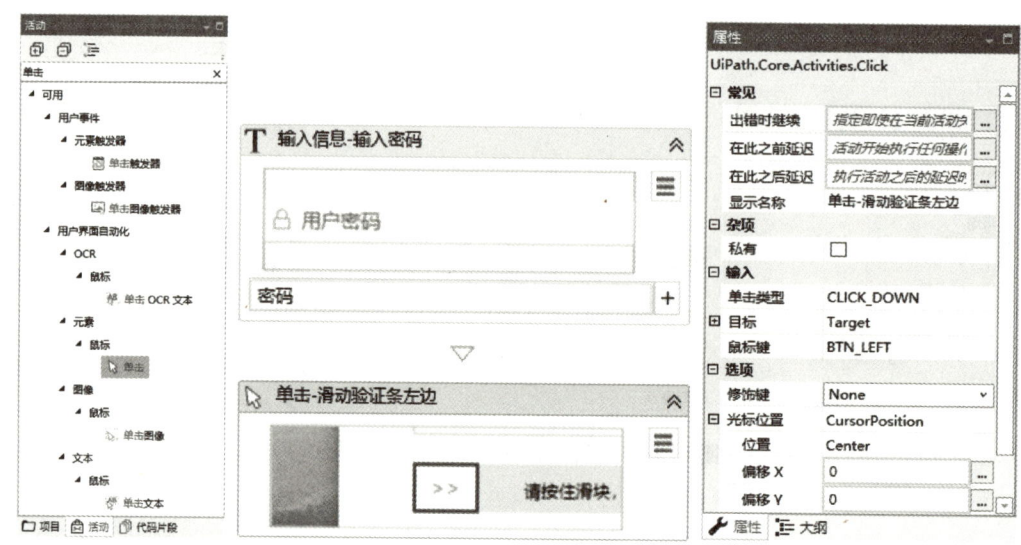

图 4-4-011 【单击-滑动验证条左边】界面

2.4.6 单击滑动验证条右边滑块

（1）在【活动面板】中搜索【单击】活动控件，选中【元素】-【鼠标】-【单击】活动控件，拖拽至设计面板【单击-滑动验证条左边】活动下。

（2）在【属性面板】中，设置属性：

① 将【显示名称】修改为【单击-滑动验证条右边】。

② 选中【输入】-【单击类型】下拉列表，并选择【CLICK_DOWN】。

③ 选中【光标位置】-【位置】下拉列表，并选择【Center】。

④ 选中【光标位置】-【偏移 X】输入框，输入【297】。

⑤ 选中【光标位置】-【偏移 Y】输入框，输入【0】。

> **温馨提示**
> ◆ 此处的【297】是滑动验证条的长度。
> ◆ 可以通过【F12】按键调出谷歌浏览器的"开发者工具"，然后单击左上角的指针，移动到滑动验证条上即可测量出验证条的长度。

（3）置顶浏览器页面，返回 Uipath Studio 操作界面，单击【指明在屏幕上】跳转至浏览器页面，选中浏览器页面中【请按住滑块，滑动验证条至右边】，如图 4-4-012 所示。

2.4.7 单击登录按钮

（1）在【活动面板】中搜索【单击】活动控件，选中【元素】-【鼠标】-【单击】活动控件，拖拽至设计面板【单击-滑动验证条右边】活动下，在【属性面板】中，将【显示名称】修改为【单击-登录】。

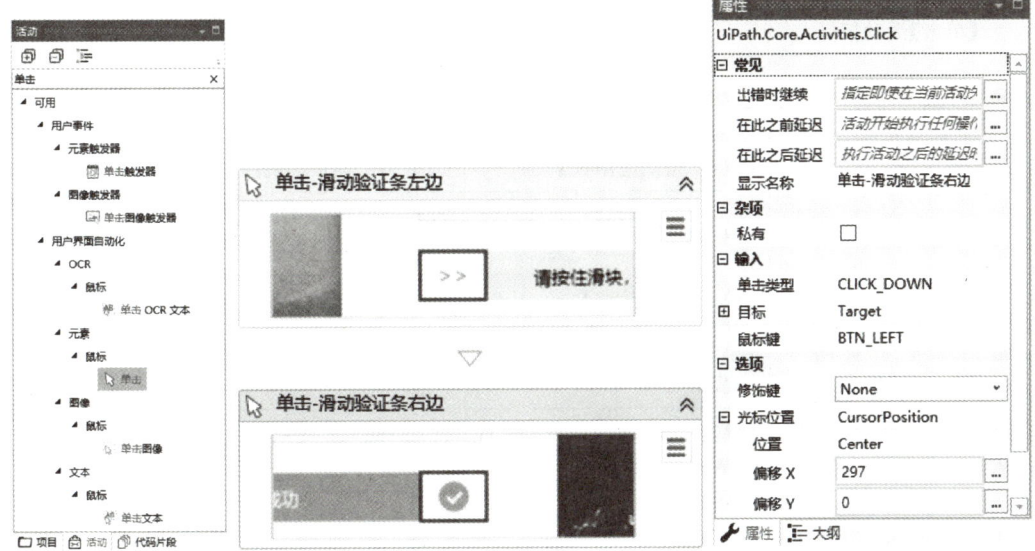

图 4-4-012 【单击-滑动验证条右边】界面

（2）置顶浏览器页面，返回 Uipath Studio 操作界面，单击【指明在屏幕上】跳转至浏览器页面，选中浏览器页面中【登录】按钮。

2.5 进入申报页面

2.5.1 添加【序列】活动控件

添加【序列】活动控件，拖拽至【序列-企业增值税申报机器人】活动内【（4）】活动下，重命名为【（5）序列-进入申报页面】。

2.5.2 单击我要办税

（1）在【活动面板】中搜索【单击】活动控件，选中【元素】-【鼠标】-【单击】活动控件，拖拽至设计面板【（5）序列】活动内，在【属性面板】中，将【显示名称】修改为【单击-我要办税】。

（2）置顶浏览器页面，返回 Uipath Studio 操作界面，单击【指明在屏幕上】跳转至浏览器页面，选中浏览器页面中【我要办税】选项。

企业增值税申报机器人-进入申报页面

温馨提示

返回浏览器页面手动单击【我要办税】按钮，等待页面跳转后再进行下一步。下列单击操作亦要进行手动单击。

2.5.3 依次添加【单击】活动

重复 2.5.2 中的步骤，依次添加【单击】活动控件，依次单击税费申报及缴纳、按期应申报、填写申报、一键读取、进销项发票页面下一步和增值税一般纳税人报表选择页面下一步，主要参数设置如表 4-4-003 所示。

表 4-4-003　活动控件参数表

【单击】活动控件	【显示名称】	【指明在屏幕上】
税费申报	【单击-税费申报及缴纳】	选中浏览器页面中【税费申报及缴纳】选项
按期应申报	【单击-按期应申报】	选中浏览器页面的【按期应申报】选项
填写申报	【单击-填写申报】	选中浏览器页面中选中【增值税(适用于一般纳税人)】右边的【填写申报】选项
一键读取	【单击-一键读取】	选中浏览器页面中选中【一键读取】选项
进销项发票页面下一步	【单击-进销项发票页面下一步】	选中浏览器页面中选中【下一步】选项
增值税一般纳税人报表选择页面下一步	【单击-增值税一般纳税人报表选择页面下一步】	选中浏览器页面中选中【下一步】选项

2.6　读写申报信息

2.6.1　添加【序列】活动控件

添加【序列】活动控件,拖拽至【序列-企业增值税申报机器人】活动内【(5)序列】活动下。重命名为【(6)序列-读写申报信息】。

企业增值税申报机器人-读写申报信息

2.6.2　添加 Excel 应用程序范围

(1) 在【活动面板】中搜索【Excel 应用程序范围】活动控件,拖拽至设计面板中【(6)序列】活动内。

(2) 在【属性面板】中,设置属性:

① 将【显示名称】修改为【Excel 应用程序范围-读写申报信息】。

② 选中【文件】-【工作簿路径】输入框【…】选项,弹窗中输入【"C:\ RPA-企业增值税申报机器人\科目余额表\1 科目余额表.xlsx"】,如图 4-4-013 所示。

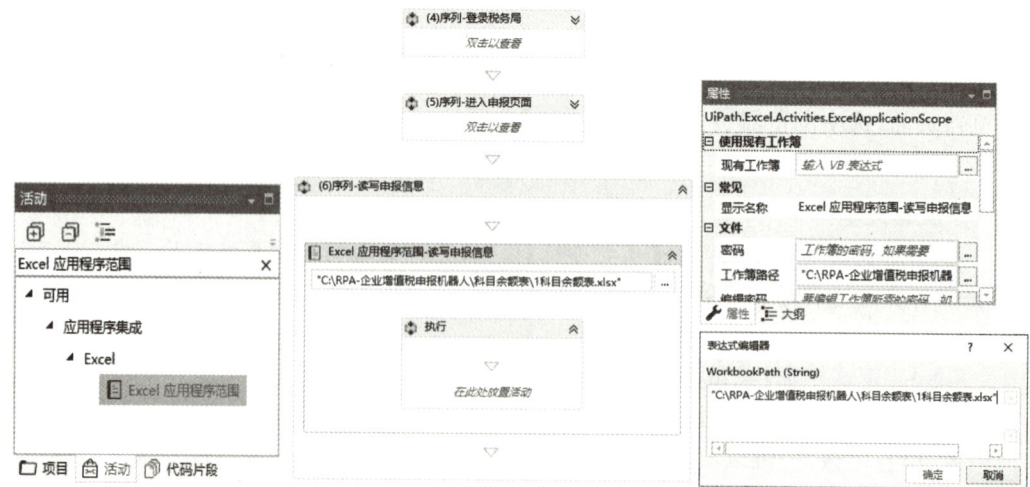

图 4-4-013　【Excel 应用程序范围-读写申报信息】界面

2.6.3　读取科目余额表

（1）在【活动面板】中搜索【读取范围】活动控件，选中【可用】-【应用程序集成】-【Excel】-【读取范围】拖拽至设计面板中【Excel 应用程序范围-读写申报信息】活动内。

（2）在【属性面板】中，设置属性：

① 将【显示名称】修改为【读取范围-读取科目余额表】。

② 选中【输出】-【数据表】输入框，单击右键，选择【创建变量】，输入【科目余额表】，单击属性面板空白处，完成创建变量操作，打开【变量面板】，将其变量类型保存为【DataTable】，范围修改为【序列-企业增值税申报机器人】，如图 4-4-014 所示。

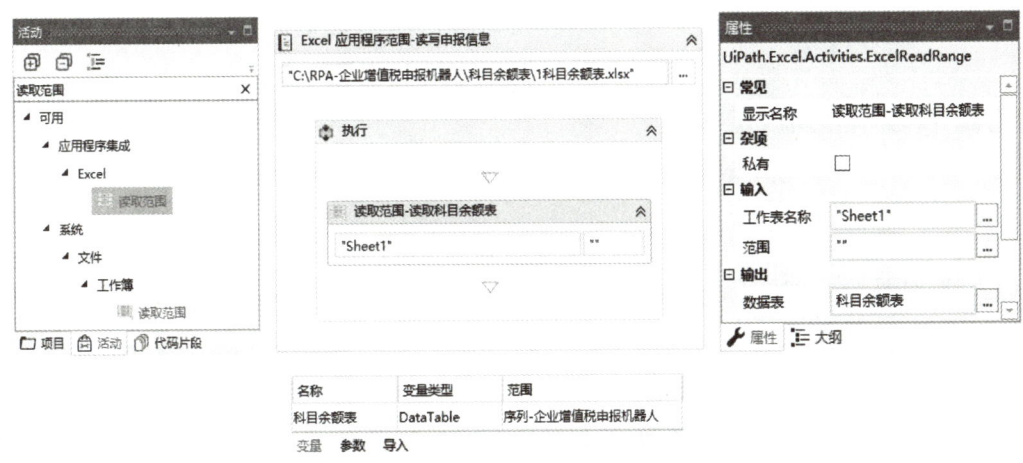

图 4-4-014　【读取范围-读取科目余额表】界面

2.6.4　读写申报信息

（1）在【活动面板】中搜索【单击】活动控件，选中【元素】-【鼠标】-【单击】活动控件，拖拽至设计面板【读取范围-读取科目余额表】活动下，在【属性面板】中，将【显示名称】修改为【单击-增值税纳税申报表附列资料（表一）（本期销售情况明细）】。

（2）单击【指明在屏幕上】跳转至浏览器页面，选中浏览器页面中【增值税纳税申报表附列资料（表一）（本期销售情况明细）】选项。

（3）在【活动面板】中搜索【对于每一个行】，拖拽至设计面板中【单击-增值税纳税申报表附列资料（表一）（本期销售情况明细）】活动下。

（4）在【属性面板】中，设置属性：

① 将【显示名称】修改为【对于每一个行-读写主营业务收入】。

② 选中【输入】-【数据表】输入框，键入空格，双击选中【科目余额表】变量，单击属性面板空白处，完成引用变量的操作，如图 4-4-015 所示。

（5）在【活动面板】中搜索【IF 条件】，拖拽至设计面板中【对于每一个行-读写主营业务收入】-【正文】-【Body】活动内。

（6）在【属性面板】中，设置属性：

① 将【显示名称】修改为【IF 条件-判断是否为主营业务收入】。

财务日常业务机器人设计与应用

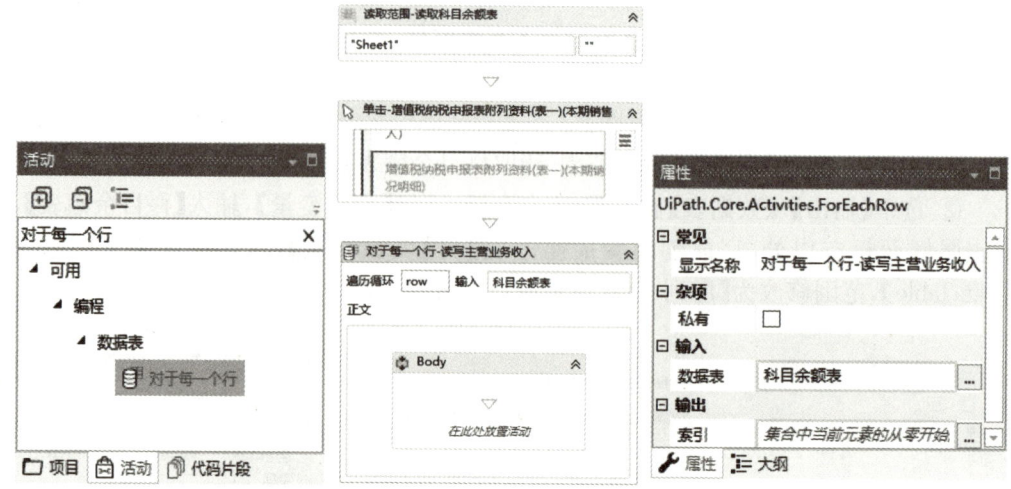

图 4-4-015 【对于每一个行-读写主营业务收入】界面

② 选中【杂项】-【条件】输入框【…】选项，在弹窗输【row(2).ToString＝"主营业务收入"】，如图 4-4-016 所示。

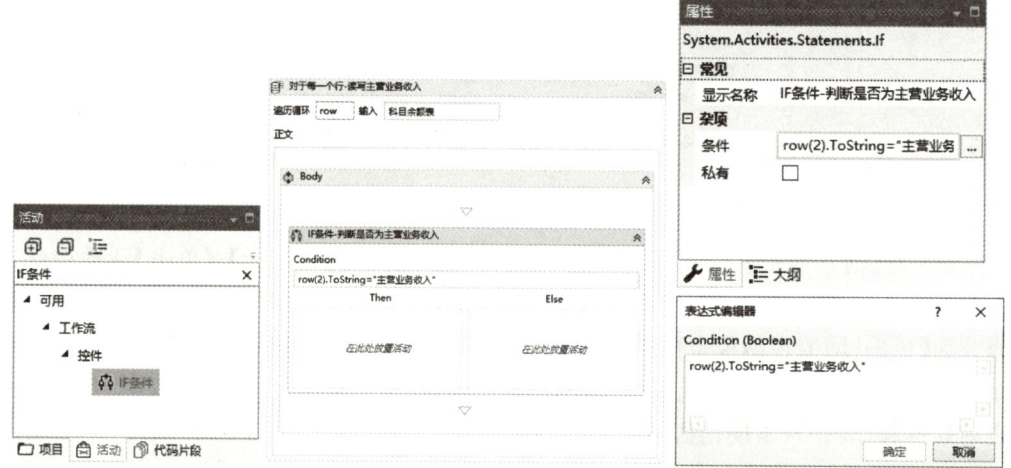

图 4-4-016 【IF 条件-判断是否为主营业务收入】界面

(7) 在【活动面板】中搜索【输入信息】，拖拽至【IF 条件-判断是否为主营业务收入】-【Then】活动内。

(8) 在【属性面板】中，设置属性：

① 将【显示名称】修改为【输入信息-输入主营业务收入】。

② 选中【输入】-【文本】输入框【…】选项，在弹窗输入【row(8).ToString】，点击【确定】。

③ 勾选【选项】-【空字段】。

(9) 置顶浏览器页面，返回 Uipath Studio 操作界面，单击【指明在屏幕上】，跳转至浏览器页面，选中【13％税率的货物及加工修理修配劳务】与【销售额】相交的输入框，如

图 4-4-017 所示。

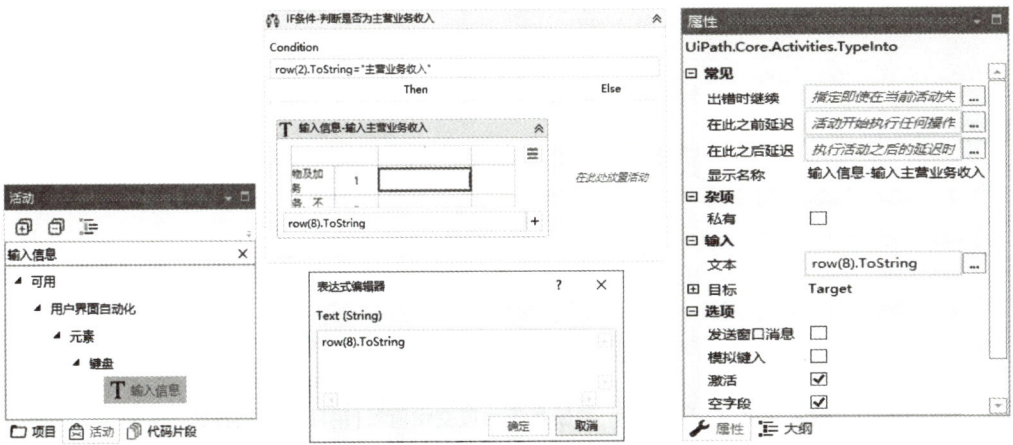

图 4-4-017 【输入信息-输入主营业务收入】界面

（10）在【活动面板】中搜索【对于每一个行】，拖拽至设计面板中【对于每一个行-读写主营业务收入】活动下。

（11）在【属性面板】中，设置属性：

① 将【显示名称】修改为【对于每一个行-读写应交增值税（销项税额）】。

② 选中【输入】-【数据表】输入框，键入空格，双击选中【科目余额表】变量，单击属性面板空白处，完成引用变量的操作，如图 4-4-018 所示。

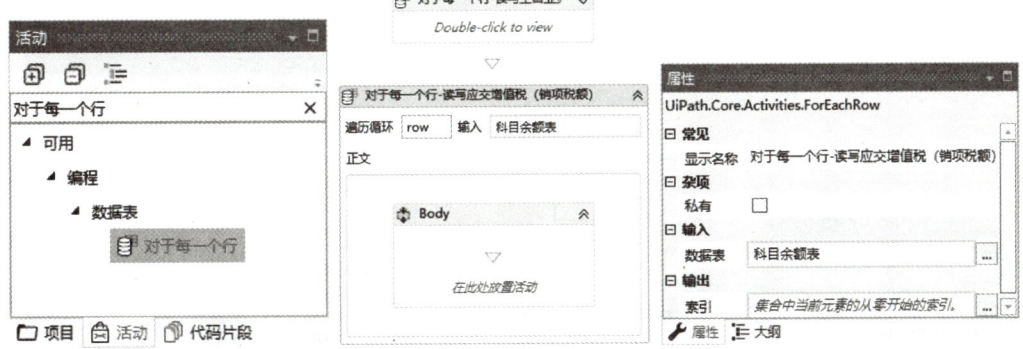

图 4-4-018 【对于每一个行-读写应交增值税（销项税额）】界面

（12）在【活动面板】中搜索【IF 条件】，拖拽至设计面板中【对于每一个行-读写应交增值税（销项税额）】-【正文】-【Body】活动内。

（13）在【属性面板】中，设置属性：

① 将【显示名称】修改为【IF 条件-判断是否为应交增值税（销项税额）】。

② 选中【杂项】-【条件】输入框【…】选项，在弹窗输【row(3).ToString＝"应交增值税（销项税额）"】，如图 4-4-019 所示。

财务日常业务机器人设计与应用

图 4-4-019 【IF 条件-判断是否为应交增值税(销项税额)】界面

（14）在【活动面板】中搜索【输入信息】，拖拽至【IF 条件-判断是否为应交增值税（销项税额）】-【Then】活动内。

（15）在【属性面板】中，设置属性：

① 将【显示名称】修改为【输入信息-输入应交增值税（销项税额）】。

② 选中【输入】-【文本】输入框【…】选项，在弹窗输入【row(10).ToString】。

③ 勾选【选项】-【空字段】。

（16）置顶浏览器页面，返回 Uipath Studio 操作界面，单击【指明在屏幕上】，跳转至浏览器页面，选中【13％税率的货物及加工修理修配劳务】与【销项（应纳）税额】相交的输入框，如图 4-4-020 所示。

图 4-4-020 【输入信息-输入应交增值税（销项税额）】界面

2.6.5 保存申报信息

（1）在【活动面板】中搜索【单击】活动控件，选中【元素】-【鼠标】-【单击】活动控件，拖拽至设计面板【对于每一个行-读写应交增值税（销项税额）】活动下，在【属性面板】

中,将【显示名称】修改为【单击-保存增值税纳税申报表附列资料(表一)(本期销售情况明细)】。

(2)置顶浏览器页面,返回 Uipath Studio 操作界面,单击【指明在屏幕上】跳转至浏览器页面,选中浏览器页面中【保存】选项。

(3)在【活动面板】中搜索【单击图像】,拖拽至设计面板【单击-保存增值税纳税申报表附列资料(表一)(本期销售情况明细)】活动下,在【属性面板】中,将【显示名称】修改为【单击图像-确定保存增值税纳税申报表附列资料(表一)(本期销售情况明细)】。

(4)置顶浏览器页面,返回 Uipath Studio 操作界面,单击【指出屏幕上的图像】跳转至浏览器页面,用红色方框选中浏览器页面弹窗中的【确定】选项。

(5)重复步骤(1)至步骤(4),依次添加两个【单击】活动控件和一个【单击图像】控件保存申报信息,主要参数如表 4-4-004 所示。

表 4-4-004　活动控件参数表

活动控件	【显示名称】	【指明在屏幕上】/【指出屏幕上的图像】
【单击】	【单击-增值税纳税申报表附列资料(表二)】	选中浏览器页面中【增值税纳税申报表附列资料(表二)(本期进项税额明细)】选项
【单击】	【单击-保存增值税纳税申报表附列资料(表二)】	选中浏览器页面顶部的【保存】选项
【单击图像】	【单击图像-确定保存增值税纳税申报表附列资料(表二)】	用红色方框选中浏览器页面弹窗中的【确定】选项
【单击】	【单击-增值税纳税申报表附列资料(表三)】	选中浏览器页面中【增值税纳税申报表附列资料(表三)(服务、不动产和无形资产扣除项目明细)】选项
【单击】	【单击-保存增值税纳税申报表附列资料(表三)】	选中浏览器页面顶部的【保存】选项
【单击图像】	【单击图像-确定保存增值税纳税申报表附列资料(表三)】	用红色方框选中浏览器页面弹窗中的【确定】选项
【单击】	【单击-增值税纳税申报表附列资料(表四)】	选中浏览器页面中【增值税纳税申报表附列资料(表四)(税额抵减情况表)】选项
【单击】	【单击-保存增值税纳税申报表附列资料(表四)】	选中浏览器页面顶部的【保存】选项
【单击图像】	【单击图像-确定保存增值税纳税申报表附列资料(表四)】	用红色方框选中浏览器页面弹窗中的【确定】选项
【单击】	【单击-增值税减免税申报明细表】	选中浏览器页面中【增值税减免税申报明细表】选项
【单击】	【单击-保存增值税减免税申报明细表】	选中浏览器页面顶部的【保存】选项

(续表)

活动控件	【显示名称】	【指明在屏幕上】/【指出屏幕上的图像】
【单击图像】	【单击图像-确定保存增值税减免税申报明细表】	用红色方框选中浏览器页面弹窗中的【确定】选项
【单击】	【单击-增值税纳税申报表(适用于增值税一般纳税人)】	选中浏览器页面左边的【增值税纳税申报表(适用于增值税一般纳税人)】选项
【单击】	【单击-保存增值税纳税申报表(适用于增值税一般纳税人)】	选中浏览器页面顶部的【保存】选项
【单击图像】	【单击图像-确定保存增值税纳税申报表(适用于增值税一般纳税人)】	用红色方框选中浏览器页面弹窗中的【确定】选项

2.7 完成申报

2.7.1 添加【序列】活动控件

添加【序列】活动控件,拖拽至【序列-企业增值税申报机器人】活动内【(6)序列-读写申报信息】活动下,重命名为【(7)序列-完成申报】。

企业增值税申报机器人-完成申报

2.7.2 单击申报按钮

(1) 在【活动面板】中搜索【单击】活动控件,选中【元素】-【鼠标】-【单击】活动控件,拖拽至设计面板【(7)序列】活动内,在【属性面板】中,将【显示名称】修改为【单击-申报】。

(2) 置顶浏览器页面,返回Uipath Studio操作界面,单击【指明在屏幕上】跳转至浏览器页面,选中浏览器页面顶部的【申报】选项。

> **温馨提示**
>
> 同时手动单击【申报】按钮,等待页面跳转后再进行下一步。下列2.7.3、2.7.4、2.7.8、2.7.10、2.7.11的单击操作亦要进行手动单击。

2.7.3 完成缴款

(1) 添加【单击】活动控件至【单击-申报】活动下,在【属性面板】中,将【显示名称】修改为【单击-缴款】。

(2) 置顶浏览器页面,返回Uipath Studio操作界面,单击【指明在屏幕上】跳转至浏览器页面,选中浏览器页面中央的【缴款】按钮。

(3) 在【活动面板】中搜索【锚点基准】,拖拽至设计面板【单击-缴款】活动下,在【属性面板】中,将【显示名称】修改为【锚点基准-定位增值税】,如图4-4-021所示。

(4) 在【活动面板】中搜索【查找图像】,拖拽至设计面板【锚点基准-定位增值税】【锚点】活动内,在【属性面板】中,将【显示名称】修改为【查找图像-增值税】。

(5) 置顶浏览器页面,返回Uipath Studio操作界面,单击【指出屏幕上的图像】,跳转至浏览器页面,用红色方框选中浏览器页面中央的【增值税】,如图4-4-022所示。

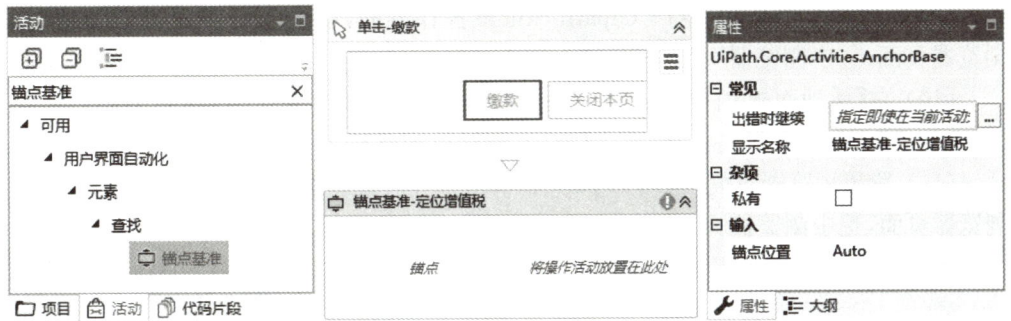

图 4-4-021　【锚点基准-定位增值税】界面

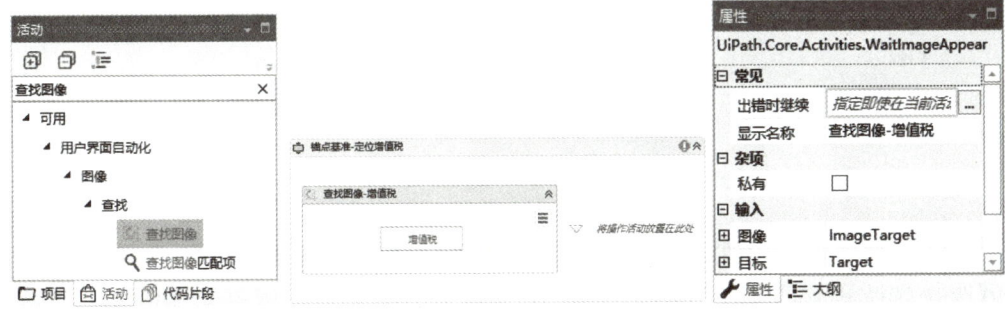

图 4-4-022　【查找图像-增值税】界面

（6）在【活动面板】中搜索【单击图像】，拖拽至设计面板【锚点基准-定位增值税】【将操作活动放置在此处】活动内，在【属性面板】中，将【显示名称】修改为【单击图像-勾选增值税复选框】。

（7）置顶浏览器页面，返回 Uipath Studio 操作界面，单击【指出屏幕上的图像】，跳转至浏览器页面，用红色方框选中浏览器页面中央的【增值税】左边的复选框，如图 4-4-023 所示。

图 4-4-023　【单击图像-勾选增值税复选框】界面

（8）在【活动面板】中搜索【单击】，选中【元素】-【鼠标】-【单击】活动控件，拖拽至设计面板【锚点基准-定位增值税】活动下，在【属性面板】中，将【显示名称】修改为【单击-立即缴款】。

（9）置顶浏览器页面，返回 Uipath Studio 操作界面，单击【指明在屏幕上】跳转至浏览器页面，选中浏览器页面中央的【立即缴款】按钮。

（10）在【活动面板】中搜索【选中】，拖拽至设计面板【单击-立即缴款】活动下，在【属性面板】中，将【显示名称】修改为【选中-选择单选框】。

（11）置顶浏览器页面，返回 Uipath Studio 操作界面，单击【指明在屏幕上】跳转至浏览器页面，选中浏览器页面【缴款】弹窗中的【单选框】按钮，如图 4-4-024 所示。

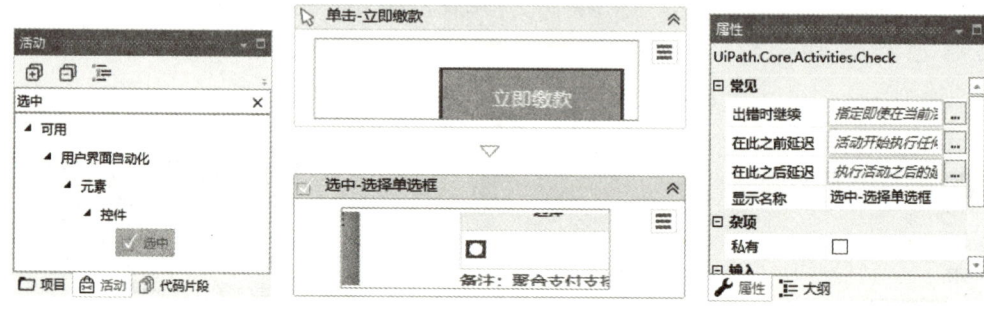

图 4-4-024 【选中-选择单选框】界面

（12）在【活动面板】中搜索【单击】，选中【元素】-【鼠标】-【单击】活动控件，拖拽至设计面板【选中-选择单选框】活动下，在【属性面板】中，将【显示名称】修改为【单击-微信缴款】。

（13）置顶浏览器页面，返回 UiPath Studio 操作界面，单击【指明在屏幕上】跳转至浏览器页面，选中浏览器页面【缴款】弹窗中的【微信缴款】按钮。

（14）添加【单击】活动控件，拖拽至设计面板【单击-微信缴款】活动下，在【属性面板】中，将【显示名称】修改为【单击-确定支付】。

（15）置顶浏览器页面，返回 UiPath Studio 操作界面，单击【指明在屏幕上】跳转至浏览器页面，选中浏览器页面【信息】弹窗中的【确定】按钮。

2.7.4 关闭浏览器

（1）在【活动面板】中搜索【关闭应用程序】，拖拽至设计面板【单击-确定支付】活动下，在【属性面板】中，将【显示名称】修改为【关闭应用程序-关闭浏览器】。

（2）置顶浏览器页面，返回 UiPath Studio 操作界面，单击【指明在屏幕上】跳转至浏览器页面，选中浏览器页面，单击浏览器页面空白处，如图 4-4-025 所示。

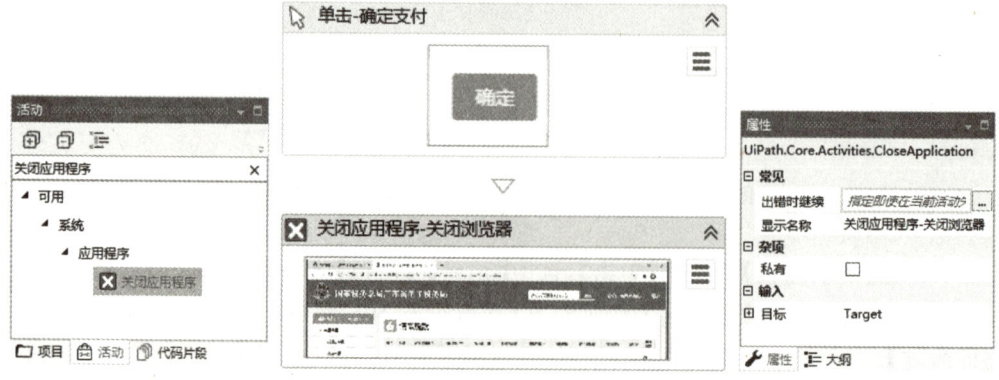

图 4-4-025 【关闭应用程序-关闭浏览器】界面

（3）企业增值税申报机器人整体设计流程，如图 4-4-026 所示。

图 4-4-026 【企业增值税申报机器人】界面

【视频合集】企业增值税申报机器人

任务 3 企业增值税申报机器人测试

学生应将开发完成的企业增值税申报机器人在平台进行运行测试，测试步骤如下。

1. 检查核对

进入税务局网站（教学版），人工输入企业的登录信息，查看本期增值税是否处于尚未申报缴纳的状态。

2. 运行机器人

打开 UiPath Studio 窗口，点击【菜单面板】左侧的【运行】按钮，运行企业增值税申报机器人。

3. 运行完毕

运行结束后，进入税务局网站（教学版），人工输入登录信息，查看本

【运行视频】企业增值税申报机器人

期增值税是否已申报缴纳,如图4-4-027所示。

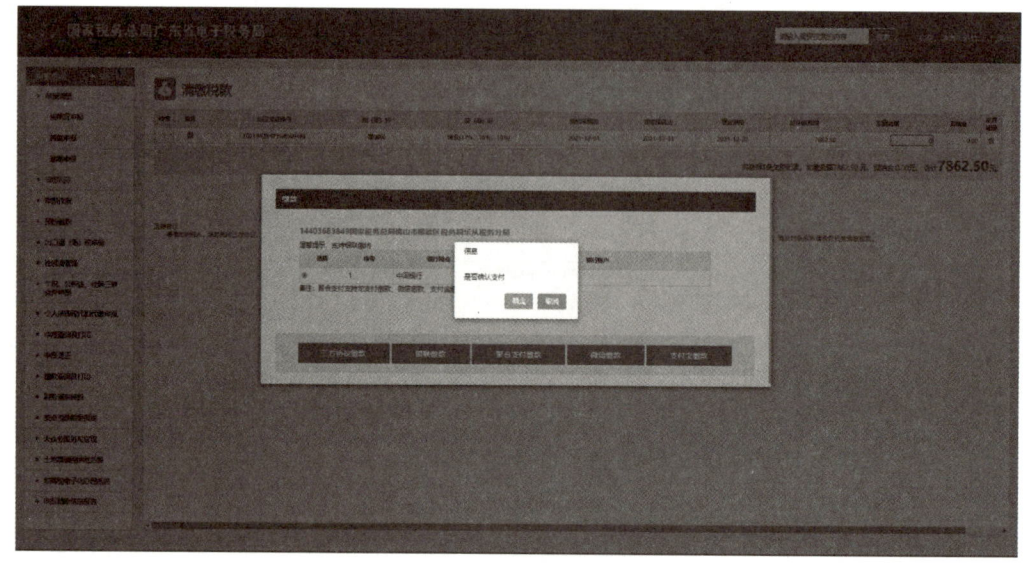

图4-4-027 【完税界面】

任务4　企业增值税申报机器人应用

学生需从实训资料中,选择两家尚未进行纳税申报的企业,使用相同的科目余额表,分别采取人工填写数据和运行企业增值税申报机器人的方式,完成纳税申报。学生应下载纳税申报表,比较人工操作和机器人运行所耗时长和申报结果,分析机器人纳税申报的效率及准确性,结合当前财务人员在税务处理方面的痛点,探讨RPA技术在税务领域的应用及推广。

🔷 思政园地

守法为本,职业技能为基,科技为翼

依法申报、依法纳税,是每一个企业应履行的义务,也是每一位会计工作人员应具备的基本素养,尤其在科技赋能会计工作的今天,更需要每一会计工作者守住这份"初心"。

《中华人民共和国税收征收管理法》有以下规定。

第六十八条:纳税人、扣缴义务人在规定期限内不缴或者少缴应纳或者应解缴的税款,经税务机关责令限期缴纳,逾期仍未缴纳的,税务机关除依照本法第四十条的规定采取强制执行措施追缴其不缴或者少缴的税款外,可以处不缴或者少缴的税款百分之五十以上五倍以下的罚款。

第六十九条:扣缴义务人应扣未扣、应收而不收税款的,由税务机关向纳税人追缴

税款,对扣缴义务人处应扣未扣、应收未收税款百分之五十以上三倍以下的罚款。

第七十条:纳税人、扣缴义务人逃避、拒绝或者以其他方式阻挠税务机关检查的,由税务机关责令改正,可以处一万元以下的罚款,情节严重的,处一万元以上五万元以下的罚款。

遵纪守法是我们每个公民应尽的社会责任和道德义务,依照税收法律进行业务活动是每个会计从业人员的职业素养,让我们以守法为本,职业技能为基,科技为翼,在职业的康庄大道上振翅高飞。

项目重难点总结

重点:

(1)企业增值税申报机器人的整体设计思路。

(2)企业增值税申报机器人的测试及结果展示。

(3)企业增值税申报机器人的拓展应用。

难点:

(1)企业增值税申报机器人的开发过程。

(2)企业增值税申报机器人所使用控件的掌握。

课后实践训练

1.线下作业:请开发【企业增值税附加税申报机器人】。

2.线上作业:将线下完成的作业上传"智慧职教——职教云"平台,进行头脑风暴、小组评比等教学活动。

模 块 **5**

财务报表分析机器人
设计与应用

项目 1　财务报表归集机器人
项目 2　财务报告分析机器人

项目 1　财务报表归集机器人

名师精品·

Gaozhigaozhuan Kuaiji Xilie

高职高专会计系列

　　日常工作中财务报表归集是一个高频的操作,而当需要大批量的归集财务报表时,重复的操作不仅耗时且很枯燥。为了解放人类双手,让时间应用在分析和决策上,本项目将以批量下载财务报表为例,讲解机器人流程自动化在日常工作中的应用,通过 UiPath 编写出下载财务报表的流程,可以实现自动化下载财务报表的业务。

项目成果

完成财务报表归集机器人的设计开发。

项目目标

1. 熟练打开浏览器、读取范围、输入信息、创建目录、发送热键等操作控件的使用。
2. 使用控件进行财务报表归集机器人的设计开发。
3. 能够归纳总结财务报表归集机器人的设计流程。
4. 能够在实践中拓展应用 RPA。

项目内容

1. RPA 设计:根据业务流程,设计财务报表归集机器人开发流程。
2. RPA 开发:利用 UiPath Studio 平台进行财务报表归集机器人开发。
3. RPA 测试:对开发完成的财务报表归集机器人进行调试运行。
4. RPA 应用:通过案例,引导学生熟练应用财务报表归集机器人。

项目流程

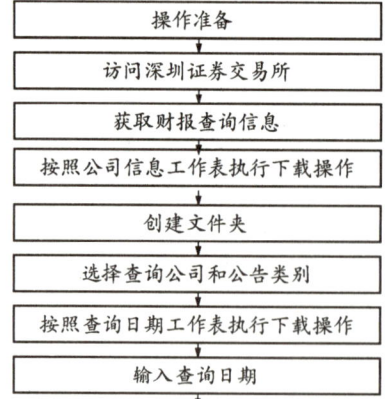

操作准备
↓
访问深圳证券交易所
↓
获取财报查询信息
↓
按照公司信息工作表执行下载操作
↓
创建文件夹
↓
选择查询公司和公告类别
↓
按照查询日期工作表执行下载操作
↓
输入查询日期

```
┌─────────────────────────┐
│      执行查询操作          │
└─────────────────────────┘
┌─────────────────────────┐
│      汇总查询结果          │
└─────────────────────────┘
┌─────────────────────────┐
│   按照查询结果下载年度报告   │
└─────────────────────────┘
┌─────────────────────────┐
│   判断文件是否已下载完成    │
└─────────────────────────┘
┌─────────────────────────┐
│      清除查询日期          │
└─────────────────────────┘
┌─────────────────────────┐
│      清除查询条件          │
└─────────────────────────┘
┌─────────────────────────┐
│   关闭深圳证券交易所浏览器   │
└─────────────────────────┘
```

项目控件

序号	控件名称	控件图标	控件功能
1	序列	**序列** / ▽ / *在此处放置活动*	根据单个定义的顺序执行一组子活动
2	打开浏览器	**打开浏览器** / *在此处插入 URL，必须用引号将文本括起* / Do / ▽ / *在此处放置活动*	根据网站地址打开浏览器
3	最大化窗口	**最大化窗口**	最大化指定的窗口
4	关闭选项卡	**关闭选项卡**	关闭浏览器页面
5	Excel 应用程序范围	**Excel 应用程序范围** / *工作簿路径，必须用引号将文本括起* / 执行 / ▽ / *在此处放置活动*	提供 Excel 活动范围
6	读取范围	**读取范围** / *工作簿路径，必须用引号将文本括起* / "Sheet1" / "A1:A2"	将电子表格根据指定范围读取为数据表

（续表）

序号	控件名称	控件图标	控件功能
7	对于每一个行	对于每一个行 遍历循环 row　输入 输入 VB 表达式 正文 Body ▽ 在此处放置活动	对提供的数据表的每一行执行一次操作
8	输入信息	T 输入信息 指明在屏幕上 必须用引号将文本括起　+	将文本值输入到选定的用户界面元素
9	创建目录	创建目录	在知道位置中创建文件夹
10	单击	单击 指明在屏幕上	单击指定的用户界面元素
11	发送热键	发送热键 指明在屏幕上 Alt　Ctrl　Shift　Win　键值 □　□　□　□　▼	发送键盘快捷方式至用户界面
12	存在图像	存在图像 指出屏幕上的图像	检查图像是否是在指定用户界面元素中查找到的
13	IF 条件	IF条件 Condition 输入 VB 表达式 Then　　　Else 在此处放置活动　在此处放置活动	根据设置的条件判断,条件成立时执行 Then 范围的活动,条件不成立时执行 Else 范围的活动
14	锚点基准	锚点基准 锚点　　将操作活动放置在此处	通过其他用户界面元素为锚点来搜索指定界面元素
15	查找图像	查找图像 指出屏幕上的图像	检查图像是否是在指定用户界面元素中找到的
16	单击图像	单击图像 指出屏幕上的图像	搜索用户界面元素中的图像,并单击该图像

（续表）

序号	控件名称	控件图标	控件功能
17	Do While 循环	Do While 循环 Body 在此处放置活动 Condition 输入 VB 表达式	首先执行一次活动,然后在条件为真时循环
18	路径存在	路径存在 路径类型 File 路径, 必须用引号将文本括起	检查指定的路径是否存在。路径可以表示文件路径或目录路径
19	延迟	⏱ 延迟	工作流程执行延迟给定的时长

任务 1　财务报表归集机器人设计

　　基于 UiPath Studio 平台设计的财务报表归集机器人,通过编写出下载上市公司年度报告的流程,以实现自动化下载年度报告,通过浏览器、Excel 等平台及交互软件,将其保存在本地的表格文件中,使用者根据其所提供上市公司或本公司的财务数据进行相关分析,为公司发展做出明智的投资预决策。财务报表归集机器人总体设计思路如下:

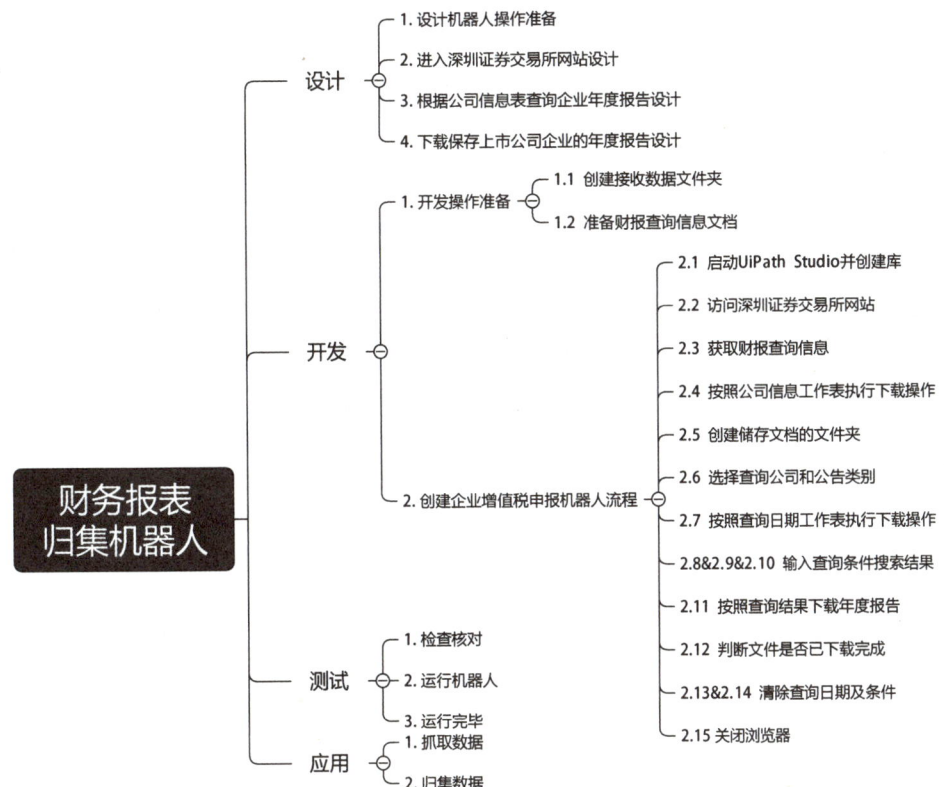

任务 2　财务报表归集机器人开发

1. 开发操作准备

1.1　创建接收数据文件夹

在【C:\】创建文件夹,命名为【财报归集机器人】。后续操作中为使财务报表名称简洁,命名时将"财务报表"简称为"财报"。

1.2　准备财务报表查询信息文档

将【财报查询信息】的 Excel 文档存储在该文件夹中,并新建子文件夹,重命名为【年度报告汇总】,如图 5-1-001 所示。

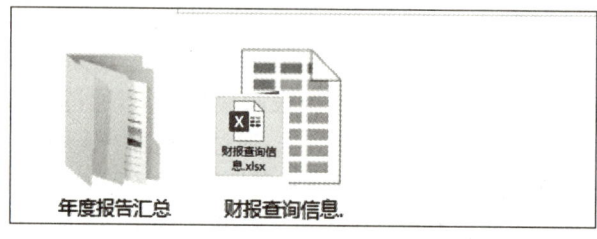

图 5-1-001　【财报归集机器人】界面

2. 创建财报归集机器人流程

2.1　启动 UiPath Studio 并创建库

(1) 打开 UiPath Studio 界面,新建空白库,重命名为【财报归集机器人序列】,存储路径选择【C:\财报归集机器人】。

(2) 在活动面板,点击【项目】选项卡,选中【NewActivity.xaml】,鼠标右键选择【重命名】,选中【至:】输入框,重命名该项目为【财报归集机器人序列】,点击【确定】,双击打开项目文件。

2.2　访问深圳证券交易所

2.2.1　添加序列

(1) 在【活动面板】中搜索【序列】活动控件,选中【序列】拖拽至【设计面板】中。在【属性面板】中,单击【常见】项下的【显示名称】,修改为【序列-财报归集机器人】。

(2) 添加【序列】活动控件,拖拽至【序列-财报归集机器人】活动内。在【属性面板】中,单击【常见】项下的【显示名称】,修改为【(2)序列-访问深圳证券交易所】,如图 5-1-002 所示。

财务报表归集机器人-操作准备

财务报表归集机器人-访问深圳证券交易所

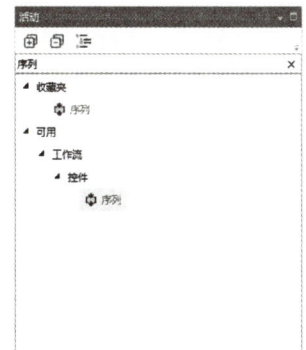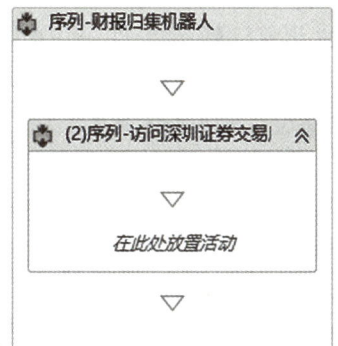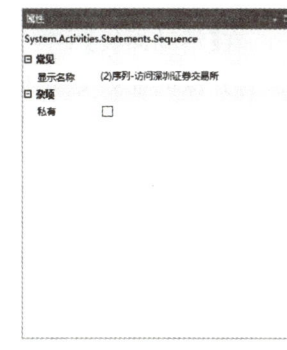

图 5-1-002　【(2)序列-访问深圳证券交易所】界面

2.2.2　打开深圳证券交易所网站

（1）在【活动面板】中搜索【打开浏览器】活动控件，选中【打开浏览器】拖拽至【(2)序列】活动内。在【属性面板】中，单击【常见】项下的【显示名称】，修改为【打开浏览器-打开深圳证券交易所】。

（2）选中【属性面板】-【输入】-【URL】输入框，单击右键，选择【创建变量】，输入【V1_深圳证券交易所网址】，输入完成后单击属性面板空白处，完成创建变量操作。打开【变量面板】，选中【V1_深圳证券交易所网址】，将变量类型保存为【String】，将其范围修改为【序列-财报归集机器人】，默认值输入框输入【"http：//www.szse.cn/disclosure/listed/fixed/index.html"】。

（3）选中【属性面板】-【输入】-【浏览器类型】输入框，单击选择【Chrome】。

（4）选中【属性面板】-【输出】-【用户界面浏览器】输入框，单击右键，选择【创建变量】，输入【V2_关闭深圳证券交易所】，输入完成后单击属性面板空白处，完成创建变量操作。打开【变量面板】，选中【V2_关闭深圳证券交易所】，将变量类型保存为【Browser】，将其范围修改为【序列-财报归集机器人】，如图 5-1-003 所示。

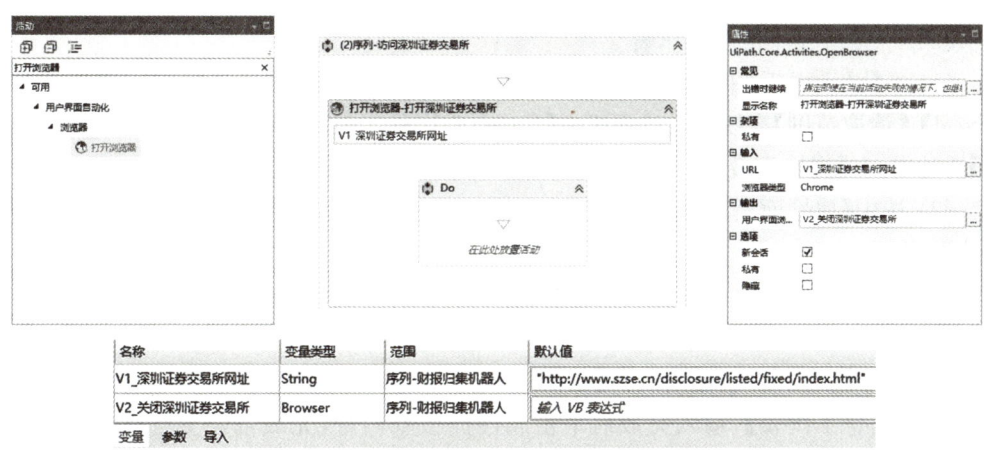

图 5-1-003　【打开浏览器-打开深圳证券交易所】界面

2.2.3　最大化浏览器窗口

在【活动面板】中搜索【最大化窗口】活动控件,选中【最大化窗口】拖拽至【打开浏览器-打开深圳证券交易所】-【Do】活动内。在【属性面板】中,单击【常见】项下的【显示名称】,修改为【最大化窗口-浏览器窗口处于最大化】。

2.3　获取财报查询信息

2.3.1　添加序列

财务报表归集
机器人-获取
财报查询信息

在【活动面板】中搜索【序列】活动控件,选中【序列】拖拽至【(2)序列】活动下。在【属性面板】中,单击【常见】项下的【显示名称】,修改为【(3)序列-获取财报查询信息】。

2.3.2　读取财务报表查询信息

(1) 在【活动面板】中搜索【Excel 应用程序范围】活动控件,选中【Excel 应用程序范围】拖拽至设计面板中【(3)序列-获取财报查询信息】活动内,在【属性面板】中,【显示名称】修改为【Excel 应用程序范围-读取财报查询信息】。

(2) 选中【属性面板】-【文件】-【工作簿路径】输入框的【…】,在弹窗输入【"C:\ 财报归集机器人\财报查询信息.xlsx"】,如图 5-1-004 所示。

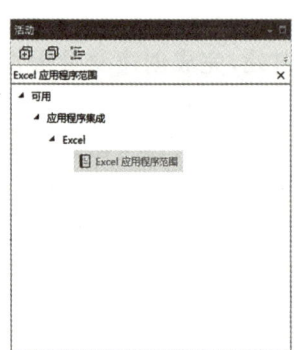

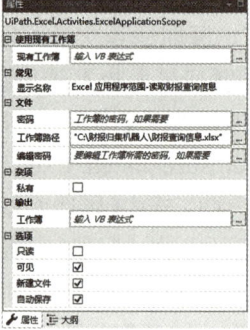

图 5-1-004　【Excel 应用程序范围-读取财报查询信息】界面

2.3.3　读取公司信息工作表

(1) 在【活动面板】中搜索【读取范围】活动控件,选中【可用】-【应用程序集成】-【Excel】-【读取范围】拖拽至设计面板中【Excel 应用程序范围-读取财报查询信息】-【执行】活动内,在【属性面板】中,将【显示名称】修改为【读取范围-公司信息工作表】。

(2) 选中【属性面板】-【输入】-【工作表名称】输入框的,将【"Sheet1"】修改为【"公司信息"】。

(3) 因为需要读取整个【公司信息】工作表的数据,因此,【属性面板】-【输入】-【范围】,仍保留【""】。

(4) 选中【属性面板】-【输出】-【数据表】输入框,单击右键,选择【创建变量】,输入【V3_公司信息工作表】,输入完成后单击属性面板空白处,完成创建变量操作。打开【变量面板】,选中【V3_公司信息工作表】,将变量类型保存为【DataTable】,将其范围修改为【序列-财报归集机器人】,如图 5-1-005 所示。

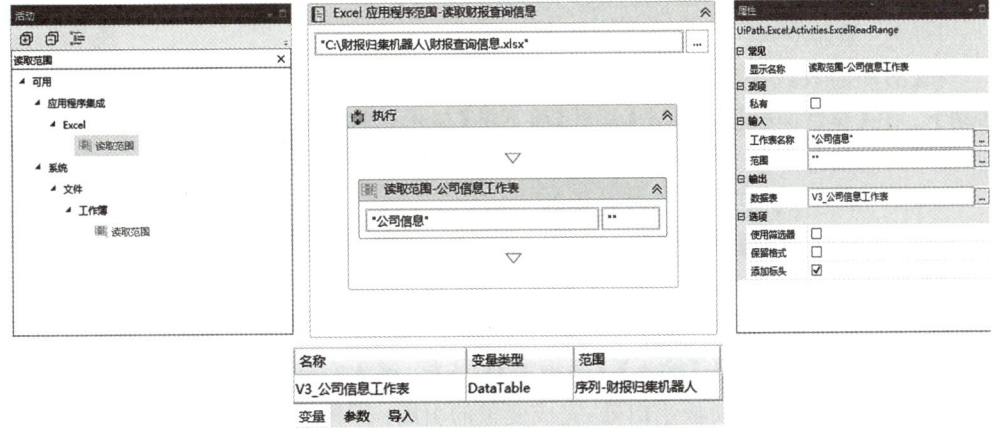

图 5-1-005 【读取范围-公司信息工作表】界面

2.3.4 读取查询日期工作表

添加【读取范围】活动控件,选中【可用】-【应用程序集成】-【Excel】-【读取范围】拖拽至设计面板中【读取范围-公司信息工作表】活动下,在【属性面板】中,将【显示名称】修改为【读取范围-查询日期工作表】。

（1）选中【属性面板】-【输入】-【工作表名称】输入框的,将【"Sheet1"】修改为【"查询日期"】。

（2）因为需要读取整个【公司信息】工作表的数据,因此,【属性面板】-【输入】-【范围】,仍保留【""】。

（3）选中【属性面板】-【输出】-【数据表】输入框,单击右键,选择【创建变量】,输入【V4_查询日期工作表】,输入完成后单击属性面板空白处,完成创建变量操作。打开【变量面板】,选中【V4_查询日期工作表】,将变量类型保存为【DataTable】,将其范围修改为【序列-财报归集机器人】,如图 5-1-006 所示。

图 5-1-006 【读取范围-查询日期工作表】界面

2.4　按照公司信息工作表执行下载操作

2.4.1　添加序列

在【活动面板】中搜索【序列】活动控件，选中【序列】拖拽至【（3）序列】活动下。在【属性面板】中，单击【常见】项下的【显示名称】，修改为【（4）序列-按照公司信息工作表执行下载操作】。

2.4.2　对列举的每个公司执行操作

（1）在【活动面板】中搜索【对于每一个行】活动控件，选中【对于每一个行】拖拽至设计面板中【（4）序列】活动内，在【属性面板】中，将【显示名称】修改为【对于每一个行-对列举的每个公司执行操作】。

（2）选中【属性面板】-【输入】-【数据表】输入框，键入空格，双击选中【V3_公司信息工作表】变量，单击属性面板空白处，完成变量的引用。

（3）单击遍历循环的输入框，将【row】修改为【公司信息工作表的列】，如图5-1-007所示。

财务报表归集机器人-按照公司信息工作表执行下载操作

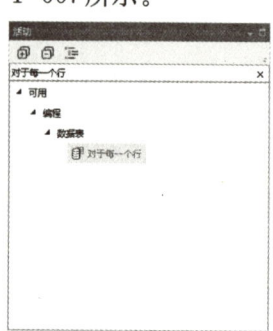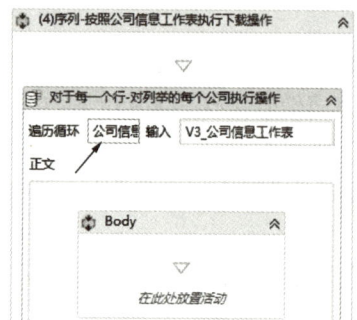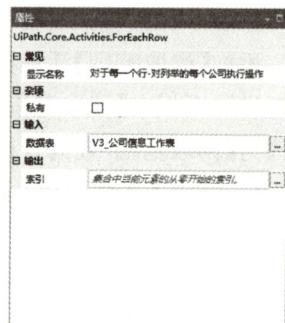

图5-1-007　【对于每一个行-对列举的每个公司执行操作】界面

2.5　创建文件夹

2.5.1　添加序列

在【活动面板】中搜索【序列】活动控件，选中【序列】拖拽至【对于每一个行对列举的每个公司执行操作】-【Body】活动内。在【属性面板】中，单击【常见】项下的【显示名称】，修改为【（5）序列-创建文件夹】，如图5-1-008所示。

财务报表归集机器人-创建文件夹

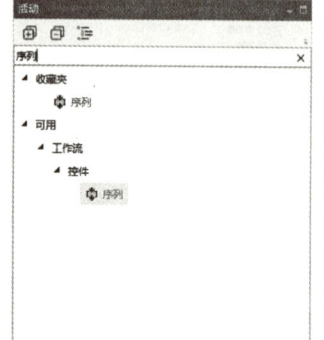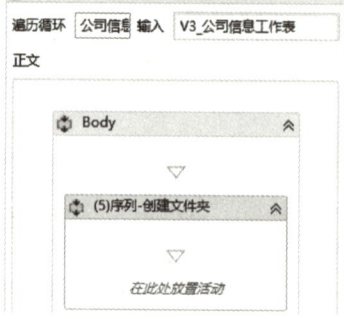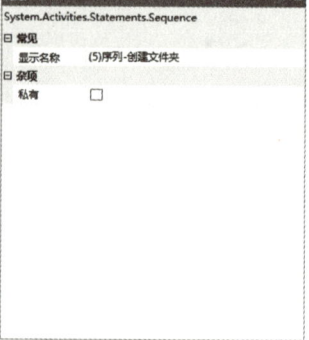

图5-1-008　【（5）序列-创建文件夹】界面

2.5.2 存放年度报告文档的文件夹

（1）在【活动面板】中搜索【创建文件夹】活动控件,选中【创建文件夹】拖拽至设计面板中【(5)序列】活动内,在【属性面板】中,将【显示名称】修改为【创建目录-存放年度报告文档的文件夹】。

（2）单击【属性面板】-【目录】-【路径】输入框的【…】,打开表达式编辑器弹窗,输入【"C:\财报归集机器人\年度报告汇总\"＋ 公司信息工作表的列("股票代码").ToString＋公司信息工作表的列("公司简称").ToString】,如图 5-1-009 所示。

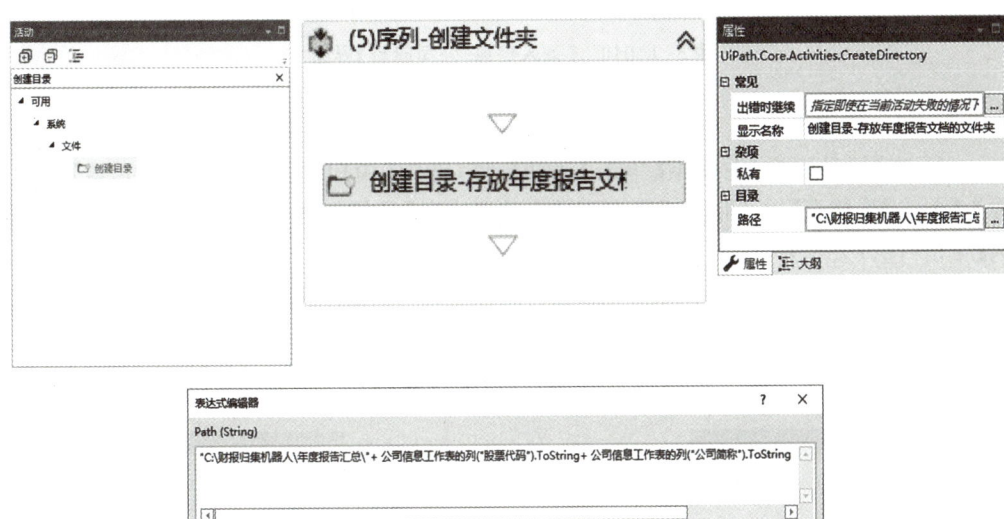

图 5-1-009 【创建目录-存放年度报告文档的文件夹】界面

2.6 选择查询公司和公告类别

2.6.1 添加序列

在【活动面板】中搜索【序列】活动控件,选中【序列】拖拽至【对于每一个行-对列举的每个公司执行操作】-【Body】活动内,【(5)序列】活动下。在【属性面板】中,单击【常见】项下的【显示名称】,修改为【(6)序列-选择查询公司和公告类别】。

2.6.2 输入公司简称

（1）在【活动面板】中搜索【输入信息】活动控件,选中【输入信息】拖拽至设计面板中【(6)序列】活动内,在【属性面板】中,将【显示名称】修改为【输入信息-公司简称】。

（2）单击【属性面板】-【输入】-【文本】输入框的【…】,打开表达式编辑器弹窗,输入【公司信息工作表的列("公司简称").ToString】。

（3）勾选【属性面板】-【选项】-【空字段】选项。

（4）打开并置顶深圳证券交易所,单击【指明在屏幕上】,页面自动跳转至深圳证券交易所网页,选中并点击【代码/简称/拼音/标题关键字】输入框,页面自动跳转至 UiPath Studio 操作界面,完成【指明在屏幕上】操作,如图 5-1-010 所示。

财务报表归集机器人-选择查询公司和公告类别

图 5-1-010　【输入信息-公司简称】界面

2.6.3　选择公司

（1）在【活动面板】中搜索【单击】活动控件，选中【用户界面自动化】-【元素】-【鼠标】-【单击】拖拽至【输入信息公司简称】活动下。在【属性面板】中，将【显示名称】修改为【单击-选择公司】。

（2）在深圳证券交易所网页上，【代码/简称/拼音/标题关键字】输入框中输入【丽江股份】。返回 UiPath Studio 操作界面，单击【指明在屏幕上】，页面跳转至深圳证券交易所网页界面，选中并点击【002033 丽江股份】标签，页面自动跳转，如图 5-1-011 所示。

图 5-1-011　【单击-选择公司】界面

2.6.4　打开公告类别下拉菜单

（1）添加【单击】活动控件，选中【用户界面自动化】-【元素】-【鼠标】-【单击】拖拽至【单击-选择公司】活动下。在【属性面板】中，将【显示名称】修改为【单击-打开公告类别下拉菜单】。

（2）置顶深圳证券交易所网页上，返回 UiPath Studio 操作界面，单击【指明在屏幕上】，页面跳转至深圳证券交易所网页界面，选中并点击【请选择公告类别】选择框，页面自动跳转。

2.6.5　选择年度报告

（1）添加【单击】活动控件，选中【用户界面自动化】-【元素】-【鼠标】-【单击】拖拽至【单击打开公告类别下拉菜单】活动下。在【属性面板】中，将【显示名称】修改为【单击-

选择年度报告】。

（2）置顶深圳证券交易所网页上，返回 UiPath Studio 操作界面，单击【指明在屏幕上】，页面跳转至深圳证券交易所网页界面，按下键盘的【F2】键，延迟操作，手动操作点击【请选择公告类别】选框，打开下拉菜单，待延时结束之后，选中并点击【年度报告】标签，页面自动跳转，如图 5-1-012 所示。

图 5-1-012　【单击-打开公告类别下拉菜单】界面

2.7　按照查询日期工作表执行下载操作

2.7.1　添加序列

在【活动面板】中搜索【序列】活动控件，选中【序列】拖拽至【(6)序列】活动下。在【属性面板】中，单击【常见】项下的【显示名称】，修改为【(7)序列-按照查询日期工作表执行下载操作】。

2.7.2　对列举的每个年份执行操作

（1）在【活动面板】中搜索【对于每一个行】活动控件，选中【对于每一个行】拖拽至设计面板中【(7)序列】活动内，在【属性面板】中，将【显示名称】修改为【对于每一个行-对列举的每个年份执行操作】。

（2）选中【属性面板】-【输入】-【数据表】输入框，键入空格，双击选中【V4_查询日期工作表】变量，单击属性面板空白处，完成变量的引用。

（3）单击遍历循环的输入框，将【row】修改为【查询日期工作表的列】，如图5-1-013所示。

财务报表归集机器人-对列举的每个年份执行操作

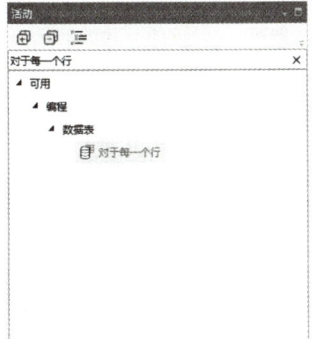
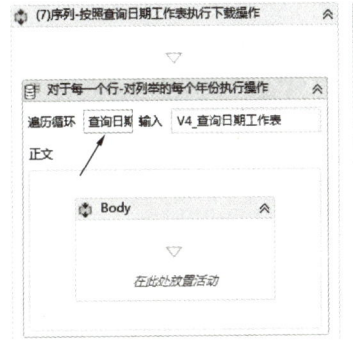
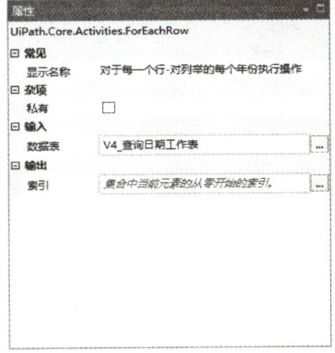

图 5-1-013　【对于每一个行-对列举的每个年份执行操作】界面

2.8 输入查询日期

2.8.1 添加序列

在【活动面板】中搜索【序列】活动控件，选中【序列】拖拽至【对于每一个行对列举的每个年份执行操作】-【正文】-【Body】活动下。在【属性面板】中，单击【常见】项下的【显示名称】，修改为【(8)序列-输入查询日期】，如图5-1-014所示。

财务报表归集机器人-输入查询日期

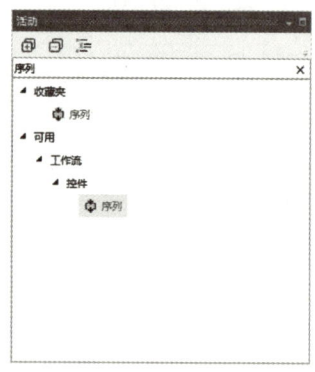
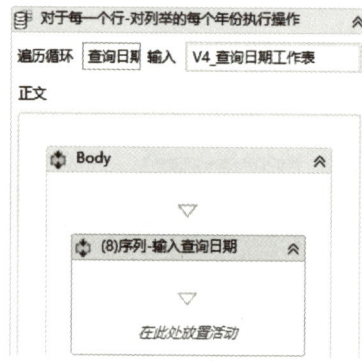
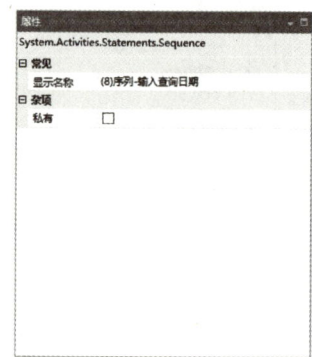

图5-1-014 【(8)序列-输入查询日期】界面

2.8.2 输入开始日期

(1) 在【活动面板】中搜索【输入信息】活动控件，选中【输入信息】拖拽至设计面板中【(8)序列】活动内，在【属性面板】中，将【显示名称】修改为【输入信息-开始日期】。

(2) 单击【属性面板】-【输入】-【文本】输入框的【…】，打开表达式编辑器弹窗，输入【查询日期工作表的列("开始日期").ToString】。

(3) 勾选【属性面板】-【选项】-【空字段】选项。勾选【属性面板】-【选项】-【键入之前单击】选项。

(4) 置顶深圳证券交易所网页，返回UiPath Studio操作界面，单击【指明在屏幕上】，页面自动跳转至深圳证券交易所网页，选中并点击【开始日期】输入框，页面自动跳转至UiPath Studio操作界面，完成【指明在屏幕上】操作，如图5-1-015所示。

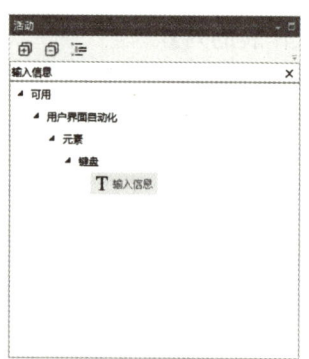
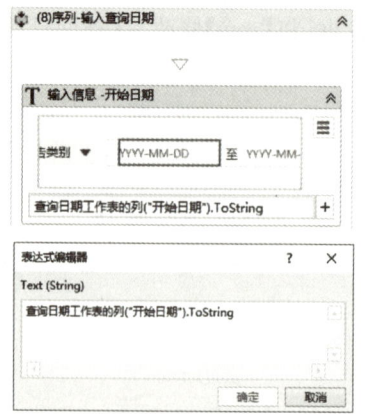
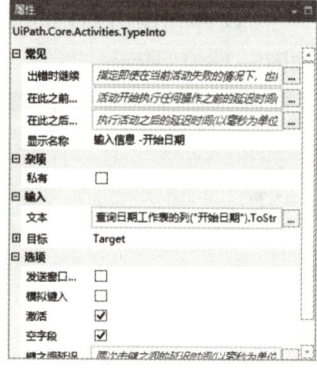

图5-1-015 【输入信息-开始日期】界面

2.8.3　输入结束日期

（1）在【活动面板】中搜索【输入信息】活动控件，选中【输入信息】拖拽至设计面板中（8）序列】活动内【输入信息-开始日期】活动下，在【属性面板】中，将【显示名称】修改为【输入信息结束日期】。

（2）单击【属性面板】-【输入】-【文本】输入框的【…】，打开表达式编辑器弹窗，输入【查询日期工作表的列("结束日期").ToString】。

（3）勾选【属性面板】-【选项】-【空字段】选项。勾选【属性面板】-【选项】-【键入之前单击】选项。

（4）置顶深圳证券交易所网页，返回 UiPath Studio 操作界面，单击【指明在屏幕上】，页面自动跳转至深圳证券交易所网页，选中并点击【结束日期】输入框，页面自动跳转至 UiPath Studio 操作界面，完成【指明在屏幕上】操作，如图 5-1-016 所示。

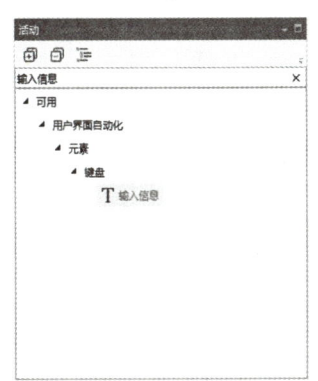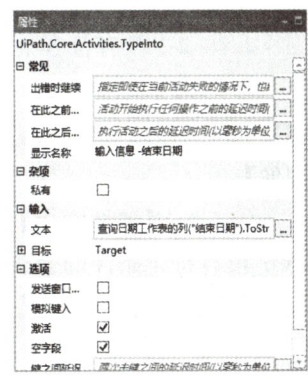

图 5-1-016　【输入信息-结束日期】界面

2.8.4　确认选择日期

（1）在【活动面板】中搜索【发送热键】活动控件，选中【发送热键】拖拽至设计面板中（8）序列】活动内【输入信息-结束日期】活动下，在【属性面板】中，将【显示名称】修改为【发送热键-确认选中日期】。

（2）勾选【属性面板】-【选项】-【特殊键】选择框。

（3）置顶深圳证券交易所网页，返回 UiPath Studio 操作界面，单击【指明在屏幕上】，页面跳转至深圳证券交易所网页界面，选中并点击【结束日期】输入框，页面自动跳转至 UiPath Studio 操作界面，完成【指明在屏幕上】操作。

（4）点击【发送热键确认选中日期】键值选框，打开键值下拉菜单，双击选中【enter】，完成键值的选取操作。

2.9　执行查询操作

2.9.1　添加序列

在【活动面板】中搜索【序列】活动控件，选中【序列】拖拽至（8）序列】活动下。在【属性面板】中，单击【常见】项下的【显示名称】，修改为【（9）序列-执行查询操作】。

财务报表归集
机器人-执行
查询操作

财务报表分析机器人设计与应用

2.9.2 点击查询按钮

（1）在【活动面板】中搜索【单击】活动控件，选中【用户界面自动化】-【元素】-【鼠标】-【单击】拖拽至【(9)序列】活动内。在【属性面板】中，将【显示名称】修改为【单击点击查询按钮】。

（2）将深圳证券交易所网页置顶，返回 UiPath Studio 操作界面，单击【指明在屏幕上】，页面跳转至深圳证券交易所网页界面，选中并点击【查询】按钮，页面自动跳转至 UiPath Studio 操作界面。

2.10 汇总查询结果

2.10.1 添加序列

在【活动面板】中搜索【序列】活动控件，选中【序列】拖拽至【(9)序列】活动下。在【属性面板】中，单击【常见】项下的【显示名称】，修改为【(10)序列-汇总查询结果】。

财务报表归集
机器人-汇总
查询结果

2.10.2 没有符合条件的公告图像

（1）在【活动面板】中搜索【存在图像】活动控件，选中【存在图像】拖拽至【(10)序列】活动内。在【属性面板】中，将【显示名称】，修改为【存在图像-没有符合条件的公告图像】。

（2）选中【属性面板】-【输出】-【已找到】输入框，单击右键，选择【创建变量】，输入【V5_没有符合条件的公告图像】，输入完成后单击属性面板空白处，完成创建变量操作。打开【变量面板】，选中【V5_没有符合条件的公告图像】，将变量类型保存为【Boolean】，将其范围修改为【序列-财务报告机器人】。

（3）将深圳证券交易所网页置顶，在【标题关键字】输入框输入【比亚迪】，单击选择【002594 比亚迪】，点击【请选择公告类别】选框，打开下拉菜单，选择【年度报告】，点击【开始日期】选框，选择【20100101】，点击【结束日期】选框，选择【20201231】，点击【查询】按钮，查看查询结果，返回 UiPath Studio 操作界面，单击【指明在屏幕上】，页面跳转至深圳证券交易所网页界面，框选【没有符合条件的公告】，页面自动跳转至 UiPath Studio 操作界面，如图 5-1-017 所示。

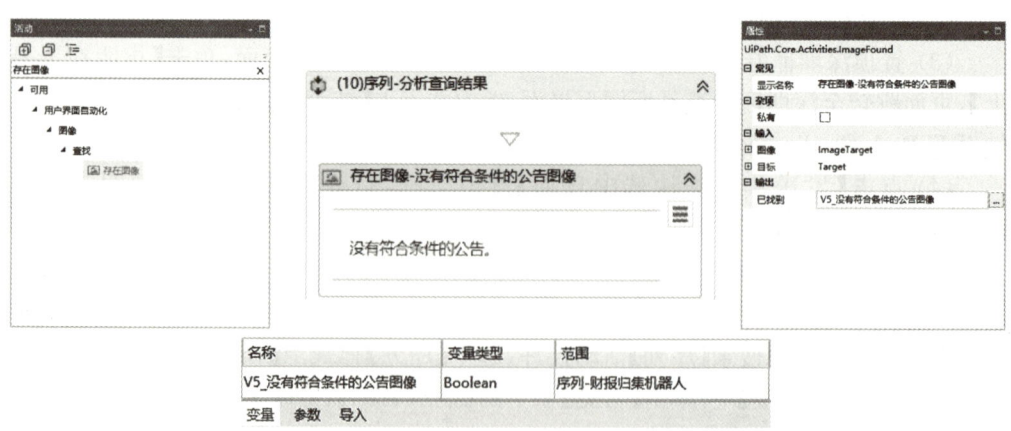

图 5-1-017 【存在图像-没有符合条件的公告图像】界面

2.10.3　获取年度报告更新后图像

（1）添加【存在图像】活动控件，拖拽至【存在图像-没有符合条件的公告图像】活动下。在【属性面板】中，【显示名称】，修改为【存在图像-年度报告更新后图像】。

（2）选中【属性面板】-【输出】-【已找到】输入框，单击右键，选择【创建变量】，输入【V6_年度报告更新后图像】，输入完成后单击属性面板空白处，完成创建变量操作。打开【变量面板】，选中【V6_年度报告更新后图像】，将变量类型保存为【Boolean】，将其范围修改为【序列-财务报告机器人】。

（3）将深圳证券交易所网页置顶，在【标题关键字】输入框输入【五粮液】，单击选择【000858 五粮液】，点击【请选择公告类别】选框，打开下拉菜单，选择【年度报告】，点击【开始日期】选框，选择【2014 0101】，点击【结束日期】选框，选择【20141231】，点击【查询】按钮，查看查询结果，返回 UiPath Studio 操作界面，单击【指明在屏幕上】，页面跳转至深圳证券交易所网页界面，框选【2013 年年度报告（更新后）】，页面自动跳转至 UiPath Studio 操作界面，如图 5-1-018 所示。

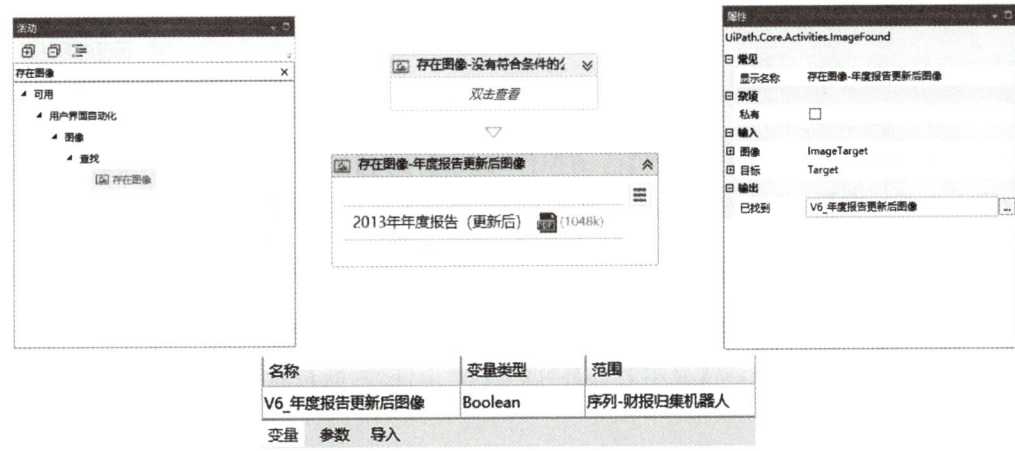

图 5-1-018　【存在图像-年度报告更新后图像】界面

2.10.4　获取年度报告图像

（1）添加【存在图像】活动控件，拖拽至【存在图像-年度报告更新后图像】活动下。在【属性面板】中，将【显示名称】修改为【存在图像-年度报告图像】。

（2）选中【属性面板】-【输出】-【已找到】输入框，单击右键，选择【创建变量】，输入【V7_年度报告图像】，输入完成后单击属性面板空白处，完成创建变量操作。打开【变量面板】，选中【V7_年度报告图像】，将变量类型保存为【Boolean】，将其范围修改为【序列-财务报告机器人】。

（3）将深圳证券交易所网页置顶，在【标题关键字】输入框输入【五粮液】，单击选择【000858 五粮液】，点击【请选择公告类别】选框，打开下拉菜单，选择【年度报告】，点击【开始日期】选框，选择【2017010 1】，点击【结束日期】选框，选择【20171231】，点击【查询】按钮，查看查询结果，返回 UiPath Studio 操作界面，单击【指明在屏幕上】，页面跳转至深圳证券交易所网页界面，框选【2016 年年度报告】，页面自动跳转至 UiPath

财务报表分析机器人设计与应用

Studio 操作界面,如图 5-1-019 所示。

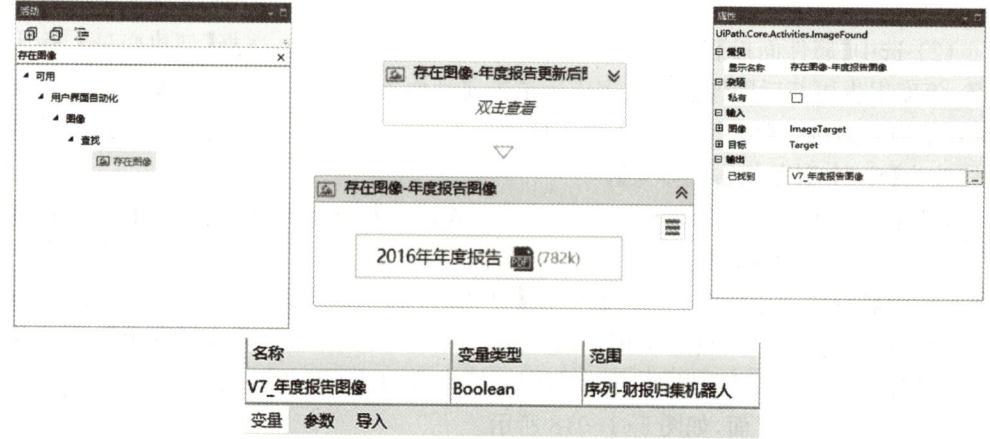

图 5-1-019 【存在图像-年度报告图像】界面

2.11 按照查询结果下载年度报告

2.11.1 添加序列

财务报表归集
机器人-按照
查询结果下载
年度报告

在【活动面板】中搜索【序列】活动控件,选中【序列】拖拽至【(10)序列】活动下。在【属性面板】中,单击【常见】项下的【显示名称】,修改为【(11)序列-按照查询结果下载年度报告】。

2.11.2 判断是否存在没有符合条件的公告图像

(1) 在【活动面板】中搜索【IF 条件】活动控件,选中【IF 条件】拖拽至【(11)序列】活动内。在【属性面板】中,将【显示名称】修改为【IF 条件-判断是否存在没有符合条件的公告图像】。

(2) 选中【属性面板】-【杂项】-【条件】输入框,键入空格,双击选中【V5_没有符合条件的公告图像】变量,单击属性面板空白处,完成 IF 条件的编辑,如图 5-1-020所示。

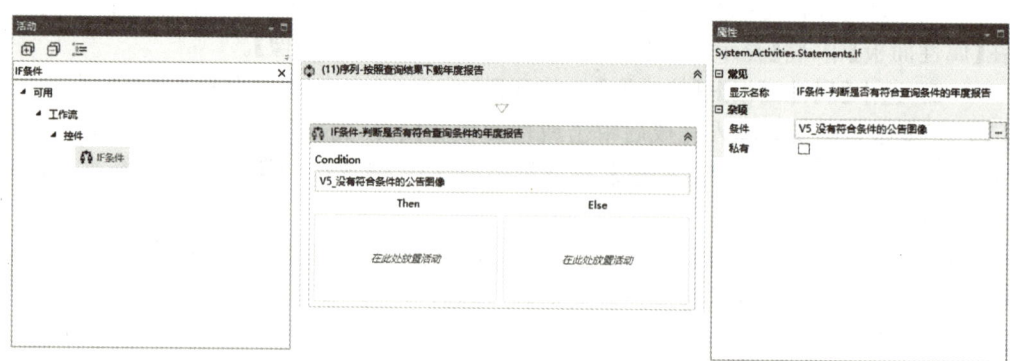

图 5-1-020 【IF 条件-判断是否有符合查询条件的年度报告】界面

2.11.3　不存在没有符合条件的公告图像执行的操作

在【活动面板】中搜索【序列】活动控件,选中【序列】拖拽至【IF 条件-判断是否存在没有符合条件的公告图像】-【Else】活动内。在【属性面板】中,单击【常见】项下的【显示名称】,修改为【序列-不存在没有符合查询条件的年度报告执行的操作】,如图 5-1-021 所示。

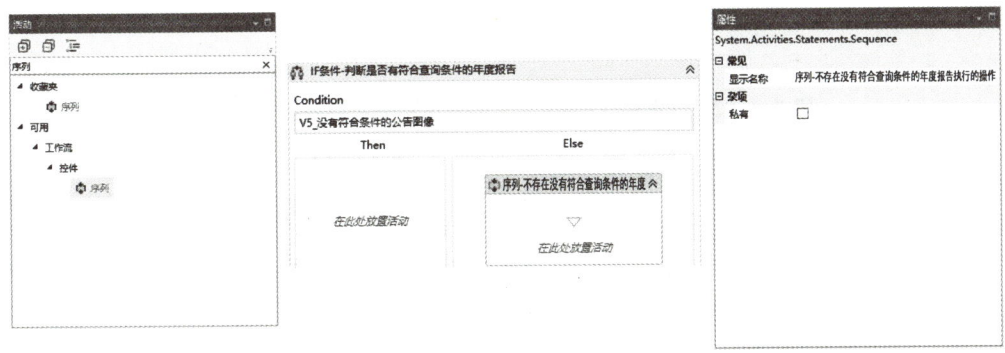

图 5-1-021　【序列-不存在没有符合查询条件的年度报告执行的操作】界面

2.11.4　判断是否存在年度报告更新后图像

(1)在【活动面板】中搜索【IF 条件】活动控件,选中【IF 条件】拖拽至【序列-不存在没有符合条件的公告图像执行的操作】活动内。在【属性面板】中,将【显示名称】修改为【IF 条件-判断是否存在年度报告更新后图像】。

(2)选中【属性面板】-【杂项】-【条件】输入框,键入空格,双击选中【V6_年度报告更新后图像】变量,单击属性面板空白处,完成 IF 条件的编辑,如图 5-1-022 所示。

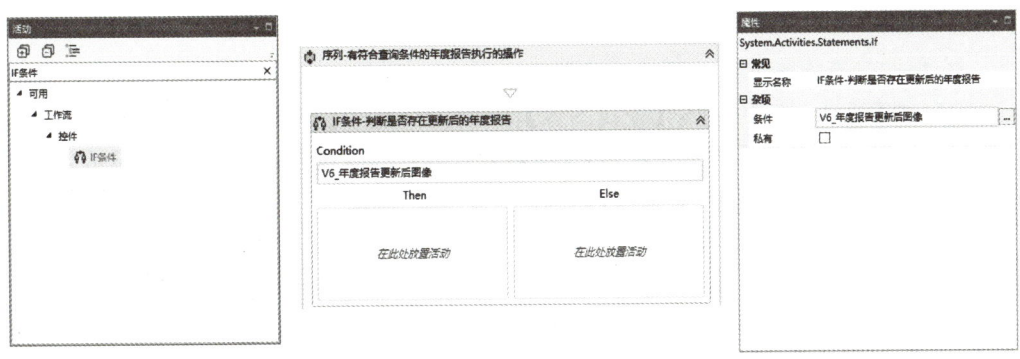

图 5-1-022　【IF 条件-判断是否存在更新后的年度报告】界面

2.11.5　存在年度报告更新后图像执行的操作

在【活动面板】中搜索【序列】活动控件,选中【序列】拖拽至【IF 条件-判断是否存在没有符合条件的公告图像】-【Then】活动内。在【属性面板】中,单击【常见】项下的【显示名称】,修改为【序列-存在更新后的年度报告执行的操作】。如图 5-1-023 所示。

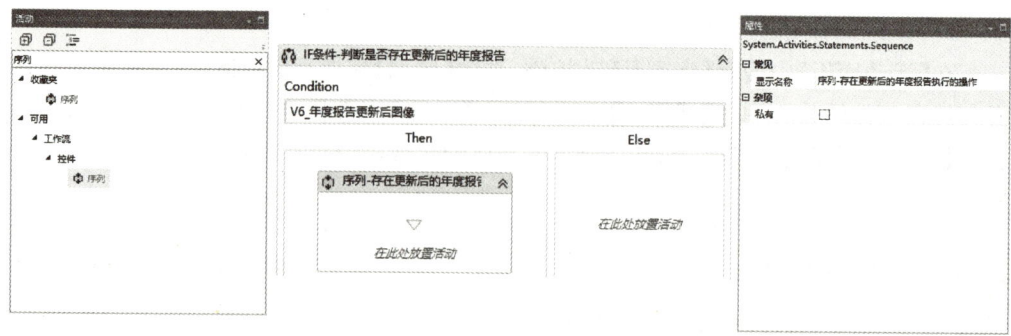

图 5-1-023 【序列-存在更新后的年度报告执行的操作】界面

2.11.6 定位年度报告更新后的下载按钮

在【活动面板】中搜索【锚点基准】活动控件,选中【锚点基准】拖拽至【序列-存在年度报告更新后图像执行的操作】活动内。在【属性面板】中,将【显示名称】修改为【锚点基准-定位年度报告更新后的下载按钮】,如图 5-1-024 所示。

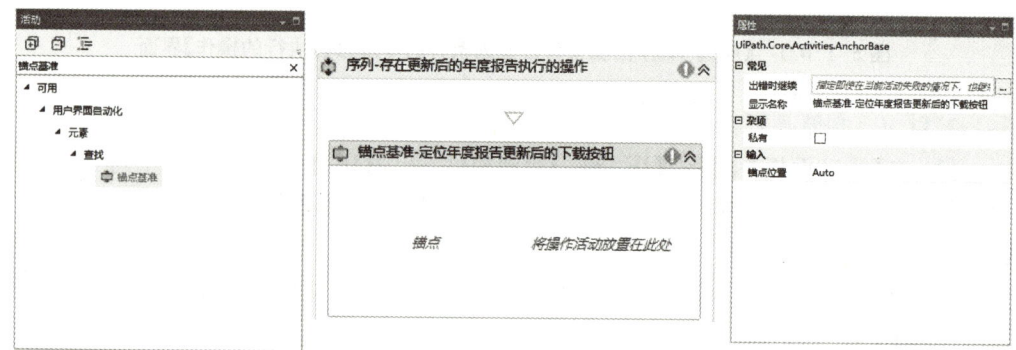

图 5-1-024 【锚点基准-定位年度报告更新后的下载按钮】界面

2.11.7 查找年度报告更新后图像

(1) 在【活动面板】中搜索【查找图像】活动控件,选中【查找图像】拖拽至【锚点基准-定位年度报告更新后的下载按钮】-【锚点】活动内。在【属性面板】中,将【显示名称】修改为【查找图像-年度报告更新后】。

(2) 将深圳证券交易所网页置顶,在【标题关键字】输入框输入【五粮液】,单击选择【000858 五粮液】,点击【请选择公告类别】选框,打开下拉菜单,选择【年度报告】,点击【开始日期】选框,选择【20140101】,点击【结束日期】选框,选择【20141231】,点击【查询】按钮,查看查询结果,返回 UiPath Studio 操作界面,单击【指出屏幕上的图像】,页面跳转至深圳证券交易所网页界面,框选【2013 年年度报告(更新后)】,页面自动跳转至UiPath Studio 操作界面,如图 5-1-025 所示。

2.11.8 点击下载按钮

(1) 在【活动面板】中搜索【单击图像】活动控件,选中【单击图像】拖拽至【锚点基准-定位年度报告更新后的下载按钮】-【将操作活动放置此处】活动内。在【属性面板】中,将【显示名称】修改为【单击图像-点击下载按钮】。

名师精品 · 高职高专会计系列 *Gaozhigaozhuan Kuaiji Xilie*

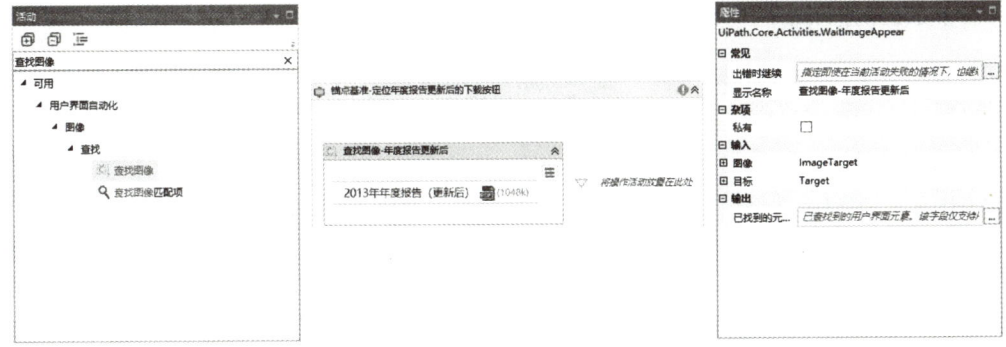

图 5-1-025　【查找图像-年度报告更新后】界面

（2）将深圳证券交易所网页置顶，返回 UiPath Studio 操作界面，单击【指出屏幕上的图像】，页面跳转至深圳证券交易所网页界面，框选【下载按钮】，页面自动跳转至 UiPath Studio 操作界面，如图 5-1-026 所示。

图 5-1-026　【单击图像-点击下载按钮】界面

2.11.9　输入年度报告保存路径

（1）在【活动面板】中搜索【输入信息】活动控件，选中【输入信息】拖拽至设计面板中【锚点基准-定位年度报告更新后的下载按钮】活动下，在【属性面板】中，将【显示名称】修改为【输入信息-年度报告保存路径】。

（2）单击【属性面板】-【输入】-【文本】输入框的【…】，打开表达式编辑器弹窗，输入【"C:\财务归集机器人\年度报告汇总\"＋公司信息工作表的列（"股票代码"）.ToString＋公司信息工作表的列（"公司简称"）.ToString＋"\"＋查询日期工作表的列（"年度报告年份"）.ToString＋"年"＋公司信息工作表的列（"公司全称"）.ToString＋"年度报告.PDF"】。

（3）勾选【属性面板】-【选项】-【发送窗口消息】选项。勾选【属性面板】-【选项】-【空字段】选项。勾选【属性面板】-【选项】-【键入之前单击】选项。

（4）置顶深圳证券交易所网页，手动点击【下载】按钮，打开【另存为】弹窗，返回 UiPath Studio 操作界面，单击【指明在屏幕上】，页面自动跳转至深圳证券交易所网页，选中并点击【文件名称】输入框，页面自动跳转至 UiPath Studio 操作界面，完成【指明在屏幕上】操作,如图 5-1-027 所示。

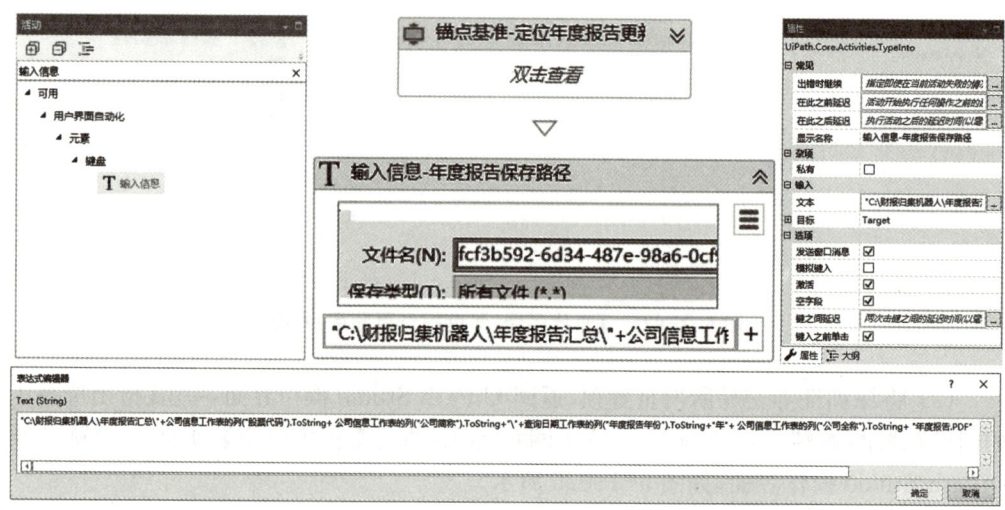

图 5-1-027 【输入信息-年度报告保存路径】界面

2.11.10 点击保存按钮

(1) 在【活动面板】中搜索【单击】活动控件,选中【用户界面自动化】-【元素】-【鼠标】-【单击】拖拽至【输入信息-年度报告保存路径】活动下。在【属性面板】中,将【显示名称】修改为【单击-点击保存按钮】。

(2) 将深圳证券交易所网页置顶,返回 UiPath Studio 操作界面,单击【指明在屏幕上】,页面跳转至深圳证券交易所网页界面,选中并点击【保存】按钮,页面自动跳转至 UiPath Studio 操作界面。

2.11.11 判断是否存在年度报告图像

(1) 在【活动面板】中搜索【IF 条件】活动控件,选中【IF 条件】拖拽至【IF 条件-判断是否存在年度报告更新后图像】-【Else】活动内。在【属性面板】中,将【显示名称】修改为【IF 条件-判断是否存在年度报告图像】。

(2) 选中【属性面板】-【杂项】-【条件】输入框,键入空格,双击选中【V7_年度报告图像】变量,单击属性面板空白处,完成 IF 条件的编辑,如图 5-1-028 所示。

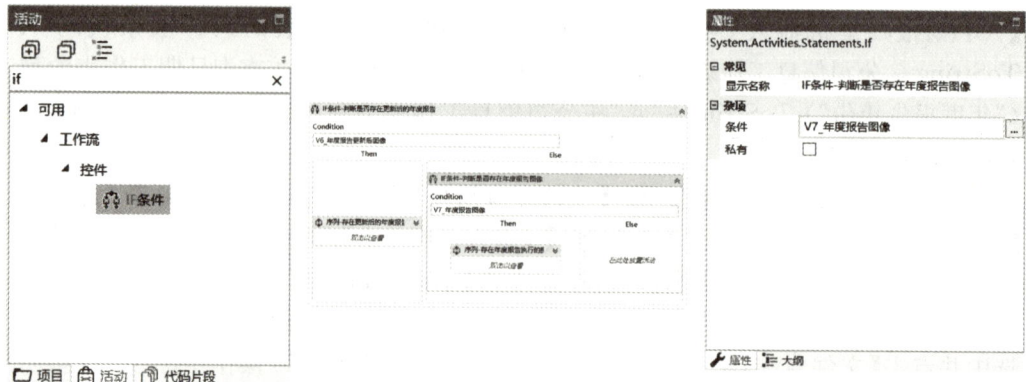

图 5-1-028 【IF 条件-判断是否存在年度报告图像】界面

2.11.12 存在年度报告图像执行的操作

在【活动面板】中搜索【序列】活动控件,选中【序列】拖拽至【IF 条件-判断是否存在年度报告图像】-【Then】活动内。在【属性面板】中,单击【常见】项下的【显示名称】,修改为【序列-存在年度报告图像执行的操作】,如图 5-1-029 所示。

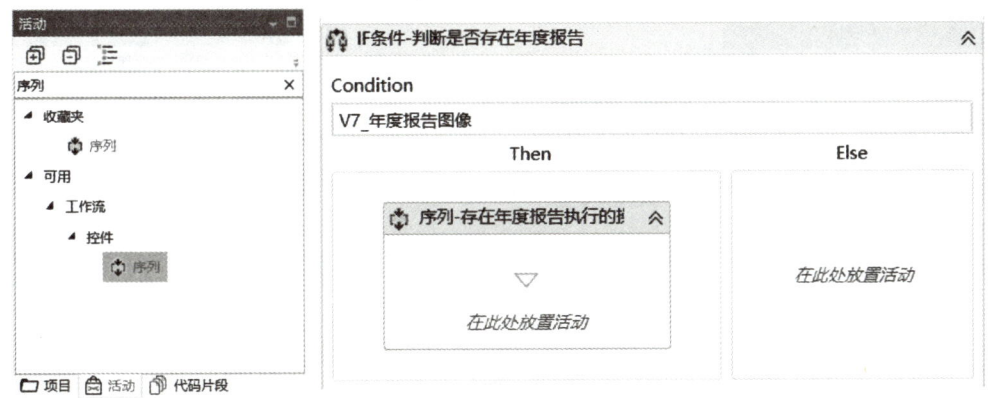

图 5-1-029 【序列-存在年度报告图像执行的操作】界面

2.11.13 定位年度报告的下载按钮

在【活动面板】中搜索【锚点基准】活动控件,选中【锚点基准】拖拽至【序列-存在年度报告图像执行的操作】活动内。在【属性面板】中,将【显示名称】修改为【锚点基准-定位年度报告的下载按钮】,如图 5-1-030 所示。

图 5-1-030 【锚点基准-定位年度报告的下载按钮】界面

2.11.14 查找年度报告的图像

(1) 在【活动面板】中搜索【查找图像】活动控件,选中【查找图像】拖拽至【锚点基准-定位年度报告的下载按钮】-【锚点】活动内。在【属性面板】中,将【显示名称】修改为【查找图像-年度报告】。

(2) 将深圳证券交易所网页置顶,在【标题关键字】输入框输入【五粮液】,单击选择【000858 五粮液】,点击【请选择公告类别】选框,打开下拉菜单,选择【年度报告】,点击

【开始日期】选框,选择【20170101】,点击【结束日期】选框,选择【20171231】,点击【查询】按钮,查看查询结果,返回 UiPath Studio 操作界面,单击【指明在屏幕上】,页面跳转至深圳证券交易所网页界面,框选公告标题的信息【2016 年年度报告】,页面自动跳转至UiPath Studio 操作界面,如图 5-1-031 所示。

图 5-1-031 【查找图像-年度报告】界面

2.11.15 点击下载按钮

（1）在【活动面板】中搜索【单击图像】活动控件,选中【单击图像】拖拽至【锚点基准-定位年度报告的下载按钮】-【将操作活动放置此处】活动内。在【属性面板】中,将【显示名称】修改为【单击图像-下载按钮】。

（2）将深圳证券交易所网页置顶,返回 UiPath Studio 操作界面,单击【指出屏幕上的图像】,页面跳转至深圳证券交易所网页界面,框选【下载按钮】,页面自动跳转至UiPath Studio 操作界面,如图 5-1-032 所示。

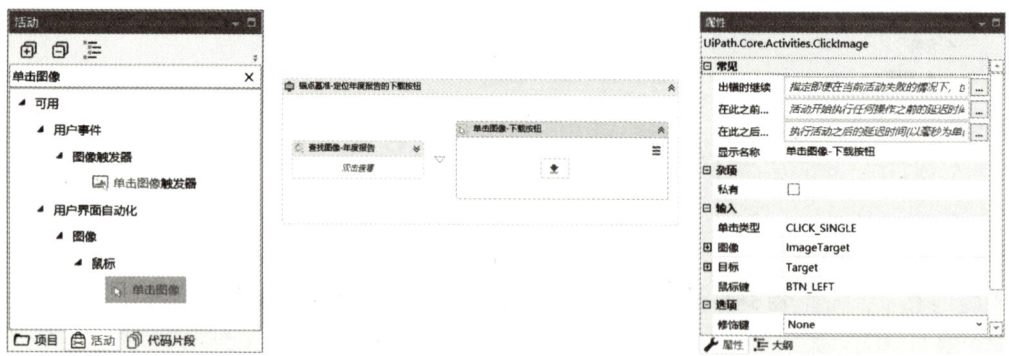

图 5-1-032 【单击图像-下载按钮】界面

2.11.16 复制粘贴年度报告保存路径和点击保存按钮

将【序列-存在年度报告更新后图像执行的操作】活动中的【输入信息-年度报告保存路径】和【单击-点击保存按钮】这两个活动,复制粘贴至【序列-存在年度报告图像执行的操作】中【锚点基准-定位年度报告的下载按钮】活动下,如图 5-1-033 所示。

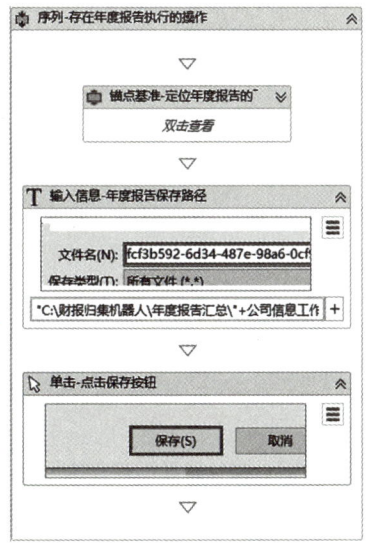

图 5-1-033 【输入信息-年度报告保存路径】和【单击-点击保存按钮】界面

2.12 判断文件是否已下载完成

2.12.1 添加序列

在【活动面板】中搜索【序列】活动控件,选中【序列】拖拽至【(11)序列】活动下。在【属性面板】中,单击【常见】项下的【显示名称】,修改为【(12)序列-判断文件是否已下载完成】。

财务报表归集机器人-判断文件是否已下载完成

2.12.2 多次执行查找文件路径

在【活动面板】中搜索【Do While 循环】活动控件,选中【Do While 循环】拖拽至【(12)序列】活动内。在【属性面板】中,将【显示名称】修改为【Do While 循环-多次执行查找文件路径】,如图 5-1-034 所示。

图 5-1-034 【Do While 循环-多次执行查找文件路径】界面

2.12.3 文件路径不存在执行的活动

在【活动面板】中搜索【序列】活动控件,选中【序列】拖拽至【Do While 循环-多次执行查找文件路径】-【Body】活动内。在【属性面板】中,单击【常见】项下的【显示名称】,修改为【序列-文件路径不存在执行的活动】,如图5-1-035所示。

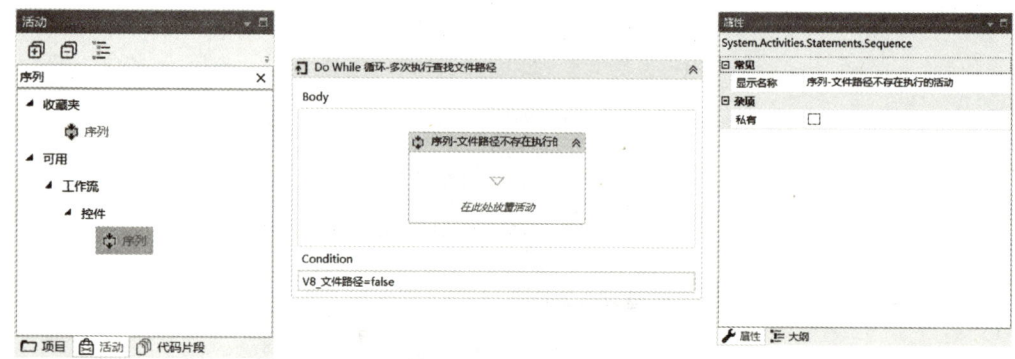

图5-1-035 【序列-文件路径不存在执行的活动】界面

2.12.4 获取文件路径

(1)在【活动面板】中搜索【路径存在】活动控件,选中【路径存在】拖拽至【序列-文件路径不存在执行的活动】活动内。在【属性面板】中,单击【常见】项下的【显示名称】,修改为【路径存在-文件路径】。

(2)单击【属性面板】-【输入】-【路径】输入框【…】,打开表达式编辑器弹窗,输入【"C:\财报归集机器人\年度报告汇总\"+公司信息工作表的列("股票代码").ToString+公司信息工作表的列("公司简称").ToString+"\"+查询日期工作表的列("年度报告年份").ToString+"年"+公司信息工作表的列("公司全称").ToString+"年度报告.PDF"】。

(3)单击【属性面板】-【输出】-【存在】输入框,单击右键,选择【创建变量】,输入【V8_文件路径】,输入完成后单击属性面板空白处,完成创建变量操作。打开【变量面板】,选中【V8_文件路径】,将变量类型保存为【Boolean】,将其范围修改为【序列-财报归集机器人】,如图5-1-036所示。

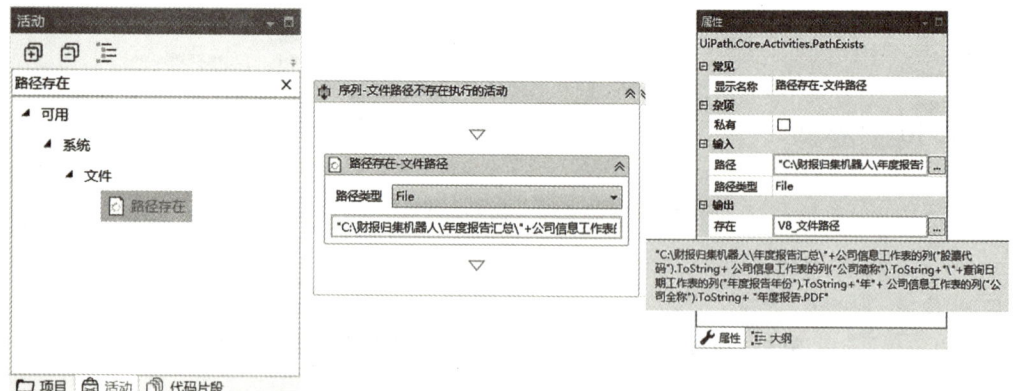

图5-1-036 【路径存在-文件路径】界面

名师精品 ·
Gaozhigaozhuan Kuaiji Xilie
高职高专会计系列

2.12.5 判断文件是否存在

（1）在【活动面板】中搜索【IF 条件】活动控件，选中【IF 条件】拖拽至【路径存在-文件路径】活动下。在【属性面板】中，将【显示名称】修改为【IF 条件-判断文件是否存在】。

（2）选中【属性面板】-【杂项】-【条件】输入框，键入空格，双击选中【V8_文件路径】变量，单击属性面板空白处，完成 IF 条件的编辑，如图 5-1-037 所示。

图 5-1-037 【IF 条件-判断文件是否存在】界面

2.12.6 每份文件下载耗时

（1）在【活动面板】中搜索【延迟】活动控件，选中【延迟】拖拽至【IF 条件-判断文件是否存在】-【Else】活动内。在【属性面板】中，将【显示名称】修改为【延迟-每份文件下载耗时】。

（2）选中【属性面板】-【杂项】-【持续时间】输入框，输入【00：00：01】，如图5-1-038 所示。

图 5-1-038 【延迟-每份文件下载耗时】界面

2.12.7 填写 Do While 循环条件

（1）选中【Do While 循环-多次执行查找文件路径】活动。

（2）选中【属性面板】-【杂项】-【条件】输入框，输入【V8_文件路径＝False】。

2.13 清除查询日期

2.13.1 添加序列

在【活动面板】中搜索【序列】活动控件,选中【序列】拖拽至【(12)序列】活动下。在【属性面板】中,单击【常见】项下的【显示名称】,修改为【(13)序列-清除查询日期】。

财务报表归集机器人-清除查询日期

2.13.2 清除开始日期

(1) 在【活动面板】中搜索【输入信息】活动控件,选中【输入信息】拖拽至设计面板中【(13)序列】活动内,在【属性面板】中,将【显示名称】修改为【输入信息-清除开始日期】。

(2) 单击【属性面板】-【输入】-【文本】输入框的【…】,打开表达式编辑器弹窗,输入【""】。

(3) 勾选【属性面板】-【选项】-【空字段】选项。

(4) 置顶深圳证券交易所网页,返回 UiPath Studio 操作界面,单击【指明在屏幕上】,页面自动跳转至深圳证券交易所网页,选中并点击【开始日期】输入框,页面自动跳转至 UiPath Studio 操作界面,完成【指明在屏幕上】操作,如图 5-1-039 所示。

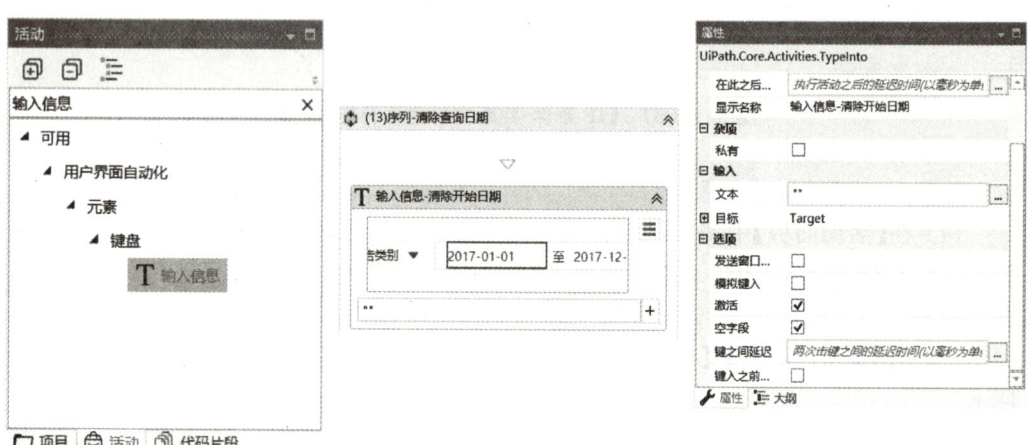

图 5-1-039 【输入信息-清除开始日期】界面

2.13.3 清除结束日期

(1) 添加【输入信息】活动控件,选中【输入信息】拖拽至设计面板中【输入信息-清除开始日期】活动下,在【属性面板】中,将【显示名称】修改为【输入信息-清除结束日期】。

(2) 单击【属性面板】-【输入】-【文本】输入框的【…】,打开表达式编辑器弹窗,输入【""】。

(3) 勾选【属性面板】-【选项】-【空字段】选项。

(4) 置顶深圳证券交易所网页,返回 UiPath Studio 操作界面,单击【指明在屏幕上】,页面自动跳转至深圳证券交易所网页,选中并点击【结束日期】输入框,页面自动跳转至 UiPath Studio 操作界面,完成【指明在屏幕上】操作。

2.14 清除查询条件

2.14.1 添加序列

在【活动面板】中搜索【序列】活动控件,选中【序列】拖拽至【对于每一个行-对列举的每个公司执行操作】-【Body】内,【(7)序列】活动下。在【属

财务报表归集机器人-清除查询条件

性面板】中,单击【常见】项下的【显示名称】,修改为【(14)序列-清除查询条件】。

2.14.2　点击全部清除

(1)在【活动面板】中搜索【单击】活动控件,选中【用户界面自动化】-【元素】-【鼠标】-【单击】拖拽至【(14)序列】活动内。在【属性面板】中,将【显示名称】修改为【单击点击全部清除】。

(2)置顶深圳证券交易所网页,返回 UiPath Studio 操作界面,单击【指明在屏幕上】,页面自动跳转至深圳证券交易所网页,选中并点击【全部清除】字段,页面自动跳转至 UiPath Studio 操作界面,完成【指明在屏幕上】操作。

2.15　关闭浏览器

2.15.1　添加序列

在【活动面板】中搜索【序列】活动控件,选中【序列】拖拽至【(4)序列】活动下。在【属性面板】中,单击【常见】项下的【显示名称】,修改为【(15)序列-关闭深圳证券交易所浏览器】。

财务报表归集
机器人-关闭
浏览器

2.15.2　关闭网页

(1)在【活动面板】中搜索【关闭选项卡】活动控件,选中【关闭选项卡】拖拽至【(15)序列】活动内。在【属性面板】中,将【显示名称】修改为【关闭选项卡-关闭深圳证券交易所网页】。

(2)选中【属性面板】-【输入】-【浏览器】,键入空格,双击选中【V2_关闭深圳证券交易所】变量,单击属性面板空白处,完成变量的引用。

(3)财务报表归集机器人整体设计完成流程,如图 5-1-040 所示。

图 5-1-040　【财务报表归集机器人】界面

【视频合集】
财务报表
归集机器人

财务报表分析机器人设计与应用

285

任务3　财务报表归集机器人测试

学生可将开发完成的财务报表归集机器人在平台进行运行测试,测试步骤如下。

1. 检查核对

打开【"C:\财报归集机器人\年度报告汇总"】,显示文件夹为空,关闭该文件夹。

2. 运行机器人

打开 UiPath Studio 窗口,点击【菜单面板】左侧的【运行】按钮,运行财务报表归集机器人。

【运行视频】
财务报表
归集机器人

3. 运行完毕

运行结束后,重新打开【"C:\ 财务报表归集机器人\年度报告汇总"】,Sheet1 中显示所获取的报表数据,如图 5-1-041 所示。

图 5-1-041　【财务报表归集机器人运行结果】界面

任务4　财务报表归集机器人应用

通过对上市公司年度报告的下载和归集,抓取行业关注的相关数据,为企业发展和财务分析做准备。

1. 抓取数据

按公司决策需要,抓取不同行业有代表性的企业的年度报告,并保存到指定文件中。

2. 归集数据

根据关注企业类型，利用设计好的机器人，归集相关公司信息，如表 5-1-001 所示。

表 5-1-001　公司信息归集表

序号	归集信息	备注
1	同行业龙头企业财务报表	归集近 3~5 年数据
2	地区发展前 3 名同行企业财务报表	归集近 3~5 年数据
3	本公司财务报表	归集近 3~5 年数据

思政园地

财务报表的组成及公开发行证券公司的财报披露规则

财务报表是反映企业或预算单位一定时期资金、利润状况的会计报表。我国财务报表的种类、格式、编报要求，均由统一的会计制度作出规定，要求企业定期编报。

财务报表是对企业财务状况、经营成果和现金流量的结构性表述。财务报表至少应当包括下列组成部分：①资产负债表；②利润表；③现金流量表；④所有者权益（或股东权益，下同）变动表；⑤附注。财务报表上述组成部分具有同等的重要程度。

企业应当以持续经营为基础，根据实际发生的交易和事项，按照《企业会计准则——基本准则》和其他各项会计准则的规定进行确认和计量，在此基础上编制财务报表。企业不应以附注披露代替确认和计量，不恰当的确认和计量也不能通过充分披露相关会计政策而纠正。如果按照各项会计准则规定披露的信息不足以让报表使用者了解特定交易或事项对企业财务状况和经营成果的影响时，企业还应当披露其他的必要信息。其中，公开发行证券的公司应依照以下规定披露财务报表信息。

第八条：公司应按企业会计准则及相关规定的要求编制财务报表，并遵循相关信息披露规范的规定。

第九条：本规则要求披露的财务报表包括资产负债表、利润表、现金流量表和所有者权益变动表。

第十条：编制合并财务报表的公司，除提供合并财务报表外，还应提供母公司财务报表。

第十一条：公司提供的财务报表中会计数据的排列应自左至右，最左侧为最近一期数据；表内各主要报表项目应标有附注编号，并与财务报表附注编号相一致；年度报告摘要部分中引用编号应与财务报表附注编号一致。

第十二条：公司提供的财务报表应加盖公司公章，由公司法定代表人、主管会计工作的公司负责人、公司会计机构负责人（会计主管人员）签名并盖章。若公司设置总会计师的，总会计师应签名并盖章。

📝 项目重难点总结

重点：

（1）财务报表归集机器人的整体设计思路。

（2）财务报表归集机器人的测试及结果展示。

（3）财务报表归集机器人的拓展应用。

难点：

（1）财务报表归集机器人的开发过程。

（2）财务报表归集机器人所使用控件的掌握。

✏️ 课后实践训练

线上作业：将线下完成的作业上传"智慧职教——职教云"平台，进行头脑风暴、小组评比等教学活动。

项目2　财务报告分析机器人

在企业经营活动中，经营者最关心企业的财务状况、盈利能力和持续发展的能力，而财务分析是他们监控企业运营的有力工具之一。作为公司管理者和投资者，如何根据企业财务分析情况随时调整企业的经营策略？基于 UiPath Studio 平台设计开发的财务报告分析机器人能全面对公司报表及相关信息进行分析，使管理者、投资者和债权人及时做出明智的决策。

📚 项目成果

完成财务报告分析机器人的设计开发。

✏️ 项目目标

(1) 熟练录制、数据抓取、写入范围等操作控件的使用。
(2) 使用控件进行财务报告分析机器人的设计开发。
(3) 能够归纳总结财务报告分析机器人的设计流程。
(4) 能够在实践中拓展应用 RPA。

📖 项目内容

(1) RPA 设计：根据业务流程，设计财务报告分析机器人开发流程。
(2) RPA 开发：利用 UiPath Studio 平台进行财务报告分析机器人开发。
(3) RPA 测试：对开发完成的财务报告分析机器人进行调试运行。
(4) RPA 应用：通过案例，引导学生熟练应用财务报告分析机器人。

📑 项目流程

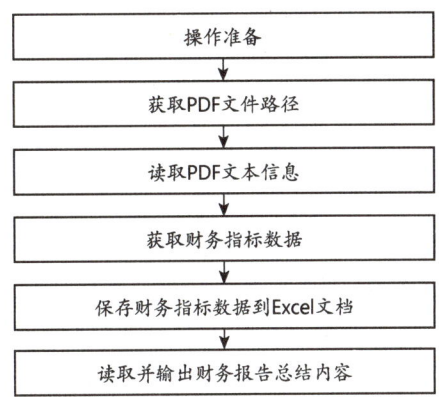

项目控件

序号	控件名称	控件图标	控件功能
1	序列	序列 ▽ 在此处放置活动	根据单个定义的顺序执行一组子活动
2	赋值	A+B 赋值 ❗ To = 输入 VB 表达式	设置工作流变量值
3	遍历循环	A+B 赋值 ❗ To = 输入 VB 表达式	对列举的每个元素执行某个活动或一系列活动
4	Excel 应用程序范围	Excel 应用程序范围 工作簿路径, 必须用引号将文本括起 ⋯ 执行 ⌃ ▽ 在此处放置活动	提供 Excel 活动范围
5	读取 PDF 文本	读取 PDF 文本 ❗⌃ 文件名。必须用引号将文本括起 ⋯	读取指定 PDF 文件中的所有字符串
6	写入单元格	写入单元格 ❗⌃ "Sheet1" "A1" 值或公式. 必须用引号将文本括起	将值写入电子表格的一个单元格中
7	读取单元格	读取单元格 ❗ 工作簿路径. 必须用引号将文本括起 ⋯ "Sheet1" "A1"	将电子表格中指定单元格的值读取为字符串

任务1　财务报告分析机器人设计

　　基于 UiPath Studio 平台设计的财务报告分析机器人,利用 RPA 工具获取并保存财务报告指标数据,通过浏览器、Excel 等平台及交互软件,将其保存在本地的表格文件中,为使用者提供财务报告分析数据进行分析并做出明智的投融资决策。财务报告分析机器人整体设计思路如下:

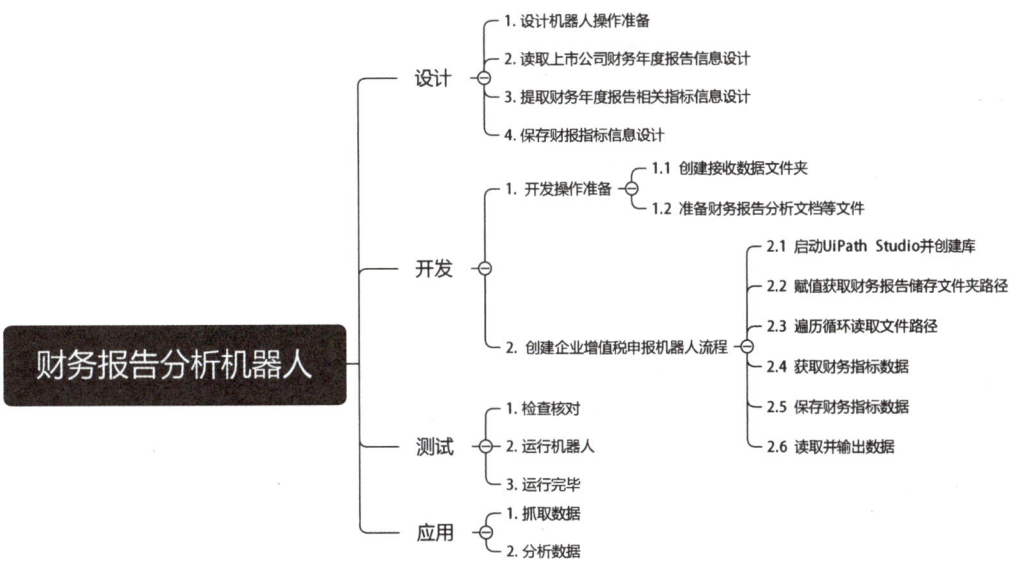

设
- 1. 设计机器人操作准备
- 2. 读取上市公司财务年度报告信息设计
- 3. 提取财务年度报告相关指标信息设计
- 4. 保存财报指标信息设计

财务报告分析机器人

开发
- 1. 开发操作准备
  - 1.1 创建接收数据文件夹
  - 1.2 准备财务报告分析文档等文件
- 2. 创建企业增值税申报机器人流程
  - 2.1 启动UiPath Studio并创建库
  - 2.2 赋值获取财务报告储存文件夹路径
  - 2.3 遍历循环读取文件路径
  - 2.4 获取财务指标数据
  - 2.5 保存财务指标数据
  - 2.6 读取并输出数据

测试
- 1. 检查核对
- 2. 运行机器人
- 3. 运行完毕

应用
- 1. 抓取数据
- 2. 分析数据

任务 2 财务报告分析机器人

1. 开发操作准备

1.1 创建接收数据文件夹

【C:\】创建文件夹，文件夹名称设置为【财务报告分析机器人】。

1.2 准备财务报务等文件

在【C:\财务报告分析机器人】内新建文件夹，将其名称设置为【年度财务报告 PDF 文件】，将【财务报告分析计算.xlsx】和年度财务报告 PDF 文档存储至该文件夹中，如图 5-2-001 所示。

> 此电脑 > Windows-SSD (C:) > 财务报告分析机器人

财务报告分析
机器人-
操作准备

年度财务报告PDF文件

财务报告分析计算.
xlsx

图 5-2-001 【年度财务报告 PDF 文件】和【财务报告分析计算.xlsx】界面

2. 创建财务报告分析机器人流程

2.1 启动 UiPath Studio 并创建库

（1）打开 UiPath Studio 界面，新建空白库，重命名【财务报告分析机器人序列】，存储路径选择【C:\财务报告分析机器人】。

（2）在活动面板，点击【项目】选项卡，选中【NewActivity.xaml】，鼠标右键选择【重命名】，选中【至：】输入框，重命名该项目为【财务报告分析机器人序列】，点击【确定】，双击打开项目文件。

（3）在菜单栏中单击【管理程序包】，搜索【PDF】，选中【本地】-【UiPath PDF Activities】，选择版本号【2.0.1】，单击【安装】和【保存】，完成 PDF 插件的下载，如图 5-2-002 所示。

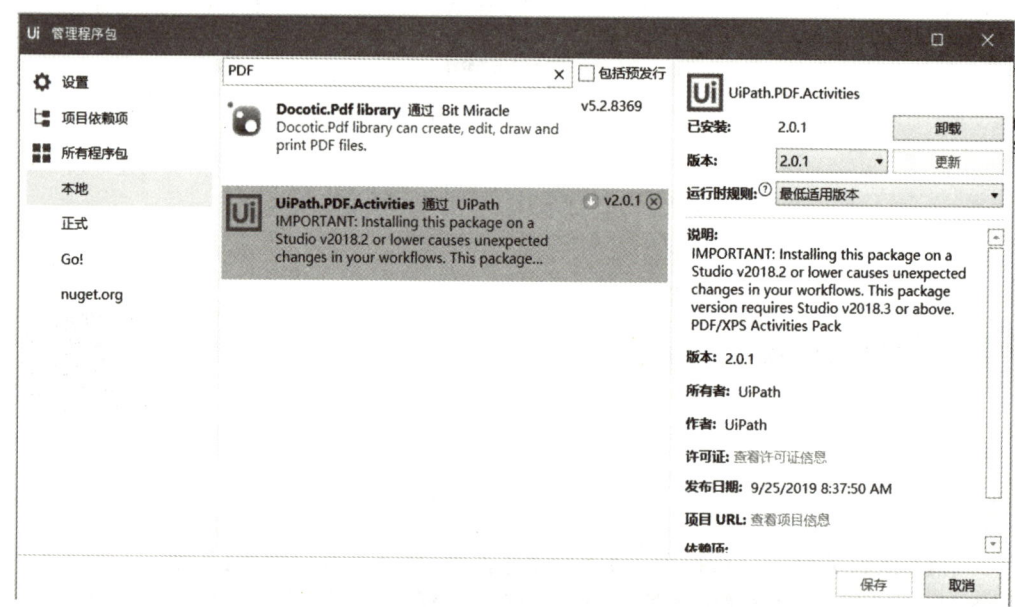

图 5-2-002 【本地】-【UiPath PDF Activities】界面

2.2 赋值获取 PDF 文件路径

2.2.1 添加序列活动

（1）在【活动面板】中搜索【序列】活动控件，选中并拖拽至【设计面板】中。在【属性面板】中，单击【常见】项下的【显示名称】，修改为【财务报告分析机器人序列】。

（2）添加【序列】活动控件至【财务报告分析机器人序列】活动内，在【属性面板】中，单击【常见】项下的【显示名称】，修改为【(2)序列-获取文件路径】，如图 5-2-003 所示。

2.2.2 添加赋值活动，获取文件路径

（1）在【活动面板】中搜索【赋值】活动控件，选中并拖拽至设计面板中【(2)序列】活动内，在【属性面板】中，将【显示名称】修改为【赋值-获取文件路径】。

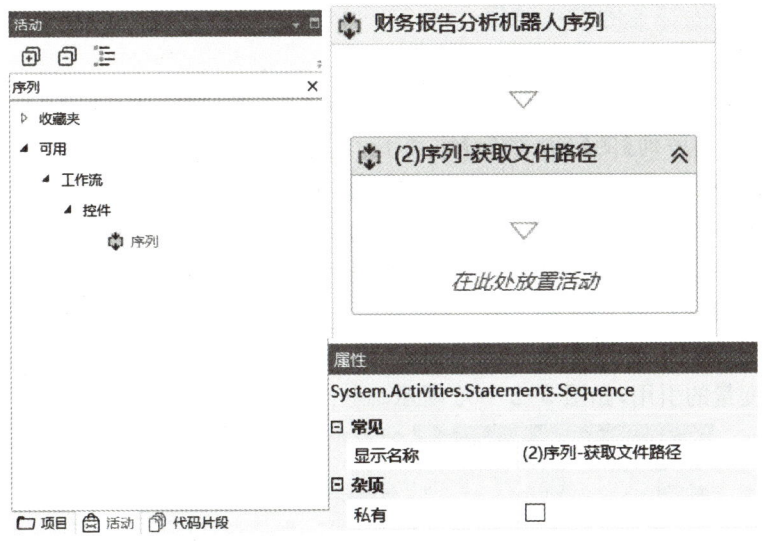

图 5-2-003　【(2)序列-获取文件路径】界面

（2）选中【属性面板】-【杂项】-【值】输入框的【…】,在弹窗输入【Directory.GetFiles("C:\财务报告分析机器人\年度财务报告 PDF 文件")】。

（3）选中【属性面板】-【杂项】-【至】输入框,单击右键,选择【创建变量】,输入【PDF 文件路径】,完成创建变量操作。打开【变量面板】,选中【PDF 文件路径】,将变量类型保存为【String[]】,将其范围修改为【财务报告分析机器人序列】,如图 5-2-004 所示。

财务报告分析机器人-获取文件路径

财务报表分析机器人设计与应用

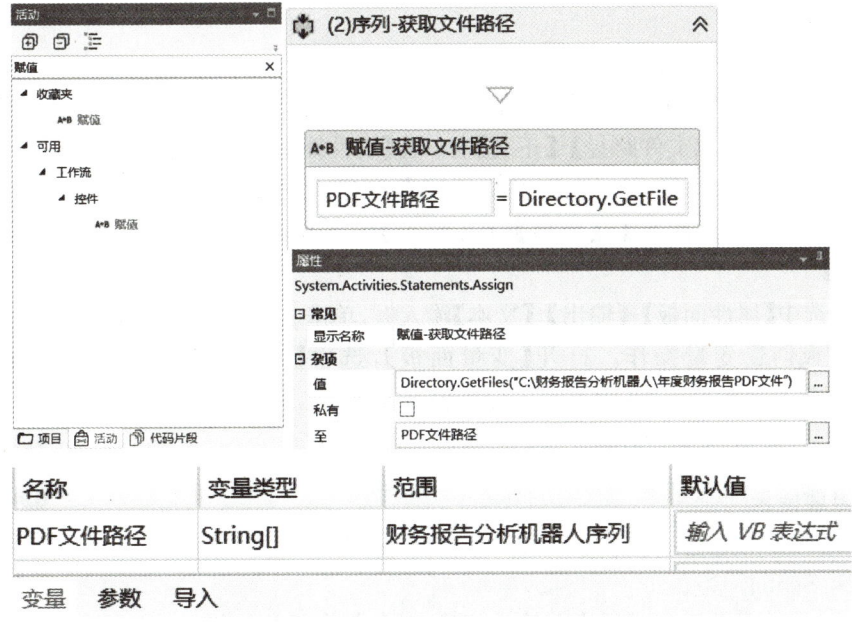

名称	变量类型	范围	默认值
PDF文件路径	String[]	财务报告分析机器人序列	*输入 VB 表达式*

变量　参数　导入

图 5-2-004　【赋值-获取文件路径】界面

2.3　遍历循环读取文件路径

2.3.1　添加遍历循环活动,读取文件路径

（1）在【活动面板】中搜索【序列】活动控件,选中【序列】拖拽至【财务报告分析机器人序列】的【(2)序列】活动下。在【属性面板】中,单击【常见】项下的【显示名称】,修改为【(3)序列-循环读取文件路径】。

（2）在【活动面板】中搜索【遍历循环】活动控件,选中【遍历循环】拖拽至【(3)序列】活动内。在【属性面板】中,将【显示名称】修改为【遍历循环-读取文件路径】。

（3）选中【属性面板】-【杂项】-【值】输入框,双击选中【PDF文件路径】变量,单击空白处,完成变量的引用,如图5-2-005所示。

财务报告分析机器人-遍历循环读取文件路径

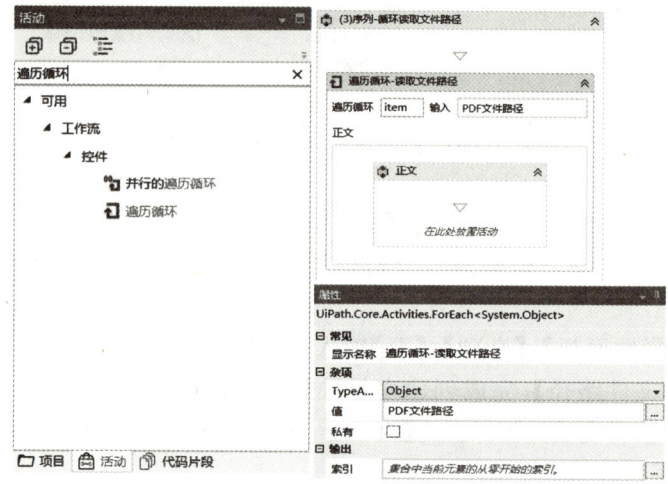

图5-2-005　【遍历循环-读取文件路径】界面

2.3.2　添加读取PDF文本活动,读取文本信息

（1）在【活动面板】中搜索【PDF】活动控件,选中【读取PDF文本】拖拽至【(3)序列】-【遍历循环-读取文件路径】-【正文】内。在【属性面板】中,单击【常见】项下的【显示名称】,修改为【读取PDF文本-PDF文件转换TXT文件】。

（2）选中【属性面板】-【杂项】-【文件名】输入框的【…】,在弹窗中输入【item.ToString】。

（3）选中【属性面板】-【输出】-【文本】输入框,单击右键,选择【创建变量】,输入【数据源】,完成创建变量操作。打开【变量面板】,选中【数据源】,将变量类型保存为【String】,将其范围修改为【财务报告分析机器人序列】,如图5-2-006所示。

2.4　获取财务指标数据

> 🌱 **温馨提示**
>
> Split()作用是将一个字符串根据参数划分,返回一个下标从零开始的数组<String[]>。
>
> Trim()作用是清除字符串前后的空格,不包括中间的空格。

财务报告分析机器人-获取指标数据

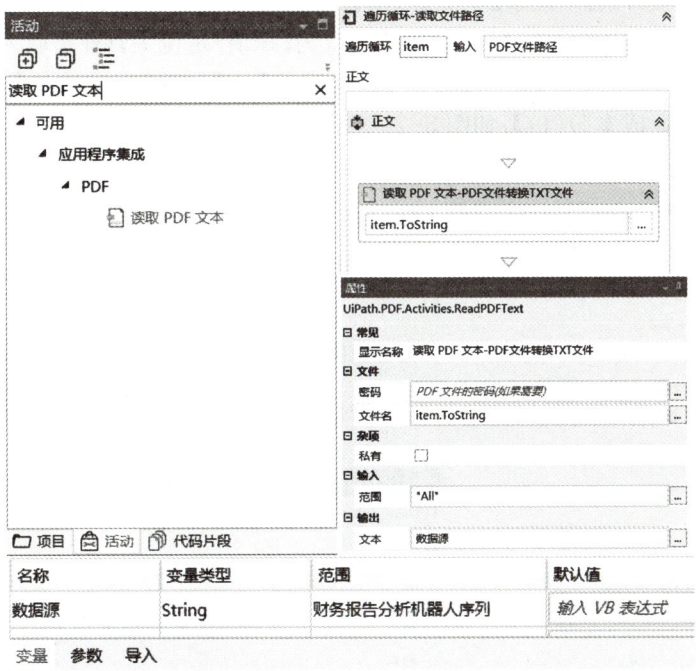

图 5-2-006 【读取 PDF 文本-PDF 文件转换 TXT 文件】界面

2.4.1 获取主营业务收入指标

（1）在【活动面板】中搜索【序列】活动控件，选中【序列】拖拽至【读取 PDF 文本-PDF 文件转换 TXT 文件】活动下。在【属性面板】中，单击【常见】项下的【显示名称】，修改为【(4)序列-获取主营业务收入指标】，如图 5-2-007 所示。

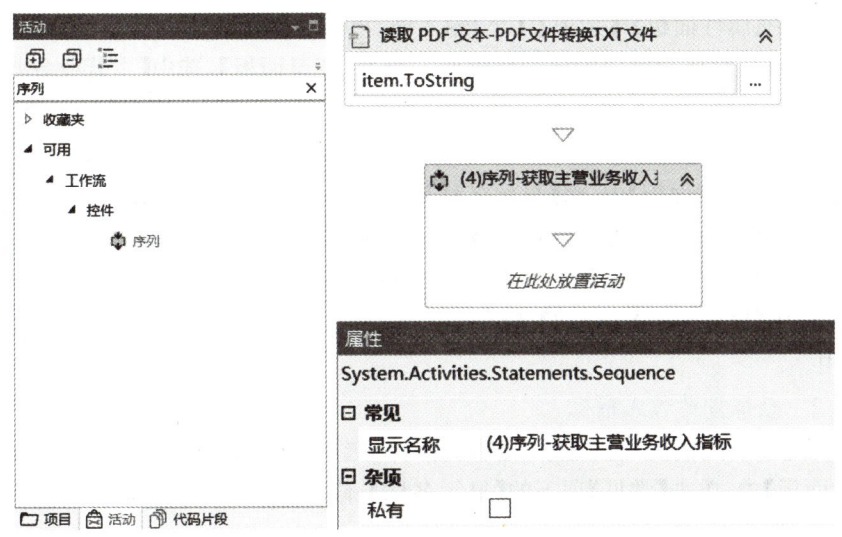

图 5-2-007 【(4)序列-获取主营业务收入指标】界面

（2）在【活动面板】中搜索【赋值】活动控件，选中【赋值】拖拽至设计面板中【(4)序列】活动内，在【属性面板】中，【显示名称】修改为【赋值-定位主营业务收入】。

（3）选中【属性面板】-【杂项】-【值】输入框的【…】，在弹窗中输入【split(数据源，"营业收入和营业成本")(1)】，如图 5-2-008 所示。

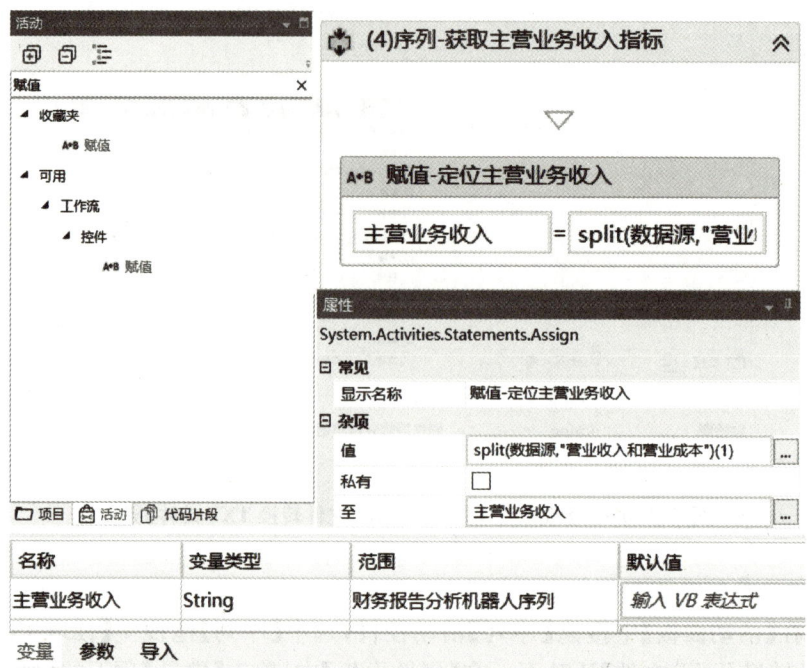

图 5-2-008 【赋值-定位主营业务收入】界面

（4）选中【属性面板】-【杂项】-【至】输入框，单击右键，选择【创建变量】，输入【主营业务收入】，输入完成后完成创建变量操作。打开【变量面板】，选中【主营业务收入】，将变量类型保存为【String】，将其范围修改为【财务报告分析机器人序列】。

（5）添加【赋值】活动控件，拖拽至设计面板中【(4)序列】活动内【赋值-定位主营业务收入】下，在【属性面板】中，将【显示名称】修改为【赋值-获取主营业务收入的值】。

（6）选中【属性面板】-【杂项】-【值】输入框的【…】，在弹窗中输入【split(split(主营业务收入，"主营业务")(1).Trim，" ")(0)】，如图 5-2-009 所示。

（7）选中【属性面板】-【杂项】-【至】输入框，双击选中【主营业务收入】变量，完成变量的引用。

2.4.2 获取营业收入指标

（1）在【活动面板】中搜索【序列】活动控件，选中【序列】拖拽至【(4)序列】活动下。在【属性面板】中，单击【常见】项下的【显示名称】，修改为【(5)序列获取营业收入指标】，如图 5-2-010 所示。

（2）在【活动面板】中搜索【赋值】活动控件，选中【赋值】拖拽至设计面板中【(5)序列】活动内，在【属性面板】中，将【显示名称】修改为【赋值-定位营业收入】。

图 5-2-009 【赋值-获取主营业务收入的值】界面

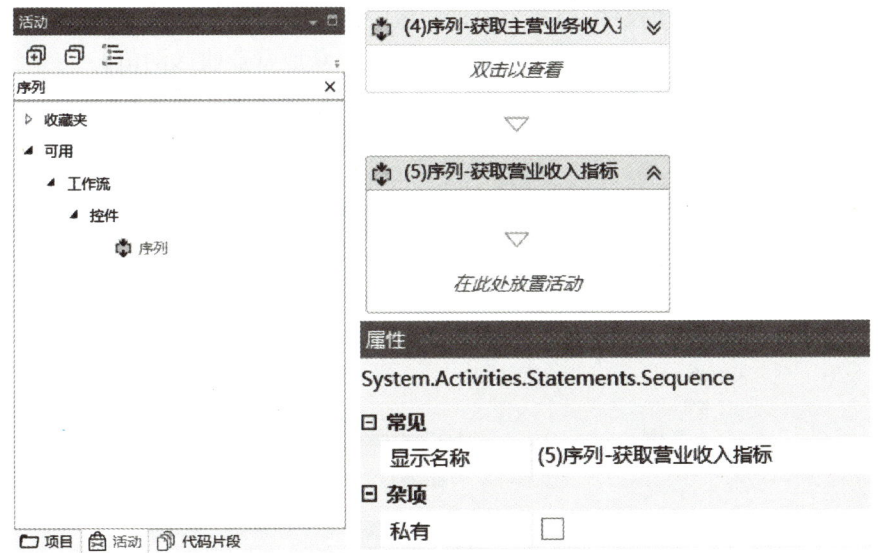

图 5-2-010 【(5)序列-获取营业收入指标】界面

（3）选中【属性面板】-【杂项】-【值】输入框的【···】，在弹窗中输入【split（数据源，"、合并利润表"）(1)】，如图 5-2-012 所示。

（4）选中【属性面板】-【杂项】-【至】输入框，单击右键，选择【创建变量】，输入【营业收入】，输入完成后完成创建变量操作。打开【变量面板】，选中【营业收入】，将变量类型保存为【String】，将其范围修改为【财务报告分析机器人序列】。

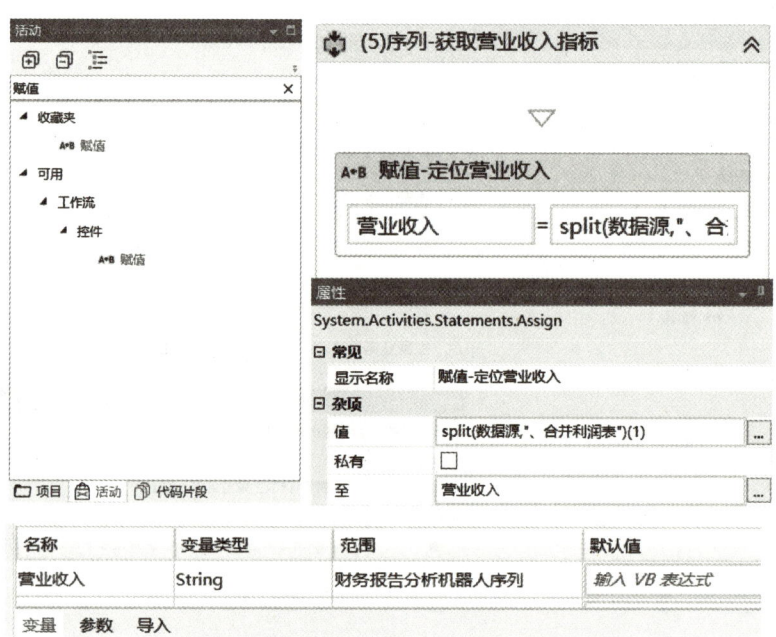

图 5-2-011 【赋值-定位营业收入】界面

（5）添加【赋值】活动控件，拖拽至设计面板中【(5)序列】活动内【赋值-定位营业收入】下，在【属性面板】中，将【显示名称】修改为【赋值-获取营业收入的值】。

（6）选中【属性面板】-【杂项】-【值】输入框的【…】，在弹窗中输入【split(split(营业收入,"其中：营业收入")(1).Trim," ")(0)】，如图 5-2-012 所示。

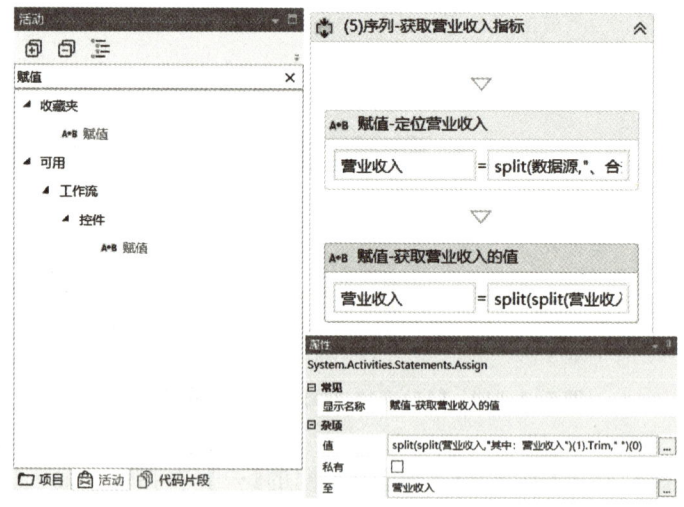

图 5-2-012 【赋值-获取营业收入的值】界面

（7）选中【属性面板】-【杂项】-【至】输入框，双击选中【营业收入】变量，完成变量的引用。

2.4.3　获取净利润指标

（1）在【活动面板】中搜索【序列】活动控件，选中【序列】拖拽至【（5）序列】活动下。在【属性面板】中，单击【常见】项下的【显示名称】，修改为【（6）序列-获取净利润指标】。

（2）在【活动面板】中搜索【赋值】活动控件，选中【赋值】拖拽至设计面板中【（6）序列】活动内，在【属性面板】中，将【显示名称】修改为【赋值-定位净利润】。

（3）选中【属性面板】-【杂项】-【值】输入框的【…】，在弹窗中输入【split（数据源，"五、净利润（净亏损以"）（1）】，如图 5-2-013 所示。

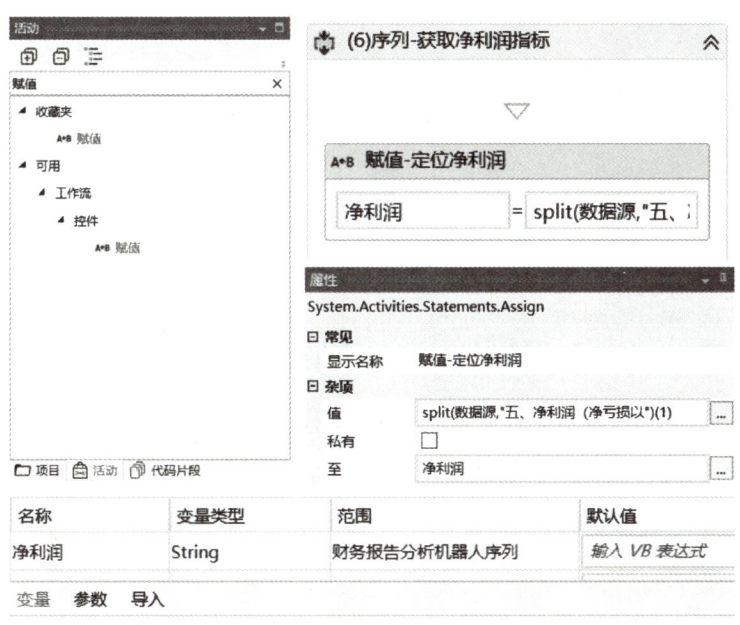

图 5-2-013　【赋值-定位净利润】界面

（4）选中【属性面板】-【杂项】-【至】输入框，单击右键，选择【创建变量】，输入【净利润】，输入完成后完成创建变量操作。打开【变量面板】，选中【净利润】，将变量类型保存为【String】，将其范围修改为【财务报告分析机器人序列】。

（5）添加【赋值】活动控件，拖拽至设计面板中【（6）序列】活动内【赋值-定位净利润】下，在【属性面板】中，将【显示名称】修改为【赋值-获取净利润的值】。

（6）选中【属性面板】-【杂项】-【值】输入框的【…】，在弹窗中输入【split（split（净利润，"号填列）"）（1）.Trim，" "）（0）】，如图 5-2-014 所示。

（7）选中【属性面板】-【杂项】-【至】输入框，双击选中【净利润】变量，完成变量的引用。

2.4.4　获取营业利润指标

（1）在【活动面板】中搜索【序列】活动控件，选中【序列】拖拽至【（6）序列】活动下。在【属性面板】中，单击【常见】项下的【显示名称】，修改为【（7）序列-获取营业利润指标】。

（2）在【活动面板】中搜索【赋值】活动控件，选中【赋值】拖拽至设计面板中【（7）序列】活动内，在【属性面板】中，将【显示名称】修改为【赋值-定位营业利润】。

图5-2-014 【赋值-获取净利润的值】界面

（3）选中【属性面板】-【杂项】-【值】输入框的【…】，在弹窗中输入【split（数据源，"三、营业利润（亏损以"）(1)】，如图5-2-015所示。

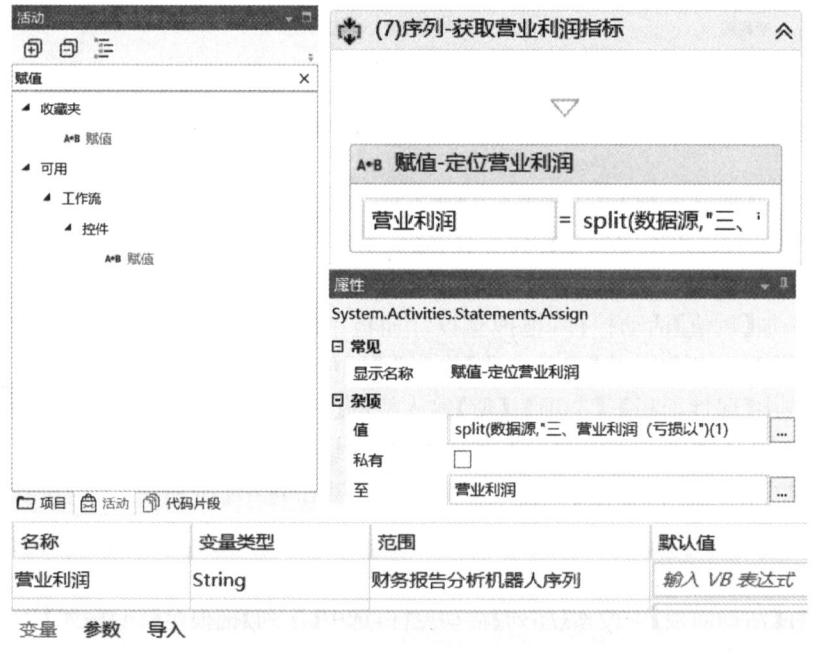

图5-2-015 【赋值-定位营业利润】界面

（4）选中【属性面板】-【杂项】-【至】输入框，单击右键，选择【创建变量】，输入【营业利润】，输入完成后完成创建变量操作。打开【变量面板】，选中【营业利润】，将变量类型保存为【String】，将其范围修改为【财务报告分析机器人序列】。

（5）添加【赋值】活动控件，拖拽至设计面板中【(7)序列】活动内【赋值-定位营业利润】活动下，在【属性面板】中，将【显示名称】修改为【赋值-获取营业利润的值】。

（6）选中【属性面板】-【杂项】-【值】输入框的【…】，在弹窗中输入【split(split(营业利润,"号填列)")(1).Trim," ")(0)】，如图 5-2-016 所示。

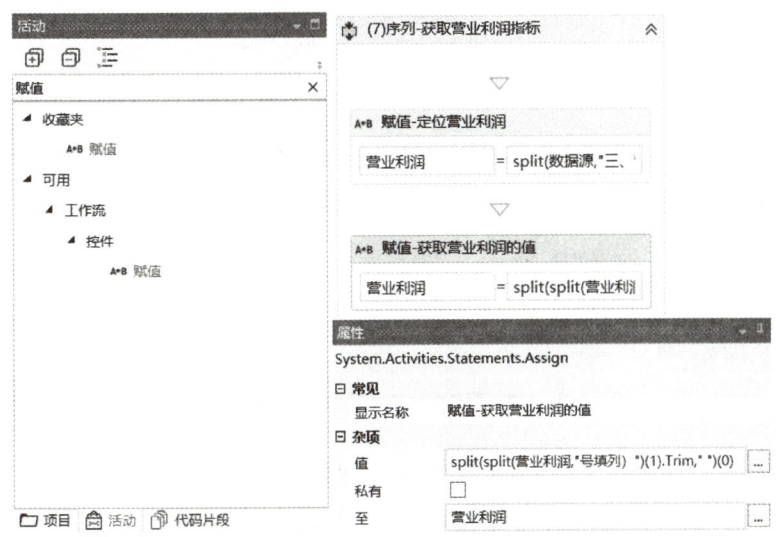

图 5-2-016 【赋值-获取营业利润的值】界面

（7）选中【属性面板】-【杂项】-【至】输入框，双击选中【营业利润】变量，完成变量的引用。

2.4.5 获取基本每股收益指标

（1）在【活动面板】中搜索【序列】活动控件，选中【序列】拖拽至【(7)序列】活动下。在【属性面板】中，单击【常见】项下的【显示名称】，修改为【(8)序列-获取基本每股收益指标】。

（2）在【活动面板】中搜索【赋值】活动控件，选中【赋值】拖拽至设计面板中【(8)序列】活动内，在【属性面板】中，将【显示名称】修改为【赋值-定位基本每股收益】。

（3）选中【属性面板】-【杂项】-【值】输入框的【…】，在弹窗中输入【split(数据源,"八、每股收益：")(1)】，如图 5-2-017 所示。

（4）选中【属性面板】-【杂项】-【至】输入框，单击右键，选择【创建变量】，输入【基本每股收益】，输入完成后完成创建变量操作。打开【变量面板】，选中【营业利润】，将变量类型保存为【String】，将其范围修改为【财务报告分析机器人序列】。

（5）添加【赋值】活动控件，拖拽至设计面板中【(8)序列】活动内【赋值-定位基本每股收益】活动下，在【属性面板】中，将【显示名称】修改为【赋值-获取基本每股收益的值】。

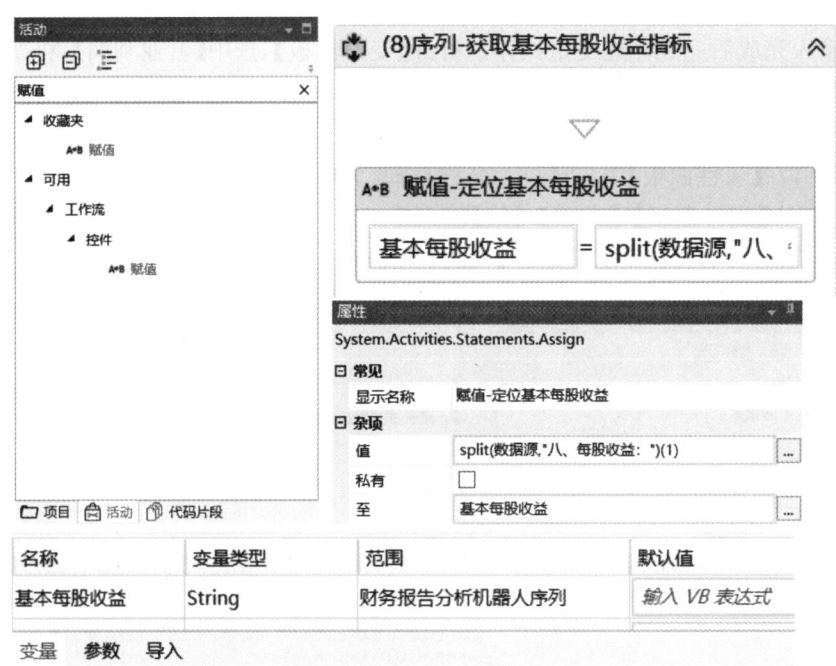

图 5-2-017 【赋值-定位基本每股收益】界面

(6) 选中【属性面板】-【杂项】-【值】输入框的【⋯】，在弹窗中输入【split(split(基本每股收益,"(一)基本每股收益")(1).Trim," ")(0)】，如图 5-2-018 所示。

图 5-2-018 【赋值-获取基本每股收益的值】界面

(7) 选中【属性面板】-【杂项】-【至】输入框，双击选中【基本每股收益】变量，完成变量的引用。

2.4.6　获取资产总计指标

（1）在【活动面板】中搜索【序列】活动控件,选中【序列】拖拽至【(8)序列】活动下。在【属性面板】中,单击【常见】项下的【显示名称】,修改为【(9)序列-获取资产总计指标】。

（2）在【活动面板】中搜索【赋值】活动控件,选中【赋值】拖拽至设计面板中【(9)序列】活动内,在【属性面板】中,将【显示名称】修改为【赋值-定位资产总计】。

（3）选中【属性面板】-【杂项】-【值】输入框的【…】,在弹窗中输入【split(数据源,"、合并资产负债表")(1)】,如图 5-2-019 所示。

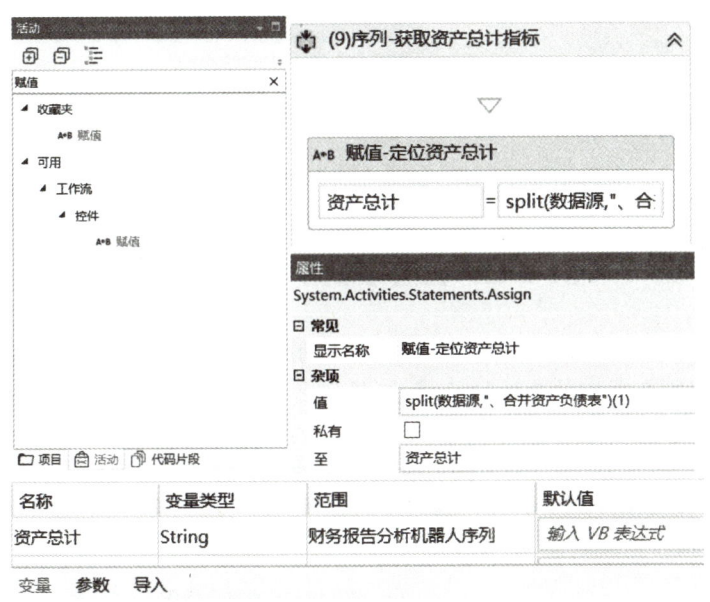

图 5-2-019　【赋值-定位资产总计】界面

（4）选中【属性面板】-【杂项】-【至】输入框,单击右键,选择【创建变量】,输入【资产总计】,输入完成后完成创建变量操作。打开【变量面板】,选中【资产总计】,将变量类型保存为【String】,将其范围修改为【财务报告分析机器人序列】。

（5）添加【赋值】活动控件,拖拽至设计面板中【(9)序列】活动内【赋值-定位资产总计】活动下,在【属性面板】中,将【显示名称】修改为【赋值-获取资产总计的值】。

（6）选中【属性面板】-【杂项】-【值】输入框的【…】,在弹窗中输入【split(split(资产总计,"资产总计")(1).Trim," ")(0)】。选中【杂项】-【至】输入框,双击选中【资产总计】变量,完成变量的引用,如图 5-2-020 所示。

2.4.7　获取所有者权益合计指标

（1）在【活动面板】中搜索【序列】活动控件,选中【序列】拖拽至【(9)序列】活动下。在【属性面板】中,单击【常见】项下的【显示名称】,修改为【(10)序列-获取资产总计指标】。

（2）在【活动面板】中搜索【赋值】活动控件,选中【赋值】拖拽至设计面板中【(10)序列】活动内,在【属性面板】中,将【显示名称】修改为【赋值-定位所有者权益合计】。

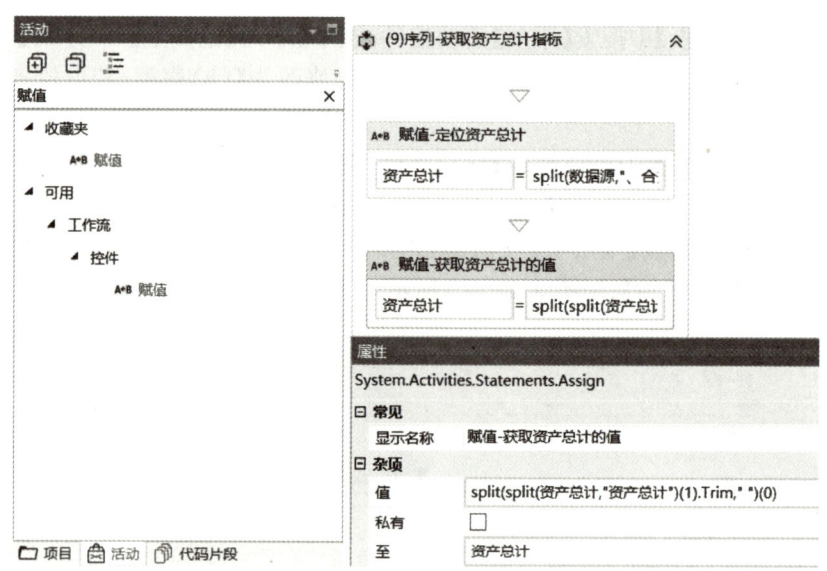

图 5-2-020 【赋值-获取资产总计的值】界面

（3）选中【属性面板】-【杂项】-【值】输入框的【…】，在弹窗中输入【split（数据源，"归属于母公司所有者权益合计")(1)】，如图 5-2-021 所示。

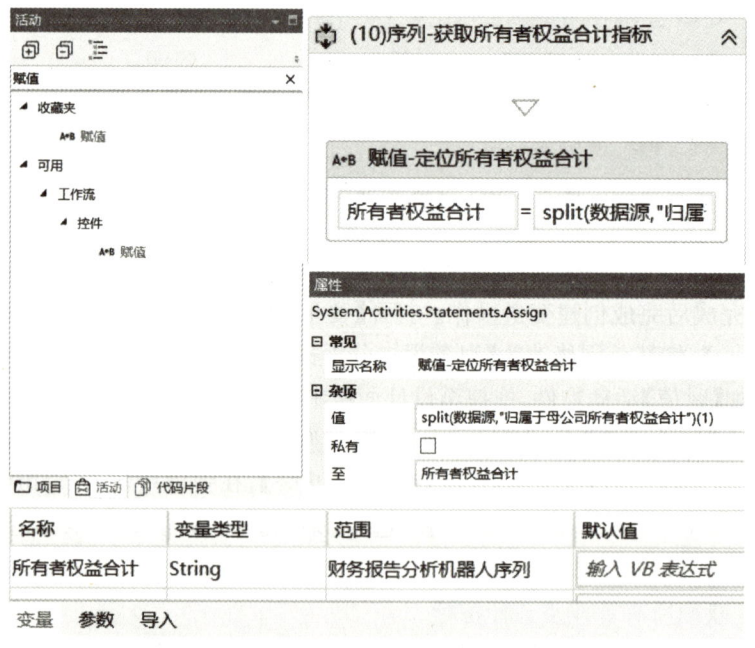

图 5-2-021 【赋值-定位所有者权益合计】界面

（4）选中【属性面板】-【杂项】-【至】输入框，单击右键，选择【创建变量】，输入【所有者权益合计】，输入完成后完成创建变量操作。打开【变量面板】，选中【所有者权益合计】,将变量类型保存为【String】,将其范围修改为【财务报告分析机器人序列】。

（5）添加【赋值】活动控件,拖拽至设计面板中【(10)序列】活动内【赋值-定位所有者权益合计】活动下,在【属性面板】中,将【显示名称】修改为【赋值-获取所有者权益合计的值】。

（6）选中【属性面板】-【杂项】-【值】输入框的【···】,在弹窗中输入【split(split(所有者权益合计,"所有者权益合计")(1).Trim," ")(0)】,如图 5-2-022 所示。

图 5-2-022 【赋值-获取所有者权益合计的值】界面

（7）选中【属性面板】-【杂项】-【至】输入框,双击选中【所有者权益合计】变量,完成变量的引用。

2.5 保存指标数据

2.5.1 指标数据保存到 Excel

（1）在【活动面板】中搜索【Excel 应用程序范围】活动控件,选中【Excel 应用程序范围】拖拽至设计面板中【(10)序列】活动下,在【属性面板】中,将【显示名称】修改为【(11)Excel 应用程序范围-保存指标数据】。

（2）选中【属性面板】-【文件】-【工作簿路径】输入框的【···】,在弹窗输入【"C:\财务报告分析机器人\财务报告分析计算.xlsx"】。

（3）打开【变量面板】,创建变量,设置变量名称为【填入表格的列】,变量类型为【Int32】,范围为【财务报告分析机器人序列】,添加默认值【66】,如图 5-2-023 所示。

（4）在【活动面板】中搜索【写入单元格】活动控件,选中【可用】-【应用程序集成】-【Excel】-【写入单元格】拖拽至设计面板中【(11)Excel 应用程序范围-保存指标数据】【执行】活动内,在【属性面板】中,将【显示名称】修改为【写入单元格-写入主营业务收入】。

财务报表分析机器人设计与应用

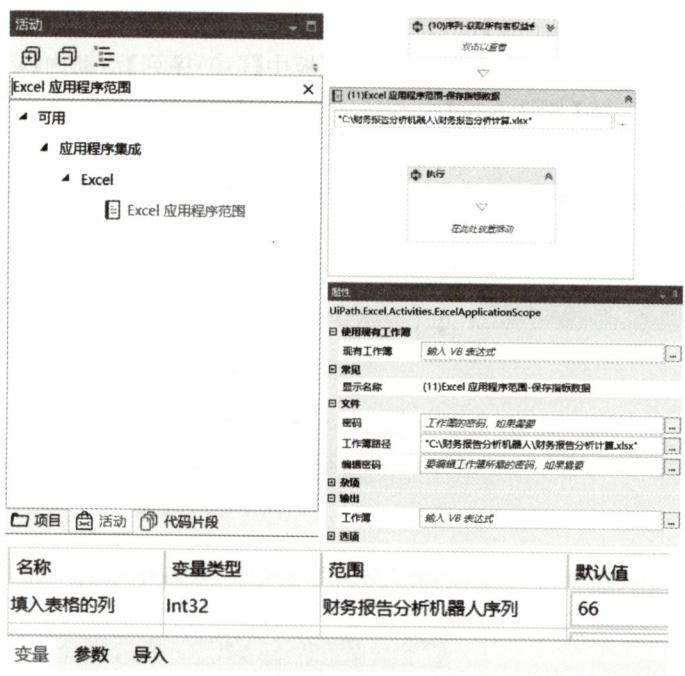

图 5-2-023 【(11)Excel 应用程序范围-保存指标数据】界面

在【属性面板】中，选中【目标】-【范围】输入框的【…】，在弹窗中输入【chr(填入表格的列)+"3"】。选中【输入】-【值】的输入框，双击选中【主营业务收入】变量，完成变量的引用，如图 5-2-024 所示。

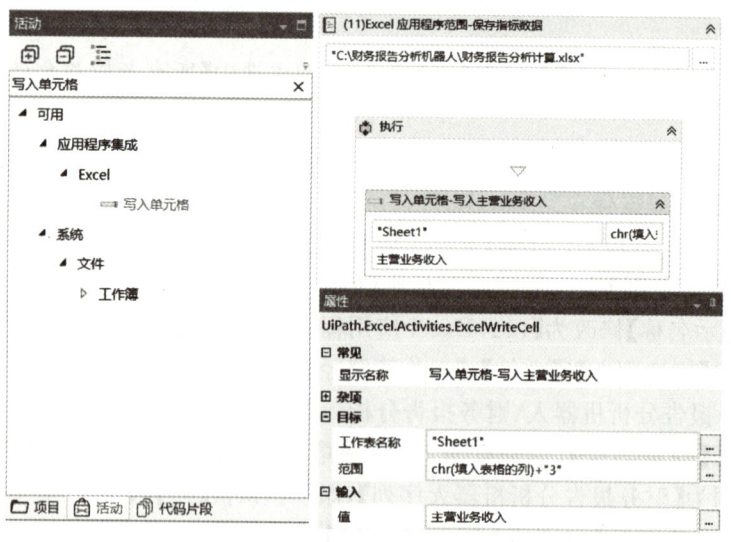

图 5-2-024 【写入单元格-写入主营业务收入】界面

（5）添加【写入单元格】活动控件，拖拽至设计面板中【写入单元格-写入主营业务收入】活动下，在【属性面板】中，将【显示名称】修改为【写入单元格-写入营业收入】。

在【属性面板】中,选中【目标】-【范围】输入框的【…】,在弹窗中输入【chr(填入表格的列)+"4"】。选中【输入】-【值】的输入框,双击选中【营业收入】变量,完成变量的引用。

(6)添加【写入单元格】活动控件,拖拽至设计面板中【写入单元格-写入营业收入】活动下,在【属性面板】中,将【显示名称】修改为【写入单元格-写入净利润】。

在【属性面板】中,选中【目标】-【范围】输入框的【…】,在弹窗中输入【chr(填入表格的列)+"5"】。选中【输入】-【值】的输入框,双击选中【净利润】变量,完成变量的引用。

(7)添加【写入单元格】活动控件,拖拽至设计面板中【写入单元格-写入净利润】活动下,在【属性面板】中,将【显示名称】修改为【写入单元格-写入营业利润】。

在【属性面板】中,选中【目标】-【范围】输入框的【…】,在弹窗中输入【chr(填入表格的列)+"6"】。选中【输入】-【值】的输入框,双击选中【营业利润】变量,完成变量的引用。

(8)添加【写入单元格】活动控件,拖拽至设计面板中【写入单元格-写入营业利润】活动下,在【属性面板】中,将【显示名称】修改为【写入单元格-写入基本每股收益】。

在【属性面板】中,选中【目标】-【范围】输入框的【…】,在弹窗中输入【chr(填入表格的列)+"7"】。选中【输入】-【值】的输入框,双击选中【基本每股收益】变量,完成变量的引用。

(9)添加【写入单元格】活动控件,拖拽至设计面板中【写入单元格-写入基本每股收益】活动下,在【属性面板】中,将【显示名称】修改为【写入单元格-写入资产总计】。

在【属性面板】中,选中【目标】-【范围】输入框的【…】,在弹窗中输入【chr(填入表格的列)+"8"】。选中【输入】-【值】的输入框,双击选中【资产总计】变量,完成变量的引用。

(10)添加【写入单元格】活动控件,拖拽至设计面板中【写入单元格-写入资产总计】活动下,在【属性面板】中,将【显示名称】修改为【写入单元格-写入所有者权益合计】。

在【属性面板】中,选中【目标】-【范围】输入框的【…】,在弹窗中输入【chr(填入表格的列)+"9"】。选中【输入】-【值】的输入框,双击选中【所有者权益合计】变量,完成变量的引用,如图5-2-025所示。

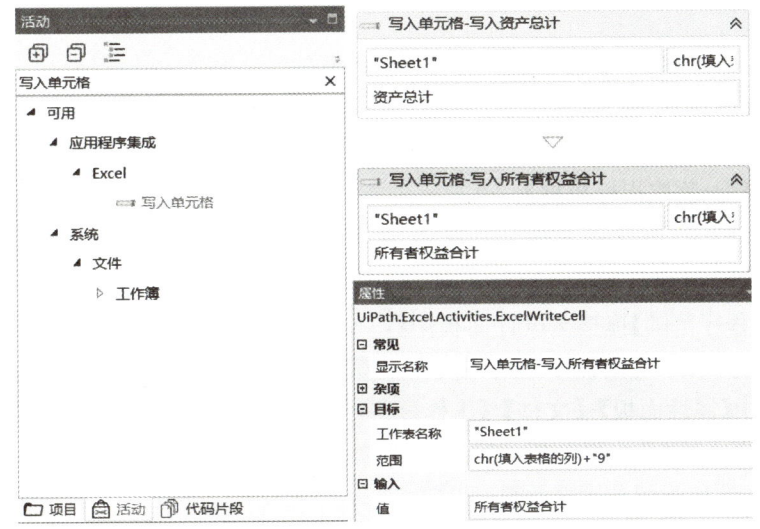

图5-2-025 【写入单元格-写入所有者权益合计】界面

2.5.2 添加赋值,改变写入范围

(1) 在【活动面板】中搜索【赋值】活动控件,选中【赋值】拖拽至设计面板中【(11)Excel 应用程序范围-保存指标数据】活动下,在【属性面板】中,将【显示名称】修改为【赋值-填入列的递增】。

(2) 在【属性面板】中,选中【杂项】-【值】输入框【…】,输入【填入表格的列+1】。选中【杂项】-【至】输入框,双击选中【填入表格的列】变量,完成变量的引用,如图 5-2-026 所示。

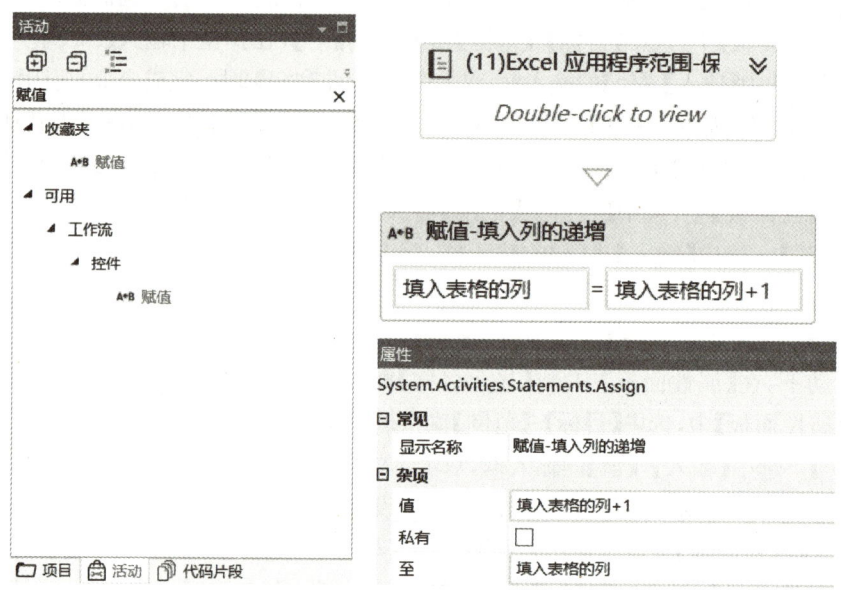

图 5-2-026 【赋值-填入列的递增】界面

2.6 读取指标数据

2.6.1 添加序列活动,集成读取报告信息操作

在【活动面板】中搜索【序列】活动控件,选中【序列】拖拽至设计面板【(3)序列】活动下。在【属性面板】中,单击【常见】项下的【显示名称】,修改为【(12)序列-读取指标数据】。

财务报告分析机器人-读取指标数据

2.6.2 添加 Excel 应用程序范围,获取表格

(1) 在【活动面板】中搜索【Excel 应用程序范围】活动控件,选中【Excel 应用程序范围】拖拽至设计面板中【(12)序列】活动内,在【属性面板】中,【显示名称】修改为【Excel 应用程序范围-读取指标数据】。

(2) 选中【属性面板】-【文件】-【工作簿路径】输入框的【…】,在弹窗输入【"C:\财务报告分析机器人\财务报告分析计算.xlsx"】,如图 5-2-027 所示。

2.6.3 添加读取单元格活动,读取数据

(1) 在【活动面板】中搜索【读取单元格】活动控件,选中【可用】-【应用程序集成】-

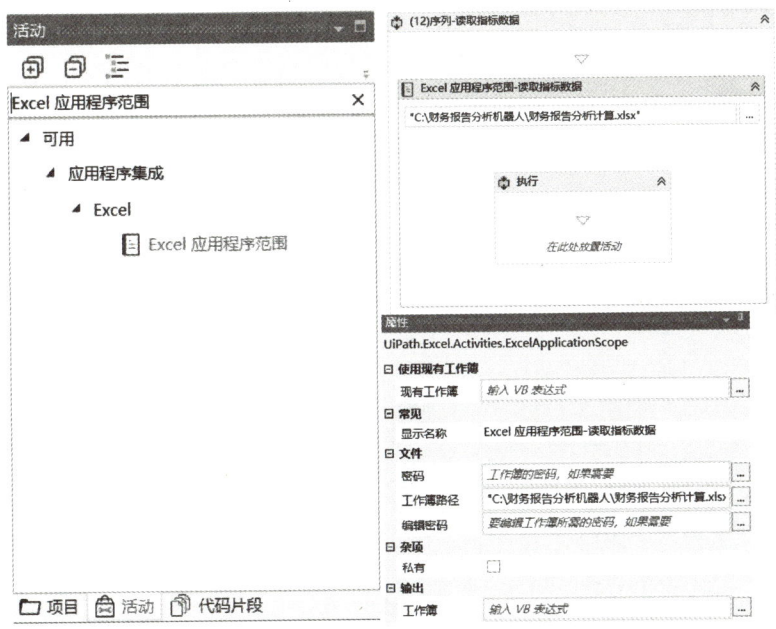

图 5-2-027 【Excel 应用程序范围-读取指标数据】界面

【Excel】-【读取单元格】拖拽至设计面板中【Excel 应用程序范围-读取指标数据】-【执行】活动内,在【属性面板】中,将【显示名称】修改为【读取单元格-读取 C10 单元格】。

（2）选中【属性面板】-【输入】-【单元格】输入框的【…】,在弹窗中输入【"C10"】。

（3）选中【属性面板】-【输出】-【结果】输入框,单击右键,选择【创建变量】,输入【C10】,输入完成后完成创建变量操作。打开【变量面板】,选中【C10】,将变量类型保存为【GenericValue】,将其范围修改为【财务报告分析机器人序列】,如图 5-2-028 所示。

（4）添加【读取单元格】活动控件,拖拽至设计面板中【读取单元格-读取 C10 单元格】活动下,在【属性面板】中,将【显示名称】修改为【读取单元格-读取 D10 单元格】。

在【属性面板】中,选中【输入】-【单元格】输入框的【…】,在弹窗中输入【"D10"】。选中【输出】-【结果】输入框,单击右键,选择【创建变量】,输入【D10】,输入完成后完成创建变量操作。打开【变量面板】,选中【D10】,将变量类型保存为【GenericValue】,将其范围修改为【财务报告分析机器人序列】。

（5）添加【读取单元格】活动控件,拖拽至设计面板中【读取单元格-读取 D10 单元格】活动下,在【属性面板】中,将【显示名称】修改为【读取单元格-读取 E10 单元格】。

在【属性面板】中,选中【输入】-【单元格】输入框的【…】,在弹窗中输入【"E10"】。选中【输出】-【结果】输入框,单击右键,选择【创建变量】,输入【E10】,输入完成后完成创建变量操作。打开【变量面板】,选中【E10】,将变量类型保存为【GenericValue】,将其范围修改为【财务报告分析机器人序列】。

（6）添加【读取单元格】活动控件,拖拽至设计面板【读取单元格-读取 E10 单元格】活动,在【属性面板】中,将【显示名称】修改为【读取单元格-读取 F10 单元格】。

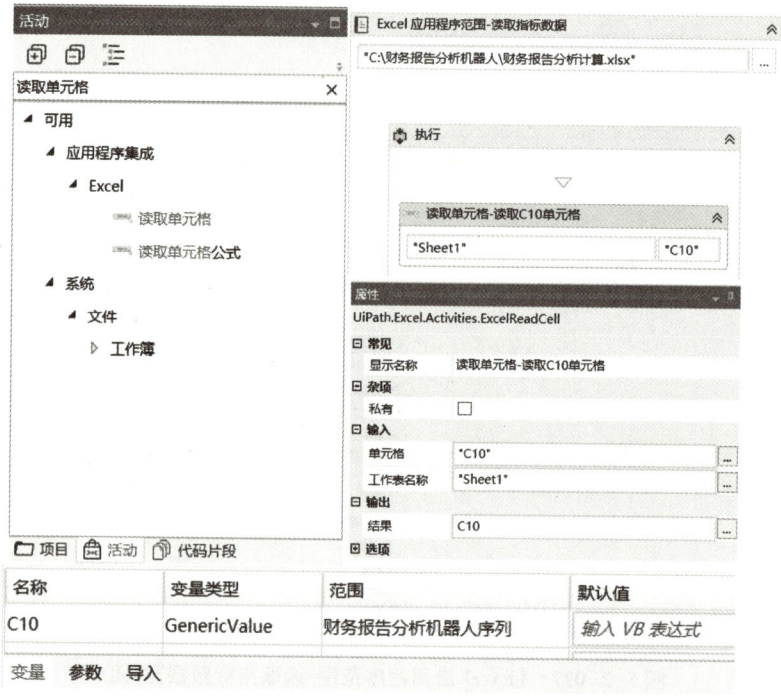

图 5-2-028 【读取单元格-读取 C10 单元格】界面

在【属性面板】中,选中【输入】-【单元格】输入框的【…】,在弹窗中输入【"F10"】。选中【输出】-【结果】输入框,单击右键,选择【创建变量】,输入【F10】,完成创建变量操作。打开【变量面板】,选中【F10】,将变量类型保存为【GenericValue】,将其范围修改为【财务报告分析机器人序列】。

2.6.4　添加赋值活动,输出总结内容

(1) 在【活动面板】中搜索【赋值】活动控件,选中【赋值】拖拽至设计面板中【读取单元格-读取 F10 单元格】活动下,在【属性面板】中,将【显示名称】修改为【赋值-输出总结】。

(2) 选中【属性面板】-【杂项】-【值】输入框【…】,在弹窗中输入【"销售增长率分析:通过计算得知,泸州老窖 20162019 的销售增长率分别是:"+C10.ToString+"%、"+D10.ToString+"%、"+E10.ToString+"%、"+F10.ToString+"%"】。

(3) 选中【属性面板】-【杂项】-【至】输入框,单击右键,选择【创建变量】,输入【输出内容】,输入完成后完成创建变量操作。打开【变量面板】,选中【输出内容】,将变量类型保存为【String】,将其范围修改为【财务报告分析机器人序列】,如图 5-2-029 所示。

(4) 在【活动面板】中搜索【写入单元格】活动控件,选中【可用】-【应用程序集成】-【Excel】-【写入单元格】拖拽至设计面板中【赋值输出总结】活动,在【属性面板】中,将【显示名称】修改为【写入单元格-保存总结内容】。

(5) 在【属性面板】中,选中【目标】-【范围】输入框的【…】,在弹窗中输入【"A20"】。选中【输入】-【值】的输入框,双击选中【输出内容】变量,完成变量的引用,如图 5-2-030 所示。

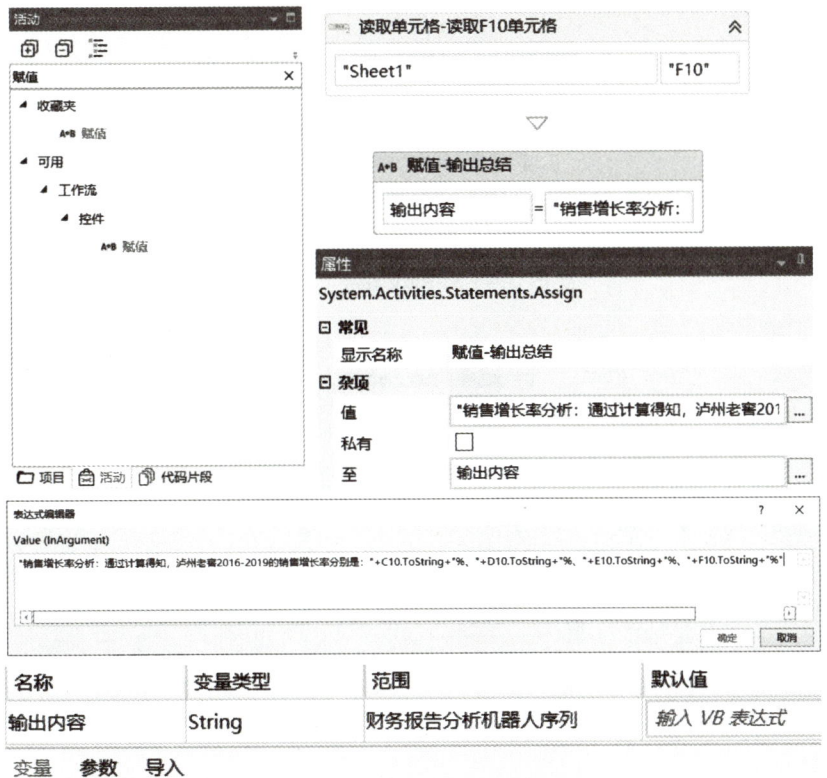

图 5-2-029 【赋值-输出总结】界面

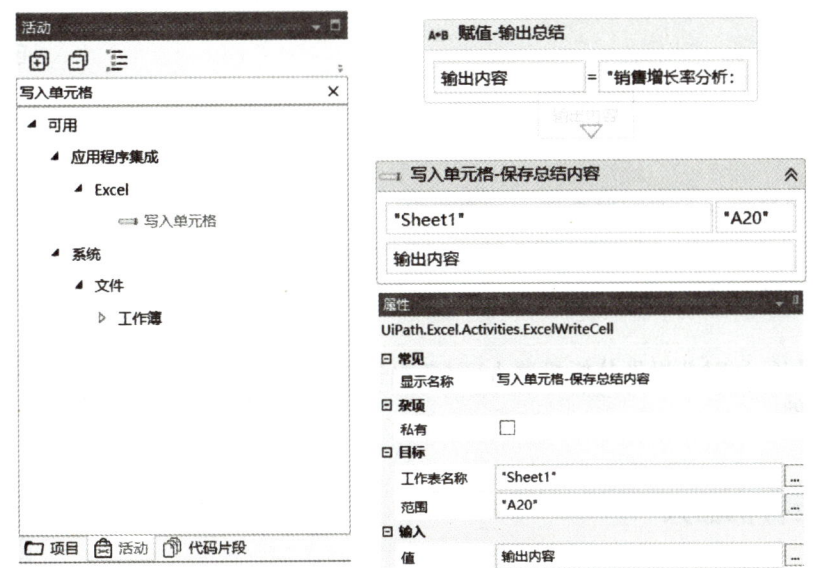

图 5-2-030 【写入单元格-保存总结内容】界面

（6）财务报告分析机器人设计完成全流程，如图 5-2-031 所示。

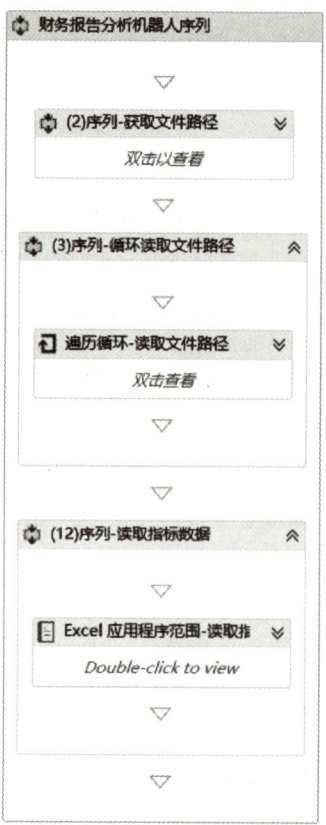

图 5-2-031 【财务报告分析机器人】界面

【视频合集】财务报告分析机器人

任务 3 财务报告分析机器人测试

学生可将开发完成的财务报告分析机器人在平台进行运行测试，测试步骤如下。

1. 检查核对

打开【"C:\ 财务报告分析机器人\财务报告分析计算.xlsx"】，显示 Sheet1 为空表，关闭该文件。

2. 运行机器人

打开 UiPath Studio 窗口，点击【菜单面板】左侧的【运行】按钮，运行银行对账机器人。

【运行视频】财务报告分析机器人

3. 运行完毕

运行结束后,重新打开【"C:\ 财务报告分析机器人\财务报告分析计算.xlsx"】,Sheet1 中显示所计算的相关报表分析数据,如图 5-2-032 所示。

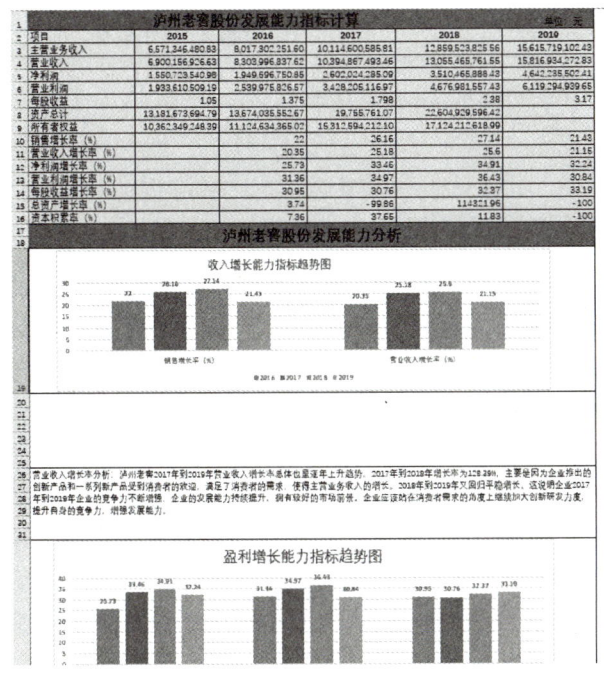

图 5-2-032 【财务报告分析机器人运行结果】界面

任务 4   财务报告分析机器人应用

根据股票业务场景,抓取股票有效数据,按分析指标对股票市场进行分析并完成分析报告。

1. 抓取数据

抓取指定企业财务报表数据并保存到指定文件中。

2. 分析数据

根据表 5-2-001 指标对财务报表进行分析,并完成 300～500 字的分析报告。

财务报表分析机器人设计与应用

表 5-2-001　财务报表分析指标

序号	分析指标	备注
1	偿债能力分析	分析 3—5 年数据
2	盈利能力分析	分析 3—5 年数据
3	营运能力分析	分析 3—5 年数据
4	发展能力分析	分析 3—5 年数据

思政园地

财务报告的重要作用

　　财务报告是反映企业某一特定日期财务状况和某一会计期间的经营成果、现金流量的文件。财务报表的真实、完整,是企业信息披露的价值所在,然而在经济社会高速发展过程中,部分企业向财务报表使用者提供虚假财务信息的现象,仍时有发生。例如:ST 国药营业收入造假、昆明机床跨期确认营业收入、银广夏上市公司造假。企业应当重视财务报告分析工作,定期召开财务分析会议,充分利用财务报告反映的综合信息,全面分析企业的经营管理状况和存在的问题。企业应当分析企业资产分布、负债水平和所有者权益结构,通过资产负债率、流动比率、资金周转率等指标分析企业的偿债能力和营运能力。企业应通过分析各项收入、费用的构成及其增减变动情况,通过净资产收益率、每股收益等指标,分析其盈利能力和发展能力,了解和掌握当期利润增减变化的原因和未来发展趋势。

项目重难点总结

　　重点:
　　(1)财务报告分析机器人的整体设计思路。
　　(2)财务报告分析机器人的测试及结果展示。
　　(3)财务报告分析机器人的拓展应用。
　　难点:
　　(1)财务报告分析机器人的开发过程。
　　(2)财务报告分析机器人所使用控件的掌握。

课后实践训练

　　(1)线下作业:开发【报表发送机器人】。
　　(2)线上作业:将线下完成的作业上传"智慧职教——职教云"平台,进行头脑风暴、小组评比等教学活动。

模 块

RPA 实施案例及财务机器人拓展训练

项目 1　集团型房地产企业 RPA
　　　　案例实施(费用报销案例)
项目 2　财务机器人拓展训练

项目 1 集团型房地产企业 RPA 案例实施 （费用报销案例）

1. 项目概况

1.1 案例背景

H 集团成立于 1992 年，是一家以地产为主、多元业务协同发展的综合性企业集团。经过 28 年的发展，H 集团已形成地产、物业、环保、房管、资本投资、商业管理和城市更新等十八大产业集团并行运营的格局。截至 2020 年，总资产规模超过人民币 3 000 亿元，业务覆盖国内外 300 多个城市，员工人数超过 80 000 人。H 集团的业务遍布全球，在全国 29 个省、市和自治区，以及东南亚、南亚和非洲等地区开展业务。H 集团财务部门现有员工 500 人，实时处理全国 6 000 个门店、1 700 余家公司的会计核算，日均处理发票 10 000 张、付款 100 000 笔、报销 5 000 笔；日均审核供应商和客户 10 000 家、审核合同 400 份、处理金融开户 10 000 家、开票订单 5 000 个。H 集团财务组织架构及财务系统架构如图 6-1-001、图 6-1-002 所示。

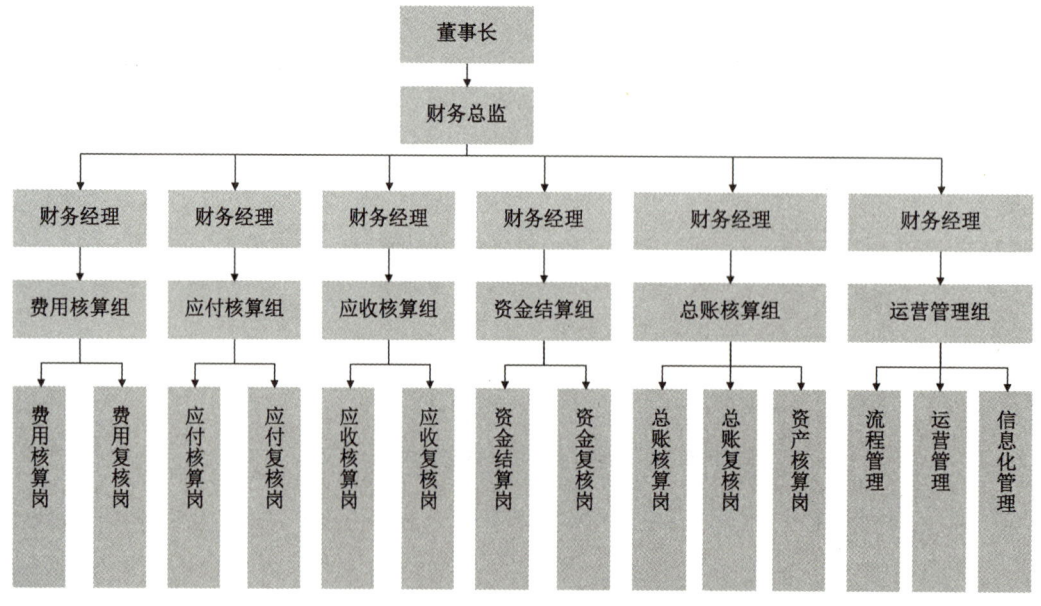

图 6-1-001　H 集团财务组织架构

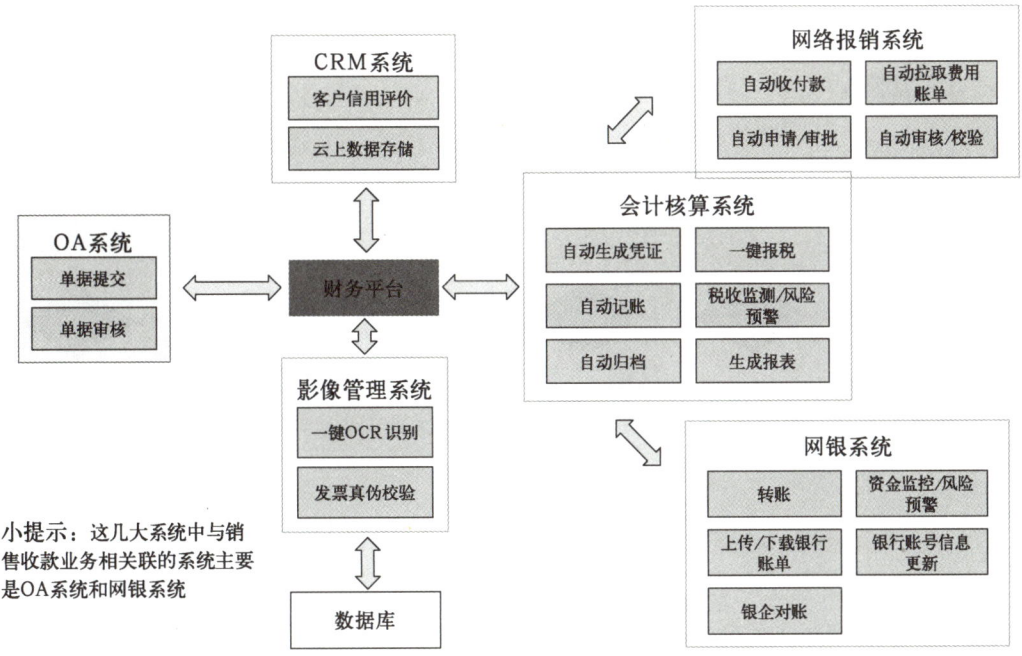

图 6-1-002 H 集团财务系统架构

由图可见,H 集团在财务处理上的业务量是大量且重复的,这为构建机器人流程自动化提供了基础。费用报销是财务处理中最典型的流程之一,具有发生频次高、单笔报销金额小、发票数量多、耗费较多人力、涉及人员不固定等特点。本案例将以费用报销业务作为机器人流程自动化的分析对象,阐述企业实现机器人流程自动化的实施过程。

1.2　企业目标

根据上述案例背景描述,H 集团需建设的内容:①高效、专业、合规的费用报销体系构建;②费用报销的管理;③从审批到付款的端到端流程管理。通过采用 RPA 技术,加强 H 集团财务部门费用报销流程的标准化、提高费用报销审批效率和提升各部门工作质量。

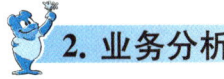2. 业务分析

2.1　企业现有报销业务流程梳理

企业通过深层次研究公司现行报销业务实际情况,结合费用报销业务日常工作事项,梳理出现有每项工作的人工操作流程,发现审批环节和付款环节重复且耗时,具体如图6-1-003所示。

首先,费用报销数据校验流程是重复性工作。每一笔报销审核业务均会由报销人登录 OA 系统填写报销单据后,进入费用报销列表界面,填写费用报销具体项目并提

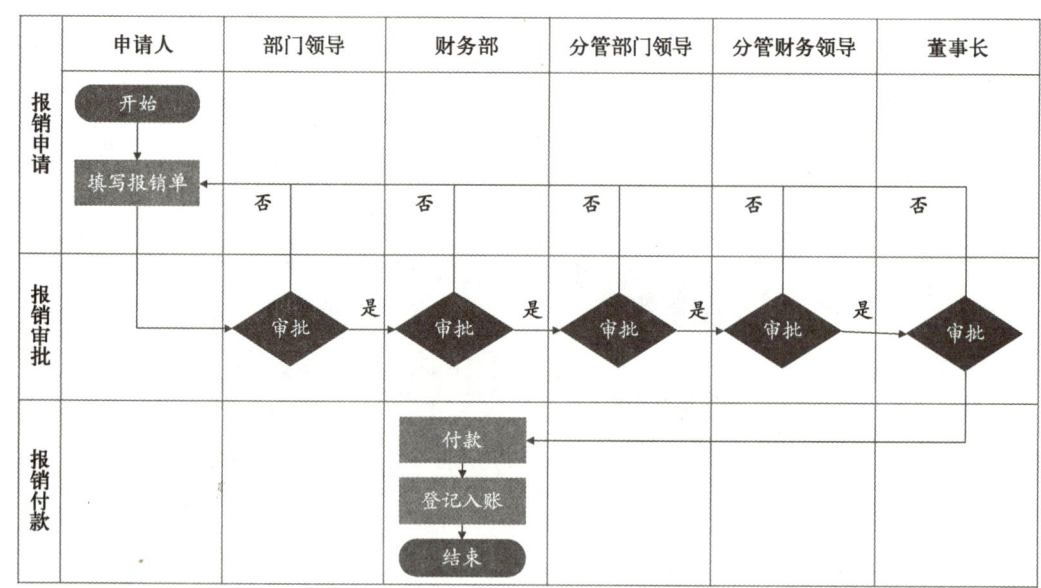

图 6-1-003　报销业务人工操作流程

交。财务部门进行费用报销单据的真实性校验,各有权签批人对报销单逐一审批并反馈审批结果,直到费用报销单据由各公司审核无误后方可进行报销付款。具体流程见图6-1-004所示。

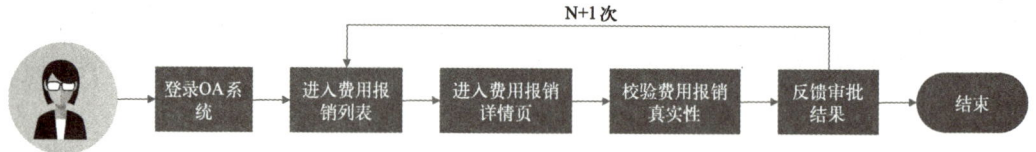

图 6-1-004　费用人工审批流程

其次,费用报销款项支付流程也是重复性工作。报销付款业务在企业的实际工作中重复且繁杂,且工作容易出现付错账号、金额、报销人的情况。每一笔报销付款业务均会由出纳登录 OA 系统,进入费用报销列表界面,查找费用报销付款数据项目,再登录网银系统,填写付款数据,核对无误后进行资金支付,再将付款情况通知报销人。具体流程见图 6-1-005 所示。

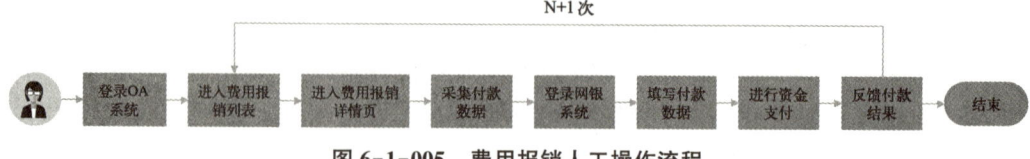

图 6-1-005　费用报销人工操作流程

由上在两个流程可知,财务人员日常处理费用报销业务主要遇到的问题,一是审批及付款效率低,耗时耗力;二是工作繁琐大量且重复枯燥。找到财务业务的痛点,针对性提出解决方案,利用 RPA 技术,业务流程再造,解决现有财务实际难题,提高财务效率和服务质量。同时,降低成本,对推动集团企业高效益和高速度的发展具有重大意义。

2.2　企业需求及解决方案

从案例分析中,可以挖掘出公司、财务人员、业务人员三个层面的需求,如图6-1-006所示。

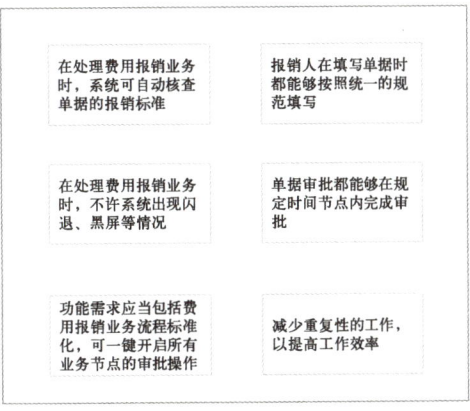

图 6-1-006　企业各需求层面图

对各个层面的需要,分析解决方案如下:

(1)公司管理需求层面,可以通过:①降薪;②延长工作时长;③设立奖惩方案;④增设员工福利制,留住人才,减少招聘成本的支出;⑤引进 RPA 技术实现。

(2)财务人员需求层面,可以通过:①聘请专职人员,主要从事重复性的工作内容;②合理安排工作内容,既包含手工操作的同时又兼顾员工的个人成就感;③引进 RPA 技术实现。

(3)业务人员需求层面,可以通过:①财务人员加快审批效率;②财务人员加快转账效率;③引进 RPA 技术,通过 RPA 满足业务人员的报销及时收款的需求。

通过分析,引进 RPA 技术,实现机器人流程自动化,才能解决所有部门的问题,优点如下:

(1)错误率低。员工长时间进行系统操作,容易因疲劳、疏忽等情况形成错误操作,而 RPA 技术可以降低操作风险。通过 RPA 机器人的自动执行,可以提高工作效率,规避因人为错误而导致的返工,准确率100%。

(2)降本增效。机器人流程自动化技术作为"虚拟员工",财务机器人可以节省大量人力和时间,使员工的工作重心得以转移到具有更高附加值的工作上去。

(3)及时性得到保障。财务机器人每月定时自动处理相关工作,可 7 × 24 小时跑批,保证提交和结果反馈的及时性。

（4）可追溯记录。财务机器人工作的每个步骤都被监控和记录,可以作为审计证据,满足法律及合规的要求。另外,保存全面、细致的工作记录也有助于改进企业的流程。

3. 优化设计

推动和实现企业费用报销业务的机器人流程自动化,主要从启动与调研阶段、规划与设计阶段和实施与运营阶段三个步骤进行,具体方案如图 6-1-007 所示。

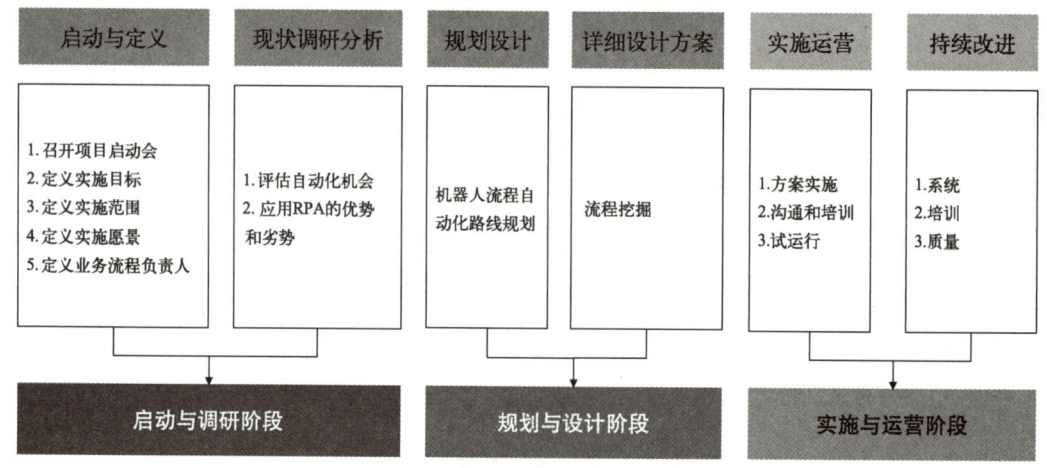

图 6-1-007　报销业务自动化解决方案

3.1　启动与调研

费用报销业务流程自动化启动会,明确以下内容:

（1）实施目标:通过 RPA 处理采购至付款业务。

（2）实施范围:H 集团广州分部及财务部和销售部。

（3）实施愿景:转变业务模式节约人力,提高员工的工作满意度。

（4）业务流程负责人:财务部经理及业务部经理。

3.2　现状调研与分析

3.2.1　评价指标及评分标准设置

根据业务需要,企业从流程管理、信息系统、质量管理、效率管理四大维度全面梳理公司业务,设计出 RPA 实施费用报销业务流程的 13 个功能需求的具体评估度量指标,制定评分结果等级为 1～4 级:第 1 级评分为 0～30 分之间,需要优先优化的功能需求;第 2 级评分为 30～50 分之间,功能需求重要性水平较高,现有的经济业务管理基本满足重要需求;第 3 级评分为 50～70 分之间,功能需求优化的重要性水平一般,在资源允许的条件下,对其进行优化;第 4 级评分为 40～100 分之间,现有的功能需求较为完备,优化的重要性和紧迫性相对较低。具体评价维度指标及需求等级评分标准如表 6-1-001、表 6-1-002 所示。

表 6-1-001　评价维度指标

评价维度	功能需求	指标度量
流程管理	业务流程标准化	经济业务流程执行是否按照流程执行规范实施统一的执行标准（100 分）
	业务流程自动化	对可替换、重复简单的业务流程是否进行自动化管理（100 分）
	业务风险管控	各个业务流程的风险管控是否能有效控制风险，指定有效的风险管控预警措施（100 分）
信息系统	系统环境完善程度	① 实施财务共享服务中心之前，已具备成熟的 ERP 系统（50 分） ② 拥有功能完善的 IT 信息化应用平台（50 分）
	系统功能完备性	费用报销、应收应付核心业务等系统功能是否完备（100 分）
	系统稳定性	信息系统是否稳定，是否进行日常检查与维护（100 分）
质量管理	影像扫描退单率	当月不合格影像数÷当月扫描总张数×100%（当月退单率 20% 以内 80 分，20%～40% 为 60 分，40%～100% 为 0 分）
	票据匹配准确率	当月匹配错误凭证数÷当月凭证总数×100%（当月退单率 20% 以内 80 分，20%～40% 为 60 分，40%～100% 为 0 分）
	单据审批准确率	当月错误单据数÷当月审核总单数×100%（当月审核错误率 20% 以内 80 分，20%～40% 为 60 分，40%～100% 为 0 分）
	付款准确率	当月付款错误数量÷当月付款总笔数×100%（当月付款错误率 20% 以内 80 分，20%～40% 为 60 分，40%～100% 为 0 分）
效率管理	付款效率	付款确认时间－付款办理时间（每月每超时 1 单，扣 0.5 分，满分 100，扣完为止）
	票据扫描效率	影像上传时间－票据接收时间（每月每超时 1 单，扣 0.5 分，满分 100，扣完为止）
	单据审批效率	审核完成时间－任务分配时间（每月每超时 1 单，扣 0.5 分，满分 100，扣完为止）

表 6-1-002　需求等级评分标准

分值	需求等级	需求等级含义
0～30 分	第 1 级	考虑业务发展现状和技术应用趋势，需要优先优化的功能需求
30～50 分	第 2 级	满足现有的经济业务管理，较为重要的功能需求
50～70 分	第 3 级	在资源允许的条件下，才进行优化的一般的功能需求
70～100 分	第 4 级	现有的功能需求较为完备，优化的重要性和紧迫性相对较低的功能需求

3.2.2　H 集团四大维度评价功能需求评分及需求等级确定

全面梳理 H 集团相关业务，对四大维度的功能需求具体评分，分数越低代表此需求越紧迫和急需解决。表 6-1-003 评分显示,业务流程自动化、业务风险管理 H 单据审批效率、单据审批准确率、付款效率均评分低于 50 分,需求等级为 1～2 级,得出当前费用报销业务急需解决的业务环节:①提高费用报销单据审批效率;②提高费用报销付款效率;③提高单据审批准确率;④提高费用报销付款准确率。

表 6-1-003　H 集团需求等级确定

评价维度	功能需求	分数	需求等级
流程管理	业务流程标准化	80	第 4 级
	业务流程自动化	0	第 1 级
	业务风险管控	29	第 1 级
信息系统	系统环境完善程度	75	第 4 级
	系统功能完备性	80	第 4 级
	系统稳定性	85	第 4 级
质量管理	影像扫描退单率	60	第 3 级
	票据匹配准确率	80	第 4 级
	单据审批准确率	40	第 2 级
	付款准确率	60	第 3 级
效率管理	付款效率	49	第 2 级
	票据扫描效率	68	第 3 级
	单据审批效率	27.5	第 1 级

3.2.3　H 集团 RPA 机器人的设计

通过功能需求评分及需求等级确定,H 集团适用于 RPA 技术的业务环节为报销审批和报销付款环节:报销审批环节需要处理业务有费用报销单填报内容审核时效和核对费用报销数据是否符合报销标准;报销付款环节需要处理的业务有费用报销结算时效和支付款项准确性。如表 6-1-004 所示。

表 6-1-004　费用报销业务处理内容

财务处理业务	机器人流程自动化业务环节	业务处理内容
费用报销业务	报销审批	费用报销单填报内容审核时效
		核对费用报销数据是否符合报销标准
	报销付款	费用报销结算时效
		支付款项准确性

3.2.4　RPA 规划路线

（1）团队组建：确认团队负责人和团队成员，并明确各岗位工作职责。

（2）拟定 RPA 设计方案：主要包括适用于 RPA 的流程业务、开发周期、交付节点等。

（3）开发费用报销机器人：按照既定的流程任务开发机器人。

（4）测试验证：将开发好的机器人反复进行测试，以确保机器人能正常运行。

（5）部署交付：将开发好的机器人进行部署并对相应岗位的人员进行培训，确保其能够运用机器人协助其工作。

3.2.5　实施运营阶段的主要任务

（1）人员培训：对相关联岗位人员进行培训。

（2）部署和交付：部署机器人并交付给相对应的岗位人员。

（3）试运行：进一步验证机器人流程自动化是否适用于 H 集团。

（4）收集建议与反馈：收集使用者反馈的建议，对机器人做进一步的优化。

（5）优化和改进：以使用者为重心，对机器人做进一步的优化，提升使用者的满意度。

4.　实施建议及保障措施

4.1　实施建议

4.1.1　加强费用报销业务流程管理

在系统内完成费用报销流程不仅可以使报销流程管理更加规范，同时也可以通过借助财务机器人辅助会计人员进行审核处理，大大降低会计工作的繁琐程度。同时，通过软件系统进行业务交流，可以避免线下工作交接失误，从而降低一定的风险，使企业风险管理能力得到提升。

4.1.2　加强对报销数据的整理和有效应用

加强企业内部数据的管理是企业应对智能化进程的重要举措。企业内部数据来源广泛，分布在多个系统和文件，一个数据可能拥有多个入口，因此需要对数据进行标准化处理，这是数据产生价值的前提。

4.2　保障措施

4.2.1　制度保障

规定可以实现简易报销流程的场景、规定报销流程中审批人的权限和次序。

4.2.2　人员保障

为了实现优化方案的落地，需要建立科学的人才培养机制，对岗位人员进行业务培训，提高岗位人员意识和业务操作水平，为 H 集团费用报销管理优化实施提供人员保障。

4.2.3　数据保障

制度标准化的数据管理机制，全面梳理费用报销的数据流程，并保存好相关数据，建立标准确保费用报销审批环节的准确性。

5. 应用 RPA 解决实务需求的思路图

在企业实务需求的解决过程中,均可以通过以上实施步骤,进行所有 RPA 机器人的实施,思路如图 6-1-008 所示。

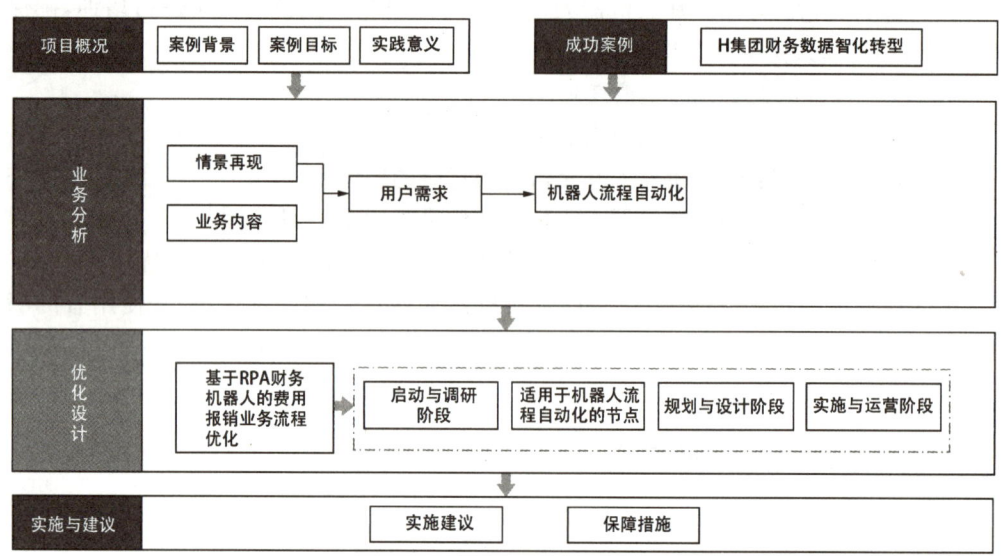

图 6-1-008　应用 RPA 解决实务需求思路图

项目 2　财务机器人拓展训练

拓展 1　采购合同信息提取机器人设计与应用

1. 案例背景

采购是企业在一定的条件下从供应市场获取产品或服务作为企业资源，以保证企业的生产及经营活动正常开展的一项企业经营活动。而采购合同是采购过程中由购销双方订立的具有法律约束力的协议。企业的生产与经营过程中会产生大量的采购合同，如果通过人工查看，不仅费时费力，而且容易出现人为失误而造成经济损失。案例要求学生通过 RPA 工具自动读取采购合同信息，并按照指定规则填写到指定 Excel 文件中，形成采购台账，方便后续对采购业务的追踪管理与分析。

2. 采购合同信息提取机器人设计流程

3. 案例材料

（1）采购合同明细表。

（2）采购合同原始资料。

4. 采购合同信息提取机器人实施参考步骤

步骤	实施参考
1. 操作准备	
2. 读取采购合同	
3. 提取合同信息	
4. 填写合同信息	
5. 运行视频	

拓展 2　银行余额调节表机器人设计与应用

 **1. 案例背景**

　　银行存款余额调节表,是在银行对账单余额与企业账面余额的基础上,各自加上对方已收、本单位未收账项数额,减去对方已付、本单位未付账项数额,以调整双方余额使其一致的一种调节方法。银行存款余额调节表主要目的在于核对企业账目与银行账目的差异,也用于检查企业与银行账目的差错,是企业针对每个银行账号必须按月编制的财务资料。当企业涉及多个银行、大量账户,业务收支频繁时,需要重复实施登录网银、下载对账单的操作,逐一找出未达账项并编制银行存款余额调节表,需要耗费大量时间。通过设计 RPA 机器人核对银行与企业的账目并利用 RPA 机器人将核对调节后的结果保存到电子表格,能够极大地提高财务人员的工作效率。

 **2. 银行余额调节表机器人设计流程**

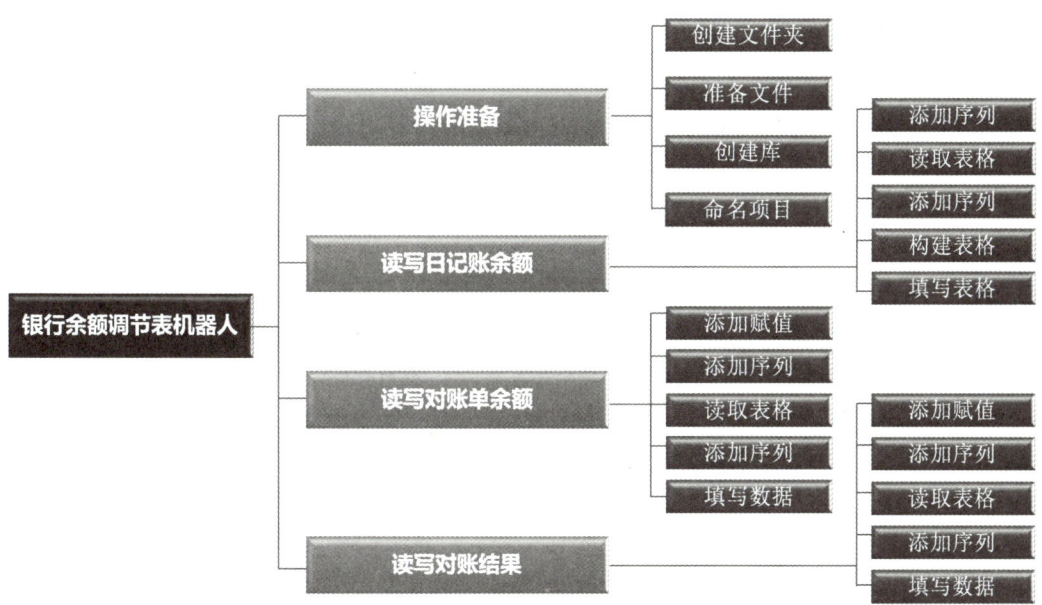

3. 案例材料

（1）银行账单明细表。

（2）企业日记账单明细表。

（3）对账结果明细表。

4. 银行余额调节表机器人实施参考步骤

步骤	实施参考
1.操作准备	
2.读写日记账余额	
3.读写对账单余额	
4.读写对账单结果	
5.运行视频	

拓展3 企业所得税申报机器人设计与应用

 **1. 案例背景**

企业所得税是指对取得应税所得、实行独立经济核算的境内企业或者组织,就其生产、经营的纯收益、所得额和其他所得额征收的一种税。企业在税务流程的处理上,往往需要耗费大量时间和人力成本,而通过设计 RPA 机器人,自动登录税务局网站、读取并填写申报信息,完成申报与缴款,可以很好优化这一流程,减少人力的重复劳动,节省企业成本,提高组织效率,释放人力资源。

 2. 企业所得税申报机器人设计流程

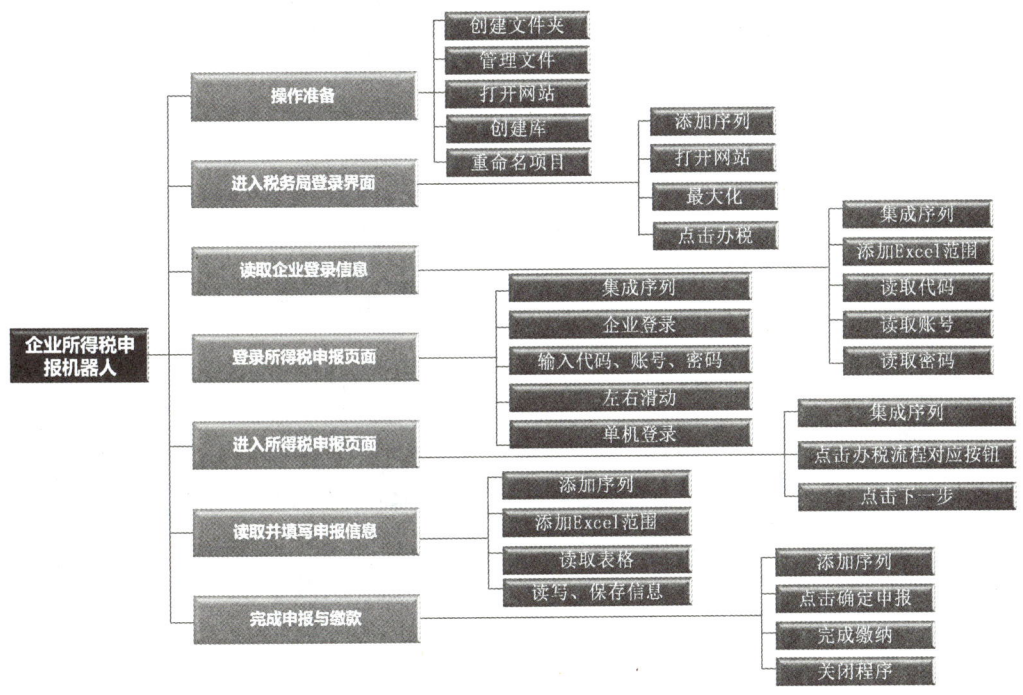

 3. 案例材料

(1) 税务系统登录信息。
(2) 科目余额表。

4. 企业所得税申报机器人实施参考步骤

步骤	实施参考
1. 操作准备	
2. 进入税务局登录界面	
3. 读取企业登录信息	
4. 登录所得税申报页面	
5. 读取并填写申报信息	
6. 完成申报与缴款	
7. 运行视频	

拓展 4　客户回款报告生成机器人设计与应用

1. 案例背景

　　财务人员负责公司的应收款项的核算和管理工作,需要严谨细致地核对并确认客户每一笔回款。在实务中,企业一天内可能会收到多笔来自不同客户的回款,财务人员需要多次登录企业银行账户,记录回款信息,重复且繁琐。通过 RPA 机器人可以实现实时监控用户流水,记录客户回款信息并统计金额,从而极大地降低财务人员的工作量。

2. 客户回款报告生成机器人设计流程

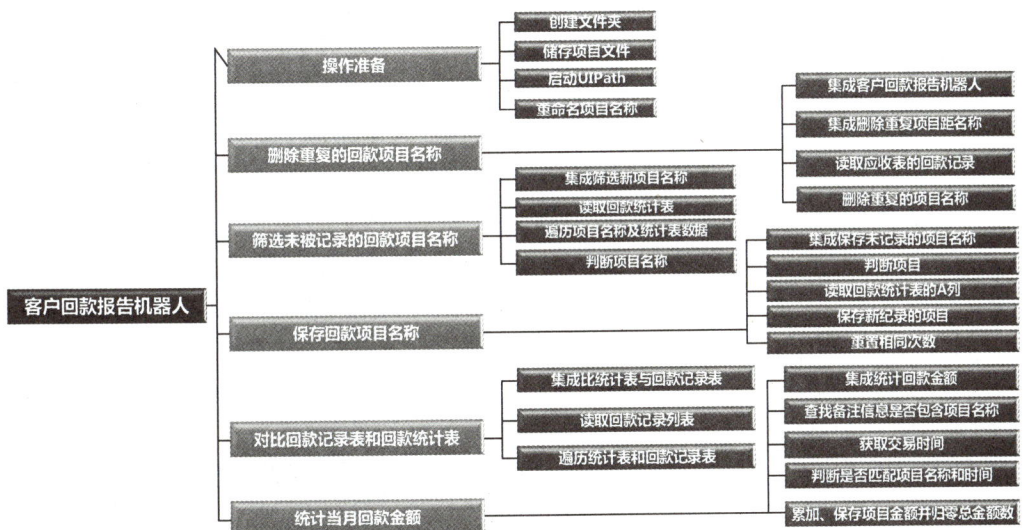

3. 案例材料

　　（1）应收账款明细账。

4. 客户回款报告生成机器人实施参考步骤

1. 操作准备	
2. 删除重复的回款项目名称	
3. 筛选未被记录的项目名称	
4. 保存回款项目名称	
5. 对比回款统计表与回款记录表	
6. 统计当月回款金额	
7. 运行视频	

拓展 5　BI 报表机器人设计与运用

1. 案例背景

　　制作财务报表是财务人员的基本技能,从数据收集、分析,到财务报告生成以及核对校验,每个月的月末,这些繁复的操作对财务人员而言都是一个枯燥却重要的过程。而通过 RPA 机器人替代人工完成收集和整理数据,验证和分析数据,并生成报告,有利于将财务人员从单调、重复的工作中解脱出来,从而将工作重心转移至财务分析、预测和决策支持之中。

2. BI 报表机器人设计流程

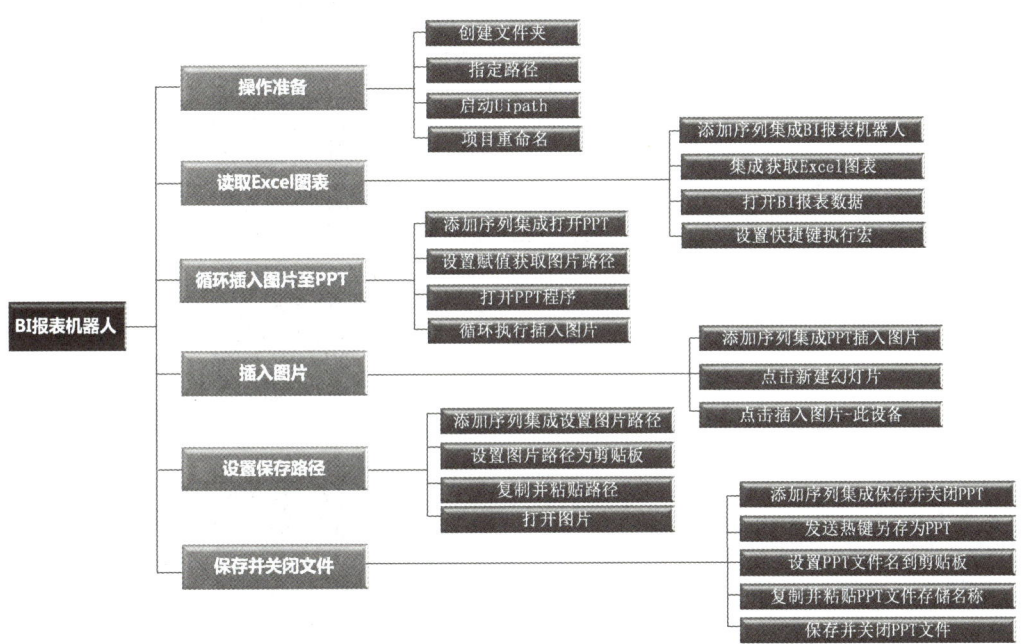

3. 案例材料

　　(1) BI 报表数据。
　　(2) BI 报表回报 PPT。

4. BI 报表机器人实施参考步骤

步骤	二维码
1. 操作准备	
2. 读取 EXCEL 图表	
3. 打开 PPT 并插入图片	
4. 插入图片	
5. 选择图片路径	
6. 保存并关闭 PPT	
7. 运行视频	

附录

附表1　教材控件列表汇总

序号	控件名称	控件图标	控件功能
1	录制器	录制	轻松在屏幕上捕获用户的动作并将其转换为序列，可录制桌面、网页等多个活动界面
2	数据抓取	数据抓取	实现浏览器、应用程序或文档界面结构化数据提取至数据表中
3	写入范围	写入范围 / 工作簿路径。必须用引号将文本括起 / "Sheet1" "A1" / 数据表	将提取到的数据从起始单元格开始，写入指定的Excel中
4	打开浏览器	打开浏览器 / 在此处插入 URL。必须用引号将文本括起 / Do / 在此处放置活动	根据网站地址打开浏览器
5	截取屏幕截图	截取屏幕截图 / 指明在屏幕上	截取指定用户界面元素的屏幕截图
6	输入信息	输入信息 / 指明在屏幕上 / 必须用引号将文本括起	将文本值输入到选定的用户界面元素
7	发送热键	发送热键 / 指明在屏幕上 / Alt Ctrl Shift Win 键值	发送键盘快捷方式至用户界面

335

（续表）

序号	控件名称	控件图标	控件功能
8	对于每一个行		对提供的数据表的每一行执行一次操作
9	单击		单击指定的用户界面元素
10	赋值		设置工作流变量值
11	IF 条件		根据设置的条件判断，条件成立时执行 Then 范围的活动，条件不成立时执行 Else 范围的活动
12	保存图像		能将图像保存在硬盘中
13	Do While 循环		首先执行一次活动，然后在条件为真时循环
14	中断		退出"每一"活动并继续执行后面的活动
15	发送 SMTP 邮件消息		使用 SMTP 协议发送电子邮件消息
16	读取范围		将电子表格根据指定范围读取为数据表

（续表）

序号	控件名称	控件图标	控件功能
17	最大化窗口	最大化窗口	最大化指定的窗口
18	选择项目	选择项目　指明在屏幕上　项目，必须用引号将文本括起	在下拉框或列表框选择一个项目
19	存在元素	存在元素　指明在屏幕上	能检验是否存在用户界面元素
20	序列(16案例)	序列　▽　在此处放置活动	根据单个定义的顺序执行一组子活动
21	读取单元格	读取单元格　工作簿路径，必须用引号将文本括起　"Sheet1"　"A1"	将电子表格中指定单元格的值读取为字符串
22	单击图像	单击图像　指出屏幕上的图像	搜索用户界面元素中的图像，并单击该图像
23	获取全文本	获取全文本　指明在屏幕上	使用全文屏幕抓取方法从指定的用户界面元素中提取一个字符串及其信息
24	获取文本	获取文本　指明在屏幕上	从指定用户界面元素提取文本值
25	读取文本	读取文本　文档路径，必须将文本放入引号中　文档中的文本。	读取文档中的所有文本
26	关闭应用程序	关闭应用程序　指明在屏幕上	关闭指定应用程序
27	设置为剪贴板（8实例）	设置为剪贴板　必须用引号将文本括起	将指定文本置于剪贴板中
28	复制选定文本	复制选定文本	使用剪贴板功能获取选定文本

（续表）

序号	控件名称	控件图标	控件功能
29	等待图像消失	等待图像消失 指出屏幕上的图像	等待图像从用户界面元素中消失
30	关闭选项卡	关闭选项卡	关闭浏览器页面
31	筛选数据表	筛选数据表 筛选器向导…	按照指定条件对数据表进行筛选
32	联接数据表	联接数据表 联接向导…	对两个数据表进行联接查询
33	Excel 应用程序范围	Excel 应用程序范围 工作簿路径，必须用引号将文本括起 执行 在此处放置活动	提供 Excel 活动范围
34	锚点基准	锚点基准 锚点 将操作活动放置在此处	通过其他用户界面元素为锚点来搜索指定界面元素
35	查找图像	查找图像 指出屏幕上的图像	检查图像是否是在指定用户界面元素中找到的
36	选中	选中 指明在屏幕上	选中或取消选中单选按钮与复选框
37	创建目录	创建目录	在知道位置中创建文件夹
38	路径存在	路径存在 路径类型 File 路径，必须用引号将文本括起	检查指定的路径是否存在。路径可以表示文件路径或目录路径
39	延迟	延迟	工作流程执行延迟给定的时长

序号	控件名称	控件图标	控件功能
40	遍历循环	AↃB 赋值 ❗ To ＝ 输入 VB 表达式	对列举的每个元素执行某个活动或一系列活动
41	读取 PDF 文本	📄 读取 PDF 文本 ❗⌃ 文件名，必须用引号将文本括起 …	读取指定 PDF 文件中的所有字符串
42	写入单元格	写入单元格 ❗⌃ "Sheet1" "A1" 值或公式，必须用引号将文本括起	将值写入电子表格的一个单元格中
43	存在图像	🖼 存在图像 ❗ 指出屏幕上的图像	检查图像是否是在指定用户界面元素中查找到的